オーストラリア会社法概説

〔第2版〕

クレイトン・ユッツ法律事務所

加 納 寛 之

信 山 社

Ⓒ 加納寛之　著作権者に全ての権利が帰属します。著作権者の承諾なく、本書の全部又は一部を複製又は転載することを禁止します。

Ⓒ Hiroyuki Kano. All rights reserved. No part of this work may be reproduced in any material form or communicated by any means without permission of the copyright owner.

第 2 版はしがき

　2014 年に本書の初版が出てから，早いもので 5 年近くの月日が経った。この間，日本とオーストラリアの経済活動を取り巻く環境は大きく変化した。なかでも 2015 年 1 月に発効した日豪経済連携協定により，日本からオーストラリアに対する外国投資に関する規制が著しく緩和された結果，日本からオーストラリアの様々な業界に進出する動きが活発化する状況となっている。

　このような外国からの投資の活発化に伴い，2015 年 12 月に外資買収法が大幅に改正され，オーストラリア投資に関するルールが大幅に刷新された。また，2017 年 11 月には，競争消費者法も改正され，オーストラリアの会社や資産を買収するにあたって競争法上の買収許可を受ける方法に大きな変更が行われている。

　また，会社法自体も，取締役の義務と責任など基本的な分野で画期的な改正が行われている。たとえば，オーストラリアに特有な取締役の破産取引阻止義務について，いわゆるセーフ・ハーバー・ルールが 2017 年 9 月に導入され，取締役の義務が緩和されて会社の事業再生を柔軟に行うことができるようになった。

　本書第 2 版では，これら日系企業のオーストラリア投資や事業活動に大きな影響を与える近時の主要な改正点を盛り込むとともに，初版で分かりにくいとご指摘を受けた箇所をより明確な記載に改めて分かりやすくした。したがって，本書第 2 版が，第 1 版にも増して日系企業のオーストラリア投資や事業活動の一助となれば幸いである。

　なお，本書第 2 版を出版するにあたっては，クレイトン・ユッツ法律事務所のジャパン・プラクティス・グループの日本人弁護士陣の多大なる協力を得た。とりわけ，山浦茂樹弁護士は，同グループの中心となって協力してくれた。この場を借りて，本書の作成と出版に協力してくれたジャパン・プラクティス・グループの日本人弁護士の一人ひとりに心からお礼を述べたいと思う。

　2019 年 1 月

クレイトン・ユッツ法律事務所

弁護士　加 納 寛 之

はしがき

　オーストラリアの会社法は，会社の設立，組織，運営及び管理に関する事項だけでなく，日本であれば金融商品取引法などが規定する証券の発行や開示などに関する規制や，破産法などが規定する破産・再生手続などについても規定している。したがって，日本の会社法と比べると，その射程範囲が極めて広いのが特徴といえる。本書は，このようなオーストラリアの会社法の全体像が分かるように，日本の会社法で規定されていない分野も含めて，日本語で概説する初の基本書である。

　私は，日本の大手総合法律事務所で国際案件を中心に企業法務に携わった後，アメリカに渡ってアメリカ（ニューヨーク州）の弁護士資格を取り，さらにオーストラリアでオーストラリア法の勉強もしてオーストラリア弁護士ともなった。現在は，三つの国の弁護士としての知識や経験を活かしながら，オーストラリアのクレイトン・ユッツ法律事務所のパートナーとして，主として日系企業による投資案件やオーストラリア事業に関するリーガル・サービスを日々提供している。

　一般に，日系企業がオーストラリア投資案件やオーストラリア事業に関してリーガルアドバイスを受ける場合，言葉の壁が大きいとされる。すなわち，英語によるリーガルサービス，それも日本人が馴染みのあるアメリカ英語でなく，オーストラリア英語によるリーガルサービスは，とりわけ複雑で難解な法律問題に関するアドバイスを受ける場合，日本人にとって理解するのが容易でないというのである。しかし，私はこれは正確ではないと思う。日系企業が苦労するのは，言葉の壁があるからではなく，日本の法律とオーストラリアの法律の違いから生まれる「見えない壁」があるからである。たとえば，オーストラリアの会社法上の法律用語や概念も，そのほとんどは，たとえば，「株式」，「取締役」などと日本語に置き換えてしまえば，日本の会社法上の用語や概念になぞらえて容易に理解できるようにみえる。しかし，実際は，法律用語の定義や法律上の概念に絡んだ細かい権利義務について，オーストラリア法と日本法で異なっている場合が殆どである。したがって，単にオーストラリア法上の用語や概念を日本語に置き換えるだけでは，オーストラリア法に基づいた契約書やアドバイスを，実際には誤解したまま，理

解できたかのような錯覚に陥ることになる。つまり，日本語と英語が完璧に分かっていても，日本法とオーストラリア法の違いが分かっていなければ，思わぬ落とし穴に落ちる危険があるのである。これが「見えない壁」である。

　本書では，このような「見えない壁」をできるだけ取り払うべく，ところどころで日本法との比較を行い，注意すべき点がある場合には触れるよう心がけた。また，日本とオーストラリアの両国で弁護士として実務に携わってきた経験を活かし，単に法律制度の解説を行うだけでなく，実務上の運用面にも触れるよう心がけた。さらに，日系企業の実際の投資案件や事業活動に役立つよう，会社法の枠組みを超えて，オーストラリア進出に際して検討を要する外国投資に関する規制と競争法上の規制についても，特別に章を設けて概説した。本書が，日系企業のオーストラリア投資や事業活動の一助となれば幸いである。

　なお，本書を執筆するにあたっては，クレイトン・ユッツ法律事務所のジャパン・プラクティス・グループの日本人弁護士陣の多大なる協力を得た。とりわけ，2010年に同グループに加わり，私の下で現在シニア・アソシエートとして活躍する山浦茂樹弁護士は，本書の企画段階から草稿作成に至るまで，同グループの中心となって協力してくれた。山浦弁護士の協力がなければ，本書が世に出ることはなかったであろう。この場を借りて，山浦弁護士をはじめ本書の作成と出版に協力してくれたジャパン・プラクティス・グループの日本人弁護士の一人ひとりに心からお礼を述べたいと思う。

2014年8月

クレイトン・ユッツ法律事務所
弁護士　加　納　寛　之

目　次

1. オーストラリア会社法総論 ───────────── 3
   - 1-1　オーストラリア会社法の法源 ………………………… 3
   - 1-2　会社の管轄機関 ……………………………………… 9
   - 1-3　各種会社形態と他の事業形態 ………………………… 15
   - 1-4　会社形態の変更 ……………………………………… 22

2. 会社の設立 ─────────────────── 26
   - 2-1　登録手続 ……………………………………………… 26
   - 2-2　定　款 ………………………………………………… 37

3. 会社のガバナンス──取締役・秘書役・その他オフィサー …… 44
   - 3-1　取締役 ………………………………………………… 44
   - 3-2　取締役の義務と責任 ………………………………… 56
   - 3-3　取締役会 ……………………………………………… 71
   - 3-4　秘書役 ………………………………………………… 77
   - 3-5　オフィサー（officer）………………………………… 79
   - 3-6　会社によるオフィサーの責任補償及びD&O保険 …… 81
   - 3-7　会社の代表権 ………………………………………… 83
   - 3-8　会社関係当事者との取引 …………………………… 86

4. 会社のガバナンス──株主 ──────────── 94
   - 4-1　株　主 ………………………………………………… 94
   - 4-2　株主総会 ……………………………………………… 97

5. 財務記録，財務報告及び監査 ─────────── 105
   - 5-1　財務記録（financial records）……………………… 105
   - 5-2　財務報告（financial reporting）義務の概要 ……… 107
   - 5-3　年次の財務報告義務 ………………………………… 108
   - 5-4　半期の財務報告義務 ………………………………… 118
   - 5-5　監査人 ………………………………………………… 123
   - 5-6　ASX上場会社の財務情報開示 ……………………… 131

6. 情報開示 ——————————————— 135
- 6-1 ASICに対する情報開示義務 ………………………… 135
- 6-2 上場会社の証券取引所への情報開示義務 …………… 143

7. 株　式 ——————————————— 147
- 7-1 株式の特徴 ………………………………………… 147
- 7-2 種類株式 …………………………………………… 149
- 7-3 株式分割及び併合 ………………………………… 153
- 7-4 株式譲渡 …………………………………………… 155
- 7-5 株主名簿 …………………………………………… 158
- 7-6 株式証書（share certificate）…………………… 159

8. 株式資本の取引 ——————————————— 162
- 8-1 資本維持の原則 …………………………………… 162
- 8-2 株式資本減少 ……………………………………… 163
- 8-3 自己株式の買戻 …………………………………… 169
- 8-4 自己株式に対する担保権の設定・取得 …………… 179
- 8-5 被支配者に対する自己株式の発行又は譲渡 ……… 181
- 8-6 資金援助 …………………………………………… 185
- 8-7 配当（dividend）の支払 ………………………… 191

9. 資金調達 ——————————————— 194
- 9-1 資金調達総論 ……………………………………… 194
- 9-2 株式発行による資金調達一般 …………………… 195
- 9-3 借入による資金調達一般 ………………………… 200
- 9-4 情報開示を伴う資金調達 ………………………… 206
- 9-5 社債信託 …………………………………………… 237
- 9-6 ASXへの上場 ……………………………………… 245

10. 会社資産の担保 ——————————————— 255
- 10-1 動産担保法（Personal Property Securities Act 2009（Cth））による法改正 ………………… 255
- 10-2 旧制度——会社法に基づく会社資産担保制度 ……… 255
- 10-3 動産担保の制度 …………………………………… 257
- 10-4 不動産担保の制度 ………………………………… 270

11. 公開会社の株式取得 — 275
- 11-1 株式取得・保有に関する重要な概念 — 275
- 11-2 株主が 50 名を超える会社の買収禁止原則 — 281
- 11-3 大量保有 (substantial holding) の通知 — 283

12. 会社の買収手続 — 286
- 12-1 市場外公開買付 (off-market takeover bid) 手続による買収 — 286
- 12-2 市場公開買付 (market takeover bid) 手続による買収 — 296
- 12-3 強制取得 — 300
- 12-4 調整スキーム (scheme of arrangement) の手続による買収 — 304

13. 外部管理 — 315
- 13-1 外部管理の種類 — 315
- 13-2 外部管理の分類図 — 316

14. レシーバーシップ (receivership) — 319
- 14-1 レシーバーシップ — 319

15. 任意管理 (voluntary administration) — 328
- 15-1 会社の任意管理 — 328
- 15-2 DOCA に基づく会社管理 — 348

16. 清算 (winding up) — 358
- 16-1 会社清算 — 358
- 16-2 裁判所による清算 — 381
- 16-3 任意清算 — 400
- 16-4 会社登録抹消 — 411

17. 海外企業の支店 — 415
- 17-1 海外企業の登録 — 415
- 17-2 海外企業の登録準備 — 417
- 17-3 登録申請 — 419
- 17-4 登録された海外企業の継続的義務 — 421
- 17-5 オーストラリアからの撤退 — 424

18. 海外企業によるオーストラリア市場への参入 — 428

18-1　FIRBによる承認 ………………………………………… 428
18-2　ACCCによる承認 ………………………………………… 447

事項索引

オーストラリア会社法概説

〔第 2 版〕

1. オーストラリア会社法総論

1-1　オーストラリア会社法の法源

(a)　概　要

　オーストラリア大陸では，1788年よりイギリス人を始めとするヨーロッパ人の入植が始まり，後にオーストラリア連邦を構成することとなる各植民地は，その法体制を旧宗主国であるイギリス（正確にはイングランド）から受け継いだ。このため，オーストラリアの法制度は一般にいう英米法制度の流れを汲んでおり，日本を含む欧州大陸系の法制度とは大きく異なる。

　オーストラリアを含む英米法制度が敷かれている法域では，判例や伝統，慣習等を基に発展してきた**コモン・ロー**（Common Law）[1]と議会が制定した**制定法**が法源となっている。両者の間で齟齬がある場合には制定法の規定が優先されるが，制定法の規定がない事項に関してはコモン・ローがそれを補う形で適用される。

　オーストラリアの会社法は，イギリスの会社法（イギリス会社法はイングランドを含むイギリス（United Kingdom）全土に適用される）が基となっており，両者の基本概念に大きな違いはない。しかし，会社法は制定法による規定が占める比重が他の分野の法律に比べて高い傾向にあるため，各植民地の議会が立法権を得てからは，イギリス会社法から独立して発展していくこととなった。もちろん，植民地時代を含め，オーストラリアとイギリスは言語的，民族的，文化的，経済的，社会的，政治的なつながりが非常に強いため，オーストラリアの制定法がイギリスの制定法を参考にした部分は大きいが，特に実務に関わる技術的な事項に関しては相当な違いがある。また，オーストラリアはイギリスと違い連邦国家であり，連邦レベルと州レベルの二つの法制度が存在し，各レベルの立法機関の立法権にはそれぞれ憲法的な制約が

　1　「コモン・ロー」という表現は，文脈により数通りの異なる意義を有するが，本書では「制定法以外の法」という意味でこの表現を使用している。したがって，本書におけるこの表現には，狭義の「コモン・ロー」と別に発展してきた衡平法（equity）も含まれている。

課せられていることから，オーストラリアにおける制定法はイギリスのそれとは違う形で発展してきた。

現在のオーストラリアの会社に関する法的事項は，2001年に連邦議会が制定した**2001年連邦会社法**（Corporations Act 2001（Cth））が概ねカバーしている。本書では便宜上，以後別段の記載がない限り，「**会社法**」という表現は2001年連邦会社法を指すものとする。

本項では，まず会社法が制定された経緯とその効力について解説し，会社法以外でオーストラリアの会社に関連する制定法や他の規則についても簡単に説明する。また，会社法がカバーしていない，又は会社法と並行して適用される主なコモン・ローの規定等についても触れる。

(b) 制定法

(i) 会社法（Corporations Act 2001（Cth））

会社法は，オーストラリア連邦議会（国会）により制定され，2001年7月16日に施行された法律である。会社法は連邦法であり，全ての州及び準州に一律に適用される。会社法の適用対象にはオーストラリアで設立された会社や法定の条件を満たす投資スキーム，及びオーストラリアにおいて登録された海外事業（海外企業の支店等），並びにこれらの関係者（株主，債権者，取締役，管財人，清算人等）が含まれる。会社法は，さらに会社や関係者等に対する裁判所や会社の監督機関であるオーストラリア証券投資委員会（Australian Securities and Investments Commission）（以下「**ASIC**」という）の権限も定めている。

会社法がカバーする分野は多岐に渡り，会社の法的位置付け，会社の設立等の諸手続やガバナンス等，会社に関する規定はもとより，公開買付に関する規定や金融市場に関する規定も定められている。

(ii) その他の制定法及び規則

オーストラリアでは，会社法及びその他の議会制定法のほか，制定法に基づき各種行政機関が制定する規則やガイドラインが会社の活動を規制している。以下にその一例を紹介する。

A　会社法規則（Corporations Regulations 2001（Cth））

会社法規則（Corporations Regulations 2001（Cth））は，会社法を補足する

行政規則（regulation）である。一般に議会が制定する法律（Act）は，一定の事項については行政規則が補完する旨の規定を設けている場合が多く，会社法もその例外ではない。

B　ASIC 規制ガイド（ASIC Regulatory Guides）

会社法は ASIC に対して会社法に関する広大な権限を与えているが，ASIC は会社法に関連する多くのガイドラインを発行している。これらのガイドラインは，主に以下のような事項に関する指針を示している。

・ASIC が会社法等法律上の権限をいつどのように行使するか
・ASIC が会社法をどのように解釈するか
・ASIC が権限を行使する際の基準や方針
・その他各種手続等に関する実務

ASIC 規制ガイドは，法律としての強制力はないが，会社法の番人ともいえる ASIC が会社法をどのように解釈し，会社法が与えた権限をどのように行使するかを理解することは非常に重要である。

C　ASIC クラス・オーダー（ASIC Class Orders）及び法律規則（legislative instruments）

会社法は，ASIC に対し，特定の会社を会社法の一部の規定の適用から除外させたり，特定の条項を変更したり追加する権限を与えている。ASIC はこの権限を行使する際、法律規則（legislative instruments）（2015 年まではクラス・オーダー（class order））と呼ばれる命令を発する。法律規則及びクラス・オーダーによる会社法の変更は、法律としての効力を有する。

D　ASX 上場規則（ASX Listing Rules）

ASX 上場規則（ASX Listing Rules）とは，オーストラリア証券取引所（Australian Securities Exchange）（以下「**ASX**」という）への上場に関する規則及び証券を同市場に上場させている会社や投資スキームが遵守しなければならない規則のことを指し，厳密には法律ではない。ASX 上場規則は，会社法上，ASX と上場会社との間で締結される契約として位置付けられており，また，ASX 上場規則を含む金融市場オペレーターが定める規則に違反があった場合には，（契約の当事者ではない）ASIC や違反により不利益を蒙った者が規則の執行を裁判所に請求することが会社法上認められている（会社法 793C 条）。

(c) コモン・ロー（衡平法を含む）

コモン・ローという用語は，法学的には使用される文脈により異なる意味を有するが，本書では「制定法以外の法律」という意味でこれを使用する。

コモン・ローの主要な法源は，裁判所による判例であり，その歴史は 12 世紀から 13 世紀のイングランドにまで遡る。コモン・ローは，歴史の流れとともに発展を遂げてきた。会社に関するコモン・ローに関しても，社会及び経済の発展，及び事業形態の複雑化に伴い，より洗練されて今日に至っている。

会社に関する法律については，会社法をはじめとする制定法がまず適用されるが，制定法と矛盾しない限りコモン・ローの規定は除外されず，このためコモン・ローは制定法を補完する形で両者が併存して会社に関する法律を形成している。

■オーストラリア会社法の歴史■

オーストラリアの法律は，イングランド法を受け継いだものであるが，会社法もその例外ではない。英国領とされた直後は，イングランド法がそのまま適用法として導入されたが，歴史とともにオーストラリアの各植民地議会が立法権を得るようになり，オーストラリアの独自の発展を遂げていくこととなった。

I 植民地時代（1788 年から 1890 年代まで）

1788 年に現在のシドニーに英国の流刑植民地が設立されてから 1850 年代に至るまで，オーストラリアにおける会社の活動は，主に英国の事業体（政府から権限を委譲された事業体等）によって支配されていた。オーストラリアの最初の会社は，現在の会社形態の原型ともいえるジョイント・ストック・カンパニー（joint stock company）の形態で 1817 年に設立された。

1851 年に現在のヴィクトリア州で金脈が発見されると，その後に起こったゴールドラッシュにより植民地経済は急発展を遂げた。この経済発展は 1890 年代の不景気まで続き，それまでの間にオーストラリアの

会社数は飛躍的に増加した。

1890年代まで，各植民地の経済活動の規制は英国の法令に大きく依存していたが，植民地において法令のコンプライアンスを十分に徹底させる機関がなかったこと等，実務的な問題が発生していた。

Ⅱ　オーストラリア連邦設立から第2次世界大戦後まで（1890年代から1950年代まで）

1890年代に入ると，オーストラリアの全ての植民地は会社に関する制定法の見直しを行い，オーストラリア連邦が設立された1901年までに，各植民地は1862年英国会社法（*Companies Act 1862*）を土台とした制定法を制定した。しかし，各植民地で制定された会社法も，法令を十分に管理・執行することができないという問題を解決するには至らなかった。各植民地の会社法が抱える問題及び会社法の統一化については，連邦政府樹立に向けて開催された1891年及び1897年の憲法会議にて議論されたが，実現には至らなかった。

1901年1月1日，オーストラリア連邦憲法が施行されて連邦政府が樹立され，各植民地は州となった。この一環として連邦議会（国会）が設立されたことにより，既に立法権を有していた各州の議会（旧植民地議会）と連邦議会が立法権を分け合うこととなった。連邦憲法には連邦議会の立法権に関する条項があり，この第51条20項には連邦議会が会社に関する法律を制定する権限を有する旨が記載されているが，各州議会もまた，会社に関する法律を設立することできた。

Ⅲ　戦後経済成長期——会社法の統一化（1950年代，1960年代）

1950年代，オーストラリア経済は成長期に入ったが，州境を超えた経済活動が増加するにつれ，州ごとに会社に関する法律や管轄の違いがあることが次第に問題視されるようになった。この問題に対処すべく，州政府及び連邦政府の司法長官は会社法の全国統一化についての議論を1959年に行い，その結果当時のヴィクトリア州会社法（*Companies Act 1896*(Vic)）を基本とした統一会社法（Uniform Companies Acts）が，1961年から1962年の間に各州で順次導入された。

しかし，統一会社法は各州で独自に管理・運用されたため，統一性は

次第に失われていき，この統一化の試みは失敗に終わった。

IV 国家レベルの法制定への動き（1970年代）

1970年に，証券及び証券取引を管轄する機関を設立することの必要性及び現実性を調査することを主な目的とする上院特別委員会が連邦政府によって設立され，米国のような連邦レベルの証券法及び証券市場監督機関を設立することが望ましいとする報告書が提出された。

1974年に，ニューサウスウェールズ州，ヴィクトリア州及びクイーンズランド州政府は，州際会社業務委員会（Interstate Corporate Affairs Commission）を設立する合意書を交わし，西オーストラリア州も翌年これに参加した。この委員会は，会社法及び証券法の統一化を進め，各法の管理・運用について参加州が協調し，管理・運用の基準を共通化することを目的とした。各参加州は，この枠組みを機能させるために統一会社法を改正し，1975年には統一証券業界法を導入した。

V 会社法の統一化（1980年代，1990年代）

連邦政府，各州及び北部準州政府が1978年に合意した枠組みに従い，1981年に，連邦議会は首都特別地域（Australian Capital Territory）に適用される1981年会社法（*Companies Act 1981*（Cth））を制定し，各州・準州議会は会社規約（Companies Code）と呼ばれる1981年会社法と同じ内容の法律を制定した。これと同時期に，連邦政府は国家会社証券委員会（National Companies and Securities Commission）を設立した。この枠組みでは，枠組みの設置と機能のレビューを行う会社証券担当閣僚委員会（Ministerial Council for Companies and Securities）が設置され，国家会社証券委員会が既存の州及び準州の会社業務委員会にその機能を委託し，州及び準州の会社業務委員会がこの枠組みの日常の業務を担当することとなった。

1987年に，連邦司法長官は，連邦政府がオーストラリアの会社法及び証券法を管轄することを発表し，1989年に1989年連邦会社法（*Corporations Act 1989*（Cth））が制定された。しかし，制定の1ヶ月後，四つの州が同法の違憲性を連邦最高裁判所に訴え，その結果同裁判所は，憲法が連邦議会に与えている会社法の立法権は既存の会社に関する法律の制定に

限られており，会社の設立に関する法律を制定する権限はないという判決を下した。

　この判決を受け，1991年に，連邦政府，州政府及び北部準州政府は新しい共通枠組みを発足させた。この枠組みでは，連邦議会が1989年連邦会社法を首都特別地域にのみ適用させるように改正し，各州・準州議会が同法をそれぞれの法域に適用させ，全国の会社を管轄する連邦機関として現在のASICを設立し，さらに会社に関する司法制度を全国で統一させた。しかし，1999年と2000年の連邦最高裁判所の判決[2]により，州裁判所と州政府の権限を連邦裁判所及び連邦政府に委譲することは違憲であるとされた。

Ⅵ　2001年連邦会社法の成立

　上記の判決を受け，連邦政府と州・準州政府は，憲法上より確実な方法により会社法制度を構築する必要性に迫られた。連邦憲法51条37項には，連邦議会が州議会によって委譲された分野の立法権を有すると規定されており，この委譲された立法権を基に新しい会社法制の枠組を構築することとなった。51条37項を基に制定された法律は，立法権を委譲した州以外には適用されないという短所があったが，結果的に全ての州・準州議会が各々の会社法の立法権を連邦議会に委譲し，連邦議会はこれを基に2001年連邦会社法及び2001年オーストラリア証券投資委員会法（*Australian Securities and Investments Commission Act 2001*（Cth））を制定した。

1-2　会社の管轄機関

(a) オーストラリア証券投資委員会（Australian Securities and Investments Commission）

(i)　概　要

オーストラリア証券投資委員会（ASIC）は，1989年連邦オーストラリア

---

[2]　*Re Wakim; Ex parte McNally*（1999）198 CLR 511及び*R v Hughes*（2000）202 CLR 535

証券投資委員会法（*Australian Securities and Investments Commission Act 1989* (Cth)）により設立された[3]．独立した連邦政府機関であり，オーストラリアにおいて登録される全ての会社を管轄する．ASIC の委員は連邦政府の財務大臣により選任され，連邦議会，財務大臣及び副大臣に対し報告義務を負う．

(ii) ASIC の役割

ASIC の役割は，大きく会社の管理監督，金融市場・サービスの管理監督，及び証券市場の管理監督に分けられる．

会社の管理監督機関としては，会社法を含む会社に関連する法律のみならず，会社の設立，運営及び経営の管理監督を行い，会社法が適用される者に対し会社法を遵守させる役割を担う．また，ASIC は，会社の登録所（日本の法務局に相当）としての役割も担っており，会社の登録情報の管理，提供等を行う．

金融市場・サービスの管理監督機関としては，金融市場における完全性や公正さを維持する役割を担う．また，金融市場の参加者を保護するため，金融サービスや金融商品に関するアドバイス，販売，情報開示等の管理監督を行う．さらに年金，保険，預金，信用サービスに関連する消費者保護活動も行う．

証券市場の管理監督機関としては、オーストラリアの証券市場における取引及び取引参加者の事業行為に対する監督を行う．

(iii) ASIC の権限

上記のような責務を遂行できるように，ASIC には，会社法や 2001 年オーストラリア証券投資委員会法（*Australian Securities and Investments Commission Act 2001* (Cth)）（以下「**ASIC 法**」という）を含む複数の制定法により，極めて広範な権限が付与されている．ここに全てを記すことはできないが，会社法に関する ASIC の主な権限として以下のものが挙げられる．

- 会社法違反の取締り（違反の疑いのある行為の調査や必要情報の請求，民事訴訟・刑事訴追を含む法令の執行等）
- 会社法の解釈や義務履行に関するガイドラインの作成・公表

---

[3] 設立当初はオーストラリア証券委員会（*Australian Securities Commission*）と呼ばれ，それまで州ごとに置かれていた会社管轄機関の役割を継承した．

- 会社の設立登録、変更事項の登録及び登録拒否、会社登録情報の管理、登録情報の変更、登録抹消等
- 特定の条項の適用免除及び免除基準の作成（海外企業の子会社の財務報告書提出義務の免除条件等）
- 特定の条項の適用対象又は適用除外対象の宣言
- 各種通知・提出情報の審査（公開買付手続の際の買収者及び買収対象企業の報告書類の精査や、買収の過程で提出された調整スキームに関する説明文書や報告書類の審査等）

これら会社法に関連する権限に加え、ASICは金融市場・サービスの管理監督機関及び証券市場の監督機関として、関連規則の作成、関連法の管理や施行、金融事業のライセンス付与等の権限が与えられている。

(b) オーストラリア証券取引所（ASX-Australian Securities Exchange）

(i) 概　要

ASXは、オーストラリア最大、アジア太平洋地域では第8位の規模[4]を誇る証券取引所である。現在のASXは、2006年7月に旧オーストラリア証券取引所（Australian Stock Exchange）とシドニー先物取引所（Sydney Futures Exchange）の合併により発足した。ASXは、ASX Limitedという公開会社及びそのグループ会社によって運営されており、少数の株式を自らが管理する市場に上場させている。ASXは、シドニー、メルボルン、パース、香港、ロンドン及びシカゴにオフィスを設けている。

(ii) ASXの役割

ASXは、オーストラリア最大の証券取引所であり、証券市場の管理監督、精算及び決済システムの提供者としての役割を有する。現在ASXは以下の二つの市場を設けており、それぞれの市場にて別個の取引、精算及び決済システムが用いられている。
1. エクイティ及びエクイティ派生商品を取り扱う市場
2. 金利、エクイティ指標及び商品先物及び先物オプション商品、並びに差額契約を取り扱う市場

---

[4] 2017年9月における米ドル換算の時価総額ベース

また，ASX は，上場規則を含む ASX の各種規則の監視及び取引参加者によるこれら規則の遵守の執行も行う。さらに，上場会社のガバナンス基準向上の啓蒙活動やリテール投資家の教育活動も行う。

(iii) ASX の権限

ASX は，上場申請をした会社や申請の対象となる証券の上場の承認及び上場廃止に関する権限を有し，また，ASX 上場規則の基本原則に則り，かかる会社や証券を上場規則の対象に加えたり，除外する権限も有する。

ASX を含むオーストラリアの証券取引所における取引及び取引参加者の行為の監督権限は 2010 年 8 月 1 日に各取引所から ASIC に移管されたが，ASX は，それ以前に発生した，取引参加者による **ASX 運営規則**（ASX Operating Rules）の違反行為の取締りを行う権限を引き続き有している。この権限は ASX の執行部門（Executive Office）によって行使される。同部門は，違反の疑いのある行為の調査，ASX とは独立した審判機関である ASX 審判所（ASX Tribunal）への提訴，違反者との示談，上訴，ASIC への照会等を行うことができる。

2010 年 8 月 1 日以降に発生した市場運営規則の違反行為に関しても，ASX は違反者（又は被疑者）に対する一定範囲の是正権限を有する。ASX は，取引参加者を含む関係者が ASX 運営規則の違反行為を行っていると判断した場合には，違反者に対する非難や指導，一定額を上限とする罰金の賦課等を行うことができる。

(c) その他の機関

オーストラリアにおいて，全ての会社を包括的に管轄する政府機関は ASIC 以外には存在しないが，会社が特定の事業や取引を行うにあたり，それを規制・管轄する主要な連邦政府機関を以下に例示する。無論，以下に挙げるものが全てではないため，会社が実際に新規の事業や重要な取引を行う場合には，関連する産業や取引を管轄する機関や適用法等に関する調査を事前に行うことが重要である。なお，**オーストラリア国税庁**（Australian Taxation Office）や中央銀行である**オーストラリア準備銀行**（Reserve Bank of Australia）の活動や政策も全ての会社に大きな影響を及ぼすが，これらの役割は日本の国税局や日本銀行のそれと大きな違いはないと思われるので，

本書では触れない。

(i) オーストラリア外資審議委員会（Foreign Investment Review Board）

オーストラリア外資審議委員会（Foreign Investment Review Board）（以下「**FIRB**」という）は，外国投資政策に関するオーストラリア連邦政府の諮問機関として1976年に連邦財務省内に設置された非法定機関である。FIRBは，海外からの直接投資案件を審査し，当該案件が政策及び**1975年連邦外資買収法**（*Foreign Acquisitions and Takeovers Act 1975*（Cth））（以下「**外資買収法**」という）に沿ったものであるかどうかを連邦政府に提言する。また，FIRBは外国投資に関する政策一般の立案も行い，潜在的投資家に対して，政府の政策に関する情報を提供する。

海外企業がオーストラリアの会社や資産に対する投資や買収を行う際には，FIRBに対する事前の届出と審査，及びそれに基づく財務大臣の許可が必要となる場合がある。FIRBによる審査については，本書18-1項において詳述する。

(ii) オーストラリア競争消費者委員会（Australian Competition and Consumer Commission）

オーストラリア競争消費者委員会（Australian Competition and Consumer Commission，以下「**ACCC**」という）は，1995年に設立された独立政府機関であり，2010年連邦競争消費者法（*Competition and Consumer Act 2010*（Cth））（以下「**競争消費者法**」という）やその他の関連法を所管するために設立された。ACCCは，個人や会社，事業が競争，公正取引及び消費者保護に関連する法律を遵守していることを確保することを最重要の目的としており，競争全般を取り扱う唯一の連邦政府機関であると同時に，競争消費者法を執行する唯一の機関でもある。

会社法の観点からACCCが関連する事項には，会社や事業の買収が挙げられる。ACCCの買収案件の承認については，本書18-2項において詳述する。

(iii) 買収委員会（Takeovers Panel）

買収委員会（Takeovers Panel）は，株式公開買付手続の入札期間中におけ

る紛争解決を一義的に行う機関である。これは会社の買収やビジネスに精通した，会社の取締役や銀行家，弁護士等，各分野の選ばれた専門家によって構成される機関であり，委員会のメンバーのほか，フルタイムの従業員も擁している。

　買収委員会は，ASIC 法により設立された委員会であり，会社法に基づき上場会社の公開買付に関連する広範な権限を与えられているが，最も重要なものは，会社の買収や支配に関連する特定の状況を「**許容できない状況**（unacceptable circumstances）」と宣言できる権限である。また，買収関係者（特に買収対象会社の株主）の権利を保護したり，公開買付手続に関して許容できない状況が起こることを防ぐために，必要な命令を発することができる。買収委員会は，その他，会社法の特定の条項に関連する ASIC の決定（例えば，特定の会社について，会社法上の買収に関する特定の条項の適用を除外する決定等）の変更や，買収に関連する政策の策定を行うこと等ができる。

(iv)　オーストラリア健全性規制庁（Australian Prudential Regulation Authority）

　オーストラリア健全性規制庁（Australian Prudential Regulation Authority）（以下「**APRA**」という）は，金融機関に健全な経営を促すため，1998 年に設置された法定機関である。APRA は，銀行，各種保険会社，住宅金融組合，信用組合，共済組合及び退職者年金基金等に対する規制権限を有している。APRA には，金融機関に慎重な基準をもって事業を行わせる権限があり，預金者，保険契約者，組合員等の権利を保護するために活動している。さらに APRA は，調査，介入，公的管理等を行う広範な権限を有する。

(v)　オーストラリア知的財産局（IP Australia）

　オーストラリア知的財産局（IP Australia）は，オーストラリアにおける知的財産の関連法を所管することを目的としており，特許，商標，意匠，植物育種者権の管理を行う連邦政府機関である。オーストラリア知的財産局は，連邦革新産業科学研究省の一部門であるが，ほぼ同省から独立した形で運営されている。特許，商標，意匠，植物育種者権の登録申請は，オーストラリア知的財産局が一括して受付けている。

1-3　各種会社形態と他の事業形態

　オーストラリアで事業を行う際には，会社形態が最も広く用いられている。オーストラリア統計局（Australian Bureau of Statistics）によると，2011年6月の時点で，オーストラリアには210万を超える事業主がおり，ASICが開示した情報によると，同時点において，180万社を超える会社が登録されている。無論これらのデータが，オーストラリアにおける事業に占める会社の割合を直接示すものではないが，いかに会社形態がこの国で事業を行うにあたり広く一般的に用いられているかが理解できる。

　オーストラリアの会社法は数種類の会社形態を定めているが，各種会社形態の違いは，会社所有者の権利義務の範囲及び所有者と会社の関係の違いにあるといえる。他方，全ての会社形態の共通点の中で最も重要な点としては，会社がその所有者と別の人格，つまり法人格を有することが挙げられる。法人格を有するということは，会社がその名義で資産を保有し，契約や訴訟の当事者となることができることを意味する。この点は日本会社法上の株式会社と同じであるが，オーストラリアで用いられる他の事業形態，例えばパートナーシップ（partnership）等とは大きく違う点である。

　オーストラリアの会社形態のうち，最も一般的なのが**有限責任株式会社**（company limited by shares）である。オーストラリアに登録されている会社の大多数はこの形態を用いている。このため本書では，大部分をこの形態の会社の説明に充て，別段の記載がない限り「会社」という表現はこの形態の会社を指すこととする。

　本項では，まず有限責任株式会社の概要を説明し，次に会社法が定める他の会社形態について簡単な説明を行う。そして会社以外の事業形態についても若干の説明を行う。

(a) 有限責任株式会社 (company limited by shares)

　上述の通り，有限責任株式会社は，オーストラリアにおいて最も一般的に用いられる会社形態である。この形態は，オーストラリアで認められている会社形態の中では日本の会社法上の株式会社と法的に最も近いものである。この形態に関する法的及び実務的な事項は本書の他項にて詳細を記すが，他の会社形態との一番重要な違いは，株主の責任が会社が発行する株式に対す

る支払額（つまり出資額）に限定されるという点である。

有限責任株式会社は、さらに**非公開会社**（proprietary company）と**公開会社**（public company）に分類される。両者の一番大きな違いは、非公開会社の株主の数には50名以下という制限があるのに対し、公開会社の株主の数には制限がないことである。逆に、非公開会社は、特にガバナンスや情報開示に関する規制が公開会社のそれと比べて少ない。本項では非公開会社と公開会社の概要について簡単に説明する。

(i) 非公開会社（proprietary company）

非公開会社は、プライベート・カンパニー（private company）とも呼ばれ、会社及びその子会社の従業員以外の株主が50名を超えることが禁止されている（会社法113条(1)）。また、投資家への情報開示が義務付けられる資金調達を行うことも禁止されている（会社法113条(3)）。

株主の数や資金調達の方法に制限が設けられていることから、非公開会社は、公開会社と比較すると、適用される会社法の規定が少なく、これが会社運営の自由度を高くし、会社の管理コストを軽減することを可能としている。このため、非公開会社は、限られた数の者が自分たちの間で会社を運営し、一般投資家から株式発行による資金調達を行うことが予定されない場合に好まれて用いられる形態であるといえる。実際、海外企業がオーストラリアに子会社を設立する際には、殆どの場合非公開会社の形態を選択している。

非公開会社は、さらにその規模によって**大規模非公開会社**（large proprietary company）と**小規模非公開会社**（small proprietary company）に分類される。この分類は、会計年度ごとに行われ、その会計年度における財務報告義務の有無が決定される。

大規模非公開会社は、以下の要件のうち二つ以上を満たす非公開会社を指す（会社法45A条(3)）。

1. 会社とその子会社の会計年度における連結収入が、2,500万豪ドル以上であること
2. 会社とその子会社の会計年度末における連結総資産の価値が1,250万豪ドル以上であること
3. 会社とその子会社の会計年度末における従業員数が50名以上であること

小規模非公開会社は，以下の要件のうち二つ以上を満たす非公開会社を指す（会社法 45A 条(2)）。
 1．会社とその子会社の会計年度における連結収入が，2,500 万豪ドル未満であること
 2．会社とその子会社の会計年度末における連結総資産の価値が 1,250 万豪ドル未満であること
 3．会社とその子会社の会計年度末における従業員数が 50 名未満であること

(ii) 公開会社（public company）

　会社法は，公開会社を，「非公開会社ではない会社」と定義している（会社法 9 条「public company」の定義）。公開会社には，非公開会社に適用される株主数の制限がなく，投資家への情報開示が義務付けられる資金調達を行うことが認められている。これは，公開会社が不特定多数の投資家から資金を募ることができることを意味するが，このため会社法はこれら投資家を保護するために，非公開会社と比べて多くの規制を課している。これら公開会社にのみ適用される規制の主なものとしては「関連当事者（related party）」との取引に関する規定，資金調達時の情報開示義務，定時株主総会の開催義務等が挙げられる。
　有限責任株式会社は，設立の際に公開会社として登録することができる他，他の会社形態（非公開の有限責任株式会社等）から公開会社に形態を変更することもできる。
　なお，公開会社は，上場会社（listed company）と混同されがちであるが，これらはそれぞれ別の概念である。上場会社とは，その会社の発行する証券（株式や社債等）が政府の許可を受けた証券取引所の管理する市場で取引される会社のことをいう。つまり，公開会社の全てが上場しているわけではなく，例えば株主が 1 名しかいない公開会社も存在する。

(b) **他の会社形態**

　オーストラリアには，有限責任株式会社の他に以下の形態の会社が存在する。

(i)　無限責任株式会社（unlimited company with share capital）

　無限責任株式会社の最大の特徴は，会社清算時の会社債務に対する株主の責任範囲に上限が定められていない点である（会社法9条「unlimited company」の定義）。株主の会社債務に対する責任は連帯責任である。つまり，各株主は，会社の債務全体に対して責任を負うが，自身の株式保有比率を超える割合の会社債務を負担した場合，他の株主に対し求償することができる[5]。

　このような特徴から，無限責任株式会社は，現在オーストラリアには殆ど存在しない。

　なお，無限責任株式会社は，有限責任株式会社と同様に，非公開会社又は公開会社として登録することができる（会社法112条）。

(ii)　有限責任保証会社（company limited by guarantee）

　有限責任保証会社の最大の特徴は，会社の活動に必要な資金調達手段として株式を発行することができない点である（会社法124条(1)）。この形態の会社の活動資金の調達には，寄付金や補助金，遺贈といった株式発行以外の手段を用いる必要がある。また，会社が得た利益を社員（株式会社の株主に相当）に分配することもできない。有限責任保証会社の清算時における社員の責任範囲は，会社の資産に対して社員が保証した金額に限定され（会社法517条），社員は会社が清算されるまでこの保証額を支払う義務を負わない。各社員の保証額は定款に記載されるが，定款変更や契約により社員の保証額を変更させることはできない。社員の保証額の支払義務は，会社の現存資産で債務を完済できない場合にのみ，保証額を上限として発生する。

　このような特徴から，有限責任保証会社は有限責任株式会社と比べて資金調達が難しく，資金需要が変化する事業を行う場合には適さない会社形態であるといえる。オーストラリアにおいて有限責任保証会社の形態を用いている会社の例としては，非営利団体や相互保険会社が挙げられる。なお，オーストラリア会社法上，会社は必ずしも営利を目的とした団体である必要はないとされており，したがって，日本法上の公益社団法人のような団体も有限責任保証会社として設立・運営されている。

　有限責任保証会社は，有限責任株式会社や無限責任株式会社と違い，公開

---

[5]　*Albion Insurance Co Ltd v GIO（NSW）*（1969）121 CLR 342；［1970］ALR 441

会社としてのみ登録することができ（会社法112条），したがって，公開会社に適用される会社法の情報開示義務が適用される。

(iii) 無責任会社（no liability company）

無責任会社は，オーストラリア特有の会社形態であり，鉱業を唯一の事業とする会社のみがこの形態を採ることができる（会社法112条(2)(b)）。これは元々ヴィクトリア州（Victoria）において発展した会社形態であるが，会社法が全国で統一された後は，全国でこの会社形態を登録できるようになった。

無責任会社は，株式を発行できるが，株主は株式を引き受けた場合においても，引受株式の対価の支払や，会社の債務の履行をする契約上の義務を負わない（会社法112条(2)(c)）。同様に，株主は，部分的支払済株式の未払分の支払義務を負わない（会社法254M条(2)）[6]。このため，無責任会社の株主の責任範囲は，株主が会社に既に支払った額に限定されることとなる。しかし，他方で，株主が会社による未払分の支払請求に14日以内に応じない場合には，株主が保有する株式は没収され，競売にかけられることとなる（会社法254Q条）。会社法は，無責任会社にのみ適用される株主の支払請求や競売の手続を定めている。

無責任会社には利益配当についても特別の規定が適用される。無責任会社の株主は，保有株式に対する払込みが部分的にしかなされていない場合においても，払込金額の割合ではなく株式の保有比率に応じて配当金の分配を受けることができる。会社清算時における残余財産分配に関しても同様に，払込金額に基づく割合ではなく，株式保有比率により分配額が決定される。ただし，会社の定款に，普通株式（ordinary share）以外の株式にはこの規定が当てはまらないことを明記することができる（会社法254W条(4)）。

無責任会社は，公開会社としてのみ登録することができ（会社法112条），公開会社に適用される会社法の情報開示義務が適用される。無責任会社は，ASXに上場することもでき，ASX上場規則には無責任会社にのみ適用される条項がある。

---

6 オーストラリアでは，日本の場合と異なり，発行価格の全額が支払われていなくても会社は株式を発行することができる（本書7-1(b)(iii)参照）。

(ⅳ) 有限責任株式保証会社（company limited both by shares and by guarantee）

有限責任株式保証会社の最大の特徴は，会社の清算時の株主の責任は，保有株式に対する未払分の金額と，定款に記載された保証額の合計額に限定される点である。この形態の会社は，1998年7月1日以降，新規に設立することや，他の形態の会社がこの形態への変更をすることができなくなったが，既存の会社の存続自体は認められており（会社法1378条(1)及び同条(2)(g)），またこの形態から他の形態への変更は義務付けられていないため，現在も僅かながら存在する。

(c) 他の事業形態

オーストラリアでは，会社の他に**個人事業**（sole trader）と**パートナーシップ**（partnership）が事業形態として多く用いられる。これらついての詳細な説明は省略するが，大枠は以下の通りである。

(ⅰ) 個人事業（sole trader）

自然人（つまり法人ではない個人）は，個人事業主として自らのために事業を行うことができる。個人事業主は，事業の過程で発生する全ての負債・義務に対して無制限の個人責任を負う。個人事業は，会社法の適用を受けないため，会社と比べ，事業活動を比較的自由に行うことができる。

(ⅱ) パートナーシップ（partnership）

パートナーシップとは，営利目的のため共同で事業を行う者の間に存在する関係を指す。パートナーシップの構成員はパートナー（partner）と呼ばれ，多くの場合パートナー間で，各パートナーの義務や，事業収益の分配等に関する契約を締結する。しかしながら，このような契約が存在するからといって，必ずしも法律上のパートナーシップ関係が存在するとは限らない。また，法律上のパートナーシップと税制上のパートナーシップは，概念が必ずしも一致しているわけではなく，例えばオーストラリアの資源プロジェクト等に多く用いられる非法人の合弁事業は，法律上パートナーシップとはされなくとも，税法上パートナーシップとみなされる場合もある。

パートナーシップについて規定する制定法は，各州・準州ごとに存在する。また，会社法にも，パートナーシップに関する条項が幾つか存在する。各州

のパートナーシップを管轄する制定法は，以下の通りである。なお，パートナー間の権利義務については，下記制定法のほか，衡平法を含むコモン・ローの適用も受ける。

州・準州	関連法
オーストラリア首都特別地域（Australian Capital Territory）	*Partnership Act 1963*（ACT）
北部準州（Northern Territory）	*Partnership Act 1997*（NT）
ニューサウスウェールズ州（New South Wales）	*Partnership Act 1892*（NSW）
クイーンズランド州（Queensland）	*Partnership Act 1891*（Qld）
南オーストラリア州（South Australia）	*Partnership Act 1891*（SA）
タスマニア州（Tasmania）	*Partnership Act 1891*（Tas）
ヴィクトリア州（Victoria）	*Partnership Act 1958*（Vic）
西オーストラリア州（Western Australia）	*Partnership Act 1895*（WA）

　各パートナーは，パートナーシップの事業から発生する債務を連帯して負うが，**リミテッド・パートナーシップ**（limited partnership）という，責任範囲が限定されるリミテッド・パートナー（limited partner）と呼ばれるパートナーを有するパートナーシップを構成することも各州の制定法により認められている。しかし，この場合でも，パートナー全員をリミテッド・パートナーにすることは認められず，最低1名はジェネラル・パートナー（general partner）という，責任範囲に制限のないパートナーを置くことが義務付けられている。また，リミテッド・パートナーは，パートナーシップの運営に直接関与することができない。

　通常，各パートナーは，パートナーシップの事業から発生する利益を享受する権利を有するが，パートナー間の契約による制限を受ける。

　パートナーシップは，基本的に独立した法人格を持たない事業体であるが，西オーストラリア州を除く全ての州・準州において，法人格を有する**法人リミテッド・パートナーシップ**（incorporated limited partnership）という形態のパートナーシップも認められている。ただし，この場合もリミテッド・パートナーシップと同様に，ジェネラル・パートナーを置くことが義務付けられ，リミテッド・パートナーはパートナーシップの運営に直接関与するこ

とができない。また、この形態のパートナーシップは、設立や構成人数、解散の方法等において他の形態のパートナーシップより多くの法的制約を受け、さらに有限責任株式会社と比較すると税務上不利になる傾向があることから、あまり多くは利用されていない。

原則として、パートナーシップのパートナー数は20名を超えてはならないが（会社法115条）、特定の事業を行う場合には、20名を超えるパートナーシップが認められている。これらの例としては、以下のものが挙げられる（会社法規則2A.1.01条）。

パートナーシップの業種例	最大パートナー数
・医師、証券ブローカー、特許弁理士、商標弁理士	50名
・建築士、薬剤師、獣医師	100名
・弁護士	400名
・会計士	1,000名

1-4 会社形態の変更

(a) 会社法で認められる会社形態の変更

会社法は、会社がどの形態からどの形態に変更できるかを定めている（会社法162条及び167AA条）。変更前の形態と、その形態の会社から変更できる会社の形態は、以下の表の通りである。

	変更前の会社形態	左記の形態の会社が変更できる形態
1.	有限責任株式会社（非公開）	・有限責任株式会社（公開） ・無限責任株式会社（非公開） ・無限責任株式会社（公開）
2.	有限責任株式会社（公開）	・有限責任株式会社（非公開） ・無限責任株式会社（非公開） ・無限責任株式会社（公開） ・無責任会社
3.	無限責任株式会社（非公開）	・有限責任株式会社（非公開） ・有限責任株式会社（公開） ・無限責任株式会社（公開）

4.	無限責任株式会社（公開）	・有限責任株式会社（非公開） ・有限責任株式会社（公開） ・無限責任株式会社（非公開）
5.	有限責任保証会社	・有限責任株式会社（非公開） ・有限責任株式会社（公開） ・無限責任株式会社（非公開） ・無限責任株式会社（公開）
6.	無責任会社	・有限責任株式会社（非公開） ・有限責任株式会社（公開）
7.	有限責任株式保証会社	・有限責任株式会社（非公開） ・有限責任株式会社（公開） ・有限責任保証会社

(b) 会社形態変更の必要条件

上記の会社変更のうち一部については，変更に必要な条件が定められている。必要条件のある会社形態の変更及びかかる変更に必要な条件は，以下の通りである。

	変更前の形態	変更後の形態	必要条件
1.	無限責任株式会社（非公開・公開とも）	有限責任株式会社（非公開・公開とも）	・変更の3年前までの期間中，有限責任株式会社から無限責任株式会社への変更がされていないこと（会社法162条(1)）
2.	有限責任株式会社（公開）又は無限責任株式会社（公開）	有限責任株式会社（非公開）又は無限責任株式会社（非公開）	・従業員以外の株主の数が50名を超えないこと（会社法113条(1)）
3.	有限責任株式会社（公開）	無責任会社	・鉱業を唯一の事業とする旨が定款に記載されていること ・株主が会社から要求されている株式への支払を行わなかった場合においても，会社は株主に対し未払額を請求する権利がない旨が定款に記載されていること ・発行済株式の払込みが満額行われ

			ていること（会社法 162 条(2))
4.	無責任会社	有限責任株式会社（非公開・公開とも）	・発行済株式の払込みが満額行われていること（会社法 162 条(1))

(c) 会社形態変更の手続

会社形態の変更に必要な手続は，以下の通りである。
1．株主（社員）の特別決議[7]により形態変更を承認し，14 日以内にかかる決議事項を ASIC に通知する（会社法 162 条(1)(a)及び同条(3))。
2．ASIC に変更の申請を行う（会社法 163 条(1))。この際に提出する書類は形態変更の種類によって異なる。変更の種類とこれらに必要な書類は以下の通りである（会社法 163 条(2))。

	変更前の形態	変更後の形態	必要書類
1.	全て	全て	・会社形態の変更及び必要な名称変更を決議した特別決議の決議書（又は議事録）の写し ・その他関連する特別決議の決議書（又は議事録）の写し
2.	有限責任保証会社	有限責任株式会社（非公開・公開とも）	・会社の形態変更が，債権者に重大な不利益を与えないとする取締役の意見，及びその意見に至った理由を記載し，取締役が署名した書面 ・形態変更に伴う株式発行に関連する特別決議の決議書（又は議事録）の写し
3.	有限責任株式会社（非公開・公開とも）又は有限責任保証会社	無限責任株式会社（非公開・公開とも）	・株主（社員）全員が会社の形態変更を承認し，署名を行った書面 ・株主（社員）全員が会社の形態変更承認の書面に署名した旨を記載し，取締役又は秘書役が署名した書面

7　特別決議とは，議決権のある株主（社員）の 75% 以上が賛成票を投じた決議をいう。

| 4. | 有限責任株式会社（非公開）又は無限責任株式会社（非公開） | 有限責任株式会社（公開）又は無限責任株式会社（公開） | ・申請日における定款の写し
・株式に付随する権利を確定させるために必要な書面（契約や同意書等）又は決議書の写し |

有限責任保証、会社が有限責任株式会社（非公開・公開とも）に変更し、変更に伴い株式を発行する場合には、ASICへの申請書に以下の事項を記載する必要がある（会社法163条(3)）。

1. それぞれの株式引受人に関する下記の情報を記載したリストを準備した旨
  (a) 引受人の氏名・会社名及び住所
  (b) 引受人の引き受ける株式の数及び種類
  (c) 引受人が株式に対して支払う金額
  (d) 株式に対する未払分の金額
2. 引受人が引き受ける株式の総数及び種類
3. 引受人が株式に対して支払う合計金額
4. 株式に対する未払分の合計金額
5. （株式の対価が現金以外で支払われる場合には、）法律に規定される株式発行に関する詳細事項
6. （引受人が形態変更前の社員でない場合には、）引受人が、上記1のリストに情報が記載されることについて書面上の同意を行った旨

その他、ASICは会社登録内容や形態変更の詳細を修正する権限を有している（会社法164条及び165条）。

(d) **会社形態変更の法的効果**

会社の形態が変更された場合においても、会社の法人格には影響を与えない。つまり形態の変更により新しい法人が設立されるわけではなく、（株主・社員に対する権利義務を除き）現存する会社の資産や権利義務に対する影響もなく、会社や株主・社員が当事者となっている現存する係争案件についても影響を与えない（会社法166条(1)）。

2. 会社の設立

2-1　登録手続

(a) 会社登録前の必要決定事項

オーストラリアの会社は ASIC に登録することによって設立されるが（会社法119条），登録前に法律上及び実務上最低限決めておかなければならない事項がある。これらの事項について以下に説明する。

(i) 会社名
A　登録できる会社名，登録できない会社名

会社は**会社名**（company name）を有していなければならない。原則，会社は「有効な名称（available name）」，又は各会社固有の識別番号である**ACN**（Australian Company Number—オーストラリア会社番号）を会社名とすることができる（会社法148条(1)）。

会社法上の「有効な名称」とは，以下に記す名称以外の名称を指す（会社法147条(1)）。

1．既に登録された，又は予約されている会社名と同一の名称
2．既に登録された，又は予約されている「**事業名**（business name）」と同一の名称
3．会社法規則により許容されない名称

上記2の「事業名」とは，会社名とは別に登録される名称であり，ASIC において管理され登録される。また，会社名は会社のみが登録することができるが，事業名は会社のみならず，パートナーシップや個人事業もこれを登録することができる。このため，例えばパートナーシップが既に登録している事業名を，会社が登録することはできない。

既に登録された，又は予約されている会社名又は事業名と同一の名称を会社名として登録することはできない一方，類似の名称については，原則として登録が認められている。ただし，名称に使用される単語の単数形と複数形の違いや，大文字と小文字の違い等は，同一の単語・名称とみなされる。希

望する設立予定の会社名と同一の会社名又は事業名が既に登録・予約されているかの確認は，ASICのウェブサイト（http://www.asic.gov.au）で無料で行うことができる。

会社法規則は，許容されない名称に関する基準，及び明示的に禁止される表現を規定している。本書ではこれら全てを記載することはできないが，例としては，英王室や政府，自治体，外国政府との関係を示唆する名称や，"Aboriginal Corporation"，"Chamber of Commerce"，"police"，"Stock Exchange"といった，特定の機能を有する機関や団体に関連する表現を含むもの等が挙げられる。また，金融機関の管轄機関であるAPRAの承認なしに，"bank"，"building society"，"credit union"等各種金融機関にのみ使用が認められる表現を会社名に使用することはできない（会社法規則付則6）。さらに，ASICは公序良俗に反する，又は違法行為を行うことを示唆すると判断される名称についても，これらの登録申請を拒否することができる。

逆に，会社名の最後には，会社の株主又は社員の責任範囲を示す表現を用いなければならない。例えば，非公開の有限責任株式会社の場合，"Clayton Utz Proprietary Limited"のように，"Proprietary Limited"（又はその省略形である"Pty Ltd"）という表現を会社名の最後に用いなければならない（会社法第148条）。会社の形態と，これらの形態の会社が用いなければならない表現は以下の通りである。

	株主又は社員の責任範囲	会社名の最後に用いる表現
1.	有限責任（非公開）	Proprietary Limited 例：Clayton Utz Proprietary Limited
2.	有限責任（公開）	Limited 例：Clayton Utz Limited
3.	無限責任	Proprietary 例：Clayton Utz Proprietary
4.	無責任	No Liability 例：Clayton Utz No Liability

なお，会社法は特定の単語の省略形を用いることを認めている。上述の例を使うと，"Proprietary Limited"は，"Pty Ltd"，"Proprietary Ltd"又は"Pty Limited"等と略すことができる。また，単語の原型と省略形は同じ単語とみ

なされるため、例えば、"Clayton Utz Pty Ltd"という会社が既に登録されている場合には、別の会社が"Clayton Utz Proprietary Limited"という会社名を登録することはできない。省略形が認められる単語は以下の通りである（会社法第149条）。

	原型	省略形
1.	Company	Co 又は Coy
2.	Proprietary	Pty
3.	Limited	Ltd
4.	No Liability	NL
5.	Australian	Aust
6.	Number	No
7.	and	&
8.	Australian Company Number	ACN
9.	Australian Business Number	ABN

　特定の会社名の使用は、会社法や会社法規則上の問題に加え、他の法令違反を発生させる場合がある。その例としては、新会社を既存の会社の関連会社のように装い、消費者や取引先に誤解を与える行為等が挙げられる。このため、会社を設立する際には、新会社が行う事業と同種の事業を行う事業体が新会社の予定する会社名と類似の会社名又は事業名を登録していないかを確認し、登録されている場合には、新会社の会社名が消費者や取引先に誤解を与える可能性があるかどうかを事前に検討する必要がある。

　B　会社名の予約

　設立予定の会社の会社名が上記の「有効な名称」である場合には、その会社名を設立前に予約することができる（会社法152条）。会社名の予約はASICに所定の書類を提出し、手数料（本書執筆の時点では45豪ドル）を支払うことにより申請できる。申請が承認されると予約番号が発行され、承認日から2ヶ月間会社名が予約される。この間、申請者以外の者は、予約された会社名と同一の会社名又は事業名を予約又は登録することができなくなる。予約承認日から2ヶ月経った時点で会社が設立されていなければ予約は失効するが、ASICが正当な理由があると判断する場合には、予約期間をさらに

2ヶ月延長する申請を行うことができる。

(ii) 資　本

　有限責任株式会社は，設立時に株式資本を有していなければならず，したがって，会社は設立時に最低1株を発行しなくてはならない。会社法には最低資本金に関する定めはないが，実務上最低資本金は1豪ドルである。

　オーストラリアでは，日本の会社の発起設立における通帳の写し・残高証明や募集設立における払込金保管証明に相当するものがなく，会社の設立登録をする際に資本金の払込みを証明するものを ASIC に提出するような制度はない。このため，海外企業がオーストラリアに初めて子会社を設立する際には，まず1株や2株といった少数の株式を1豪ドルや2豪ドルといった少額の引受金額で発行したことを ASIC に登録するという手法が頻繁に用いられる。そして，登録後に，新会社は新会社名で銀行口座を開設し，親会社はその口座に必要な資金を払込み，それに応じて子会社は新規に株式を発行する（又は必要資金を融資扱いとし，子会社にかかる融資金の返済義務を負わせる）手順が採られることが多い。

(iii) 株　主

　会社を設立するためには，最低1名の株主が必要である（会社法114条）。公開会社については最大株主数の規定はないが，非公開会社は「従業員株主（employee shareholder）」を除く株主の数が50名を超えてはならない（会社法113条(1)）。

　「従業員株主」とは，以下の株主をいう（会社法第113条(2)(b)）。
　1．株式発行会社又はその子会社（subsidiary）の従業員である株主
　2．株式発行時に株式発行会社又はその子会社の従業員であった株主

(iv) 取締役（director）

　会社設立の際には，**取締役**（director）が必要となる。会社法が定める会社の最低取締役数は，その会社が非公開会社か公開会社によって異なる。非公開会社の最低取締役数は1名であり，最低1名はオーストラリアに通常居住している者でなければならない（会社法201A条(1)）。公開会社の最低取締役数は3名であり，最低2名はオーストラリアに通常居住している者でなけ

ればならない（会社法201A条(2)）。なお，オーストラリア居住者たる要件としては，オーストラリア国籍保有者や永住者である必要はなく，適法にオーストラリアに滞在できるビザを有する者であれば足りる。

　会社の設立時に取締役となる者は，自分が取締役として選任されることを，会社の設立前に書面で同意しなければならない（会社法第201D条(1)）。

　オーストラリアに人的基盤のない海外の企業がオーストラリアに子会社を設立する際に頻繁に直面する問題として，子会社設立時にオーストラリア在住の取締役を必要とする要件をどのように解決するかというものがある。この問題の解決策の一つとして，会社管理の専門業者に新会社の取締役就任を依頼するという方法が挙げられる。オーストラリアには会社の事務管理を専門に行う業者が存在し，海外企業の子会社設立時の取締役就任を引き受ける者も多い。これらの者は，通常，会社の事業や経営に関する判断を自ら下さないが，会社法や税法等に基づき保管が義務付けられる書類や財務諸表等の管理，ASICやオーストラリア国税庁等の窓口業務等を有償で請負う。これらの専門業者は，法律事務所や会計事務所等から紹介される場合が多い。なお，オーストラリアの会社法には，日本の会社法と異なり，社外取締役とそうでない取締役の権限や義務に関する法的区別がなく，また，会社と取締役間の契約により取締役の責任を限定させることが禁止されているため，これらの専門業者は取締役就任の条件として，会社の補償若しくは取締役責任保険，又は両方の手段により，彼らが取締役の職務に関連して蒙る可能性のある損害の補償を要求することが一般的であるので，この点を留意しておく必要がある。

(v) 秘書役（company secretary）

　会社の**秘書役**（company secretary）は，日本の会社法にはない役職である。非公開会社の場合は，秘書役を選任する必要はないが，選任した場合には，最低1名の秘書役はオーストラリアに通常居住している者でなければならない（会社法204A条(1)）。一方，公開会社は，秘書役を最低1名選任しなくてはならず，このうち最低1名はオーストラリアに通常居住している者でなければならない（会社法204A条(2)）。会社法には秘書役の最大人数に関する規定はなく，会社は定款をもって秘書役の最大人数を任意に定めることができる。

会社の設立時に秘書役となる者は，自分が秘書役として選任されることを，会社の設立前に書面で同意しなければならない（会社法204C条(1)）。

上述の通り，非公開会社は秘書役を選任する必要はないが，秘書役の基本的な職務は会社の事務管理であることから，会社設立時に候補者がいない場合には，上記で選任される会社管理の専門家が，取締役と兼務で秘書役に就く場合もある。

(vi) 登録州

会社を設立登録する際に，どの州に登録するかを指定する必要がある。登録する州は，登録上の住所や主たる事業所，登録申請が実際に行われる州とは関係なく，任意に決定することができる。つまり，例えば登録上の住所をシドニー（ニューサウスウェールズ州），主たる事業所をメルボルン（ヴィクトリア州）に置き，登録州をクイーンズランド州とした会社設立登録申請書をASICのパース（西オーストラリア州）事務所に提出することも可能である。

会社をどの州に登録するかの最も重要な判断基準は，印紙税（stamp duty又はtransfer duty）の適用関係であるといえる。オーストラリアの印紙税は州税であり，課税対象となる取引や書面，税率等が州により異なる。株式の譲渡や担保設定に印紙税を課税する州があるが，どの州の税制が適用されるかは，会社がどの州に登録されるかによって決定される。このため，会社の設立前に各州の印紙税の適用関係を調査し，どの州に登録するかを決定することが望ましい。

(vii) 登録上の住所（registered office）

会社は**登録上の住所**（registered office）を持たなければならない（会社法142条(1)）。オーストラリアの会社の登録上の住所の概念は，日本の会社法の本店所在地の概念と類似する。登録上の住所を登録する義務は，ペーパーカンパニー等の物理的なオフィスを持たない会社にも例外なく適用されるため，そのような場合には，会社設立前に登録上の住所を実際に占有している者から同意書を得ておかなければならない。会社法上，会社への連絡や通知は原則として登録上の住所に送付されることになる（会社法142条(1)）。

公開会社は，会社名及び"Registered Office"という表示を登録上の住所の目のつく場所に表示しなければならない（会社法第144条(2)）。公開会社は，

さらに営業日には最低でも以下のいずれかの時間帯に登録上の住所を一般人に開かれたものとしなければならない（会社法145条(1)）。
1．午前10時から正午まで，及び午後2時から午後4時まで
2．午前9時から午後5時までの間の3時間

(viii) 主たる事業所（principal place of business）

主たる事業所（principal place of business）は，会社が実際に事業を行う場所のことを指すため，実際に事業を行う場所が登録上の住所と一致する場合や，ペーパーカンパニー等の物理的なオフィスを持たない会社は，別途これを設置する必要はない。

(b) 登録手続

上述の通り，会社はASICに登録することにより設立される。設立の登録がなされる際に登録書類に株主と記載される者が新会社の株主となる。

(i) 登録申請書の書式及び費用

会社の登録申請は，必要事項を記入し，申請者が署名をした所定の書面を，設立登録費用とともにASICに提出することによって行う。本書執筆時において，株式会社（有限責任，無限責任，公開，非公開とも）の設立登録費用は457豪ドルである。

(ii) 登録時にASICに提供する情報

会社設立登録を行う際，以下の情報を所定の書面に記載し，ASICに提出する必要がある（会社法117条(2)）。
1．会社形態
2．登録予定の会社名（ACNを会社名とする場合には該当しない）
3．株主となる者の氏名及び住所
4．取締役就任予定者の氏名，（会社設立登録の前に氏名の変更が行われた場合には）変更前の氏名，生年月日及び出生地
5．（秘書役の選任を行う場合には）秘書役就任予定者の氏名，（会社設立登録の前に氏名の変更が行われた場合には）変更前の氏名，生年月日及び出生地

6. 取締役又は秘書役就任予定者の（自宅）住所
7. 登録上の住所となる予定の場所
8. 登録上の住所の公開時間（公開会社のみ）
9. 主たる事業所（登録上の住所と異なる場合のみ）
10. 有限責任株式会社又は無限責任会社設立の場合，以下の情報
    (a) 各株主が引受ける株式の種類及び株数
    (b) 各株主が一株あたり支払う金額（該当する場合）
    (c) 発行する株式の対価が満額支払われるかどうか
    (d) 発行する株式の対価が満額支払われない場合には，一株あたりに支払われない金額（該当する場合）
    (e) 設立登録の時点で株主が株式を自己の利益のために保有しているかどうか[8]
11. 公開会社である有限責任株式会社又は無限責任会社の株式の対価が現金以外で支払われる場合，会社法規則に定められる株式発行に関する情報（該当する場合）[9]
12. 有限責任保証会社設立の場合には，各社員が保証を行う金額
13. 設立登録時において新会社に「究極的持株会社（ultimate holding company）」[10]があるかどうか
14. 究極的持株会社がある場合には，以下の情報
    (a) 究極的持株会社の会社名
    (b) 究極的持株会社がオーストラリアに登録されている会社の場合には，究極的持株会社のオーストラリア事業番号（Australian Business Number）（以下「**ABN**」という），ACN又はオーストラリア登録団体番号（Australian Registered Body Number）（以下「**ARBN**」という）
    (c) 究極的持株会社がオーストラリアに登録されていない場合には，

---

[8] 株主が株式の受益権を有していない場合の例としては，株主が信託の受託者として株式を自分以外の者（受益者）のために保有する場合が挙げられる。

[9] なお，かかる株式の対価の支払が書面上の契約に従って行われ，かかる契約の写しがASICに提出される場合には，この情報は記載不要となる。

[10] 究極的持株会社とは，設立される会社の株式を直接的又は間接的に保有し，かつ他の会社の子会社ではない会社をいう（会社法9条「ultimate holding company」の定義）。

究極的持株会社が設立された場所
15. 会社が登録される州

設立される会社が公開会社であって，定款が採用される場合には，設立登録申請時に採用する定款の写しも同時に ASIC に提出しなくてはならない（会社法117条(3)）。非公開会社が定款を採用する場合には ASIC へ提出する必要はない。

(iii) 会社設立登録

ASIC は，上記の情報を記載した会社設立登録申請の書類を受領し，会社設立に必要な情報が提供されたことを確認すると，会社の設立登録を行う。

会社の設立登録が行われると，ASIC は新会社に ACN という会社固有の9桁の識別番号を割り当て，会社が設立された旨が記載された登録証明書を発行する（会社法118条）。登録証明書には，会社名，ACN，会社形態，会社が会社法の下で設立されたこと，登録州及び登録日が記載される。

会社は設立登録が行われた日に設立され，株主，取締役及び秘書役（該当する場合）も同様に，同日に新会社の株主，取締役及び秘書役となる（会社法120条）。

(c) **登録後必要事項**

会社が実際に事業を行うためには，会社の設立後に幾つかの手続を経る必要がある。以下では，会社設立後，速やかに行うことが望ましいと思われる一般的な主要事項のみを取り扱う。会社の事業の種類によっては，この他に政府機関の許認可等が必要になる場合もある。

(i) 国税に関する申請及び登録
1. **ABN 取得**：ABN（オーストラリア事業番号，Australian Business Number）とは，オーストラリアにて事業を行う者（会社に限らず，パートナーシップや個人事業も含む）に与えられる11桁の番号である。ABN の登録は必ずしも義務ではないが，税務上の各種登録や折衝等に必要となったり，また，これがなければ取引の相手方の支払に高率の源泉税が課せられる等するため，事業形態を問わず，オーストラリアにて事業を行う者はほぼ全て ABN を取得する。

2. **TFN 取得**：TFN（税届出番号，Tax File Number）とは，納税者に割当てられる識別番号であり，ABN と同時に申請することができる。ABN と同様に，この番号の取得は義務ではないが，この番号を取得することによりオーストラリア国税局を相手とする各種手続が簡素化され，高率の源泉税徴収を避けることができる。逆に TFN がなければ政府の各種税務優遇措置の恩恵を受けることができなくなる。このため ABN と同様，オーストラリアにて事業を行う者はほぼ全て TFN を取得する。
3. **GST 登録**：GST（物品サービス税，Goods and Services Tax）とは，日本の消費税と類似の間接税であり，オーストラリアで消費される商品又はサービスの供給を行う際に，これらの供給者（つまり売主）に課せられる。本書では詳細には触れないが，関連税法上，GST 課税対象の収入が年 75,000 豪ドルを超える場合には，原則として GST 登録をオーストラリア国税庁に対して行わなければならない。GST の登録申請を行うためには，ABN を取得する必要がある。なお，一定要件を満たす 2 社以上の関連会社を「GST グループ」とし，そのグループを構成する会社全社を GST 法制上 1 社扱いにすることも可能である。
4. **PAYG 登録**：PAYG（pay as you go）とは，従業員の賃金の源泉徴収を指す用語である。オーストラリアの雇用主は，従業員の賃金を支払う際に，所得税を源泉徴収する義務があり，この義務を履行するために PAYG 登録を賃金支払前にオーストラリア国税庁に対して行わなければならない。
5. **フリンジ・ベネフィット税**（Fringe Benefit Tax）登録：フリンジ・ベネフィットとは，乗用車や低利息ローン等，雇用主が従業員に対して給与や賃金以外に供与する利益をいう。フリンジ・ベネフィット税とは，フリンジ・ベネフィットを提供した雇用主に対して課せられる税金であり，フリンジ・ベネフィット税の支払義務を負う雇用主は，この登録をオーストラリア国税庁に対して行う必要がある。

(ii) パブリック・オフィサー（public officer）の選任

オーストラリアの税法上，オーストラリアで事業を行う者は，事業の開始

又は収入の発生から3ヶ月以内に,「パブリック・オフィサー (public officer)」と呼ばれるオーストラリア国税庁の窓口となる者を選任しなければならない。パブリック・オフィサーは,税金に関連し,会社が行わなければならない各種の申告や届出その他の行為に関して責任を有するが,会社の税金を支払う個人的な責任を負うものではない。パブリック・オフィサーは,18歳以上の自然人であり,かつオーストラリアに通常居住している必要がある。

(iii) 州税に関する申請及び登録

給与税 (Payroll Tax) 登録:給与税とは,雇用主が一定額以上の賃金を従業員に支払う場合に,雇用主が支払わなければならない州税であり,該当する雇用主は,州税務当局に給与税の登録を行う必要がある。

(iv) 会計年度設定
1. **会社法上の会計年度**:会社のASICに対する財務報告義務は,会社法上の会計年度 (financial year) を基準に行われる。会社法には,会社設立後最初の会計年度は,会社設立日を起算日とする12ヶ月の期間又は取締役会で決定される18ヶ月を超えない期間をいうものと規定されている(会社法323D条(1))。また,初年度以降の会計年度は,最初の会計年度の終了後から12ヶ月の期間とされている(会社法323D条(2))。したがって,会社法上の会計年度の初日と末日は取締役会が任意に決定できるが,実務上の便宜から,以下に記載する税務上の会計年度と一致させるのが一般的である。
2. **税務上の会計年度**:会社法上の会計年度と違い,税務上の会計年度 (accounting period) は,原則として,初日が7月1日,末日が6月30日とされている。このため,オーストラリアの会社の法人税額等の計算は,この会計年度を基準とすることとなる。ただし,海外に連結親会社を持つオーストラリア法人は,親会社が設立されている法域の会計年度を基準に税金の支払を行うことが例外的に認められている。したがって,日本企業のオーストラリア子会社は,設立後早い段階で税務上の会計年度を日本の親会社の事業年度と合わせるように,オーストラリア子会社の会計年度変更の申請をオーストラリア国税庁に対

(ⅴ) 銀行口座開設

オーストラリアでは，通常，会社の銀行口座は会社の設立後に行われる。銀行口座開設手続では，銀行書類に署名する者が署名権限を有することの証明を求められるのが通常であるため，会社設立後に署名権者を指定する取締役会決議を行っておくのが望ましい。

2-2 定　款

(a) 会社のガバナンスに関する規定

定款（company constitution，又は単に constitution）は，日本の会社法上のそれと同様に，会社のガバナンスを規定する基本文書をいう。しかし，全てのオーストラリアの会社が定款を有する義務はなく，定款を有さない会社のガバナンスは，replaceable rules という会社法に定められている規則が代わりに適用される。また，定款の規定と replaceable rules の規定の両方が適用される旨を記載した会社の定款も存在する。

なお，オーストラリアではかつて，会社のガバナンスを規定する基本文書は，英国や英連邦の多くの国・法域が現在も採用している Memorandum of Association 及び Articles of Association と呼ばれる二つの文書であったが，1998年7月1日より一つの文書である constitution が会社のガバナンスを規定する基本文書とされることになった。ただし，これ以前に設立された会社には，現在もガバナンスを規定する文書が Memorandum of Association 及び Articles of Association のままの会社も存在する。

(b) Replaceable rules

Replaceable rules とは，その名が示す通り，会社の定款の規定によって置き換える（つまり replace する）ことが可能な任意規定，あるいはそれらの規定が全体として形づくる規則のことをいう。定款を持たない会社には，replaceable rules がその会社の基本規則として適用され，機能する。なお，replaceable rules の中には，非公開会社にのみ適用され，公開会社には適用されないものや定款によって置き換えられない条項もある。実務上，会社が

定款を採用する際には，replaceable rules が適用されない旨を定款で明記することが奨励され，実際に殆どの会社の定款にはかかる趣旨の条項がある。

本書執筆時において，replaceable rules とされる会社法の条項は以下の通りである。

	会社法条項	規定内容
	オフィサー及び従業員	
1.	194 条	取締役会における決議及び取締役の個人的利益に関する規定（非公開会社のみに適用）
2.	198A 条	取締役会の権限に関する規定
3.	198B 条	譲渡可能証券のサイン権限に関する規定
4.	198C 条	マネージング・ダイレクター（managing director）に関する規定
5.	201G 条	株主による取締役の選任に関する規定
6.	201H 条	取締役会による他の取締役の選任に関する規定
7.	201J 条	マネージング・ダイレクターの選任に関する規定
8.	201K 条	代理取締役（alternate director）に関する規定
9.	202A 条	取締役の報酬に関する規定
10.	203A 条	取締役の辞任に関する規定
11.	203C 条	株主による取締役の解任に関する規定（非公開会社のみに適用）
12.	203F 条	マネージング・ダイレクターの解任に関する規定
13.	204F 条	秘書役の職務条件に関する規定
	帳簿の閲覧	
14.	247D 条	株主による会社帳簿閲覧権に関する規定
	取締役会	
15.	248A 条	取締役会に代わる書面決議に関する規定
16.	248C 条	取締役会招集に関する規定
17.	248E 条	取締役会議長に関する規定
18.	248F 条	取締役会の定足数に関する規定
19.	248G 条	取締役会決議に関する規定

2-2 定款

		株主総会	
20.	249C 条	取締役による株主総会招集に関する規定
21.	249J 条(2)	共同保有株主への株主総会の招集通知に関する規定
22.	249J 条(4)	株主総会の招集通知に関する規定
23.	249J 条(5)	株主総会の電子的方法による招集通知に関する規定
24.	249M 条	延期された株主総会の招集通知に関する規定
25.	249T 条	株主総会の定足数に関する規定
26.	249U 条	株主総会の議長に関する規定
27.	249W 条(2)	延期された株主総会の議事に関する規定
28.	249X 条	代理人選任権に関する規定(公開会社の場合には,定款による規定の置き換えはできない)
29.	250C 条(2)	代理人による投票の有効性に関する規定
30.	250E 条	各株主の議決権に関する規定
31.	250F 条	共同保有される株式に関する規定
32.	250G 条	株主の議決権に対する異議申立てに関する規定
33.	250J 条	株主総会における議事の決議方法に関する規定
34.	250M 条	投票による決議に関する規定
		株式	
35.	254D 条	既存株主の株式引受権に関する規定
36.	254U 条	配当金支払に関する規定
37.	254W 条(2)	非公開会社株主へ配当金支払に関する規定
		株式の譲渡	
38.	1072A 条	株主の死亡による株式譲渡に関する規定
39.	1072B 条	株主の破産による株式譲渡に関する規定
40.	1072D 条	株主の無能力化による株式譲渡に関する規定
41.	1072F 条	株式譲渡の登録に関する規定
42.	1072G 条	非公開会社の取締役による株式譲渡の登録拒否に関する規定

(c) 定款を採用する義務

会社法上，非公開会社及び非上場の公開会社には定款を採用する義務はない。しかし，非上場の公開会社が定款を採用した場合には，かかる会社には定款の写しを ASIC に登録する義務が発生する（会社法 136 条(5)）。一方，ASX に上場している公開会社は，ASX 上場規則に準ずる内容の定款を採用する義務を負う（ASX 上場規則 15.11 条）。

(d) 法的位置付け

定款及び replaceable rules は，法律上の契約と位置付けられている。会社法は，定款（会社が採用している場合）及び replaceable rules が以下の当事者間における契約である旨を明記している（会社法 140 条）。
1．会社と各株主の間
2．会社と各取締役及び秘書役の間
3．株主と他の株主の間

定款が法的な契約と位置付けられているということは，定款の条項の解釈には，実際の文言に加え，オーストラリアの契約法に準じた黙示的な条項・条件も考慮に入れられること，及び上記の当事者以外の第三者は定款上の義務を負うことがないことを意味し，さらに定款により第三者に利益をもたらす契約関係が発生することもなく[11]，このため第三者が定款の規定を上記の当事者に強制させることはできない[12]ことも意味する。

なお，会社が合弁会社である場合，つまり（特に支配関係にない）2 名以上の会社や個人が共同で出資をして設立された会社である場合には，株主間で会社の支配及び運営に関する取決めを規定する契約を締結することが一般的である。一般に，かかる株主間契約には，株主間契約と合弁会社の定款の規定に齟齬がある場合に備え，株主間契約の規定を優先させるという条項を挿入することが多いが，かかる定めは当該当事者間でのみ有効で，会社との関係では定款の規定が優位することには注意を要する。

11　*Eley v Positive Government Security Life Assurance Co Ltd* (1875) 1 Ex D 20; affirmed (1876) 1 Ex D 88

12　*Eley v Positive Life* [1875] 1Ex D 20; affirmed [1876] 1 Ex D 88; *Marketing Advisory Services (MAS) v Football Tasmania Ltd* [2002] 42 ACSR 128

(e) 定款の採用

1998年7月1日以降に設立された会社は、以下の二つのうちいずれかの方法により定款を採用することができる（会社法136条）。

・会社設立登録時に定款を採用する。ただし、会社設立登録の際に株主として登録される者が、会社登録前に定款の記載内容について書面で合意しておく必要がある。

・会社設立登録後に定款を採用する場合には、株主の特別決議により定款を採用する。

公開会社が定款を採用した場合には、採用の特別決議が行われた日から14日以内に定款の写し及び特別決議の写しを14日以内にASICに提出しなければならない（会社法136条(5)）。非公開会社は、定款をASICに提出する必要がない。

(f) 定款の変更

(i) 変更手続

既存の定款の変更は、株主の特別決議によって行うことができる（会社法136条(2)）。公開会社が定款の変更を行った場合には、変更の決議が行われた日から14日以内にASICに変更の内容を記載した書面の写し及び特別決議の写しを提出しなければならない（会社法136条(5)）。ASICに提出した書面の写しが、定款の変更箇所のみを記載しているものである場合には、ASICは変更を反映させた定款全文の提出を求めることができる（会社法138条）。なお、非公開会社にはこの規定は適用されない。定款の廃止についても、変更と同様に、特別決議によって行うことができる（会社法136条(2)）。

ASXに上場している会社は、定款の変更案をASXに提出し、ASXが異議を唱えないことを確認するまで変更案を最終版とすることができない（ASX上場規則15.1.1条）。

定款は、株主の特別決議以外に定款変更に必要となる条件を、追加的に規定することができる（会社法136条(3)）。

(ii) 定款変更の制限

定款の条項は、replaceable rulesを除き、会社法の規定に従ったものでな

ければならない。このため，例えば，会社法で定められている各種手続（例えば，定款変更には株主の特別決議が必要とする規定）を，定款で任意に変更することはできない。また，会社は，自らの権限を放棄することを定款に定めることができない。同様に，会社法に定められる株主の定款変更の権利を定款によって制限することはできない[13]。

　株主，とりわけ少数株主に対し，不当に差別的な条項を盛り込む結果をもたらす定款変更を行った場合には，変更自体は有効とされる一方，このような定款変更により不利益を蒙った株主は，裁判所に対し救済の訴えを起こすことができる（会社法第2F.1章）。この訴えに対し，裁判所は，裁判所が合理的と判断する命令（例えば，定款の再変更等）を出すことができる。

　ASXに上場している会社は，定款の内容がASX上場規則に沿うものとなるように求められる（ASX上場規則15.11.1条）。

(iii) 定款変更の効果

　会社は，定款を変更することにより，株主やオフィサーの権利や権限を法的に変更することができる。これは，定款変更の特別決議が採択される際に賛成票を投じなかった株主も，変更された定款の規定に拘束されることを意味する。ただし，上述の通り，変更された定款により賛成票を投じなかった株主が不当に差別的な扱いを受ける結果となる場合には，このような株主は，裁判所に対して救済を求めることができる。

　しかし，株主は，株主になった後に以下の効果をもたらすような定款変更がなされた場合には，書面による合意をしない限り，変更部分について法的に拘束されることはない（会社法140条(2)）。

1．株主が追加的に株式を引き受ける義務を負う場合
2．株主の株式払込資本金その他金銭の支払義務が増加する場合
3．株主の株式譲渡の権利が制限される場合，又は制限が厳しくなる場合

(g) 定款の記載内容

　上述の通り，会社法は一部の例外を除き，会社に対して定款を採用する義務を課していない。また，会社が定款を採用する場合においても，会社法に

---

[13] *Punt v Symons & Co Ltd* [1903] 2 Ch 506.

より記載が義務付けうれる条項はない。このため，オーストラリアでは定款の記載事項が会社ごとに大きく異なり，ある会社の定款の記載事項が，他の会社には不適当なものである状況が多々存在する。このため，会社が定款を採用する場合には，会社の状況に沿った定款を作成して採用することが望ましい。

　定款を採用又は変更する場合には，会社はその構成や目的，役割等，多くの事項を考慮して内容を決定することが実務上求められる。これらの事項の中でも，とりわけ株主や取締役，会社自体の権利及び義務をどのように定めるかは重要である。

　会社法をはじめとする各種法令を遵守することを除き，定款の記載事項には特段の規制がないことは上述の通りであるが，多くの定款が規定している条項としては以下のようなものがある。

・replaceable rules の適用を完全に除外するかどうか
・株主及び各取締役の権利義務
・株式の発行
・株式譲渡制限の有無
・取締役の報酬及び福利
・取締役会の手続
・株主総会の手続
・会社による取締役の責任の補償
・配当に関する規定
・会社の清算

3. 会社のガバナンス──取締役・秘書役・その他オフィサー

3−1　取締役

(a) 取締役 (director) の定義

　一般に，会社の取締役 (director) とは，取締役会 (board of directors) の構成員をいうが，会社法上の「director」は，これよりも広く定義されている。会社法上の定義には，取締役会の構成員及び代理取締役 (alternate director) のみならず，いわゆる「事実上の取締役 (de facto director)」や「影の取締役 (shadow director)」と呼ばれる者も含まれる。具体的には，以下に該当する者は会社法上の取締役とみなされる（会社法9条「director」の定義）。
　1．取締役として正式に選任されていないにもかかわらず，取締役同様の行為を行う者
　2．その者の指示や方針について，取締役会が習慣的に従う者
　会社法がこのように取締役を広く定義しているのは，会社において実質的な権限を有する者が取締役として正式に就任しないことにより，会社法の適用（特に取締役が負う義務に関する規定）を避けることを防ぐためである。この定義により，いわゆる事実上の取締役や影の取締役等も，正式に選任された取締役と同様に，会社法で定められる取締役の義務や責任を負うことになる。

(b) 取締役になるための法的資格

　18歳以上の自然人で，会社法の規定により会社を経営することを禁止されていない者は，誰でも取締役になる法的資格がある（会社法201B条(1)及び(2)）。
　さらに，ASICは，会社法により会社経営を禁止されている者を取締役に選任することを特別に許可することができ（会社法201B条(2)），この場合には，ASICが適切と考える条件を課すこともできる（会社法206F条(5)）。

(c) 取締役の選任

(i) 会社設立時の取締役の選任

会社設立時の取締役の選任については，本書 2 − 1 (a)(iv) にて詳述している。

(ii) 会社設立後の取締役の選任

会社が定款を採用している場合には，会社設立後の取締役の選任方法は通常定款に規定される。取締役の選任方法に関する定款の記載内容について，会社法は特に定めていないが，実務上は，取締役は取締役会において，又は株主総会の普通決議により選任される旨規定されることが多い。

取締役の選任に関する規定が定款にない場合，又は会社が定款を採用していない場合には，会社法の replaceable rules が適用される。この場合には，株主総会の普通決議により取締役を選任できる（会社法 201G 条）。また，取締役会の構成人数が定足数を下回っている場合には，既存の取締役会の決議により不足分の取締役を選任できる。ただし，replaceable rules に基づいて取締役会によって取締役が選任された場合には，非公開会社については選任日から 2 ヶ月以内に開催される株主総会の普通決議により，公開会社については選任後に初めて開催される定時株主総会の普通決議により，それぞれ取締役選任の追認を行わなければならない。この追認が行われない場合には，非公開会社については取締役選任日から 2 ヶ月後，公開会社については定時株主総会の閉会直後に，かかる取締役の選任は失効する（会社法 201H 条）。

なお，合弁会社の場合には，株主間契約において各株主が選任できる取締役の人数を予め規定することが多い。

(iii) 取締役の選任手続

取締役となる者は，自分が取締役に就任することについて事前に書面で同意しなければならない（会社法 201D 条(1)）。

取締役が選任された場合，会社は選任された取締役の詳細（氏名，（会社設立登録の前に氏名の変更が行われた場合には）変更前の氏名，生年月日及び出生地）及び選任日を，選任後 28 日以内に ASIC に通知しなければならない（会社法 205B 条(1)）。

(d) 取締役の辞任・解任

(i) 取締役の辞任

Replaceable rules は，取締役が辞任の通知を会社の登録上の住所に提出することによって辞任することができる旨を規定している（会社法 203A 条）。定款を採用する会社には，定款にこれと同様の規定が置かれる場合が多い。

取締役が会社の従業員でもある場合には，会社との雇用が終了すると取締役の職も同時に辞す旨が雇用契約に規定されることが多い。

(ii) 取締役の解任

会社が定款を採用している場合には，取締役の解任に関する規定は通常定款に定められる。非公開会社の場合には，取締役の解任方法に関する定款の記載内容について，会社法は特に定めていない。定款を採用していない非公開会社については，会社法の replaceable rules が適用される。Replaceable rules は，株主総会の普通決議により取締役を解任できると規定している（会社法 203C 条）。

公開会社の場合には，取締役の解任には株主総会の普通決議が必要とされることが会社法に規定されており，また，定款や会社と取締役の間の契約，又は株主と取締役との契約に別段の定めがあっても会社法の規定が適用されるとしている（定款で解任の要件を加重し，株主総会の特別決議を要すると定めることも認められている）。ただし，解任される取締役が特定の株主を代表している場合には，この株主を代表する別の取締役が選任されるまで解任決議は効力がない（会社法 203D 条(1)）。公開会社の取締役を解任する場合には，解任決議が審議される株主総会の開催日の 2 ヶ月前までに，解任決議の動議の通知を会社に送付し，当該通知の写しを解任の対象となる取締役に送付しなければならない（会社法 203D 条(2)及び(3)）。動議の写しを受領した取締役は，株主総会の開催前に書面による異議を提出し，総会にて異議を唱える権利が与えられている（会社法 203D 条(4)）。

合弁会社の場合には，株主間契約により，各株主は自らが選任した取締役を解任する権利を有する旨を規定する場合が多い。

(iii) 取締役辞任・解任手続

取締役が辞任した，又は解任された場合には，会社は 28 日以内に ASIC に通知しなければならない（会社法 205B 条(5)）。また，該当する取締役自身が会社に代わり，ASIC に対して辞任・解任を通知することもできる。

(e) **取締役の任期**

会社法には取締役の任期に関する定めはないが，定款や株主間契約等で任意に任期を定めることは可能である。定款や株主間契約等に任期の規定がない場合には，取締役の辞任，解任又は死亡時まで取締役であり続けることとなる。

ASX 上場会社の場合には，株主総会で再選されない限り，マネージング・ダイレクター以外の取締役の任期は，選任日の 3 年後，又は選任から数えて 3 回目の定時株主総会の開催時のどちらか遅い方を超えてはならない（ASX 上場規則 14.4 条）。

(f) **取締役の報酬**

(i) 報酬を受領する権利

コモン・ロー上，取締役は，会社の定款に明記されているか，又は株主の承認がない限り，取締役としての業務遂行に対する報酬を受け取る権利はない[14]。Replaceable rules には，取締役は株主が決定する報酬を受け取ることができ，取締役会や株主総会の出席のための旅費を含む，会社の業務に関連して正当に発生した費用の支払を受けることができると規定されている（会社法 202A 条）。また，会社の定款にも類似の規定が置かれることが一般的である。

会社法は，会社の唯一の取締役が唯一の株主でもある場合でも，株主による決議に従った報酬及び会社の業務に関連して正当に発生した費用の支払を受けることができると規定している（会社法 202C 条）。

ASX 上場会社の場合には，普通株主の承認なしに会社又はその子会社の取締役の報酬（この場合には，従業員を兼ねる取締役の従業員としての給与は含まない）の総額を増加させてはならない。なお，従業員の給与としても，ま

---

14 *Hutton v West Cork Railway Co* (1883) 23 Ch D 654; 52 LJ Ch 689; 49 LT 420; *Re George Newman & Co* [1895] 1 Ch 674; [1895-99] All ER Rep Ext 2160

た取締役の報酬としても，会社の事業収入に対するコミッションという形又は事業収入に比例するという形で支払を行ってはならない（ASX 上場規則 10.17 条）。また，従業員を兼任しない取締役に報酬が支払われる場合には，報酬の金額は一定額でなければならない（ASX 上場規則 10.17.2 条）。

(ii) 株主による情報の請求

議決権の 5％以上を有する株主又は議決権を有する 100 名以上の株主が請求した場合には，会社は，会社又は会社が支配する会社の各取締役に支払われた報酬に関する情報を開示しなければならない。この場合には，取締役として支払われた報酬のみならず，従業員等他の立場として支払われた報酬も開示しなければならない（会社法 202B 条(1)）。株主から請求を受けた会社は，請求前の直近の会計年度に各取締役に支払った報酬の報告書を作成し，これを監査させた上，監査済みの報告書の写しを株主に提出しなければならない（会社法 202B 条(2)）。

(iii) 上場会社の定時株主総会における決議

会社法は，オーストラリアの証券取引所に上場している会社の定時株主総会における，取締役及び「**主要経営者（key management personnel）**」と定義される者の報酬の承認について，特別の規定を設けている。主要経営者とは，会社の活動を直接的又は間接的について計画，指導又は支配する権限を有し，又は責任を負う者をいい，取締役もこの定義に含まれる（会社法 9 条「key management personnel」の定義，及びオーストラリアの会計基準である AASB 124 第 9 条「key management personnel」の定義）。

A　報酬報告書の採用承認決議

上場会社の定時株主総会では，主要経営者の報酬報告書を採用するかどうかの採決を行わなければならない。ただし，会社法上，株主の採決は助言的なものと位置付けられており，取締役会はこの採決に拘束されるわけではない（会社法 250R 条(2)及び(3)）。しかし，定時株主総会において報酬報告書の採用を採決する際には，報酬報告書に報酬が記載されている主要経営者又は主要経営者の近親者（closely related party）[15] は投票してはならず，これに違反して投票した場合には，かかる票は票数として数えられず，違反者は刑事罰の対象となる（会社法 250R 条(4)，(7)及び(8)並びに 1311 条(1)）。この禁止規定

は，定款や法律に別段の定めがある場合にも優先して適用される（会社法250R条(10)）。

　B　「ツー・ストライク・ルール（two-strikes rule）」

　上場会社の定時株主総会にて，2年連続で25％以上の株主が報酬報告書の採用に反対した場合には，2年目の定時株主総会にて，マネージング・ディレクター以外の取締役全員を入れ替えるかどうかを審議するための株主総会を後日開催するかどうかの動議が諮られなければならない（会社法250U条及び250V条(1)）。この動議が諮られる際には，報酬報告書に報酬が記載されている主要経営者及びその近親者は投票してはならない（会社法250V条(2)）。この規定は，一般に「ツー・ストライク・ルール（two-strikes rule）」と呼ばれ，この動議が普通決議で可決された場合には，可決後90日以内に臨時株主総会を開催しなければならない（会社法250W条(2)）。ただし，2年目の定時株主総会開催時に取締役であった者（マネージング・ディレクターを除く）全員が90日以内に退任した場合には，臨時株主総会を開催する必要はない（会社法250W条(4)）。

　臨時株主総会が開催された場合には，2年目の定時株主総会開催時に取締役であった者（マネージング・ディレクターを除く）全員が退任したものとみなされ，かかる総会で新たに選任された取締役が総会の終了時点で取締役に就任したものとされる。この規定は，定款や法律に別段の定めがある場合にも優先して適用される（会社法250W条(9)）。

　2年目の定時株主総会後90日以内に会社が臨時株主総会を開催する必要があるにもかかわらず開催しなかった場合には，90日の期間終了後も取締役であり続けた者は刑事罰の対象となる（会社法250W条(5)）。

　公開会社（上場会社は全て公開会社である）の最低取締役数は3名であるが，会社法は，臨時株主総会において新たな取締役候補者の選任が否決された結果，会社の取締役数が3名未満になった場合についても規定している。この場合には，事前に会社に対し取締役就任の同意書を提出したものの臨時株主総会にて選任が否決された者の中から，株主の賛成票が最も多かった者から順番に不足人数分が充足される。会社法上，このような形で充足された取締

15　近親者（closely related party）とは，主要経営者の配偶者や子供（継子も含む）その他の扶養家族，主要経営者が支配する会社等が含まれる（会社法9条「closely related party」の定義）．

役は，株主の決議によって選任されたものとみなされる（会社法250X条(2)及び(3)）。この規定は定款や会社法の他の規定に優先して適用される（会社法250X条(6)）。

(iv) ディスクロージング・エンティティー（disclosing entity）の追加的義務

会社法は，会社が「**ディスクロージング・エンティティー（disclosing entity）**」に該当する場合には，取締役の報酬に関して以下の追加的義務を規定している。

1．主要経営者の報酬のヘッジの禁止義務
2．報酬コンサルタントに関連する義務

以下にこれらに関する概要を説明する。

A 主要経営者の報酬のヘッジの禁止義務

オーストラリアの会社の多くは，主要経営者の報酬の一部を，株式買取オプション等，会社の業績にその価値が連動する権利等により支払う報酬制度を採用している。この実務は，主要経営者に会社の業績を向上させるためのインセンティブを与えることを目的として行われているが，デリバティブ商品の取引等により会社の経営が悪化しても自らの報酬の価値が下がることをヘッジする，つまり会社の経営と自らの報酬の価値をある程度切り離すことも技術的に可能である。

しかし，会社の経営と自らの報酬の価値を切離すことは，会社法の精神に反するばかりでなく，取締役の義務と会社の利益が相反するおそれすら生じる。このため会社法は，ディスクロージング・エンティティーの主要経営者及びその近親者が，主要経営者の報酬のうち未払い又は未確定の部分についてリスクヘッジを行うことを禁止している（会社法第206J条(1)）。会社法規則は，リスクヘッジの例として，インセンティブ報酬の売却オプションや，インセンティブ報酬としての株式の売持ちポジション等を挙げている。一方で，為替リスクのヘッジや被保険者の死亡や病気，怪我による収入保護保険の加入については，これに該当しないと規定している（会社法規則2D.7.01条(1)及び(2)）。

この規定に違反した主要経営者は刑事罰の対象となる。また，主要経営者の近親者がこの規定に違反し，主要経営者がこの違反行為を放置した場合も，

主要経営者は刑事罰の対象となる。さらに，近親者が意図的に違反行為を行った場合には，近親者自身が刑事罰の対象となる（会社法第206J条(4)，(6)及び(7)）。

B　報酬コンサルタントに関連する義務

オーストラリアの会社，とりわけ規模の大きな会社は，主要経営者の報酬について，外部の報酬コンサルタントからアドバイスを得て検討・決定していることが多い。これについて会社法は，報酬コンサルタントがディスクロージング・エンティティーである会社に提供するアドバイスの公正性を確保するための規定を設けている。

ディスクロージング・エンティティーである会社が，外部の報酬コンサルタントと主要経営者の報酬に関するアドバイスを提供する契約を締結するためには，会社の取締役会又は報酬委員会が，当該報酬コンサルタントを事前に承認しなければならない（会社法206K条(2)）。かかる承認なしに報酬コンサルタントとコンサルティング契約を締結した場合には，会社は刑事罰の対象となるが，契約自体は無効とはならない（会社法206K条(4)）。

報酬コンサルタントは，主要経営者の報酬に関するアドバイスの提供を取締役会又は報酬委員会に対して行わなければならないが，取締役会の構成員が全員会社と雇用関係にある場合を除き，会社と雇用関係のある取締役に対してこれを行ってはならない（会社法206L条(2)及び(3)）。また，かかるアドバイスを取締役でも報酬委員会のメンバーでもない者に対して提供することも禁止されている（会社法206L条(4)）。これらの禁止事項に違反した報酬コンサルタントは刑事罰の対象となる（会社法206L条(5)）。

また，報酬コンサルタントのアドバイスには，同アドバイスがその対象となる主要経営者から不当な威圧を受けていないことの宣言が盛り込まれなければならない（会社法206M条(2)）。この義務に違反した者は刑事罰の対象となる（会社法206M条(3)）。

(g) 会社経営禁止の対象者

(i) 会社経営の禁止に関する会社法の規定

会社法は18歳以上の自然人であれば原則として会社の取締役になる資格がある旨定めているが，その例外として，一定の状況にある者が会社経営を行うこと（つまり取締役に就任すること）を禁止する，以下のような規定を設

けている。
1. 法律上の会社経営の禁止
2. 裁判所の命令による会社経営の禁止
3. ASIC の判断による会社経営の禁止

以下にこれらの規定の概要を説明する。

(ⅱ) 法律上の会社経営の禁止

会社法は、一定の犯罪を犯した者、又は個人破産をした者が会社を経営することを禁じている。この場合には、裁判所や ASIC が、該当者による会社の経営を禁止するための命令を別途発する必要はない。

A　一定の犯罪により有罪判決を受けた者

以下に該当する犯罪により有罪判決を受けた者は、法律上当然に会社の経営を禁じられる（会社法 206B 条(1)及び会社法規則 2D.6.01 条）。

1. 会社の事業全体又は主要な部分に影響を与える決定を行うこと、又はこのような決定に参加することに関連する重大な犯罪（ニュージーランド法上これに相当する犯罪も含まれる）
2. 会社の財務状況に影響を与える権限を行使することに関連する重大な犯罪（ニュージーランド法上これに相当する犯罪も含まれる）
3. 12ヶ月を超える禁固刑の対象となる会社法上の犯罪
4. 3ヶ月を超える禁固刑の対象となる不誠実性を伴う犯罪（ニュージーランド法上これに相当する犯罪も含まれる）
5. ニュージーランド法上 12ヶ月を超える禁固刑の対象となる犯罪

上記のいずれかに該当する犯罪により有罪判決を受けた者は、判決日から以下の日まで、会社の経営を行うことを禁じられる（会社法 206B 条(2)）。

1. 有罪判決を受けた者が収監されない場合には、判決日の5年後
2. 有罪判決を受けた者が収監される場合には、刑務所から出所した日の5年後

ただし、裁判所は、ASIC からの申請により、上記有罪判決を受けた者の会社経営禁止期間を、これよりさらに最大15年延長することができる（会社法 206BA 条(2)）。

B　個人破産した者

オーストラリア又は他の法域において、法律上個人破産し、免責が確定し

ていない者は，法律上当然に会社の経営を禁じられる（会社法206B条(3)）。また，オーストラリアの破産法上，「個人破産契約（personal insolvency agreement）」を締結し，契約の条項を完全に履行しない者も，同様に会社の経営を禁じられる（会社法206B条(4)）。

(iii) 裁判所の命令による会社経営の禁止

ASICは，以下に該当する者について，会社の経営を禁止する命令を発するように裁判所に申請することができる。

1. 会社法の民事制裁（civil penalty）条項に違反した者（会社法206C条(1)）
2. 過去7年間にその者がオフィサーであった会社が2社以上，その者のオフィサー在職中に倒産し，倒産原因が会社の経営手法にあったと裁判所が判断した場合（会社法206D条(1)）
3. その者がオフィサーであった会社が会社法の規定に2回以上違反し，その者が違反を防ぐ手段を講じなかった場合，又はその者自身が会社法の規定に2回以上違反した場合（会社法206E条(1)）

裁判所は，ASICの上記申請が妥当であると判断した場合には，裁判所が適切と判断する期間（上記2の場合は最大20年間），会社経営を禁止する命令を発することができる。裁判所が会社経営禁止の妥当性を判断する際，対象者の行為や会社の事業や資産等，裁判所が適切と考えるあらゆる事情を考慮することができる（会社法206C条(2)，206D条(3)及び206E条(2)）。

また，ASICは，ニュージーランドにおいて会社経営を禁止された者について，オーストラリアの会社を経営することを禁止する命令を発するように裁判所に申請することができる（会社法206EAA条(1)）。

このほか，裁判所は，競争消費者法上の一定の違反行為を行った者や行おうとした者が会社の経営を行うことを禁止する命令を発することができる（会社法206EA条）。

(iv) ASICの判断による会社経営の禁止

ASICは，以下の条件が全て満たされた場合には，これに該当する者が会社経営を行うことを最大5年間禁止することができる（会社法206F条(1)）。

1. 過去7年間，その者が2社以上の会社のオフィサーであり，オフィ

サーとしての在任期間中又は退任後 12 ヶ月の間にこれらの会社が清算され，清算人が会社の無担保債権者に対する債務の半分を超える額が返済不能であった旨を記載した報告書を ASIC に提出したこと
2．ASIC が，対象者に対し，会社経営する権利を剥奪すべきでない理由があるかどうかについての説明機会を与えたこと
3．ASIC が，会社経営を禁止させることが妥当であると判断したこと

ASIC が上記の規定に基づき会社の経営を禁止する決定をした場合には，ASIC はその旨を対象者に通知しなければならない（会社法 206F 条(3)）。

(v) 会社経営禁止規定の違反

上記により会社の経営を禁じられた者が以下のいずれかの行為を行った場合には，刑事罰の対象となる（会社法 206A 条(1)）。
1．会社の事業全体又は主要な部分に影響を与える決定を行うこと，又はこのような決定に参加すること
2．会社の財務状況に影響を与える権限を行使すること
3．その者の指示や要求どおりに会社の取締役会が行動することを認識しているか，要求どおりに行動させる意図で取締役会を指導する，又は自らの要求を取締役会に伝えること（ただし，専門家の立場から，専門家としての義務を遂行する過程で取締役会にアドバイスを提供する場合は除く）

また，会社の取締役，代理取締役又は秘書役が会社法の規定により会社の経営を禁止された場合，ASIC 又は裁判所が許可を与えない限り，その任を解かれる（会社法 206A 条(2)）。

ASIC の判断によって会社経営を禁止された場合を除き，会社経営を禁止された者は，裁判所に会社経営の許可を申請することができる（会社法 206G 条(1)）。申請者は，申請を行う 21 日前までに ASIC に通知しなければならない（会社法 206G 条(2)）。裁判所が許可を与える場合には，許可に条件や例外規定を設けることができ，ASIC の申請により，許可を取下げることもできる（会社法 206G 条(3)及び(5)）。

(h) マネージング・ダイレクター（managing director）

取締役会は，その権能の一部又は全部を，取締役の中から選任されたマ

ネージング・ダイレクター（managing director）に委託し，日常的に発生する会社の業務上の意思決定をマネージング・ダイレクターに行わせることが頻繁にある。マネージング・ダイレクターは，取締役会から委任された権利を行使することができ，法律上明確な権限が与えられているわけではないため，必ずしも会社に関する重要な意思決定を単独で行えるわけではない。また，会社はマネージング・ダイレクターを選任する義務はない。

　マネージング・ダイレクターの選解任の手続や権限に関する規定は，通常定款に定められる。定款では，取締役会の決議により，取締役の中からマネージング・ダイレクターを選任し，又はこれを解任し，さらに取締役会が有する権限の委任及びこの権限の変更を行うことができる旨規定している場合が多い。Replaceable rules は，取締役会がマネージング・ダイレクターに対して，その権限を付与し，また，これを剥奪又は変更することができる旨規定している（会社法198C条）。また，合弁会社の場合には，株主間契約においてマネージング・ダイレクターの選解任の権限や方法，マネージング・ダイレクターの権限の内容や範囲等を規定することが多い。

　マネージング・ダイレクターへの権限委任は，会社の日常業務上の意思決定を迅速に行うことを可能とし，経営の効率化を図れるという長所があるが，その一方で，委任された権限の濫用を招くおそれもある。このため，取締役会がマネージング・ダイレクターにどの程度の権限を委任するかを慎重に検討する必要がある。

　なお，「managing director」という表現は「代表取締役」と訳されることがあるが，法的な権限が与えられ，法的な位置付けのある日本の会社法上の代表取締役とは概念が異なるため，このような翻訳は誤解を招くおそれがある。オーストラリアには，日本の会社法上の代表取締役と同様の概念はない。

(i) 代理取締役（alternate director）

　代理取締役（alternate director）とは，取締役が何らかの理由により取締役としての職務を遂行することが困難な場合に，一定の期間，取締役に代わってその職務を遂行する者をいう。代理取締役の選解任，その権限及び報酬等に関する事項は定款に規定されることが多い。また，定款において代理取締役の取締役会における議決権に関する条項を規定することも一般的であるといえる。Replaceable rules は，各取締役が他の取締役の承認を得ること

を条件に，自らの権限の一部又は全部を与える代理取締役を選任し，また，その選任した代理取締役を解任する権限を与えている。代理取締役による権限の行使は，選任した取締役による権限の行使と同様の効果を有するものとされる（会社法201K条）。

定款に別段の定めがない限り，代理取締役は，選任した取締役が決議事項について個人的な利益相反がある場合においても，代理取締役自らの判断で議決権を行使する限り，これを行使することができる[16]。逆に，代理取締役が決議事項について重要な利益相反がある場合には，選任した取締役に利益相反がなくとも決議事項に関して議決権を行使することができない[17]。

代理取締役が選任された場合には，代理取締役の氏名（及び選任前の氏名が異なる場合にはその氏名），生年月日，出生地，住所及び就任期間を，28日以内にASICに通知しなければならない（会社法205B条(2)）。また，これらの情報の変更並びに代理取締役が辞任した場合及び解任された場合にも，28日以内にASICに通知しなければならない（会社法205B条(4)及び(5)）。また，代理取締役自身が会社に代わり，ASICに対し辞任・解任を通知することもできる（会社法205A条(1)）。

3-2　取締役の義務と責任

会社法には取締役の義務及び責任に関する規定があるが，オーストラリアの会社の取締役は，同時に会社法との齟齬がない限度において，コモン・ロー上の義務及び責任も負う。また，本3-2で取り扱う義務と責任を負う取締役には，「事実上の取締役」や「影の取締役」も含まれる（本書3-1(a)参照）。このことは，実際に取締役会の構成員ではなくとも，実質的に取締役と同様の権限を有するとみなされる者も，取締役としての義務及び責任の主体となることを意味する。

さらに，一般に会社の日常業務に携わる取締役はexecutive director，それ以外の取締役はnon-executive directorと呼ばれているものの，法律上は社内取締役と社外取締役の区別等はないため，基本的に日本の会社法上の社外取締役のような地位にあることを理由に取締役に課せられる義務と責任が免除されることはない。このため，海外在住の親会社の役員や他の管理職にある

---

[16] *Anaray Pty Ltd v Sydney Futures Exchange Ltd* (1982) 6 ACLC 271
[17] *ASIC v Doyle* (2001) 38 ACSR 606; [2001] WASC 187

者がオーストラリア子会社の取締役に就任する場合には，取締役の義務及び責任について，十分な知識を有していることが望ましい。

また，個々の会社や取締役が置かれている状況は極めて多様であることから，個々の取締役の義務及び責任の内容を画一的に纏めて整理するということは非常に多くの困難を伴う。さらに，この分野の法律は，会社法の中でも最も頻繁に議論が行われている分野であり，数多くの裁判例がある他，法律家や識者によるレポートや政策・法改正の提言も頻繁に行われている。このため，特定の会社の特定の取締役の義務と責任の内容を具体的に分析するためには，会社や取締役が置かれている個々の状況をケースごとに慎重に検討する必要がある。

以下において，会社の取締役の一般的な義務及び責任に関する規定の概要を説明する。

(a) 注意・技能・勤勉さ

(i) 取締役の義務

コモン・ロー上，取締役は「一般的な人物が，その者が置かれている状況において求められる合理的な程度の注意・技能・勤勉さ（care, skill and diligence）」をもって会社の経営を行う義務を負う。

これに加え，会社法は，このコモン・ロー上の取締役の義務と類似する義務を取締役のみならず，他のオフィサーにも課している。会社法は，取締役及び他のオフィサーは，一般的な人物がその会社が置かれている具体的な状況において取締役又はオフィサーとして課される義務を遂行するために用いる程度の注意と勤勉さをもって取締役の権限を行使し，義務を遂行しなければならない旨を規定している（会社法180条(1)）。これは，会社法で求められる注意と勤勉さの程度が客観的な基準をもって判断されることを意味する。なお，会社法には，コモン・ロー上の技能（skill）に関する規定が定められていないが，これによりコモン・ロー上のかかる義務が減免されるわけではない。

取締役（又は他のオフィサー）がこの義務に違反する行為を行ったかどうかを判断する際には，裁判所は「会社が置かれている具体的な状況」及び「取締役（又は他のオフィサー）の「会社における具体的な地位と職責等」を判断要素とする。

「会社が置かれている具体的な状況」を分析するためには，会社の形態，定款の規定，会社の事業の規模や性質，取締役会の構成，会社における取締役会の役割や責任，取締役の特定の役割，取締役の経験や技能，取締役と従業員の責任分担の内容，会社の経営陣やアドバイザーの能力，取締役間及びオフィサー間の責任分担等，それぞれのケースごとの具体的な事実や要因を考慮する必要がある[18]。

「会社における具体的な地位や職責等」については，会社の定款や取締役会決議等で規定される取締役の責任範囲のみが考慮されるわけではなく，会社において実質的に誰とどのような責任分担が行われているか等も考慮される。かかる判断要素には，取締役が会社に提供する経験や技能によって判断される職責の内容や，取締役が遂行すべき職務に影響を及ぼす取締役とオフィサーの間の取決め等がある[19]。

(ii) 経営判断の原則

経営判断の原則は，元々米国の判例法から発展した法原則で，基本的には誠実に注意を払い，会社の利益のために行われた取締役の行為によって結果的に会社が損失を蒙ったとしても，裁判所は取締役の行為の適否を精査せず，取締役の責任は問わないという法原則である。

この原則はオーストラリアにおいても採用されており，会社法はこの原則を成文化し，以下の条件が全て満されていれば，取締役（又は他のオフィサー）の経営判断は，会社法の取締役の注意と勤勉さの義務及びコモン・ロー上の同種の義務を尽くして行われたものとみなされると規定している（会社法180条(2)）。

1．正当な目的のために誠実に経営判断が行われたこと
2．判断事項について取締役（又は他のオフィサー）に重要な個人的利益がないこと[20]

---

[18] *Australian Securities and Investments Commission v Maxwell* (2006) 59 ACSR 373; 24 ACLC 1308; [2006] NSWSC 1052; Australian Securities and Investments Commission v Macdonald (No 11) (2009) 71 ACSR 368; 27 ACLC 522; [2009] NSWSC 287

[19] *Australian Securities and Investments Commission v Rich* (2003) 44 ACSR 341; 21 ACLC 450; [2003] NSWSC 85

3．取締役（又は他のオフィサー）が適切と信じる程度に判断事項に関する情報を取得したこと
4．経営判断が会社の最善の利益に適うと合理的に信じていたこと

上記3について，判断事項に関する情報の収集が十分であったかどうかは，以下のような事情を考慮に入れる必要がある[21]。

・関連する判断事項の重要性
・情報入手に要する時間
・情報入手に要するコスト
・情報収集する者に対する取締役（又は他のオフィサー）の信頼の程度
・判断が行われる時点での会社の事業の状況及び取締役会にとっての判断事項の優先度
・重要な情報が入手可能であったかどうか

上記4の経営判断が会社の最善の利益に適うと信じたことが合理的であったかどうかについては，客観的に判断される。すなわち，会社法は，経営判断を行った取締役（又は他のオフィサー）と同じ立場にある分別のある者の誰もが，当該判断が会社の最善の利益に適うと思わなかったであろうということが立証されない限り，取締役（又は他のオフィサー）の判断は合理的であったとみなされると規定している（会社法180条(2)）。

(iii) 義務の違反

本3－2(a)で述べた義務に違反した者は，会社法に規定される民事制裁（civil penalty）の対象となる（会社法1317E条(1)(a)）。民事制裁とは，裁判所によって会社法の特定の条項に違反したと判断された者が法定の制裁金を連邦政府に支払うことを命令されることをいう。違反者が民事制裁を受けた場合，裁判所は違反者が会社の経営を行うことを禁止する命令を発することができる（会社法206C条(1)）。また，裁判所は，違反者に対して，違反によって会社が被った損害を賠償するように命ずることもできる（会社法1317H条(1)）。

20　例えば，特定の取締役が参加した取締役会において，会社がその取締役に対する貸付を行う決定をした場合には，その取締役は判断事項において重要な個人的利益があることとなる。

21　*Australian Securities and Investments Commission v Rich* (2003) 44 ACSR 341; 21 ACLC 450; [2003] NSWSC 85

裁判所はこのほか，違反行為によって損害を蒙った者，又は違反行為が実行・継続されれば損害を蒙るであろう者の申請により，違反行為の差止命令，又はそれに代わる賠償命令を発することができる（会社法 1324 条）。

また，会社法は，会社法上の義務はコモン・ロー上の取締役の義務を排除せず，むしろ追加的に適用されるものとし，義務違反によって損害を蒙った者による民事訴訟の提訴を妨げないと明記している。ただし，コモン・ロー上の義務違反を根拠に民事訴訟が提起された場合においても，会社法で規定される経営判断の原則は有効な抗弁となる（会社法 185 条）。

(b) 誠実な業務遂行及び正当な目的のための業務遂行

(ⅰ) 取締役の義務

コモン・ロー上，取締役は，会社の最善の利益のために取締役としての業務を遂行する義務を負う。

会社法は，このコモン・ロー上の義務に相当する義務を規定しているが，会社法の規定は取締役だけではなく，他のオフィサーにも適用される。会社法上，取締役（及び他のオフィサー）は，以下のようにその権限を行使しなければならない（会社法 180 条(1)）。

1．会社の最善の利益のために誠実に行使すること
2．正当な目的のために行使すること

上記の二つの義務は，二つで一つの義務を構成するのではなく，それぞれ個別に取締役（及び他のオフィサー）に課せられる義務である[22]。

(ⅱ) 最善の利益のために誠実に行使する義務

取締役がその権限を「会社の最善の利益のために誠実に行使する」ためには，既存株主の利益も考慮に入れなければならない。その際に，種類株式の株主の利益がそれぞれ異なる場合においては，取締役は全ての種類株式の株主を公平に扱わなければならない[23]。

最近の判例では，取締役が会社の最善の利益のために誠実に権限を行使す

---

[22] *The Bell Group Ltd (in liq) v Westpac Banking Corporation (No 9)* (2008) 70 ACSR 1; [2008] WASC 239
[23] *Mills v Mills* (1938) 60 CLR 150; 11 ALJ 527

る際には，特に会社が破綻寸前の場合等には，会社債権者の利益も考慮に入れなければならないと判断される傾向にある。ただし，取締役は，債権者の最善の利益のために業務を遂行する義務を債権者に対して直接負うわけではない[24]。

会社法は，完全子会社である会社の取締役が，会社の最善の利益のために誠実に行使する義務について，特別な規定を設けている。すなわち，以下の条件が全て満たされている場合には，取締役の権限行使が会社自体の最善の利益とならない場合であっても，会社の利益のために善管注意義務をもって職務を遂行しているとみなされる（会社法187条）。

1. 取締役が完全親会社の利益のために職務を遂行することを認める旨が定款に明記されていること
2. 取締役が完全親会社の最善の利益のために誠実に職務を遂行していること
3. 取締役が職務を遂行する際において，会社が支払不能状態にないこと，又は職務を遂行することによって会社が支払不能状態に陥らないこと

(iii) 正当な目的のために行使する義務

取締役は，定款（又は replaceable rules）が取締役に与える権限行使の目的以外の隠れた目的のために，その権限を行使してはならない[25]。取締役がその権限を正当な目的のために行使したかどうかを判断する際には，裁判所は，まず取締役が行使した権限の内容を検討し，実際に行使された権限の主要な目的を分析することにより，かかる権限が会社の利益のため誠実に行使されたかどうかについて判断する[26]。

24　*Spies v R* (2000) 201 CLR 603; 173 ALR 529; 35 ACSR 500; 18 ACLC 727; *Geneva Finance Ltd (receiver and manager appointed) v Resource & Industry Ltd* (2002) 20 ACLC 1427; [2002] WASC 121

25　*Mills v Mills* (1938) 60 CLR 150; 11 ALJ 527; *Ngurli Ltd v McCann* (1953) 90 CLR 425; 27 ALJR 349

26　*Howard Smith Ltd v Ampol Petroleum Ltd* [1974] 1 NSWLR 68; (1974) 3 ALR 448; [1974] AC 821; [1974] 1 All ER 1126

権限行使の正当性が争点となる取引

　取締役が，定款上与えられた権限を正当に行使したかどうかという点は，会社による株式の発行や公開買付が行われた際に，よく争点となる。

　例えば，会社に十分な運営資金があるにもかかわらず既存株主以外の第三者に新株を発行した場合には，会社の資金調達を行う目的で新株発行の決議を行ったのではなく，既存株主の議決権割合を減らしたり，自らの影響力を強めることを目的として新株発行を行ったと判断されることがある。この場合には，取締役は正当な目的のために権限行使する義務に違反したとされる可能性がある。

　また，公開買付のオファーを受けた会社（つまり買収対象会社）の取締役が，会社における自らの影響力を維持するために，株主の利益となる買取オファーを拒否するよう株主に提言したり，会社の事業や資産の再編成を行う行為等も，正当性が争われる可能性がある。

(iv)　義務の違反

　本3-2(b)で述べた義務に違反した取締役（又はその他オフィサー）及び違反行為に関与した者は，民事制裁の対象となる（会社法1317E条(1)(a)）。また，この義務に違反したと者は，会社経営の禁止命令や，会社に対する損害賠償の支払命令の対象にもなる（会社法206C条(1)及び1317H条(1)）。会社法のこの規定は，取締役（又は他のオフィサー）のみならず，違反行為に「**関与した（involved）**」とされる者も民事制裁の対象となる点に留意する必要がある。会社法の違反行為に関与した者とは，以下のいずれかに該当する者をいう（会社法79条）。

1．違反行為に協力し，又はこれを幇助，助言又は斡旋した者
2．脅迫，約束，その他の方法により違反行為を行わせた者
3．直接的又は間接的な何らかの行為（不作為を含む）により，違反を承知の上で違反に関与した者
4．他者と共謀して違反行為を行わせた者

　本3-2(b)で述べた義務に違反する行為が重過失（reckless）により行われた場合，又は意図的に不誠実に行われた場合には，義務違反をした取締役

（又はその他オフィサー）は刑事罰の対象にもなる（会社法 184 条(1)）。

　裁判所はこのほか，違反行為によって損害を蒙った者，又は違反行為が実行・継続されれば損害を蒙るであろう者の申請により，違反行為の差止命令，又はそれに代わる賠償命令を発することができる（会社法 1324 条）。

　また，会社法は，この義務はコモン・ロー上の取締役の義務を排除せず，むしろ追加的に適用されるものとし，義務違反によって損害を蒙った者による民事訴訟の提起を妨げないと明記している（会社法 185 条）。

(c) 利益相反行為の回避義務

(i) コモン・ロー上の取締役の義務

　利益相反は，取締役の個人的利益と会社の利益が相反する場合に発生するが，コモン・ロー上，これらの利益相反が発生する実質的な可能性がある場合には，取締役はこれを回避する義務を負う。また，会社の取締役としての立場や取締役として得た情報を利用して個人的な利益を得た取締役は，このような利益を会社に説明する義務を負う[27]。

　取締役の利益相反行為の例としては，会社の顧客を自分と関係のある別の会社に勧誘する行為や[28]，会社の事業を運営する過程で得たビジネスの機会を会社への説明なしに個人で利用する行為[29] 等が挙げられる。しかし，取締役として在任している間に競合する他の会社の取締役にも就任すること自体は，会社の機密事項を競合会社に開示しない限り，利益相反回避義務の違反とはされない[30]。

　この義務は，取締役が誠実に職務を遂行してさえいれば回避できるというわけではなく[31]，また，利益相反が発生する実質的な可能性がありさえすれば，利益相反取引が実際に会社に不利益を与えなかったとしても免除されるわけではない[32]。一方で，定款は，取締役が会社との取引を通して得た利益

---

[27] *Regal (Hastings) Ltd v Gulliver* [1967] 2 AC 134; [1942] 1 All ER 378
[28] *Mordecai v Mordecai* (1988) 12 NSWLR 58; 12 ACLR 751; 6 ACLC 370
[29] *Cook v Deeks* [1916] 1 AC 554; [1916-17] All ER Rep 285; *Green v Bestobell Industries Pty Ltd* [1982] WAR 1; (1982) 1 ACLC 1; *Pacifica Shipping Co Ltd v Andersen* [1986] 2 NZLR 328
[30] *London & Mashanoland Exploration Co Ltd v New Mashanoland Exploration Co Ltd* [1891] WN 165; *Bell v Lever Bros Ltd* [1932] AC 161; [1931] All ER Rep 1
[31] *Pacifica Shipping Co Ltd v Andersen* [1986] 2 NZLR 328

を会社に説明する義務を免除することができ[33]。また，一定の条件を満たす場合には，株主がこれを事後承認することもできる。

(ii) 会社法上の取締役の義務

会社法は，会社の取締役，他のオフィサー及び従業員が，会社における自らの地位を不当に利用して，自己若しくは第三者のために利益を得ること，又は会社に不利益を与えることを禁止している（会社法182条(1)）。この禁止規定は，取締役等の行為が結果的に自らの利益や会社の不利益とならなかった場合においても適用される[34]。また，この規定は，取締役や他のオフィサーのみならず，従業員一般にも適用される点に注意を要する。

また，会社法は，会社の取締役，他のオフィサー及び従業員，並びに過去にこれらの地位に就いていた者が，会社での職務を遂行する過程で入手した情報を不当に利用して，自己又は第三者のために利益を得ること，又は会社に損害を与えることを禁止している（会社法183条(1)）。この規定は，取締役や他のオフィサーのみならず，従業員一般にも適用され，さらに過去にこれらの地位にあったものにも適用される点に注意する必要がある。

何をもって自己の地位や情報を「不当」に利用したといえるかを判断する基準については多くの判例があるが，基本的には，自らの行為が不当であることを認識している必要はなく，客観的に同様の地位のある者に期待される行動基準を逸脱しているようであれば，不当性が立証される可能性がある。

(iii) 義務の違反

本3-2(c)で述べた義務に違反した者及び違反行為に関与した者は，民事制裁の対象となるほか（会社法1317E条(1)(a)），会社経営の禁止命令や，会社に対する損害賠償の支払命令の対象にもなる（会社法206C条(1)及び1317H条(1)）。

自己又は第三者の利益のため，又は会社に損害を与えるために，会社にお

---

[32] *Parker v McKenna* (1874) 10 Ch App 96; [1874–1880] All ER Rep 443; *Regal (Hastings) Ltd v Gulliver* [1967] 2 AC 134; [1942] 1 All ER 378
[33] *Hely-Hutchinson v Brayhead Ltd* [1968] 1 QB 549; [1967] 3 WLR 1408; [1967] 2 All ER 14
[34] *Chew v R* (1992) 173 CLR 626; 107 ALR 171; 7 ACSR 481; 10 ACLC 816

ける自己の地位やその地位にあることにより得られた情報を意図的又は重過失（reckless）により不正利用した場合には，刑事罰の対象にもなる（会社法第 184 条(2)及び(3)）。

会社法は，この義務はコモン・ロー上の取締役の義務を排除せず，追加的に適用されるものとし，義務違反によって損害を蒙った者による民事訴訟の提起を妨げないと明記している（会社法 185 条）。

(d) 重要な個人的利益の通知義務及び決議参加の禁止

(i) 取締役の通知義務

会社法は，取締役の利益相反回避義務を補完する形で，取締役が会社の事業や経営に関して「重要な個人的利益」（material personal interest）を有する場合には，これを他の取締役に通知する義務を課している（会社法 191 条(1)）。

会社法は，「重要な個人的利益」を定義していないが，この点が論点となった判例が存在する。例えば，特定の取締役が提訴を受けた裁判に対応するために支出した弁護士費用を会社が負担することを取締役会が決議する場合には，この取締役に重要な個人的利益があると示唆した判例がある[35]。また，個人的利益が「重要（material）」であるといえるためには，かかる利益が些細なものではなく，実質的で相応の価値のあるものでなければならないことを示唆した判例もある[36]。

他方，会社法は，この義務の例外を詳細に列挙しており，これらの例外に該当する場合には，取締役は他の取締役に対して重要な個人的利益を通知する義務を負わない（会社法 191 条(2)）。これらの例外のうち主なものは以下の通りである。

・個人的利益が株主としての利益であり，他の株主も同様の利益を有する場合
・取締役の報酬として利益が発生する場合
・個人的利益が株主の承認が得られることを条件とする契約に基づき発生

---

[35] *European Pacific Resources Pty Ltd v Aurifex Mining NL SC*（NSW），Brownie J, 27 June 1994, unreported

[36] *Grand Enterprises Pty Ltd v Aurium Resources*（2009）256 ALR 1; 72 ACSR 75; ［2009］FCA 513

し，株主の承認を得なければ契約が有効とならない場合
・個人的利益がD&O保険契約に関連する場合（ただし，会社又はその子会社が保険会社として責任を負う場合を除く）
・個人的利益が，会社法で認められるオフィサーの補償に基づくものである場合
・会社が非公開会社であり，他の取締役が，利益の性質及び範囲並びに利益と会社の事業の関係について認識している場合

なお，この規定は取締役が1名しかいない非公開会社には適用されない（会社法191条(5)）。

(ii) 取締役の決議参加の禁止

非公開会社の場合には，定款において，取締役が重要な個人的利益を有する取引を取締役会で審議する場合の当該取締役の決議参加権に関する規定を定めることができる。この点については，非公開会社にのみ適用される replaceable rules の規定があり，この規定上，上記の会社法上の通知義務が遵守される限り（又はこの適用が除外される場合には），重要な個人的利益を有する取締役も取締役会の決議に参加することができる（会社法194条）。

公開会社の場合には，この replaceable rules の規定は適用されず，以下の場合（又は，上記の会社法上の通知義務が免除される場合）を除き，重要な個人的利益を有する取締役が，当該利益に関連する取締役会決議に参加することはできない（会社法195条）。

1. 重要な個人的利益を有しない取締役が，利益の性質及び範囲並びに利益と会社の事業の関係を特定した上で，重要な個人的利益を有する取締役が取締役会の決議に参加することを認める決議を行った場合
2. ASICが重要な個人的利益を有する取締役による取締役会決議への参加を認めた場合

この公開会社に適用される規定により，重要な個人的利益を有する取締役が取締役会に参加できず，その結果として取締役会の定足数が満たされなかった場合には，1名以上の取締役（重要な個人的利益を有する取締役を含む）は株主総会を招集し，この決議事項を審議させることができる（会社法195条(4)）。

(iii) 義務の違反

本 3-2(d)で述べた義務に違反した者は、刑事罰の対象となる（会社法 191条(1)及び 195 条(1)）。ただし、かかる取締役会で可決された決議や、決議の対象となった取引自体は無効とはならない（会社法 191 条(4)及び 195 条(5)）。

(e) 破産取引（insolvent trading）の阻止義務

(i) 取締役の義務

会社がその債務の返済ができない、又はこれ以上債務を負うと債務の返済ができない状態に陥る可能性があるにもかかわらず、更なる債務を負担する取引を行う行為は、**破産取引**（insolvent trading）と呼ばれる。会社法は、取締役に対し、会社が破産取引を行うことを阻止する義務を負わせている。この義務は、会社債権者を保護するために会社法が取締役に課した特別な義務であり、オーストラリア特有のものである。

具体的には、以下のいずれかの状況にあるにもかかわらず、会社が債務を負担する取引を行うことを取締役が阻止しなかった場合には、取締役はかかる義務に違反したとされる（会社法 588G 条(2)）。

1. 会社が債務の返済ができない、又はこれ以上債務を負うと債務の返済ができない状態に陥ると疑うだけの合理的な理由があると取締役が認識していた場合
2. 会社が上記のような状況にあり、取締役と同様の立場にある者であれば、会社が債務の返済ができない、又はこれ以上債務を負うと債務の返済ができない状態に陥ると疑うだけの合理的な理由があることを認識したであろう場合

このような破産取引の阻止義務がある結果、取締役は個人的な責任を負うことをおそれて、新規の借入れ等により積極的に事業を再建しようとするのではなく、比較的早い段階で倒産手続を開始しようとする傾向が強い。このため、事業の再生が実際には可能であった場合でも、倒産手続が開始され、かえって会社の事業価値が毀損されていた可能性がある点が問題視され、2017 年 9 月に破産取引の阻止義務について、いわゆる「セーフハーバールール（safe harbour rule）」と呼ばれるルールが導入された。具体的には、以下の二つの要件を両方とも満たす場合、破産取引の阻止義務違反に関する取締役の責任が会社が新たに負担した債務に関して排除される（会社法 588GA 条(1)）。

1. 取締役が，会社の債務返済能力に疑問を持った後，合理的な期間内に，会社に管財人又は清算人が直ちに選任された場合と比較して会社の状態を改善する合理的な可能性がある措置を開始した場合
2. 会社が新たに負担した債務が当該改善措置に直接又は間接に関連して生じたものである場合

セーフハーバールールの要件を満たしたことの立証責任は取締役にある（会社法588GA条(3)）。取締役が開始した措置が会社の状態を改善する合理的な可能性があるか否かを判断するにあたっては，取締役が会社の財務状態を適切に検証したか，会社の役職員の不当・不適切な行為（会社の債務の返済能力に悪影響を及ぼす行為）を防止したか，財務記録が適切になされているか，適切な専門家に相談したか，財務状態の改善に向けた事業再建策を策定・遂行したか，などの要素が総合的に考慮される（会社法588GA条(2)）。このため，取締役がセーフハーバールールに依拠するためには，会社の状態を早期に把握・分析し，専門家にも相談のうえ，具体的な再建案を策定（書面化）し，これを遂行，監視することが必要である。なお，会社が新しい債務を負担した時点で，従業員の給料や退職年金を支払っていなかったり，税務上の申告義務を怠っていたりする場合は，原則としてセーフハーバールールに依拠することはできない（会社法588GA条(4)）。

破産取引の阻止義務の規定は，実質上，取締役に会社の財務状況を常に把握させ，会社の債務返済能力に疑問を抱いた場合は，会社に債務を負担させない義務を負わせる効果があるといえる。このため，取締役は，例えば会社の債務返済能力に疑問を生じるような情報に接した場合には，会社の債務返済能力を確認するための積極的な行動を取る必要がある。

また，上記のセーフハーバールールとは別に，取締役が以下のいずれかの事実を証明することができれば，破産取引の阻止義務に違反したことにはならない（会社法588H条）。

1. 破産取引が行われた当時において，会社に支払能力があると信じるだけの合理的な根拠があったこと
2. 専門分野のアドバイザー等，能力があり信頼できる者が，会社に支払能力があることについて十分な情報を提供する責任があり，その職務を遂行していると信じるだけの合理的な根拠があり，その者が提供した情報に依拠した結果，破産取引が行われた当時，会社に支払能力が

あると信じていたこと
3. 破産取引が行われた当時において，病気その他正当な理由により会社の経営に携わっていなかったこと
4. 会社がこれ以上負債を負わないためのあらゆる合理的な手段を講じたこと

(ii) 義務の違反

　本3-2(e)で述べた義務に違反した取締役は，民事制裁の対象となる（会社法1317E条(1)(e)）。また，会社経営の禁止命令の対象にもなる（会社法206C条(1)）。これに加え，裁判所は，違反した者に対し，破産取引を行った会社の破産により損害を蒙った無担保債権者の損害額と同額を会社に支払うことを命令することができる（会社法588J条(1)）。このことは，取締役がこの義務を怠った場合には，会社の債務について取締役自身が事実上個人責任を負うことを意味するため，その効果は絶大である。したがって，取締役としては，会社の債務返済能力に疑問を抱いた場合，倒産手続を開始するか事業を継続するかを決定する際に，専門家にも相談のうえ慎重に検討することが重要である。

　会社による破産取引の阻止を誠実に行わなかった取締役は，刑事罰の対象にもなる（会社法588G条(3)）。この刑事訴訟において有罪判決を行った裁判所も，会社の破産により損害を蒙った無担保債権者の損害額と同額を会社に支払うよう取締役に命令することができる（会社法588K条）。

　また，取締役が破産取引を阻止する義務に違反し，破産取引により会社が清算手続に入った場合には，会社の清算人も，違反者が民事制裁又は刑事罰を受けたかどうかにかかわらず，会社の破産によって無担保債権者が蒙った損害額と同額を取締役に対して請求することができる（会社法588M条(2)）。また，清算人の書面による同意があれば，無担保債権者が直接取締役に対して損害額を請求することができる（会社法588M条(3)及び588R条(1)）。この規定により，取締役は，会社や裁判所だけではなく，会社債権者から直接訴えられる可能性が発生することになるため，取締役にとっては極めて重大な規定といえる。

(f) 義務違反行為の承認

原則として，会社が行った取引に利害関係のある取締役の義務違反行為については，他の取締役が承認することはできない[37]。

他方，一定の例外を除き，取締役の任務懈怠行為や信認義務の違反，又は取締役の権限の不正な目的のための行使が認められた場合等には，株主総会の普通決議により取締役の義務違反行為を承認することができる[38]。ただし，株主に対し違反行為の説明及び取締役が違反行為の免責を求める理由を開示しなければ，株主の承認は無効となる[39]。

なお，取締役の行為が少数株主を欺く行為だった場合や会社が破綻寸前の状況で債権者への義務を果たさなかった場合等には，株主はこれを承認することができない。また，株主は，取締役による会社資産の不正流用を承認することや[40]，少数株主の利益を不当に害する結果を招く行為を承認することもできない[41]。

(g) 会社による取締役責任補償の制限

会社法は，義務違反を理由として取締役が支払う賠償金，罰金及び訴訟費用を会社が補償することを制限している。会社法はさらに，会社役員賠償責任保険（Directors' & Officers' Liability Insurance Policy）の保険料を会社が負担することについても一定の制限を設けている。したがって，会社や保険による補償は，取締役の責任を完全にはカバーできない点に注意が必要である。

---

[37] *Winthrop Investments Ltd v Winns Ltd* [1975] 2 NSWLR 666; (1975) 1 ACLR 219; (1975-76) CLC 40-238

[38] *North-West Transportation Co Ltd v Beatty* (1887) 12 App Cas 589; *Furs Ltd v Tomkies* (1936) 54 CLR 583; 9 ALJ 419; *Hogg v Cramphorn* [1967] Ch 254; [1966] 3 All ER 420; [1970] Ch 122; *Regal (Hastings) Ltd v Gulliver* [1967] 2 AC 134; [1942] 1 All ER 378; *Winthrop Investments Ltd v Winns Ltd* [1975] 2 NSWLR 666; (1975) 1 ACLR 219; (1975-76) CLC 40-238

[39] *Bamford v Bamford* [1970] Ch 212; [1969] 1 All ER 969; *Winthrop Investments Ltd v Winns Ltd* [1975] 2 NSWLR 666; (1975) 1 ACLR 219; (1975-76) CLC 40-238

[40] *Cook v Deeks* [1916] 1 AC 554; [1916-17] All ER Rep 285; *Ngurli Ltd v McCann* (1953) 90 CLR 425; 27 ALJR 349

[41] *JD Hannes v MJH Pty Ltd* (1992) 7 ACSR 8; 10 ACLC 400

会社による取締役責任補償の範囲の制限及び保険料支払の制限については，本書3-6項にて詳述している。

3-3　取締役会

(a)　取締役会の構成人数

(i)　最低人数

　会社法が定める会社の最低取締役数は，非公開会社の場合は1名，公開会社の場合は3名である（会社法201A条）。定款においてこれらの数を超える人数を取締役の最低人数と規定することはできるが，これらを下回る数を規定することはできない。なお，日本の会社法上，「取締役会」を設置する場合には取締役の人数は3名以上とされているが，オーストラリアでは同様の概念はない。したがって，本書における「取締役会」という表現は，（別途明示しない限り）取締役が1名しかいない会社の場合には，その取締役を指すものとする。なお，非公開会社の場合は最低1名，公開会社の場合は最低2名はオーストラリアに通常居住している者である必要があるので（本書2-1(a)(iv)項参照），特に海外企業のオーストラリア子会社の場合，この規定に違反しないよう注意する必要がある。

(ii)　最大人数

　取締役の人数の上限についての法律上の規定はないが，定款でこれを定めることができる。しかし，会社法は，定款で定めた上限を超えない範囲で別の上限を設定する権限を取締役会が有している公開会社について，特別の規定を設けている（会社法201N条）。例えば，定款で取締役の人数の上限が20名であると規定する一方で，取締役会に20名以下の別の人数を上限とする旨を決議する権限も与えている場合には，この特別の規定が有効に適用される。

　この規定が適用される場合において，取締役会が取締役の人数の上限を設定するためには，株主総会の普通決議による承認がなされなければならず，決議に参加する株主には，上限設定の理由及び設定の是非を判断するために必要な全ての情報を，株主総会の招集通知に添付しなければならない（会社法201P条(1)及び201Q条）。取締役の人数の上限設定の承認は，承認後に開催

される定時株主総会の直前まで有効とされる（会社法201P条(2)）。このため，株主の承認が得られた場合には，取締役会は次に開催される定時株主総会の前までに取締役の人数の上限を設定しなければならない。

　この会社法の規定は，定款に別段の定めを置くことによって除外することができず，これに違反して取締役の人数の上限が設定された場合には，かかる設定及びこれに関連する行為は無効となる（会社法201P条(5)及び201U条(2)）。なお，これらの規定に違反して上限を設定した場合であっても，違反者は刑事罰の対象とならないが，この違法な設定により以下の者が損害を蒙った場合には，違反者は損害賠償義務を負うことになる（会社法201U条(5), (6)及び(7)）。

1．会社
2．取締役の候補者となることを書面上同意したにもかかわらず，違法な人数設定の結果，候補者となる機会を失った者

取締役の委員会

　日本の会社法には委員会設置会社の制度が存在するが，オーストラリアでは同様の仕組みは会社法に規定されていない。しかし，委員会を設置する会社は上場会社を中心に多く存在する。

　オーストラリアには，多くの専門家協会等から構成されるASXコーポレート・ガバナンス委員会（ASX Corporate Governance Council）という委員会が存在する。この委員会は，ASXに上場している会社が採用すべきコーポレート・ガバナンスに関する推奨事項（Corporate Governance Principles and Recommendations）を作成・公表している。この推奨事項の中に，取締役の委員会の設置に関する事項が規定されている。

　この推奨事項は，あくまでASXコーポレート・ガバナンス委員会が推奨する事項であり，ASX上場会社の全てがこれを採用する義務を負うわけではないが，ASXの上場規則には，推奨事項の採用状況を会社のアニュアルレポートに記載することを義務付けており，採用していない点があれば，採用しない理由を記載しなければならない。ASXは，このような形で上場会社に推奨事項を採用するプレッシャーを与えてい

るといえる。

　推奨事項は，ASX上場会社の取締役会に，指名委員会（nomination committee），監査委員会（audit committee）及び報酬委員会（remuneration committee）の三つの委員会を設置することを推奨している。

　指名委員会は，取締役に求められる能力の基準や，評価基準，指名及び再任に関連する事項等を取締役会に提言することを主要な目的とする。推奨事項は，指名委員会は最低3名で構成され，構成員の過半数及び委員長には独立した取締役が就くことを推奨している。

　監査委員会は，会社の財務報告書を精査し，財務報告書の健全性と監査人の独立性を確保することを主要な目的としており，ASX上場会社の中でもS&P All Ordinary Indexという指数銘柄を構成する会社はその設置を義務付けられており，さらにS&P/ASX 300 Indexという指数銘柄を構成する会社は監査委員会に関する推奨事項を全て採用しなければならない。推奨事項は，監査委員会は最低3名で構成され，構成員の過半数及び委員長には独立した取締役が就き，構成員全員が会社と雇用関係にないことを推奨している。

　報酬委員会は，取締役や他の経営陣の報酬，採用，解任に関する方針や，報酬の枠組みや年金，インセンティブ等に関する事項の精査及び取締役会に対する提言を行うことを主要な目的とする。S&P/ASX 300 Indexを構成する会社については，従業員ではない取締役のみで構成される報酬委員会の設置が義務付けられている。推奨事項は，報酬委員会は最低3名で構成され，構成員の過半数及び委員長には独立した取締役が就くことを推奨している。

(b) 取締役会の権限

(i) 取締役会の権限範囲

　日本の会社法に定められる取締役会の権限に比べると，オーストラリアの会社法は非常に広い権限を取締役会に持たせることができる点に特徴がある。

　Replaceable rulesでは，会社の業務は取締役会の指示により運営され，会社法及び定款の規定に基づき株主による決議が必要な場合を除き，取締役会は会社が行使できる全ての権限を行使できる旨規定されている（会社法

198A 条)。定款を採用する会社には，定款にこれと同様の記載がある場合が多いが，会社法で求められる事項以外の株主総会決議事項を定款に加え，取締役会の権限を自主的にある程度制限する例も多く見られる。

　また，合弁会社の場合には，株主の承認が必要な重要事項（会社による一定額以上の借入や商取引を行う場合等）を株主間契約に規定し，これによって取締役会の権限を制限する例が多く見られる。

　(ⅱ)　会社の代表権
　オーストラリアの会社法には，日本の会社法に定められる代表取締役と同様の概念は存在しない。また，会社の代表権についても，会社法上，特に明文の規定はなく，取締役を含む特定の人物が会社を代表して契約締結等を行う権限があるかどうかは，定款その他の会社の内部規則や取締役会決議により個別に定められることになる。

(c)　書面による取締役会決議

　Replaceable rules は，議決権のある取締役全員が特定の決議事項に賛成する旨が記載された書面に署名した場合には，この書面をもって取締役会で決議事項が可決されたものとすることができる旨規定している。この場合には，一枚の署名欄に取締役全員の署名がされる必要はなく，同一の内容を記載した複数の書面を各取締役が別々に署名した場合であっても，一枚の書面に全員が署名した場合と同じ効力を有する。そして，最後に署名した者が署名した時点で決議が可決されたものとされる（会社法 248A 条）。

　会社の定款にはこれと同様の規定が置かれている場合が多い。また，取締役全員ではなく，過半数の取締役が決議事項を承認する旨が記載された書面に署名することにより，取締役会決議と同様の効果を持つ旨を規定している定款もある。

　会社法は，取締役が 1 名しかいない会社について特別の規定を設けている。1 名の参加で「会」を行うことは理論上不可能なことであることから，このような会社については，決議事項を記載した書面に取締役が署名することにより可決することができる（会社法 248B 条(1)）。

(d) 取締役会の招集

定款を採用する会社では，定款に取締役会の招集権限に関する規定が置かれているのが一般的である。規定の内容としては，各取締役に取締役会の招集権限を与えているのが最も一般的であるといえる。Replaceable rules は，各取締役が他の取締役全員に合理的な期間の事前の通知を行うことにより取締役会を招集できると規定している（会社法248C条）。合弁会社の場合には，株主間契約に取締役会の招集権限や通知方法等に関する規定を定めることがある。

定款に別段の定めがない限り，各取締役は招集通知を受ける権利を有する。この権利は，取締役への連絡が可能な限り，取締役がオーストラリア国外にいることによって影響を受けるものではない[42]。

なお，取締役会の招集通知の期日や招集頻度に関する法令上の規制はない。また，招集通知の内容についても，法律には特段の規定はない。これらは全て会社が自主的に定めることを法は予定しているといえる。

(e) 定足数

取締役会の定足数とは，有効に取締役会を開催するために必要な取締役の出席人数のことをいう。

定款を採用する会社では，定款に取締役会の定足数に関する規定が置かれているのが一般的である。Replaceable rules は，取締役会の定足数を2名と規定している（会社法248F条）。取締役が1名しかいない会社については，1名の参加者で「会」を構成することは理論上不可能であることから，書面による決議を行うことになる。合弁会社の場合，株主間契約に取締役会の定足数に関する規定を定めることがある。

定款により replaceable rules の適用が除外されつつ，定款に定足数に関する規定がない場合には，取締役の過半数[43]，又は通常取締役会に参加する取締役の人数が定足数となるというのがコモン・ロー上の立場である[44]。

---

42 *Mitropoulos v Greek Orthodox Church*（1993）10 ACSR 134; 11 ACLC 277
43 *York Tramways Co Ltd v Willows*（1882）8 QBD 685
44 *Re Tavistock Ironworks Co*（1867）LR4Eq 233

(f) 議　長

　定款を採用する会社では，定款に取締役会の議長に関する規定が置かれているのが一般的である。規定の内容としては，取締役会の議長は取締役の中から選出される旨を規定する場合が一般的である。Replaceable rules は，議長は取締役会で選出し，取締役会が議長の任期を設定できると規定している（会社法 248E 条(1)）。また，Replaceable rules は，議長が選出されていない場合，又は選出済みの議長が取締役会に不参加又は議事進行を拒否した場合には，取締役会は取締役会に参加している取締役の中から議長を選出することを義務付けている（会社法 248E 条(2)）。さらに，Replaceable rules は，取締役会で決議事項の賛否票数が同数となった場合において，自らが取締役として投じた票に追加で更に一票（いわゆる「キャスティング票」）を投じる権限を議長に与えている（会社法 248G 条(2)）。

　合弁会社の場合には，株主間契約に議長の選出権限や手続，及び議長の権限に関する規定等を定めることがある。

　ASX 上場会社の取締役会の議長について，ASX コーポレート・ガバナンス委員会（ASX Corporate Governance Council）は，独立した取締役がこれに就任することや，取締役会議長と最高経営責任者の職務を同じ者が務めることを避けることを推奨している[45]。

(g) 通信技術の使用

　会社法は，取締役全員が合意した通信技術等を使った方法によって取締役会を招集及び開催することを認めている（会社法 248D 条）。このため，電話やビデオ等を利用して 2 ヶ所以上の場所から取締役会を開催することも可能である。

(h) 決　議

　定款を採用する会社では，定款に決議要件に関する規定が定められているのが一般的である。Replaceable rules は，取締役会の決議事項を可決するためには，議決権を有する出席取締役の過半数の賛成票が必要である旨規定し

---

[45] Corporate Governance Principles and Recommendations with 2010 Amendments

ている（会社法248G条(1)）。合弁会社の場合には，株主間契約に取締役会の決議要件に関する規定を定めることがある。

　定款によりreplaceable rulesの適用が除外されるにもかかわらず，定款に取締役会決議の要件に関する定めがない場合には，コモン・ローの立場に従って，出席取締役の過半数の票をもって決議事項が可決される。

(i) 議事録

　会社は，取締役会の議事録を1ヶ月以内に作成し（会社法251A条(1)(a)），これを下記いずれかの場所に保管しなければならない（会社法251A条(5)）。
1．会社の登録上の住所
2．オーストラリア国内にある会社の主たる事業所
3．ASICが承認するオーストラリア国内のその他の場所

　議事録は，取締役会の議長又は次の取締役会の議長となる者が，取締役会終了後の合理的な期間内に署名をしなければならない（会社法251A条(2)）。

3-4　秘書役

(a) 秘書役の役割・責任・義務

　会社の秘書役は，取締役会や株主総会の議事録といった会社法で作成・保管が義務付けられる各種文書の作成や管理，ASICへの通知事項の通知等の責任を担う。また，多くの会社では，取締役会や株主総会の招集通知は秘書役の名義で送付される。

　秘書役は，会社のオフィサーであり，取締役とともに会社を代表して契約等の書面に署名したり，会社印の押印の立会人として署名する権限を有する（会社法127条）。

　秘書役は，会社法に規定される特定の義務を会社に履行させる責任を負う。会社がこれらの義務に違反した場合には，秘書役が会社法に違反したものとされ，罰則適用の対象となる（会社法188条）。会社法に規定される会社の特定の義務には，以下のものが挙げられる。
・登録上の住所を維持する義務
・取締役及び秘書役の詳細の変更をASICに通知する義務
・ASICが会社に送付する会社情報に不正確な情報が含まれる場合には，

ASICにこれを通知する義務
・主たる事業所の変更をASICに通知する義務
・株式の新規発行をASICに通知する義務

なお，秘書役を置かない非公開会社の場合には，秘書役の代わりに各取締役が会社法に違反したものとみなされ，罰則適用の対象となる（会社法188条(2)）。

上述の通り，秘書役は会社のオフィサーであるため，本書3-2項に記載した取締役の義務のうち会社法上の義務は秘書役にも等しく適用される。

また，秘書役は，原則として会社経営権を法律上有していないものの，会社の管理に関連する諸契約の署名を行う権限を有することが判例で認められている[46]。しかし，別の判例により，秘書役が会社名義で会社の資産を回収するための訴訟を行うことは，秘書役の通常の権限を越えた行為であるとされている[47]。

(b) 秘書役になる法的資格

18歳以上の自然人で，会社法の規定により会社を経営することを禁止されていない者は誰でも秘書役になる法的資格がある（会社法204B条(1)及び(2)）。

しかし，ASICは，会社経営を禁止されている者を秘書役に選任することを特別に許可することができ（会社法204B条(2)），その場合にはASICが適切と考える条件を課すこともできる（会社法206F条(5)）。

(c) 秘書役の選任

(i) 会社設立時の秘書役

非公開会社は秘書役を選任する義務はないが，公開会社は最低1名の秘書役を選任する義務がある。

(ii) 会社設立後の秘書役の選任方法

会社が公開会社か非公開会社であるかを問わず，秘書役は取締役会によって選任される（会社法204D条）。

---

[46] *Panorama Developments (Guildford) Ltd v Fidelis Furnishing Fabrics Ltd* [1971] 2 QB 711

[47] *Club Flotilla (Pacific Palms) Ltd v Isherwood* (1987) 12 ACLR 387

また，Replaceable rules は，報酬を含む秘書役の勤務条件は，取締役会によって決定される旨規定している（会社法204F条）。定款を採用する会社には，定款にこれと同様の規定が置かれる場合が多い。

(iii) 秘書役選任手続

秘書役となる者は，自分が秘書役として選任されることを事前に書面で同意しなければならない（会社法204C条(1)）。

秘書役が選任されると，会社は選任された秘書役の詳細（氏名，（会社設立登録の前に氏名の変更が行われた場合）変更前の氏名，生年月日及び出生地）及び選任日を，選任後28日以内にASICに通知しなければならない（会社法205B条(1)）。

(d) 秘書役の辞任及び解任

(i) 秘書役の辞任・解任要件

取締役の場合と異なり，会社法には秘書役の辞任や解任の要件に関する規定がない。定款を採用している会社の場合には，定款に辞任や解任の要件が規定されるか，又は取締役会がこれを定める旨が記載されることがある。

(ii) 秘書役辞任・解任手続

秘書役が辞任し，又は解任された場合には，会社は28日以内にASICに通知しなければならない（会社法205B条(5)）。また，該当する秘書役自身が会社に代わり，ASICに対して辞任・解任を通知することもできる（会社法205A条(1)）。

3-5 オフィサー（officer）

(a)「オフィサー」の定義

会社法は，オフィサー（officer）を次のいずれかに該当する者と定義している（会社法9条「officer」の定義）。
1．会社の取締役（事実上の取締役や影の取締役を含む）又は秘書役
2．以下のいずれかに該当する者
 (a) 会社の事業の全部又は主要部分に影響を及ぼす決定を行う者，又

はそのような決定の過程に参加する者
　(b)　会社の財務状況に重大な影響を与えることができる者
　(c)　会社の取締役を習慣的にその者の指示や要求に沿って動かせる者（ただし，専門家の立場で，又は取締役若しくは会社と事業関係にある者として，適切に遂行する職務の一環としてアドバイスを与える者を含まない）
 3．会社の資産のレシーバー（receiver），又はレシーバー兼マネージャー（receiver and manager）
 4．会社の管財人（administrator of corporation）
 5．DOCA の管財人（administrator of deed of company arrangement）
 6．会社の清算人（liquidator）
 7．受託者又はその他の会社と第三者との間で交わされた妥協案若しくは取決めの管理を行う者

　上記3から7で挙げられた者は，会社の経営が行き詰まり，会社が外部管理下に入った場合にのみ選任されるため，会社の業務が通常通り運営されている限り，上記1及び2に該当する者がオフィサーに該当するといえる。オーストラリアでは，特定の者が取締役やオフィサーであるかどうかを判断する際には，その者の肩書きや形式よりも実質的な状況が考慮される。このため，例えば肩書きに「オフィサー」という表現が入っていない者が会社の重要な経営判断を行うことができる場合には，その者がオフィサーとみなされる可能性が高い。

　オーストラリアの会社で多く見られるオフィサーには，経営のトップである CEO（chief executive officer—最高経営責任者）や，財務の責任者である CFO（chief financial officer—最高財務責任者），日常業務運営の責任者である COO（chief operating officer—最高執行責任者）等が含まれる。

(b)　オフィサーの義務と責任

　多くの場合において，会社のオフィサーは取締役や秘書役であることから，取締役や秘書役としての責任や義務がオフィサーにも適用される。また，注意と勤勉さの義務や誠実に業務を遂行する義務等取締役の会社法上の義務の多くは，他のオフィサーにも等しく適用されるため，注意が必要である。

　なお，会社法上の重要な個人的利益の開示義務や破産取引を阻止する義務

については，取締役以外のオフィサーには適用されないが，オフィサーの会社における実質上の権限や取締役会に対する影響力如何によっては，取締役会の構成員ではないオフィサーであっても「事実上の取締役」又は「影の取締役」として，正式に選任された取締役と同様に会社法のこれらの規定の適用を受ける可能性もあるので注意を要する。

　また，外部管理者以外の殆ど全てのオフィサーは，取締役との兼務状況にかかわらず，その職務や責任範囲，報酬等を規定した雇用契約を会社と締結していることが多いため，オフィサーはかかる契約上の義務や責任の対象ともなる。

3−6　会社によるオフィサーの責任補償及びD&O保険

(a)　会社による責任の補償

　会社法は，会社がオフィサーの責任の免除や補償をすることに制限を課している。日本では，取締役が会社に対して負う責任について，総株主の同意による全部免除，株主総会の特別決議又は定款の定めに基づく取締役会の決議による一部免除及び定款の定めに基づく責任限定契約の締結による一定範囲の取締役の責任の限定等の免除・軽減措置を講じうるが，オーストラリアの会社法は，オフィサー又は監査人が会社に対して負う債務を，会社（又はその関連会社）が免除することを禁じている（会社法199A条(1)）。また，オフィサー又は監査人が会社（又はその関連会社）に対して負う債務や，会社法で規定される罰金や賠償金を，会社（又はその関連会社）が補償することも禁じている（会社法199A条(2)）。この禁止規定は，契約による責任の限定や，会社からオフィサーや監査人への金銭の支払をも対象とし，会社自体が補償を行うか，会社がその他の者をしてこれを行わせるかを問わず適用される。

　会社法は，一方で，オフィサーや監査人が会社や関連会社以外の第三者に対して負う債務を補償することを認めている。しかし，補償の対象となる損害賠償請求等が，オフィサーや監査人の善管注意義務違反行為により発生した場合には，かかる損害の補償を行うことは禁止されている。また，オフィサーや監査人が，第三者からの損害賠償請求や，会社法で規定される罰金や賠償金等の請求を争うために費やした弁護士費用については，オフィサーや

監査人が勝訴した場合に限り，会社がこれらの費用を補償することが認められている（会社法199A条(3)）。

(b) D&O 保険

多くの大手損害保険会社は，一般に D&O 保険と呼ばれる，取締役及びオフィサー責任保険（Directors' and Officers' Liability Insurance）という種類の保険商品を法人顧客に提供している。この類の保険は，基本的に，保険の対象となる取締役その他のオフィサーが，その職務を遂行するにあたって損害を蒙った第三者からの賠償請求等により発生する金銭支払義務をカバーする。海外に子会社や支店を有する会社の多くは，この D&O 保険に加入している。

会社法は，D&O 保険の掛金の支払及び保険契約の有効性に制限を加えている。会社（又はその関連会社）は，以下に挙げるオフィサーや監査人の行為によって発生した責任をカバーする保険の掛金を支払うことを禁じている。
1．故意による会社に関する義務の違反行為
2．オフィサーや監査人の地位を不正に利用して個人的な利益を得たり，会社に損害を与える行為，又はその地位によって手に入れた情報を基に不正に個人的な利益を得たり，会社に損害を与える行為（会社法199B条）

上記(a)で述べた補償禁止規定により会社が支払を禁止されている事項をカバーする保険契約は，補償禁止規定に違反する範囲で無効とされる（会社法199C条(2)）。

(c) 責任補償及び D&O 保険に関する取決め

多くの会社の定款には取締役の責任補償や D&O 保険に関する規定が置かれている。定款は取締役との関係で会社と各取締役との間の契約と同様の法的位置付けがされているため，法律で認められる範囲において，会社は定款の規定に従う義務を負うことになる。

しかし，取締役がこのような定款の規定のみに頼ることには，ある程度のリスクを伴う。なぜなら，この類の規定の多くは，在任中の取締役にのみ適用されるため，かかる取締役の在任中の行為により発生した損害が退任後に請求された場合には，この元取締役の責任は会社の補償の対象外となってしまう。また，定款が変更されるリスクも存在する。このため，新たに取締役

に就任する者，とりわけ会社法上の現地在住取締役に関する規定を遵守するために社外から一時的に選任される（つまり会社の日常の事業運営に直接関与しない）こととなる者は，取締役就任の条件として，法律で認められる最大限の補償を会社に保証させる契約（一般的に Deed of Indemnity, Insurance and Access と呼ばれる）を締結することを求める場合が多い。

3-7　会社の代表権

(a) 代表権の法的推定

会社が関わる取引の安全を保護する要請から，内部経営ルール（indoor management rule）という法概念が判例によりコモン・ローとして形成[48]され，発展してきた。内部経営ルールとは，会社と取引を行う善意の第三者は，会社が行う行為が真正かつ適法になされたと推定することができ，会社内部の必要な手続が経られたかどうかを確認する義務を負わない，とするルールである。このルールは会社法の一定の規定にも反映されており，コモン・ロー上の内部経営ルールと会社法の規定は並行して適用される。

会社法は，第三者が会社と取引を行う際には，以下の事項が事実であると推定することができると定めている（会社法128条及び129条）。

1．定款又は replaceable rules が遵守されていること
2．会社が ASIC に提出した書類に記載された取締役又は秘書役が適法に選任され，類似の会社における同等の役職の者が通常行使する権限を有し，義務を遂行する権限を有すること
3．会社のオフィサー又は代理人とされる者が適法に選任され，類似の会社における同等の役職の者が通常行使する権限と義務を遂行する権限を有すること
4．会社のオフィサー又は代理人が，会社に対する義務を遂行すること
5．下記の会社法127条(1)に規定される方法により署名された外観を有する書面が，会社によって適法に署名されたこと
6．下記の会社法127条(2)に規定される方法により立会人の立会いのもとで押印された外観を有する書面が，会社によって適法に押印されたこ

---

[48] *Royal British Bank v Torquand* (1859) 6 El & Bl 327; 119 ER 886

と

7．書面及び書面の認証謄本を発行する権限を有する会社のオフィサー又は代理人が，かかる書面が真正又は正確な写しであることを保証する権限を有すること

　上記5について，会社法127条(1)は，会社がコモン・シール（common seal）と呼ばれる社印を用いない場合には，契約等の書面に以下のいずれかの者が署名すれば，会社はこの書面を有効に締結することができると規定している。

1．取締役2名
2．取締役1名及び秘書役1名
3．非公開会社の唯一の取締役が唯一の秘書役でもある場合には，その者

　また，上記6について，会社法127条(2)は，会社がコモン・シールを用いる場合には，契約等の書面にこれが押印され，コモン・シールの押印に以下のいずれかの者が立会うことにより，会社はこの書面を有効に締結することができると規定している。

1．取締役2名
2．取締役1名及び秘書役1名
3．非公開会社の唯一の取締役が唯一の秘書役でもある場合には，その者

　会社法127条(1)及び(2)の規定は，取締役及び秘書役以外の者が会社の締結する書面に署名することや，コモン・シールの押印に立会う権限を有することを制限するものではない。会社がその他の者に対し，会社を代表して書面に署名することやコモン・シールの押印に立会う権限を付与することは，会社法が認めている（会社法126条）。実務的には，取締役会が特定の人物に特定の書面に署名する権限を与える場合が多い。

捺印証書（Deed）の締結

オーストラリアの会社の場合

　オーストラリア法上，当事者を法的に拘束する文書としては，契約書（Agreement）と捺印証書（Deed）の二種類がある。契約書（Agreement）が有効に成立するためには，日本法上の双務・有償契約である必要があるのに対し，捺印証書（Deed）の場合は，日本法上の無償契約や片務契

約であっても構わない。しかしながら，捺印証書を有効に締結するためには，コモン・ロー上，署名，押印及び交付がなされること，ならびに，捺印証書の当事者以外の第三者が証人として署名に立会うこと，がその成立要件とされている。もっとも，オーストラリア会社法に基づいて設立された会社の場合，会社法127条(3)が適用されるため，捺印証書であることを示した上で会社法127条(1)または(2)に規定される方法によって締結すれば，有効に捺印証書を締結することができる。すなわち，例えば，取締役2名が署名することにより，押印がされていなくても有効に捺印証書を締結できるため，実務上はほとんどこの形で捺印証書の締結が行われている。

海外企業の場合

　海外企業が捺印証書を締結する場合，会社法127条は適用されず，オーストラリア法上，海外企業がどのように捺印証書に署名・押印すればこれが有効に成立し，当事者を拘束することができるかについての明確なルールは存在しない。海外には，捺印証書や押印の概念がない法域もあり，このような法域で設立された企業が上述のコモン・ロー上の捺印証書の成立要件を満たさない形式（例えば押印を欠いている）で捺印証書に署名するケースが散見される。このような場合，海外企業が「捺印証書はオーストラリア法上有効に成立せず，これに拘束されない」と主張する余地を与えることになるため，特に注意を要する。このため，海外企業が捺印証書に署名する場合には，コモン・ロー上の捺印証書の成立要件を満たす方法で捺印証書に署名することが望ましいといえる。

　実務上は，捺印証書の署名欄上部に海外企業が署名，押印及び交付をしたことを記載した上で，本国法に基づき海外企業のために署名する権限が付与された者が署名し，押印することが多い。コモン・ロー上の押印は，単に署名欄に押印されたと記載するだけでは足りないが，コモン・シールを用いた押印に限らず，当事者が書面を捺印証書として締結する意思を有することを示す印であれば足りるため，例えば，認印を用いて押印する，署名欄において円の中に「LS（ラテン語のlocus sigilli＝印の場所という意味の頭文字）」や「Seal」という文言を印字する，または，単に「(Seal)」という文言を印字する方法も認められる。

なお，実務上，海外企業の場合，Power of Attorney（POA）と呼ばれる委任状により，本国法に基づき署名権限を有する者（日本企業の場合は代表取締役など）以外の者（担当部署の部長など）に対して捺印証書を締結する権限を授権する場合がある。この場合，捺印証書の相手方当事者がPOAの有効性に疑義を呈することがないよう，POA自体もコモン・ロー上の成立要件を満たす方法で署名・押印された捺印証書であることが望ましい。

(b) 「代表取締役」の概念

日本の会社法には代表取締役という概念があり，会社を代表して取引を行ったり，会社を拘束する契約を締結する権限を有するが，オーストラリアにはこの概念は存在しない。

オーストラリアにも，マネージング・ダイレクターやCEO，COO等の肩書きを有する者がいることが多いが，法律上これらの者は定款等の規定に従い，取締役会から個別に権限を委任された代理人又は代表者という地位を有するにすぎない。したがって，これらの者が会社を代表して契約の締結や取引を行う権限は，会社法やコモン・ローによってその役職に本質的に伴う権限ではなく，定款等の規定により取締役会より委任された権限である。このため，これらの者が契約等に署名する場合には，契約の相手側は，署名者が真に会社を代表し，会社を契約に拘束させる権限を有しているかについて，定款や取締役会議事録等により確認することが望ましい。

3-8　会社関係当事者との取引

(a) 概　要

会社が，取締役等の会社の意思決定に影響を及ぼす立場にある者に対し，何らかの利益を提供する場合には，利益相反が生じる可能性がある。すなわち，会社から利益を受ける者が，会社と自分との間の取引条件を決定することができるため，何らかの規制がなければ，会社資産が会社の利益に反することに使われることになる。

会社法は，公開会社がその「**関係当事者**（related party）」と定義される者

に対して，「**経済的利益を提供**」（giving a financial benefit）するためには株主の承認を要すると規定している。この規定は，公開会社の株主全体の利益を害するおそれのある関係当事者への利益提供を行う要件として株主の承認を義務付けることにより，株主全体の利益を守ることを目的としている（会社法207条）。

なお，この規定は，公開会社のみならず，公開会社の支配下にある他の会社や人物が公開会社の関係当事者に経済的利益を提供する場合にも適用される。他方，純粋な非公開会社には本3-8で説明する規定は適用されない。

公開会社（又は公開会社の支配下にある者）による関係当事者への経済的利益の提供について，概要を以下に説明する。

(b) 経済的利益の提供

会社法は，どのような行為が「経済的利益の提供」に該当するかを明確に定義していない。これは公開会社にこの規定の回避行為を行わせないための措置であるが，会社法はその代わりに，特定の行為が経済的利益の提供に該当するかどうかを判断するための指針を定め，経済的利益の提供にあたる行為を例示している。

特定の行為が経済的利益の提供に該当するかどうかを判断する指針は，以下の通りである（会社法229条(1)）。

1. 判断の対象となる行為が民事責任や刑事責任を伴うものである場合であっても，提供される経済的利益を広く解釈しなければならない。
2. 判断の対象となる行為の法的形式よりも，その経済的・商業的な実質が優先される。
3. 利益提供の見返りは，それが十分であったとしても考慮に入れてはならない。

また，仲介人等を通して間接的に経済的利益を提供する場合や，利益を提供する口約束や法的拘束力のない取決めを結ぶ場合，現金の支払が行われない形で経済的利益を提供する場合についても，この規定が適用される（会社法229条(2)）。

なお，会社法は以下の行為を経済的利益の提供の例として挙げているが，利益の形態がこれらに限定されるわけではない（会社法229条(3)）。

・関係当事者に対する資金や資産の提供

・関係当事者からの資産の買取又は関係当事者に対する資産の売却
・関係当事者からの資産の賃借又は関係当事者に対する資産の賃貸
・関係当事者からのサービスの受入れ又は関係当事者に対するサービスの提供
・関係当事者への証券又はオプションの発行
・関係当事者の義務の肩代わり又は免除

(c) 関係当事者 (related party)

会社法は，以下の者を公開会社の「**関係当事者 (related party)**」と規定している（会社法 228 条(1), (2), (3)及び(4)）。

1. 公開会社を支配する者[49]
2. 公開会社の取締役，公開会社を支配する者の取締役及び（支配する者が法人以外の場合には）構成員，並びにこれらの者の配偶者
3. 上記 2 に該当する者の親，子
4. 上記 1, 2 及び 3 に該当する者が支配する者（ただし，公開会社自体もまたこの者を支配する場合には該当しない）

また，特定の時点において上記に該当しない場合でも，過去 6 ヶ月以内の期間に該当していた者，又は将来的に該当する可能性が高い者についても，公開会社の関係当事者とみなされる（会社法 228 条(5)及び(6)）。

さらに，公開会社と直接的な関係がない者であっても，この者が「公開会社がこの者に経済的利益を提供すれば，関係当事者が経済的利益を享受できる」旨の取決めを関係当事者との間で行っていれば，この者も公開会社の関係当事者であるとみなされる（会社法 228 条(7)）。このため，第三者を通じた間接的な利益提供により本規定の適用を回避することはできない。

(d) 関係当事者に対する経済的利益の提供の要件

公開会社（又は公開会社の支配下にある者）が公開会社の関係当事者に経済的利益を提供するためには，会社法に規定される株主承認の手続を経なければならず，かつ承認された利益を承認後 15 ヶ月以内に提供しなければならない（会社法 208 条(1)）。他方，会社法は同時に例外規定も設けており，経済

---
[49] ここでは，法人，パートナーシップ，法人化されていない団体，個人及び信託の受託者をいう（会社法 9 条「entity」の定義）。

的利益の提供がこの例外規定に該当する場合，株主の承認を必要としない。

(e) 承認を必要としない経済的利益の提供

上述の通り，会社法は関係当事者に対する経済的利益の提供に関して例外規定を設けており，これらに該当する経済的利益の提供には株主の承認を必要とせず，提供時期の時間的制約もない。以下にこれらの例外について説明する。

(i) アームス・レングス（arm's length）の条件

経済的利益の提供の条件が，公開会社（又は公開会社の支配下にある者）と関係当事者の取引が「アームス・レングス（arm's length terms）」の取引であった場合において合理的であると想定される条件，又はそれよりも関係当事者にとって不利な条件である場合には，経済的利益の提供についての承認を必要としない（会社法210条）。判例上，「アームス・レングス」の関係とは，お互いに無関係で，お互いに対する影響力も義務もなく，自己の利益のために行動する者同士の関係をいうものとされている[50]。

ASICは，公開会社による関係当事者への経済的利益の提供がアームス・レングスの条件かどうかを判断するためのガイドラインを設けている。ガイドラインは，経済的利益がアームス・レングスの条件で提供されるかどうかを判断する際に考慮すべき点について，以下のように規定している（ASIC規制ガイドRG76.70）。

・関係当事者に対する経済的利益の提供に関する取引の全体的な条件が，類似の状況におけるアームス・レングスの当事者間での取引の条件と比較してどのように位置付けられるか
・交渉過程の性質及び内容（取引の条件交渉等の際，会社が利益相反を管理するための適切な手続を遵守したかどうか等）
・会社及び株主への影響（会社の財務状況や営業成果等）
・会社が採ることができる他の選択肢

---

[50] *Orrong Strategies Pty Ltd v Village Roadshow Ltd* [2007] VSC 1; *Australian Securities and Investments Commission (ASIC) v Australian Investors Forum Pty Ltd & Ors (No 2)* [2005] NSWSC 267; *ACI Operations Pty Ltd v Berri Limited* [2005] VSC 201

・取引に関し会社が受けた専門家のアドバイス

(ii)　適切な報酬

　公開会社又はその支配関係にあるグループ会社（親会社を含む）のオフィサー又は従業員への報酬の支払は，経済的利益の提供に関する株主の承認を必要としない。ただし，提供する報酬は，利益を提供する会社と関係当事者の状況（関係当事者の責任の程度等）に照らして適切なものでなければならない（会社法211条(1)）。

　また，上記に該当する会社のオフィサーや従業員が職務を遂行する際に発生する諸経費の支払についても，会社の状況に照らして適切であれば，経済的利益の提供に関する株主の承認を必要としない（会社法211条(2)）。

(iii)　会社による責任の補償及び保険金等の支払

　公開会社による，取締役を含むオフィサーの責任補償及びD&O保険の保険金の支払，又はこれらの支払に関する契約の締結には，経済的利益の提供に関する株主の承認を必要としない。ただし，これらの提供は，利益を提供する会社の状況に照らして適切なものでなければならない（会社法212条(1)）。

(iv)　その他の例外規定

　以下のいずれかに該当する経済的利益の提供は，株主の承認を必要としない（会社法213条(1)，214条(1)，215条及び216条，会社法規則2E.1.01条）。
1．1会計年度間に関係当事者に提供される利益の総額が5,000豪ドルを超えない場合
2．経済的利益が完全子会社に提供される場合，又は完全子会社が公開会社の支配する会社に対して経済的利益を提供する場合
3．関係当事者が公開会社の株主として経済的利益を受け取る場合（ただしこの場合は利益が他の株主にも公平に提供されていなければならない）
4．利益の提供が裁判所の命令による場合

(f)　**承認手続**

(i)　ASICに対する通知

　公開会社は，利益提供の承認を審議する株主総会の招集通知を発行する

14日前までに、以下の書類をASICに提出しなければならない（会社法218条(1)）。
1．決議事項が記載された招集通知案
2．株主に対する法定の説明書案
3．招集通知に添付される予定の決議事項に関するその他の書類
4．その他、株主総会開催前に公開会社又は利益を受け取る予定の関係当事者が株主に提出する予定の書類のうち、株主が承認の是非を判断するために重要なもの

ASICは、上記の書類受領後14日以内に、これらに関するコメントを提示することができる。また、会社が上場している証券取引所等とも相談し、結果をコメントに反映することができる（会社法220条）。

(ii) 株主に対する説明書

経済的利益の提供に株主の承認が必要な場合には、公開会社は株主総会の開催前に株主に対し利益提供に関する説明書を提出しなければならない。説明書には、以下の事項を全て記載しなければならない（会社法219条(1)）。
1．経済的利益の提供が予定されている関係当事者
2．経済的利益の性質
3．各取締役が株主に対し利益提供の承認を勧めるかどうか、及びその理由（勧めない場合や承認の是非の検討ができない場合にはその理由）
4．各取締役が株主の採決の結果に利害関係があるか否か、及び利害関係がある場合にはその利害関係の説明
5．その他、株主が承認の是非を判断するために合理的に必要な情報であって、会社又はその取締役が有しているもの

会社法は、どのような情報が上記5でいう、株主が承認の是非を判断するために合理的に必要な情報かについての指針を示している。このような情報には、承認の対象となる利益提供がもたらす潜在的なコストや損失が含まれ、その例として、機会コスト、税務的影響及び利益の提供者が失うことになる利益を挙げている（会社法219条(2)）。

ASICは、公開会社が提供する利益及びそれが及ぼす影響の金銭的価値を、株主に対して可能な限り示すことを推奨し、状況によっては独立した専門家の評価報告書を株主に提出することを推奨している（ASIC規制ガイドRG76）。

(iii) 株主に対する情報提供

関係当事者に対する利益提供の是非が審議される株主総会の招集通知，及びその他株主総会開催前又は開催時に株主に提供する書類には，公開会社がASICに提出した書類と同様の書類を添付しなければならない。また，ASICが提出書類にコメントをした場合には，このコメントも招集通知に添付しなければならない（会社法221条及び222条）。

(iv) 承認の決議

関係当事者に対する利益提供の是非が審議される株主総会では，承認の対象となる利益提供を受ける関係当事者，及びその「関係者（associate）」とされる者は，議決権を行使することはできない（会社法224条(1)）。

ここでいう関係者には，関係当事者である会社，又はその関連会社の取締役及び秘書役等が含まれる（会社法11条）[51]。

会社法は，ASICに対し，上記の規定の適用を免除したり，特定の状況において特定の関係当事者が議決権を行使することを許可する権限を与えている。ただし，ASICがこの権限を行使するためには，関係当事者への利益提供が会社の株主に不公平な不利益を与えないことを確認しなければならない（会社法224条(4)）。ASICは，その規制ガイドにおいて，この権限は通常は行使しないという方針を採っているが，会社法上の関係当事者の定義が非常に広範であることを考慮し，ASICに会社法の適用免除又は議決権行使の許可を申請する者が，以下の事項を立証できる場合には，上記の権限を行使する可能性があることを示唆している（ASIC規制ガイドRG76.131）。

1．関係当事者と公開会社の関連性が純粋に表面上だけのものであること
2．実質的な利益相反が存在しないこと

ASICがこの権限を行使するかどうかを判断する際には，関係当事者に議決権を認めることによって発生する可能性のある，株主や債権者及び他の投資家に対する影響を考慮する（ASIC規制ガイドRG76.132）。

この規定に違反して株主総会にて議決権を行使した関係当事者（又はその関係者）は，利益の提供が可決されたかどうかにかかわらず，会社法に違反したものとされる（会社法224条(6)）。ただし，関係当事者（又はその関係者）

---

[51] なお，公開会社の株式取得や大量保有通知義務等に関連して「関係者」という表現が使用される場合には，別の定義が適用される（本書11-1(a)及び11-1(c)参照）。

が行使した議決権が票数にカウントされなかったとしても利益提供が可決されていた場合（すなわち利益の提供を受けない株主の過半数が賛成票を投じた場合）には，決議自体は無効とはならない（会社法225条(1)）。

公開会社は，株主総会開催から14日以内に決議内容をASICに通知しなければならない（会社法226条）。

(g) 承認義務の違反

公開会社又は公開会社の支配下にある会社が，会社法の規定に違反して関係当事者に利益を提供した場合でも，実行された取引や取引に関連する契約が無効となることはなく，提供者自体が直ちに刑事責任に問われることはない（会社法209条(1)）。

しかし，違反行為に関与した者は民事制裁の対象となり，さらに違反行為が不誠実であると判断される場合には，関与した者は刑事責任の対象ともなる（会社法209条(2)及び(3)）。また，裁判所は，違反行為によって損害を蒙った者，又は違反行為が実行されれば損害を蒙るであろう者が申請した場合には，違反行為差止命令又はそれに代わる賠償命令を発することができる（会社法1324条）。

4. 会社のガバナンス——株主

4-1 株 主

　取締役会が会社の経営を行う機関であるのに対し，株主は会社の所有者である。株主の権限は，取締役会の権限とは独立して存在し，法律や定款によって規定される。

　会社法上，株主を表す表現は「member」であり，日本語でこれを「社員」と訳す場合もあるが，これは従業員を意味するものではない点に留意する必要がある。

(a) 権限と権利

　株主は，配当金や会社清算後の残余財産分配金といった経済的な利益を得る権利を有するが，本4-1では経済的利益に関連する権利については触れず，会社統治（ガバナンス）機関としての株主の権限及び権利について述べる。

(i) 株主総会での議決権

　株主がガバナンス機関として会社に対して有する最も基本的かつ重要な権限は，株主総会における議決権である。会社法に規定される一定の重要事項については，株主による決議が必要とされており，また，定款により，会社法で規定される決議事項以外の事項を株主総会による決議事項と定めることができる。

　ASX上場会社の場合には，会社法によって株主の決議事項とされる事項のほか，株主の承認が必要となる事項がある。以下にその例を挙げる。

- 12ヶ月の期間内に発行済株式の15%を超える株式を発行すること（ASX上場規則7.1条）
- 会社の関係当事者を相手に相当額の資産の取引を行うこと（ASX上場規則10.1条）
- 会社の主要事業を売却すること（ASX上場規則11.2条）

　コモン・ロー上，株主は必要な情報の提供を受けることを条件に，取締役

その他のオフィサーによる義務違反行為を普通決議により事後的に承認することができる。一度この承認が行われると，会社は該当する取締役やその他のオフィサーに対し，承認された義務違反行為について訴えを起こすことができなくなる。ただし，このような場合でも，少数株主が会社を代理して訴えを起こすことは可能である。また，株主の事後承認を行う権限には，コモン・ロー上，以下のような制約がある。

- 取締役その他のオフィサーの制定法上の義務違反の承認を行うことはできない[52]。
- 決議事項に関する必要情報が株主に提供されなかった場合には，承認決議は無効となる[53]。
- 承認決議が少数株主を欺く行為である場合，会社の資産が不正に使用される結果を生じる場合，株主の権利を侵害する場合，抑圧的である場合，又は過半数の株主が取締役会と共同で不正な行為を行った場合等には，株主が承認決議を行うことはできない[54]。
- 承認の対象となる取締役その他のオフィサーの義務違反が，株主のみならず会社の債権者にとって不利益となる行為と判断された場合には，株主がかかる義務違反を承認することはできない[55]。

(ii) 会社に対する訴訟提起権限

会社法は，会社や取締役等が株主に対して「**抑圧的な行為**（oppressive conduct of affairs）」を行った場合には，株主は裁判所に対し，かかる行為に対する救済を求めることができる旨規定している（会社法232条及び233条）。

会社が抑圧的な行為を行っていると裁判所が認定するためには，会社運営に関する行為が株主全体としての利益を損ね，又は，かかる行為が特定の株主に対して不当に差別的であるといった特別の事情が必要となる（会社法232条）。抑圧的な行為の例としては，株主に対する必要な情報の提供の拒否，

---

[52] *Angas Law Services Pty Ltd (in liq) v Carabelas* (2005) 215 ALR 110, *Forge* v ASIC (2004) 213 ALR 574
[53] *Forge v ASIC* (2004) 213 ALR 574; *Natural Extracts Pty Ltd v Stotter* (1997) 24 ACSR 110; *Furs Ltd v Tomkies* (1935) 54 CLR 583
[54] *Miller v Miller* (1995) 16 ACSR 73
[55] *Kinsela v Russell Kinsela Pty Ltd (in liq)* (1986) 4 NSWLR 722

取締役の信認義務の違反，会社資産の不正使用等が挙げられる。

会社が抑圧的な行為を行ったと認められた場合には，裁判所は，適切と判断する命令を出すことができる（会社法233条）。このような命令の例としては，定款の変更や株式の買取，訴訟への参加等，会社に特定の行為を行わせる命令のほか，管財人を選任する命令，会社を清算させる命令，株主等が会社に代わり訴訟に参加することを許可する命令等が挙げられる。

(iii) 会社に代わる訴訟提起権限

会社法は，株主が会社に代わって第三者との訴訟に参加することを裁判所に請求することを認めている（会社法236条(1)）。ただし，裁判所は，会社自体が訴訟に参加しない可能性があること，又は株主が訴訟に参加することが会社の利益にかなうこと等，会社法に規定される一定の事由が存在することを確認しない限り，株主が会社に代わって訴訟に参加することを許可しない（会社法237条）。

(iv) 会社の記録の閲覧権

株主は，法律上，原則として会社の記録の閲覧権を有していない。Replaceable rules は，取締役会決議又は株主総会の普通決議により株主に対して会社の記録を閲覧する権限を与えることを認めているが（会社法247D条），定款でこの規定と異なる定めを設けることも可能である。定款では，取締役会の決議により株主に閲覧許可を与えることを認めている場合が多い。

ただし，原則として，会社は年に一度，株主に対して会社の財務状況に関する報告を行わなければならない。また，上場会社は，上場規則に従って情報開示を行わなければならない。その意味では，株主は，会社に関する一定の情報を取得する権限を有しているといえる。

(b) 株主の責任──破産取引（insolvent trading）

有限責任株式会社の株主は，株式引受額を超えて責任を負わないことが原則とされているため（株主有限責任の原則），コモン・ロー上，自分が債務負担行為に関与したり，会社の契約義務履行の保証等を行わない限り，会社の行為により発生した責任を負うことはない。しかし，会社法は，この原則に一定の例外を設けている。

会社法は，会社が破産取引を行った場合には，法人株主が賠償責任の対象となり得ることを規定している。破産取引とは，会社や取締役会が，既に会社が支払不能状態（つまり負債の返済が不可能である状態）にある，又はこれ以上負債を負うと会社が支払不能状態となることを知りながら，又は知り得べき状況にありながら，更なる負債を負う行為を指す。

会社法は，以下のような条件が満たされた場合には，会社の清算人は，本来会社が負担すべき損害賠償を会社の法人株主に対して請求することができる旨を規定している（会社法588V条及び588W条）。

・法人株主が会社を支配しており，かかる会社が支払不能状態にあること，又は支払不能状態となることを実際に気付いていたか，気付くべきであったにもかかわらず，会社が破産取引を行ったこと
・会社の破産取引の結果の結果会社が清算されるに至ったこと
・破産取引における債権者が会社の資産に担保権を設定しておらず，破産取引により損失・損害を蒙ったこと

このため会社の法人株主は，子会社の財務状況を常に監視し，子会社が破産取引を行わないように注意を払うことが重要である。

4-2　株主総会

(a) 株主総会を伴わない決議

(i) 株主が1名の会社

株主が1名しかいない会社の場合には，1名で会議を開催することがそもそも理論上不可能であるため，書面による決議を行うことになる。会社法は，株主が1名しかいない会社の株主は，決議事項が記載された書面に署名することにより，かかる決議事項を可決することができる旨規定している（会社法249B条）。

この方法により可決された決議は，株主総会で可決された決議と同様の法的効力を有する。

(ii) 株主が2名以上いる非公開会社

会社法は，株主が2名以上いる非公開会社が株主総会を開催する代わりに書面による決議を行うことができる旨を規定している。株主が2名以上いる

非公開会社の場合には，決議事項及びこれらを承認する旨を記載した書面に，かかる決議事項について議決権を有する株主が全員署名することにより，かかる決議事項を可決することができる（会社法249A条(2)）。この場合には，最後の株主が署名を行った時点で決議事項が可決されたものとみなされる。また，書面の記載内容が同じであれば，一枚の書面に議決権を有する株主全員が署名を行う必要はなく，複数の（同一内容の）書面に株主が署名を行うことも認められる（会社法249A条(3)）。この方法は，会社の株主がそれぞれ別の国に所在する場合等に頻繁に用いられる。

　この方法により可決された決議は，株主総会で可決された決議と同様の法的効力を有する。ただし，会社法は，監査人の解任決議を行う場合には，実際に株主総会を開催することを義務付けている（会社法249A条(1)及び329条）。

(b) **株主総会の種類**

　株主総会は，**定時株主総会**（annual general meeting）と**臨時株主総会**（extraordinary general meeting）の二つの種類に分類される。非公開会社は，定時株主総会を開催する義務はないが，公開会社は，年（暦年）に一度，事業年度末日から5ヶ月以内に定時株主総会を開催しなければならない（会社法250N条）。

　定時株主総会では，通常，財務報告書，取締役会報告書，及び会計監査報告書が発表される。オーストラリアの証券取引所に上場している会社については，定時株主総会に参加する株主の権利や監査人の出席義務等が会社法に規定されている。

　臨時株主総会は，定時株主総会以外の株主総会をいうが，臨時株主総会のみに適用される会社法の規定は特にない。

(c) **招集権限**

　多くの場合において，株主総会は取締役会によって招集される。株主総会の招集権限については定款に規定されるのが一般的であるが，replaceable rulesが適用される会社の場合には，各取締役が株主総会を招集することができる（会社法249C条）。オーストラリアの証券取引所に上場している会社については，各取締役が株主総会を招集する権限が会社法に明記されており，定款に別段の定めがある場合でも，会社法の規定が優先される（会社法

249CA 条)。

会社法上，以下のいずれかに該当する株主が株主総会の招集を請求した場合には，取締役は株主総会を招集しなければならない（会社法249D条）。
・開催される株主総会において5％以上の議決権を行使できる株主
・開催される株主総会において議決権を行使できる100名以上の株主

上記の株主が請求した株主総会の招集が21日以内に実現されなかった場合には，請求を行った株主のうち半数以上の議決権を有する者は自ら株主総会を招集することができる。しかし，この場合，最初の請求がされた日から3ヶ月以内に株主総会が開催されなければならない（会社法249E条）。

また，株主総会において5％以上の議決権を行使できる株主は，取締役会に対して招集を請求しなくとも，自ら株主総会を招集することもできる（会社法249F条）。

(d) 招集通知

(i) 通知期間

会社法は，株主総会の招集通知期間について，オーストラリアの証券取引所に上場している会社と，その他の会社とで異なる規定を設けている。

オーストラリアの証券取引所に上場している会社の場合には，株主総会の招集通知期間は最低28日間と規定されており（会社法249HA条），定款によってこの期間を短縮したりすることはできない（会社法249HA条(3)）。また，株主による通知期間短縮の同意に関する規定もない。

その他の会社については，株主総会の招集通知期間を最低21日間設けなければならないが（会社法249H条），定款でこれよりも長い招集通知期間を定めることはできる。また，定時株主総会の場合には全株主，臨時株主総会の場合には最低95％の議決権を有する株主の承認があれば，21日の通知期間を短縮することができる（会社法249H条(2)）。ただし，株主総会において監査人の解任の決議が審議される場合には，法定の通知期間を短縮することはできず（会社法249H条(4)），また，公開会社の場合には，取締役の解任決議が行われる株主総会についても法定の通知期間を短縮することはできない（会社法249H条(3)）。

(ii) 通知方法

招集通知は，議決権を有する全ての株主，取締役及び監査人（存在する場合）に対し，書面により行わなければならない（会社法249J条及び249K条）。招集通知は手渡し，郵送，ファックス，電子的手段，又はその他定款で定めた方法により行うことができる（会社法249J条(3)）。

(iii) 通知内容

招集通知には，以下の事項を記載しなければならない（会社法249L条）。

1．株主総会の開催場所及び日時（2ヶ所以上で開催される場合には，使用されるIT機器）
2．決議事項の概要
3．特別決議が必要な決議事項がある場合には，その特別決議を行う意思及び決議の内容
4．株主が代理人を選任することが認められる場合には，以下の事項
・株主が代理人を選任する権利があること
・代理人が会社の株主である必要があるかどうか
・複数の票を有する株主は2名以上の代理人を選任することができ，各代理人に与えられる議決権の割合又は議決権数を指定することができること

ASX上場会社の場合には，株主総会の招集通知の内容はASX上場規則にも従う必要がある。例えば，特定の決議事項について利益相反がある株主が行使した議決権は有効な議決権としてカウントされない旨の文言を通知に記載する必要がある（ASX上場規則14.11条）。

(e) 定足数

株主総会の定足数とは，株主総会が有効に開催されるために必要な出席株主の数のことをいう。会社が定款を採用する場合には，定款に株主総会の定足数に関する規定が置かれているのが一般的である。Replaceable rulesが適用される会社の場合には，定足数は2名と定められている（会社法249T条）。上述の通り，株主が1名しかいない会社の場合には，1名で会議を開催することがそもそも理論上不可能であるため，書面による決議を行うことになる。

(f) 議　長

　会社が定款を採用している場合には，定款に株主総会の議長の選解任方法や権限等に関する規定が置かれているのが一般的である。Replaceable rulesが適用される会社の場合には，議長は取締役会によって選任されるが，総会開催時に議長が選任されていない場合や選任された者が欠席又は辞退した場合には，株主総会の場で取締役会が別の者を選任しなければならない。それでも議長が決定できない場合には，株主が選任しなければならない（会社法249U条）。

(g) 代理人（proxy）

　株主の代理人（proxy）とは，株主に代わり議決権を行使する権限を与えられた者をいう。会社法は，公開会社の株主総会に出席し議決する権利を有する株主が，自分の代わりに株主総会に出席し議決権を行使する権限を代理人に付与することができると定めているが（会社法249X条），非公開会社の場合には，定款によってこの規定を除外し，代理人の選任を禁止する規定を含め，代理人の選任について会社法と異なる規定をすることができる。

　代理人の選任は，以下の情報が記載され，選任する株主が署名又は会社法規則で定めるその他の方法により権限を付与する委任状により有効に行われる（会社法250A条）。

1．株主の氏名及び住所
2．会社名
3．代理人の氏名又は肩書
4．代理人委任にかかる株主総会（全ての株主総会の出席・議決権行使を委任することもできる）

　委任状が有効となるためには，株主総会開催の48時間前までに会社が受領する必要がある。委任状は，会社が指定するファックス番号や電子メールのアドレスに送信することも認められている（会社法250B条）。

　代理人を選任した株主が株主総会に出席した場合には，定款に別段の規定がない限り，委任の効力は停止する（会社法249Y条(3)）。また，最初の代理人選任の後，株主が別の代理人を選任した場合には，先の代理人の選任が無効となる（会社法250A条(7)）。

(h) 議決権の行使

会社が定款を採用している場合には，定款に株主総会における議決権の行使方法に関する規定が定められているのが一般的である。Replaceable rules が適用される会社の場合には，特定の種類の株式に与えられる株主の権利が別途規定されていない限り，株主の議決権は以下の通りとなる（会社法250E条）。

1. 挙手による場合には，株主は1人あたり1議決権を有する
2. 投票の場合には，株主は1株あたり1議決権を有する
3. 議長に利益相反がない場合には，議長はキャスティングボート（賛否同数の場合の追加的な議決権）を有する

(i) 決　議

株主総会の決議は，株主が総会において意思決定を行う正式な方法である。法律上，株主総会の決議には，特別決議と普通決議の2種類の決議があり，可決要件が異なる。

法律上規定される可決要件を，定款や契約等により除外したり軽減したりすることはできないが，定款や契約により法定の可決要件よりも厳しい要件を規定することは可能である。例えば，会社法上株主の75％の承認が必要とされている会社名の変更について，これを過半数の株主の承認によって行うことができる旨を定款に規定することはできないが，逆に，株主の全会一致による決議を必要とする旨を定款に規定することはできる。

特別決議と普通決議の可決要件，及び法律上これらの決議を必要とする事項は，以下の通りである。

(i) 特別決議（special resolution）

株主の特別決議とは，法定の決議事項の通知を必要とし，当該事項に関して議決権を有する株主の75％の承認が必要な決議である（会社法9条「special resolution」の定義）。会社法上，特別決議が必要とされる事項の例は，以下の通りである。

1. 定款の採用，変更又は廃止（会社法136条）
2. 会社名の変更（会社法157条）

3. 会社の形態の変更（非公開会社から公開会社への変更や，その逆の変更等）（会社法 162 条）
4. 優先株式の権利内容の承認（会社法 254A 条(2)，254G 条(2)）
5. 一部払込済株式に関し，会社が外部管理下に置かれる場合を除いて払込請求を行わない旨の決議を行う場合（会社法 254N 条）
6. 全ての普通株主に対し平等な条件で行われない場合の減資（会社法 256C 条(2)）
7. 全ての株主に対し平等な条件ではない自己株式の買戻を行う場合における買戻契約の内容の承認（会社法 257D 条(1)）
8. 会社が，自己株式を第三者に購入させるために，当該第三者に対し経済的援助を行う場合（会社法 260B 条）
9. 監査人が解任された場合の後任の監査人の選任（会社法 327D 条(2)）
10. 裁判所による会社清算の承認（会社法 461 条）
11. 会社の任意清算の承認（会社法 491 条(1)）
12. 会社の任意清算が行われる際における，清算人が特定の法定義務を履行しないことの承認（会社法 506 条（1A））
13. 会社の任意清算が行われ，会社の事業あるいは資産の全部又は一部が売却される場合において，清算人が，当該売却の報酬として，買主の資産又は利益等を受け取ることの承認（会社法 507 条(2)）

(ii) 普通決議（ordinary resolution）

株主総会の普通決議については会社法上特に定義がされていないが，コモン・ロー上，総会に出席し（代理人による出席も含む），議決権を行使した株主の過半数の承認が必要な決議をいう。会社法上，普通決議が必要とされる事項の例は，以下の通りである。

1. 従業員持株制度のための自己株式の買戻の承認（会社法 9 条「employee share scheme buy-back」の定義）
2. 取締役その他の経営陣を退任する者に対する報酬の付与（会社法 200B 条，200E 条）
3. 会社の事業又は資産の売却に関し，取締役その他の経営陣の地位にある者，若しくは地位にあった者，又はその関係者に対する報酬の付与（会社法 200C 条，200E 条）

4. 新株発行の際に既存株主が株式の割当てを受ける権利の放棄（会社法254D条(4)）（この条項はreplaceable rulesであるため、定款により排除することが可能）
5. 株式の併合又は分割（会社法254H条(1)）
6. 全ての普通株主に対し平等な条件で行われる場合の減資（会社法256C条(1)）
7. 会社が12ヶ月の期間中に10%超の自己株式の買戻を行う場合における買戻契約の内容の承認（会社法257C条(1)）
8. 失権株式の取消（会社法258D条）
9. 監査人を選任する特別決議がなされなかった場合における、解任された監査人の後任の監査人の選任（会社法327D条(3)）
10. 監査人の解任（会社法329条(1)）
11. 会社の任意清算の際における、清算人の選任（会社法495条(1)）
12. 会社の任意清算の際における、取締役の権限の存続の承認（会社法495条(2)）

(j) 議事録

会社は、株主総会の議事録を総会開催後1ヶ月以内に作成し（会社法251A条(1)(a)）、これを下記のいずれかの場所に保管しなければならない（会社法251A条(5)）。

1. 会社の登録上の住所
2. オーストラリア国内にある会社の主たる事業所
3. ASICが承認するオーストラリア国内のその他の場所

議事録は、総会の議長又は次の総会の議長となる者が、総会後合理的な期間内に署名しなければならない（会社法251A条(2)）。

5. 財務記録，財務報告及び監査

5-1 財務記録 (financial records)

(a) 財務記録を作成する義務

会社は，以下の条件を満たす財務記録 (financial records) を作成しなければならない（会社法286条(1)）。
1. 会社の取引，財務状況及び財務実績が正確に記録され，説明されていること
2. これを基に，正確かつ公正な財務諸表の作成及び監査ができること

会社法上，財務記録には以下のものが含まれる（会社法9条「financial records」の定義）。
1. 請求書，領収書，金銭の支払指図，為替手形，小切手，約束手形及び証票
2. 帳簿書類
3. 下記の事項を記載した説明書類その他の関連書類
   (a) 財務諸表の作成方法
   (b) 財務諸表作成の際の調整

会社は，取引が行われてから7年間，記録を保管しなければならない（会社法286条(2)）。財務記録作成義務を履行するための合理的な手段をとらなかった取締役は，民事制裁の対象となる（会社法344条(1)）。また，義務違反が不誠実に行われた場合には，刑事罰の対象にもなる（会社法344条(2)）。

財務記録は必ずしも英語で作成する必要はないが，取締役等の財務記録にアクセスする権限を有する者が英語の翻訳を要求した場合には，財務記録の英訳を合理的な時間内に提示できるようにしなければならない（会社法287条）。財務記録が電子的に記録される場合には，財務記録にアクセスする権限を有する者に，このハードコピーを合理的な時間内に提示できるようにしなければならない（会社法288条(1)）。会社は財務記録の保管場所を任意に決定できるが，オーストラリア国外に記録が保管される場合には，ASICは特定の財務記録を提出するよう会社に指示することができる（会社法289条）。

(b) 財務記録へのアクセス権

(i) 取締役のアクセス権

取締役は，合理的な時間にいつでも財務記録にアクセスできる会社法上の権限を有する（会社法290条(1)）。ただし，この権限は取締役に直接与えられるものであるため，取締役の代理人は当然にはこの権限を行使することはできない。このため，定款や契約等に別段の定めがない限り，取締役の代理人が財務記録にアクセスすることを会社は拒否することができる。会社が代理人によるアクセスを拒否した場合には，取締役は，代理人による財務記録へのアクセスを裁判所に申請することができる（会社法290条(2)）。かかる申請が行われた場合には，裁判所は適切と考える命令を発することができる（会社法290条(4)）。

財務記録にアクセスする権利及び代理人によるアクセスを裁判所に申請する権限は，取締役を辞した者には適用されないが[56]契約により取締役の職を辞した者にも，一定の条件の下で財務情報等の会社情報へのアクセスを認めることが実務上一般的である。

(ii) 株主のアクセス権

定款に別段の定めがない限り，株主は財務記録にアクセスする権限を有さない[57]。Replaceable rulesは，取締役会決議又は株主総会の普通決議により株主に財務記録等の会社の記録にアクセスする権限を与えることを認めている（会社法247D条）。

会社法は，株主が自ら又は代理人を使って会社の記録を閲覧することができるように裁判所に申請する権限を与えているが，裁判所は，株主が誠実かつ正当な目的のために申請していると認められない限り，この申請を許可することができない（会社法247A条(1)）。

(iii) 他のアクセス権保有者

財務報告を行う義務を負う会社の監査人は，財務記録を含む会社の記録に

---

[56] *Re Funerals of Distinction Pty Ltd* [1963] NSWR 614
[57] *Baldwin v Lawrence* (1824) 2 Sim & St 18; *Burn v London and South Wales Coal Co* (1890) 7 TLR 118

ついて適切な時間にアクセスする権限を有する（会社法310条）。これと同様に，会社の資産を管理するレシーバーも，レシーバーの管理下に入った資産に関する会社の財務記録等について適切な時間にアクセスする権限を有する（会社法431条）。

ASICは，会社の監督機関としての権限の一環として，会社の財務記録を含む会社情報にアクセスする権限を有する（ASIC法第3章第3節）。

5-2　財務報告（financial reporting）義務の概要

(a) 財務報告義務

全ての会社は財務記録を作成しなければならないが，多くの会社はこれに加え，**財務報告**（financial reporting）を行う義務を負う。会社法は，一定の会社に対し，**年次の財務報告義務**と，**半期の財務報告義務**を課している。これらの義務は，会社の種類や株主構成により，その内容（作成が義務付けられる書類の内容や報告先等）が異なる。

また，オーストラリアの証券取引所に上場している会社は，会社法に基づく財務報告義務に加え，証券取引所の上場規則に基づく財務報告義務も負う。例えば，一定の条件に該当するASX上場会社は，年次と半期の報告義務に加え，4半期毎に一定の情報をASXに提出しなければならない。

財務報告の義務は会社自体の義務であるが，取締役は財務報告義務に関する会社法の規定を遵守するための合理的な手段を講じる義務を負い，これを怠った場合には，民事制裁の対象となる（会社法344条(1)）。また，かかる取締役の義務違反が不誠実であると認められた場合には，刑事罰の対象にもなる（会社法344条(2)）。

(b) 虚偽又は誤解を招く報告

会社法は，虚偽又は誤解を招く情報を開示又は報告したり，開示・報告しなければ誤解を招く結果となる情報を開示・報告しなかった場合には，このような行為を行った者又は許可した者が刑事罰の対象となる旨定めている。また，このような行為を防ぐために必要な合理的な手段を取らなかった者も，刑事罰の対象となる（会社法1308条及び1309条）。このほか，虚偽又は誤解を招く情報の開示又は報告により，損害を蒙った者や将来蒙るおそれのある

者は,裁判所に対し,かかる行為の差止めを請求することができ,裁判所は差止命令や賠償命令を発することができる(会社法1324条)。

5-3 年次の財務報告義務

(a) 概　要

(i) 義務の内容

年次の財務報告義務を負う会社は,各会計年度に以下の作業を行わなければならない。
1. **年次財務報告書**(annual financial report)の作成
2. **年次取締役会報告書**(annual directors' report)の作成
3. 独立した**監査人**(auditor)による年次財務報告書に関する**監査報告書**(auditor's report)の取得
4. ASICに対する,年次財務報告書,年次取締役会報告書及び監査報告書の提出
5. 株主に対する,年次財務報告書,年次取締役会報告書及び監査報告書の提示

(ii) 年次の財務報告義務を負う会社

原則として,以下のいずれかに該当する会社は,年次の財務報告を行わなければならない(会社法292条(1))。
1. ディスクロージング・エンティティーである会社
2. 公開会社
3. 大規模非公開会社

上記の通り,小規模非公開会社は原則として財務報告を行う義務を負わないが,以下のいずれかに該当する場合には,小規模非公開会社であっても報告義務を負う。
1. 会計年度の一部又は全部の期間中,海外企業の支配下にあり,かつ会社の財務情報がASICに提出された他の会社の連結財務諸表に組み込まれていない場合(会社法292条(2))
2. 5％以上の議決権を有する株主が財務報告書と取締役会報告書を準備・送付するよう要求した場合(会社法293条(1))

3．ASICが財務諸表を準備するよう指導した場合（会社法294条(1)）

　日本企業を含む海外の企業がオーストラリアに会社を設立する際において，特に注意すべき点は上記1である。ただし，上記1に該当する小規模非公開会社も，この会社とオーストラリアで登録されたその親会社及び兄弟会社，並びにその会社と兄弟会社の子会社から構成するグループ会社全体が一定の規模を上回っていない場合には，ASICに対し財務報告義務の免除申請を行うことができる（会社法341条(1)，ASIC Corporations (Foreign-Controlled Company Reports) Instrument 2017/204 及び ASIC 規制ガイド RG58）。

(iii)　ディスクロージング・エンティティー（disclosing entity）

　会社法は，会社を含む法人やファンドが発行している証券に「**開示強化証券**（enhanced disclosure securities-ED securities）」とされる証券が含まれている場合には，このような法人やファンドを**ディスクロージング・エンティティー**（disclosing entity）と定義している（会社法111AC条）。

　開示強化証券には，以下の証券等が含まれる（会社法111AE条，111AF条，111AG条及び111AI条）。

1．オーストラリアの証券取引所において取引されている証券
2．発行のオファーをする際，会社法上義務づけられる情報開示が行われ，発行後の保有者が常時100名以上いる証券（社債を除く）
3．市場外公開買付又は調整スキームにおける会社の買収の対価として発行され，発行後の保有者が常時100名以上いる証券（社債を除く）
4．会社法上，発行の際，社債信託の受託者の選任が義務付けられる社債

　すなわち，オーストラリアの証券取引所に上場している会社や，その他不特定多数の投資家に対して証券を発行している会社は，ディスクロージング・エンティティーであるといえる。

(b) 年次財務報告書

(i)　財務報告書の構成書類及び会計基準

　会社法上の年次財務報告書は，会計年度における財務諸表（financial statement），財務諸表の説明及び取締役会の宣誓書の三つによって構成される（会社法295条(1)）。

　年次財務報告書は，オーストラリア会計基準委員会が定める会計基準に

従って作成されなければならない（会社法296条(1)）。

(ii) 財務諸表及びその説明

会社法には，財務諸表を構成する書類（貸借対照表等）についての直接的な規定はなく，「会計基準が要求する（required by the accounting standards）」ものとだけ規定している（会社法295条(2)(a)）。また，会計基準上必要であれば，連結の財務諸表を作成しなければならない旨も規定している（会社法295条(2)(b)）。このような規定により，会社法はオーストラリア会計基準委員会に会社の財務報告書の記載内容を決定する大きな裁量を与え，制度運用の柔軟性を確保しているといえる。

財務諸表の説明には，会社法上以下の事項を記載しなければならない（会社法295条(3)）。

1．会社法規則上開示が求められるもの[58]
2．会計基準上要求される説明
3．その他真実かつ公正な見解を示すために必要な情報

財務諸表及びその説明は，会社の財務状況及び業績についての真実かつ公正な見解を提示しなければならず，会計基準上求められる場合には，連結対象会社に関する見解も提示しなければならない（会社法297条）。

会社が連結財務諸表を会計基準上作成しなければならない場合には，連結対象となる子会社の取締役その他のオフィサーは，連結財務諸表及びその説明書を作成するために必要な情報を全て会社に提供しなければならない（会社法323条(1)）。また，連結財務諸表を含む年次財務報告書を監査する監査人は，連結対象会社の全ての帳簿にアクセスする権限を持ち，連結対象会社の取締役や他のオフィサーに対し，監査に必要な協力を要請することができる。取締役や他のオフィサーは，監査人の要請に協力しなければならない（会社法323A条(1)及び323B条(1)）。

(iii) 取締役会の宣誓書

取締役会の宣誓書には，以下の事項に関する宣誓が行われなければならな

---

[58] 会社法規則では，会計基準上，連結の財務報告書を要求する場合には，親会社の資産・負債・資本状況や損益等のほか，親会社が子会社に提供している債務保証や偶発債務等の情報等の開示を要求している（会社法規則2M.3.01条）。

い（会社法295条(4)）。
1．債務を期日通りに返済する能力が会社にあると信じる合理的な理由があるかどうかについての取締役会の見解
2．（会社が財務諸表の説明において国際財務報告基準を遵守する旨を明確かつ無条件に記載した場合には，）国際財務報告基準を遵守する旨の記載が財務諸表の説明に記載されていること
3．財務諸表及びその説明が会社法の規定を遵守しているかどうかについての取締役会の見解
4．（会社が上場会社の場合には，）CEO及びCFOが下記(iv)の宣誓を行ったこと

上記1の会社の債務返済能力に関する取締役会の見解については，会社の貸借対照表上の債務のみでなく，将来的な債務の返済能力も考慮に入れる必要がある（ASIC規制ガイドRG22.4）。また，取締役会の見解には，ある程度の根拠が必要であり，「抑制のない楽観」では不十分であるとされている[59]。また，ASICは，会社の支払能力に不確定要素がある場合には，取締役会が宣誓書に条件を設けるか，深刻な場合には会社に支払能力がない旨の宣誓を行うことを奨励している（ASIC規制ガイドRG22.8及びRG22.9）。

取締役会の宣誓は，取締役会の決議により採決され，これが行われた日付を明記しなければなうない。また，宣誓書には取締役1名の署名が必要である（会社法295条(5)）。

(iv) CEO及びCFOの宣誓

会社がオーストラリアの証券取引所に上場している場合，CEO（chief executive officer—最高経営責任者）及びCFO（chief financial officer—最高財務責任者）の立場にある者は，取締役会の宣誓が行われる前に以下の事項を宣誓しなければならない（会社法295A条(1)）。
1．会社の財務記録が会社法の規定を遵守していること
2．財務諸表及びその説明資料が会計基準を遵守していること
3．財務諸表及びその説明資料が真実かつ公正な見解を記載していること
4．その他会社法規則に規定される要件が充足されていること（会社法

---

[59] *CCA v Daff* (1971-76) ACLC 28

295A 条⑵)

CEO 及び CFO の宣誓は，日付と宣誓者の肩書きが記され，宣誓者が署名した書面により行われなければならない（会社法 295A 条⑶）。

(c) 年次取締役会報告書

(i) 年次取締役会報告書の構成

年次取締役会報告書は，一般情報，特定情報及び監査人の独立性の宣誓書の写しの三つから構成される。一般情報と特定情報については，報告書の作成が義務付けられる全ての会社が提供しなければならない情報のほか，上場会社のみが追加的に提供しなければならない情報もある（会社法298条(1AA)）。

(ii) 一般情報

会社の年次取締役会報告書には，以下の一般情報を記載しなければならない（会社法 299 条⑴）。
1．業績報告
2．会社の状況の重要な変化についての詳細
3．会社の主要な活動及びその重要な変更
4．前年度末以降に生じた事象で会社の今後の運営，業績及び状況に重要な影響を与え得るもの
5．会社の今後の活動及びその結果についての予測
6．会社の活動が特別かつ重要な環境規制の対象となる場合には，その規制に関する会社の遵守状況についての詳細

連結財務諸表が要求される場合には，報告書には連結対象会社に関する情報も含めなければならない（会社法 299 条⑵）。ただし，上記 5 に関する情報については，それが会社又は連結対象会社にとって不合理な不利益を与える可能性が高い場合には省略することができる。この場合には，その旨を報告書に記載しなければならない（会社法 299 条⑶）。

オーストラリアの証券取引所に上場している会社は，上記の一般情報に加え，株主が以下の事項について評価を行うために合理的に必要な情報についても，取締役会報告書に含めなければならない（会社法 299A 条⑴）。
1．会社（連結財務諸表が要求される場合は連結対象会社も含む）の運営

2．会社の財務状況
3．会社の事業戦略及び今後の見通し

ただし，事業戦略及び今後の見通しの記載が会社（又は連結対象会社）にとって不合理な不利益を与える可能性が高い場合には，その記載を省略することができるが，その場合にはその旨を報告書に記載しなければならない（会社法 299A 条(3)）。

(ⅲ) 特定情報

会社の年次取締役会報告書には，一般情報に加え，以下の事項に関する詳細を記載しなければならない（会社法 300 条(1), (14)及び(15)）。

1. 年度中に株主に支払われた配当，及び提案又は宣言されたが未払いの配当
2. 年度中又は前年度末以降に会社の取締役であった者の氏名及びその在職期間
3. 年度中に会社のオフィサーであった者の氏名
4. 当該年度について会社の監査人となった会計事務所のパートナー又は会計会社の取締役であった者の氏名，及び監査業務を担当した時点でパートナー又は取締役の地位にあった者の氏名
5. 年度中又は前年度末以降に会社が発行したオプション，オプション受領者，オプション行使によって発行された株式等
6. 会社のオフィナー及び監査人に対し，年度中又は前年度末以降に会社が提供した補償及び会社が支払った D&O 保険の掛金
7. 会社を代理して提起又は参加した裁判の申立てに関する詳細

これらの情報が会社の財務報告書に含まれている場合には，これらを改めて年次取締役会報告書に記載する必要はない（会社法 300 条(2)）。

公開会社の場合，それが他の会社の完全子会社である場合を除き，これらに加え各取締役の資格，経験，特別の責任，年度中に開催された取締役会及び委員会の数，並びに各取締役がこれらの会議に出席した回数を記載しなければならない（会社法 300 条(10)）。

オーストラリアの証券取引所に上場している会社の報告書には，これらに加え，以下の事項に関する詳細を年次取締役会報告書に記載しなければならない（会社法 300 条(11), (11A)及び(11B)，並びに 300A 条(1)）。

1. 各取締役が保有する会社又はその関連会社の株式及び社債，並びにこれらに関連するオプションやその他の権利の保有状況
2. 会社の株式又は社債のコールオプションを取締役に付与する契約
3. 取締役が年度末までの過去3年間のうちに他の上場会社の取締役を兼任していた場合には，その事実及び在職期間
4. ASICが監査人の法定監査期間の延長を許可した場合には，その詳細
5. 監査以外の業務について会社が監査人に対して支払った費用及び監査人の独立性に関連する取締役会の見解
6. 取締役及び主要経営者の報酬，並びにこれに関連する会社の方針及び業績等に関連する事項

(iv) 報告書の形式

年次取締役会報告書は，取締役会決議において承認され，取締役1名の署名と日付が付されなければならない（会社法298条(2)）。

年次取締役会報告書の作成期限は定められていないが，株主及びASICに対する提出については，本書5-3(e)及び5-3(f)の通り期限が定められている。

(d) 年次財務報告書の監査報告書

(i) 監査義務

年次の財務報告義務を負う会社は，年次財務報告書を独立した監査人に監査させ，監査報告書を取得しなければならない（会社法301条(1)）。

上記5-3(a)で説明した通り，海外企業が支配していない小規模非公開会社は，5％以上の議決権を有する株主又はASICに指示された場合に限り，財務報告書を作成する義務を負うが，株主が財務報告書を作成するよう指示した場合には，会社に対し，財務報告書を監査人に監査させるよう指示することもできる（会社法293条(3)(c)）。株主が監査を要求しなかった場合，小規模非公開会社は財務報告書を監査させる必要はない（会社法301条(2)）。ASICも同様に，報告書を監査させることを会社に指示することができる（会社法294条(1)）。

会計基準により財務報告書に連結財務諸表が含まれる場合には，連結財務諸表も監査報告書及び監査人の宣誓書の対象となる。

(ii) 報告書の基準

監査人は，監査保証基準委員会（Audit and Assurance Standards Board）が作成する監査基準に従って会社の年次財務報告書を監査しなければならない（会社法307A条(1)）。また，監査法人が監査する場合には，監査責任者はこれが監査基準に従っていることを確認する義務を負う（会社法307A条(2)）。

(iii) 内　容

年次財務報告書の監査報告書には，以下の事項を記載しなければならない（会社法308条）。
1. 年次財務報告書が会計基準を遵守しているかどうか，財務諸表及びその説明が会社の財務状況及び業績の真実かつ公正な見解を提示しているかどうか，及び会社法の他の条項に従ったものであるかどうかについての見解（財務報告書が会社法の規定に従っていないとの見解を有する場合には，その理由）
2. 年次財務報告書が会計基準を遵守していないとの見解を有する場合には，実務上可能な限りにおいて，その不遵守が及ぼす影響の評価（評価が不可能な場合には，その理由）
3. 年次財務報告書の不備又は変則がある場合には，その不備又は変則
4. 以下の事項に関する欠陥，瑕疵又は欠点がある場合には，その欠陥，瑕疵又は欠点
   (a) 監査人が監査を行うにあたり必要な全ての情報，説明及び協力が得られたかどうか
   (b) 年次財務報告書の準備及び監査のために十分な財務記録を会社が管理しているかどうか
   (c) 会社法上維持することを義務付けられる記録や登録簿を会社が維持しているかどうか
5. 監査基準で要求される記述や開示事項
6. 財務諸表の説明に会社の財務状況や業績に対する真実かつ公正な見解を示すために必要な追加情報が記載されている場合には，その追加的情報が真実かつ公正な見解を示すために必要であったかどうかについての監査人の見解
7. 上場会社の年次取締役会報告書に取締役及び主要従業員の報酬に関す

る報告が記載されている場合には，この記載が会社法に従っているかどうかの見解（従っていないとの見解に至った場合には，その理由）

監査報告書には，作成された日付を記載しなければならない（会社法308条(4)）。

(iv) 独立性の宣誓書

監査人が会社の年次財務報告書を監査した場合には，以下のいずれかの宣誓書を会社の取締役会に提出しなければならない（会社法307C条(1)及び(3)）。
1．監査人が知る限り，又は信じる限りにおいて，会社法上の監査人の独立性に関する義務の違反及び監査人の行動規範の違反がないこと
2．監査人が知る限り，又は信じる限りにおいて，会社法上の監査人の独立性に関する義務の違反及び監査人の行動規範の違反は，宣誓書に明記されているものに限られていること

独立性の宣誓書は，宣誓した者が署名し，通常は会社の取締役会に監査報告書を提出する際に併せて提出されなければならない（会社法307C条(5)）。

(e) 株主に対する年次の財務報告義務

(i) 株主に対する情報提供義務

年次の財務報告義務を負う会社は，株主に対し，財務情報を報告しなければならない。会社法は，会社が株主に情報提供を行う手段として，以下のいずれかを株主に提供することを義務付けている（会社法314条）。
1．年次財務報告書，年次取締役会報告書，及び年次財務報告書の監査報告書
2．会社法の規定を遵守した**簡易報告書**（concise report）

上記の簡易報告書とは，以下の文書から構成される（会社法314条(2)）。
1．会計基準に従った簡易版の財務報告書
2．年次取締役会報告書
3．年次財務報告書が監査された旨，及び簡易版の財務報告書が会計基準に従っているかについての監査人の見解を記載した文書
4．年次財務報告書の監査報告書の但書及び重要事項の抜粋
5．当該報告書が簡易報告書であり，株主が要請すれば，会社が年次財務報告書及び監査報告書のコピーを無償で送付する旨を記載した文書

会社は，簡易報告書を送付した場合であっても，株主からの要請があれば，年次財務報告書及び監査報告書を送付しなければならない。なお，公開会社は，年次財務報告書，年次取締役会報告書及び監査報告書を纏めたアニュアルレポートを発行することが一般的である。

会社は，上記のいずれかの報告書をウェブサイトに掲載し，株主の要望に応じて報告書のハードコピー又は電子コピーを株主に送付すれば，株主に報告書を「提供」したものとされる（会社法314条(1AA)）。この際に，株主には報告書が会社のウェブサイトに掲載される旨，及び報告書のハードコピー又は電子コピーを受領する権利がある旨を記載した通知を送付しなければならない（会社法314条(1AB)）。

報告書の提出期限は，以下の通りである。

会社の種類	提出期限
公開会社	会計年度後の定時株主総会の21日前又は会計年度末日後4ヶ月後のいずれか早い日（会社法315条(1)）
議決権の5％以上を有する株主から報告書を求められた小規模非公開会社	株主の要求を受けた日の2ヶ月後又は会計年度末日後4ヶ月後のいずれか遅い日（会社法315条(2)）
その他の非公開会社	会計年度末日後4ヶ月後

なお，会計年度末の時点で社債を発行している会社は，上記の提出期限までに，年次財務報告書，年次取締役会報告書及び監査報告書を社債信託の受託者にも提供しなければならない（会社法318条(1)）。

年次財務報告書又は年次取締役報告書が株主への提出後に変更され，株主が変更された報告書の提出を要請した場合には，会社は，要請した株主に報告書の写しを送付しなければならない（会社法322条(1)(b)）。また，重要な変更が行われた場合には，会社は，変更の性質及び報告書の写しを受領できる権限がある旨を株主全員に報告しなければならない（会社法322条(2)）。

(ii) 定時株主総会での報告

定時株主総会の開催義務を負う公開会社の取締役会は，直近の会計年度に係る年次財務報告書，年次取締役会報告書，及び年次財務報告書の監査報告

書を定時株主総会において提示しなければならない（会社法317条）。株主には，定時株主総会で会社の経営陣や監査人に対して質問や意見を述べる権利が与えられているが（会社法250S条及び250T条），会社法上，報告書について株主の承認を得る必要はない。

(f) ASICに対する年次の財務報告義務

　年次の財務報告義務を負う会社は，年次財務報告書，年次取締役会報告書及び年次財務報告書の監査報告書をASICに提出しなければならず，会社がこれらの報告書の代わりに簡易報告書を株主に提出した場合においても同様である（会社法319条(1)）。ただし，小規模非公開会社が，株主又はASICからの指示に基づいて年次財務報告書及び年次取締役報告書を作成した場合には，これらをASICに提出する義務を負わない（会社法319条(2)）。

　ASICに対する届出期限は，ディスクロージング・エンティティの場合は会計年度末日の3ヶ月後まで，それ以外の場合は会計年度末日の4ヶ月後までとなっている（会社法319条(3)）。

　年次財務報告書又は年次取締役報告書がASICへの提出後に変更された場合には，会社は変更後14日以内に変更された報告書をASICに提出しなければならない（会社法322条(1)(a)）。

5-4　半期の財務報告義務

(a) 概　要

(i) 義務の内容

　半期の財務報告義務を負う会社は，各会計年度の半期毎に以下の作業を行わなければならない。

1. 半期財務報告書（half-year financial report）の作成
2. 半期取締役会報告書（half-year directors' report）の作成
3. 独立した監査人による半期財務報告書に関する監査報告書の取得
4. ASICに対する，半期財務報告書，半期取締役会報告書及び監査報告書の提出

　ここでいう「半期（half-year）」とは，会計年度の前半の6ヶ月のことをいう（会社法323D条(5)）。後半の6ヶ月については，年次の報告書の中で報告

(ii) 半期の財務報告義務を負う会社

ディスクロージング・エンティティーは，半期の財務報告を行わなければならない（会社法302条）。それ以外の会社は，会社法上の半期財務報告書及び半期取締役報告書を作成する義務を負わない。

(b) 半期財務報告書

(i) 半期財務報告書の構成書類及び会計基準

会社法上の半期財務報告書は，半期における財務諸表，財務諸表の説明及び取締役会の宣誓書の三つから構成される（会社法303条(1)）。

年次の財務報告書と同様に，半期の財務報告書もオーストラリア会計基準委員会の作成する会計基準に従って作成されなければならない（会社法304条）。

(ii) 財務諸表及びその説明

年次財務報告書の財務諸表と同様に，半期財務報告書の財務諸表を構成する書類も，会計基準により要求されるものとされている（会社法303条(2)(a)）。また，会計基準上必要であれば，連結の半期財務諸表を作成しなければならない（会社法303条(2)(b)）。

財務諸表の説明には，会社法上以下の事項を記載しなければならない（会社法303条(3)）。
1．会社法規則上開示が求められるもの
2．会計基準上要求される説明
3．その他真実かつ公正な見解を示すために必要な情報

財務諸表及びその説明は，会社の財務状況及び業績に対する真実かつ公正な見解を提示しなければならず，会計基準上求められる場合は，連結対象会社に関する見解も提示しなければならない（会社法305条）。

会社が連結財務諸表を会計基準上作成しなければならない場合には，連結対象となる子会社の取締役その他のオフィサーは，連結財務諸表及びその説明書を作成するために必要な情報を会社に提供しなければならない（会社法323条(1)）。また，連結財務諸表を含む半期財務報告書を監査する監査人は，

連結対象会社の全ての帳簿にアクセスする権限を有し，連結対象会社の取締役や他のオフィサーに対し，監査に必要な協力を要請することができる。取締役や他のオフィサーは，監査人の要請に協力しなければならない（会社法323A 条(1)及び 323B 条(1)）。

(ⅲ) 取締役会の宣誓書
取締役会の宣誓書では，以下の事項に関する宣誓が行われなければならない（会社法 303 条(4)）。
1．期日通りに債務を返済する能力が会社にあると信じる合理的な理由があるかどうかについての取締役会の見解
2．財務諸表及びその説明が会社法の規定を遵守しているかどうかについての取締役会の見解

上記 1 の会社の債務返済能力に関する取締役会の見解については，会社の貸借対照表上の債務のみではなく，将来的な債務の返済能力も考慮に入れる必要がある（ASIC 規制ガイド RG22.4）。また，取締役会の見解には，ある程度の根拠が必要であり，「抑制のない楽観」では不十分であるとされている[60]。また，ASIC は，会社の支払能力に不確定要素がある場合には，取締役会が宣誓書に条件を設けるか，深刻な場合には会社に支払能力がない旨の宣誓を行うことを奨励している（ASIC 規制ガイド RG22.8 及び RG22.9）。

取締役会の宣誓は，取締役会の決議により採決され，これが行われた日付を明記しなければならない。また，宣誓書には取締役 1 名の署名が必要である（会社法 303 条(5)）。

(c) **半期取締役会報告書**

(ⅰ) 半期取締役会報告書の構成
半期取締役会報告書は，以下によって構成される（会社法 306 条(1)）。
1．半期における会社の運営の検証及びその結果
2．半期中又は半期末以降に会社の取締役であった者の氏名及びその在職期間

連結財務諸表が要求される場合には，上記運営の検証には，連結対象会社

---

[60] *CCA v Daff* (1971-76) ACLC 28

に関する情報も含めなければならない。
　また，半期取締役会報告書には，監査人による独立性の宣誓書の写しを含めなければならない（会社法306条(1A)）。

(ii) 報告書の形式
　半期取締役会報告書は，取締役会決議において承認され，取締役1名の署名と日付が付されなければならない（会社法306条(3)）。
　半期取締役会報告書の作成の期限は定められていないが，本書5-4(e)の通り，そのASICに対する提出については期限がある。

(d) 半期財務報告書に関する監査報告書

(i) 監査・検証義務
　半期の財務報告義務を負う会社は，半期財務報告書を独立した監査人に監査又は検証させなければならず，監査報告書を取得しなければならない（会社法302条）。ここで注意すべき点は，年次財務報告書の場合と異なり，半期の財務報告義務を負う会社は，半期財務報告書の監査ではなく，財務諸表の重要な欠陥等を洗い出す検証を監査人に行わせれば足りる点である。
　会計基準により財務報告書に連結財務諸表が含まれる場合には，連結財務諸表も監査報告書及び監査人の宣誓書の対象となる。

(ii) 報告書の基準
　監査人は，監査保証基準委員会が作成する監査基準に従って，会社の半期財務報告書を監査又は検証しなければならない（会社法307A条(1)）。また，監査法人が監査する場合には，監査責任者はこれが監査基準に従っていることを確認しなければならない（会社法307A条(2)）。

(iii) 内　容
　半期財務報告書の監査報告書には，以下の事項を記載しなければならない（会社法309条）。
1. 半期財務報告書が会計基準を遵守しているかどうか，財務諸表及びその説明が会社の財務状況及び業績に対する真実かつ公正な見解を提示しているかどうか，及び会社法の他の条項に従ったものであるかどう

かについての見解（財務報告書が会社法の規定に従っていないとの見解を有する場合，その理由）
2．半期財務報告書が会計基準を遵守していないとの見解を有する場合には，実務上可能な限りにおいて，その不遵守が及ぼす影響の評価（評価が不可能な場合には，その理由）
3．半期財務報告書の不備又は変則がある場合には，その不備又は変則
4．以下の事項に関する欠陥，瑕疵又は欠点がある場合には，その欠陥，瑕疵又は欠点
  (a) 監査人が監査を行うにあたり必要な全ての情報，説明及び協力が得られたかどうか
  (b) 半期財務報告書の準備及び監査に十分な財務記録を会社が管理しているかどうか
  (c) 会社法上維持することを義務付けられる記録や登録簿を会社が維持しているかどうか
5．監査人が半期財務報告書の（監査ではなく）検証を行った場合において，検証の過程で報告書が会社法に従っていないと推認させる点があるかどうか（ある場合には，その理由）
6．監査基準で要求される記述や開示事項
7．財務諸表の説明に会社の財務状況や業績に対する真性かつ公正な見解を示すために必要な情報が記載されている場合には，その追加的記載が真実かつ公平な見解を示すために必要であったかどうかについての監査人の見解

監査報告書には，作成された日付を記載しなければならない（会社法309条(6)）。

(iv) 独立性の宣誓書

監査人が会社の半期財務報告書の監査又は検証を行った場合には，以下のいずれかの宣誓書を会社の取締役会に提出しなければならない（会社法307C条(1)及び(3)）。
  1．監査人が知る限り，又は信じる限りにおいて，会社法上の監査人の独立性に関する義務の違反及び監査人の行動規範の違反がないこと
  2．監査人が知る限り，又は信じる限りにおいて，会社法上の監査人の独

立性に関する義務の違反及び監査人の行動規範の違反は，宣誓書に説明されているものに限られていること

独立性の宣誓書は，宣誓をした者が署名し，通常は会社の取締役会に監査報告書を提出する際に併せて提出されなければならない（会社法307C条(5)）。

(e) ASIC に対する半期の財務報告義務

半期の財務報告義務を負う会社は，半期の末日から75日以内に半期財務報告書，半期取締役会報告書及び半期財務報告書の監査報告書をASICに提出しなければならない（会社法320条(1)）。

ASICへの提出後に半期財務報告書又は半期取締役会報告書が変更された場合には，会社は変更後14日以内に変更された報告書をASICに提出しなければならず，株主が報告書の提出を要請した場合には，要請した株主にも報告書の写しを送付しなければならない（会社法322条(1)）。また，重要な変更が行われた場合には，変更の性質及び報告書の写しを受領できる権限があることを株主全員に報告しなければならない（会社法322条(2)）。

5-5 監査人

(a) 監査人の資格

会社の監査を行う者は，ASICに登録されていなければならない。監査業務を行うためには，一定の学位や修習等の要件を満たし，登録会社監査人（registered company auditor）としてASICに登録される必要があり，パートナーシップ等の形態を採る事務所が監査業務を行うためには，構成員の最低1名が登録会社監査人である必要がある。また，会社がこれを行うためには認可監査会社（authorised audit company）として登録されていなければならない。

なお，監査人とは中立的な立場から会社の財務報告書を監査又は検証する者であり，日本の会社法の会計監査人の概念に近い。なお，オーストラリアには，日本の会社法上の監査役に相当する概念や機関は存在しない。

(b) 監査人の独立性

(i) 利益相反状態（conflict of interest situation）

上述の通り，監査人は会社の財務報告書を中立的な立場で監査する必要があるため，独立性が求められる。会社法は，監査人の独立性を確保する手段の一つとして，監査人が会社の監査を行う際には，会社と「**利益相反状態（conflict of interest situation）**」になることを避ける義務を定めている。

会社法上，以下のいずれかに該当する場合には，監査人が会社と利益相反状態にあるとされる（会社法 324CD 条(1)）。

1. 監査人又は監査チームの担当員が監査対象会社の監査を遂行するにあたり，客観的かつ公正な判断が出来ない状態にある場合
2. 関連事実や状況を全て把握した分別のある者が，監査人又は監査チームの担当員が監査対象会社の監査を遂行するにあたり，客観的かつ公正な判断が出来ない状態にあると判断するであろう場合

監査人が会社と利益相反状態にあるかどうかを判断するにあたり，会社法は監査人（監査人が監査事務所又は監査会社の場合には，過去のメンバー，取締役又は経営者も含む）と会社，その取締役（元の取締役も含む）又はその他会社の経営陣との関係から発生する状況を考慮する旨定めている（会社法 324CD 条(2)）。

(ii) 利益相反の回避義務── 一般義務

会社法は，監査人に利益相反状態を回避させるため，以下の行為を会社法違反と規定している。会社法の規定違反は，違反者に対する民事責任及び刑事責任を伴う。

1. 監査人が会社に対する監査の遂行中に利益相反状態にあることに気づいたにもかかわらず，早急に利益相反状態を解消するための合理的な全ての手段を講じなかった場合（会社法 324CA 条(1)及び 324CB 条(1)）
2. 監査人が会社の監査人である期間中に利益相反状態にあることに気づいたにもかかわらず，その日から 7 日が経過しても利益相反状態が解消されず，その旨を ASIC に通知しなかった場合（会社法 324CA 条(1A)及び 324CB 条(1A)）
3. 監査人が会社に対する監査の遂行中に利益相反状態にあることに気づ

いていなかったが，利益相反状態にあることを監査人に知らせるための管理システムが機能していれば利益相反状態にあることに気づいたであろう場合（会社法324CA条(2)及び324CB条(4)）
4. 監査人が監査事務所又は監査会社であった場合において，会社の監査の遂行中に当該監査事務所又は監査会社の他のメンバー又は取締役が，監査人が利益相反状態にあることに気づいたにもかかわらず，早急に利益相反状態を解消するための合理的な全ての手段を講じなかったとき（会社法324CB条(2)及び324CC条(2)）

なお，監査人が監査会社である場合には，上記の違反規定は監査会社の個々の取締役にも適用される（会社法324CC条(1)，(1A)，(2)及び(4)）。

このように，監査人が利益相反状態を回避するための義務は非常に厳格であり，この規定に違反しないためには，十分な管理システムを設ける必要がある。監査人が事務所又は会社の形態を取る場合は，当該事務所の全てのメンバー又は会社の全ての取締役が，お互いの利益相反状態を報告し合う仕組みを構築することが望ましい。ただし，上記3及び4については，監査人は，監査人及びその従業員が利益相反回避に関する規定を遵守していると合理的に保証できるだけの管理システムを有していたと信じる合理的な根拠があることを立証できれば，会社法に違反したとはされない（会社法324CA条(4)及び(5)，324CB条(6)並びに324CC条(6)）。

(ⅲ) 利益相反の回避義務——特定義務

上述の義務に加え，会社法は，監査人又は監査人と一定の関係にある者が，会社又はその関係者と一定の関係（本項では「**利益相反関係**」と定義する）にある場合には，監査人が監査対象会社の監査を継続することを禁止している。具体的には，以下の行為を会社法違反と規定している。

1. 監査人が会社の監査の遂行中に，利益相反関係が存在することに気づいたにもかかわらず，早急にこの状態における監査を回避するための合理的な全ての手段を講じなかった場合（会社法324CE条(1)，324CF条(1)及び324CG条(1)）
2. 監査人が会社の監査人である期間中に，利益相反関係が存在することに気づいたにもかかわらず，その日から7日が経過してもこの状態が解消されず，その旨をASICに通知しなかった場合（会社法324CE条

(1A), 324CF 条(1A)及び 324CG 条(1A))

監査人とどのような関係のある者が, 監査対象会社又はその関係者とどのような関係にある場合に利益相反関係が存在するとされるかについては, 会社法に非常に詳細かつ複雑な規定がされている。この詳細については省略するが, 例を挙げると,「監査人と一定の関係にある者」の中には監査業務を行うチームメンバー, 監査業務の外部委託者, 監査人の近親者, 親会社, 子会社等が含まれる。また,「監査対象会社の関係者」には, 会社のオフィサー, オフィサーが会社以外で他人に雇用されている又は他人を雇用している場合の雇用主又は従業員, 会社の債権者, 会社の債務者, 会社の保証人, 会社の被保証人等が含まれる。

また, 利益相反関係の有無は, 監査対象会社が小規模非公開会社かどうかによっても左右される。一般に, 監査対象会社が小規模非公開会社の場合, そうでない場合と比較して, 監査人が監査対象会社の関係者とされる条件が緩いといえる。例えば, 監査対象会社が小規模非公開会社の場合, 監査人が監査対象会社のオフィサーと雇用関係にあっても利益相反関係が存在するとはされない。

(c) 上場会社の監査人のローテーション義務

会社法は, 特定の人物が長期間に渡り, 同じ上場会社の監査の責任者又は監査業務の検証の責任者になることを禁じている。禁止規定の概要は以下の通りである。

1. 特定の人物が5会計年度連続して監査の責任者又は監査業務の検証の責任者として上場会社の監査に携わった場合には, その者は5年目の会計年度終了後, 最低2会計年度は監査の責任者又は監査業務の検証の責任者として同じ上場会社の監査業務に携わることができない（会社法 324DA 条(1)）。
2. 特定の人物は7会計年度の間に5年の期間を超えて監査の責任者又は監査業務の検証の責任者として同じ上場会社の監査業務に携わることはできない（会社法 324DA 条(2)）。この場合には, 5年の期間は連続している必要はない。例えば, 同じ人物が4年連続で監査の責任者となり, 1年のブランクの後, 監査責任者として2年連続で同じ会社の監査を行うことはできない。

会社法は，さらに上記の禁止行為を行った者の所属する監査事務所の他のメンバー又は監査会社の他の取締役に対しても，違反状態を解消させる手段を講じる義務を課している。

監査事務所が上場会社の監査業務を請け負い，監査の責任者又は監査業務の検証の責任者が上記の規定に違反している場合には，監査事務所の他のメンバーは，違反を知っていながら違反者の監査業務を中止させ，又は責任者の任を下ろすための合理的な手段を講じなかった場合，これらのメンバーも会社法違反の責任を負うことになる（会社法 324DC 条(1)）。同様に，監査会社が上場会社の監査業務を請け負い，他の取締役が同様の状況にある場合には，監査会社とその取締役の両方が会社法違反となる（会社法 324DD 条(1)及び(2)）。

なお，違反者及び違反者の所属する監査事務所の他のメンバー又は監査会社の他の取締役は，監査の責任者又は監査業務の検証の責任者が上場会社の監査を請け負った時点で刑事責任を問われるが（会社法 324DC 条(2)及び 324DD 条(3)），監査人及びその従業員がローテーション義務に関する規定を遵守していると合理的に保証できるだけの管理システムを有していたと信じる合理的な根拠があることを立証できれば，かかる責任を免れることができる（会社法 324DC 条(4)及び 324DD 条(5)）。

(d) 監査人の選任

(i) 選任の同意

会社が監査人を選任するためには，被選任者から選任についての同意書を得なければならない（会社法 328A 条(1)）。会社が被選任者の同意なく監査人を選任した場合には，選任は無効となり，会社及び違反行為を行ったオフィサーは刑事責任の対象となる（会社法 328A 条(4)）。

(ii) 監査人の選任権限

監査人の選任権限は，会社が非公開会社であるか，又は公開会社であるかにより異なる。

A 非公開会社

非公開会社の場合には，監査人が株主総会において選任されていない限り，取締役会で選任することができる（会社法 325 条）。

B　公開会社

公開会社の場合には，原則として監査人は定時株主総会における普通決議により選任されなければならない（会社法 327B 条(1)）。しかし，監査人の最初の選任については，事前に株主総会にて既に選任されていない限り，会社が公開会社として登録された後 1 ヶ月以内に取締役会が監査人を選任しなければならない（会社法 327A 条(1)）。取締役会によって選任された監査人の在職期間は，選任後最初の定時株主総会の開催日までとされる（会社法 327A 条(2)）。

また，公開会社の監査人に株主による解任以外の事由により欠員が発生し，会社に監査人が一人もいなくなった場合，事前に株主総会で既に選任されていない限り，欠員が発生してから 1 ヶ月以内に取締役会が監査人を選任しなければならない（会社法 327C 条(1)）。この場合には，取締役会によって選任された監査人の在職期間は，選任後最初に開催される定時株主総会の開催日までとされる（会社法 327C 条(2)）。

(iii)　株主決議による選任手続

株主が定時株主総会の招集前又は開催の 21 日前までに監査人選任予定者を指名する通知を会社に提出しない限り，会社は監査人を選任することができない（会社法 328B 条(1)）。会社が株主の指名を受けずに監査人を選任した場合には，選任は無効となり，会社及び違反行為を行ったオフィサーは刑事責任の対象となる（会社法 328B 条(2)）。ただし，監査人が解任された場合の後任の選任についてはこの規定は適用されない。

会社が株主から監査人指名の通知を受領した場合には，会社は被指名者，既存の他の監査人及び株主総会の招集通知を受領する権利のある者に対し，通知の写しを開催日 7 日前又は招集通知と同時に送付しなければならない（会社法 328B 条(3)及び(4)）。

株主が株主総会で監査人を解任した場合を除き，監査人は株主総会の普通決議によって選任される。

(iv)　監査人が解任された場合の後任の選任手続

A　選任手続

公開会社か非公開会社かを問わず，株主が株主総会において監査人を解任

した場合には，同じ株主総会の特別決議により後任の監査人を選任することができる（会社法 327D 条(2)）。この株主総会において選任が否決された場合又は株主による指名意向通知の写しが選任予定者に送付されていなかった場合には，株主総会を延期し，再開された株主総会において普通決議により後任の監査人を選任することができる。ただし，決議を行うためには，以下の条件を満たしている必要がある（会社法 327D 条(3)及び(4)）。

1. 再開される株主総会開催の 14 日前までに，株主による監査人候補者の選任意向通知を会社が受領していること
2. 元の開催日の 20 日以降かつ 30 日以内に株主総会が開催されること

この手続により選任された会計監査人の任期は，次に開催される定時株主総会の開催日に終了する（会社法 327D 条(5)）。

B 株主総会において選任されなかった場合の手続

元の株主総会又は再開された株主総会において後任の監査人が選任されなかった場合に会社が取ることができる対応は，会社が非公開会社であるか，又は公開会社であるかにより異なる。非公開会社の場合には，上述の通り，監査人が株主総会において選任されていない限り，取締役会で後任の監査人を選任することができる。

公開会社の場合には，会社は後任の監査人が選任されなかった旨を 7 日以内に ASIC に通知しなければならず，ASIC は通知の受領後できるだけ速やかに監査人を選任しなければならない（会社法 327E 条）。ただし，ASIC は，以下に該当する場合には，監査人の選任を行うことができない（会社法 327G 条）。

1. 監査人が選任に同意しない場合
2. 会社に他の監査人が既に選任されており，当該監査人が監査を継続することに同意し，後任の監査人が必要ないと ASIC が判断する場合

この手続により選任された会計監査人の任期は，選任後最初に開催される定時株主総会の開催日に終了する（会社法 327E 条(6)）。

(ⅴ) ASIC による選任権限

上述の監査人の解任以外の状況においても，ASIC は，会社が会社法に従って監査人を選任せず，株主が監査人の選任を ASIC に申請した場合においても，公開会社の監査人を選任することができる。この場合も，監査人が

選任に同意しない場合や他の監査人が既に選任されている場合には，ASIC は監査人を選任できない（会社法 327F 条(1)）。

ASIC により選任された会計監査人の任期は，選任後最初の定時株主総会の開催日に終了する（会社法 327F 条(2)）。

(e) 監査人の報酬及び費用

会社と監査人との間の契約の規定にかかわらず，監査人は合理的な報酬及び実費の支払を受ける会社法上の権利がある（会社法 331 条）。

(f) 監査人の解任及び辞任

(i) 在任の原則

監査人は，解任，辞任，死亡その他の理由により監査人としての職務を遂行できなくなるか，又は監査人の地位を失うまで，会社の監査人であり続ける（会社法 327B 条(2)）。監査人である事務所が監査人でなくなった場合には，当該事務所において会社の財務報告書の監査を担当していた事務所のメンバーは全員，その時点で会社の監査人としての任を解かれる（会社法 327B 条(4)）。

(ii) 解任手続

監査人を解任するためには，株主総会の普通決議が必要であるが，会社法は監査人の解任決議が行われる株主総会の開催に関する特別の規定を設けている（会社法 329 条(1)）。これは，解任の対象となる監査人に対し，株主に向けた反論を準備する十分な機会を与える必要があるためである。

監査人の解任決議を求める株主は，株主総会開催予定日の最低 2 ヶ月前までに，これについて審議を求める通知を会社に送付しなければならない。ただし，会社が通知を受領した後に株主総会を招集した場合には，通知受領後 2 ヶ月が経過していなくても解任決議を審議することが認められている（会社法 329 条(1A)）。会社は，この通知の受領後速やかに通知の写しを監査人に転送しなければならない（会社法 329 条(2)）。監査人は，通知の写しを受領してから 7 日以内に，反論書を会社に送付し，会社から株主に対してこれを送付することを要求することができる（会社法 329 条(3)）。ASIC に別途命令されない限り，会社はこの要求通り，株主総会において反論できる機会を監査

人に提供しなければならない（会社法329条(4)）。

通常，法定の株主総会の招集通知期間は21日であり，一定の持分を有する株主が合意すればこの期間を短縮することができるが，監査人の解任決議が審議される場合には，この法定の招集通知期間を短縮することはできない（会社法249H条(4)）。

(ⅲ) 辞任手続

公開会社の監査人が辞任するためには，会社に辞任を通知し，さらにASICに対して辞任についての承認申請を行わなければならない。ASICに対する承認申請は辞任の理由を説明した通知書を送付することにより行われ，これをもとにASICは承認するかどうかを判断する。公開会社の監査人は，ASICの承認がなければ辞任することができない（会社法329条(5)）。

非公開会社の監査人の辞任については，ASICの承認は必要なく，辞任の通知を会社が受領することにより辞任は効果を発する（会社法329条(9)）。

(ⅳ) 監査人として在任できなくなる事由

監査の対象となる会社が公開会社の場合には，監査人が会社との間で利益相反や一定の関係がある旨の通知をASICに対して行い，この状態が21日後も解消されない場合には，監査人はその任を解かれる（会社法327B条(2A), (2B)及び(2C)）。

公開会社が他の会社の支配下に入った場合には，この公開会社の監査人は次に予定される定時株主総会又はそれ以前までに監査人の職を辞さなければならない。しかし，かかる定時株主総会において再選される資格までは喪失しない（会社法327H条）。

会社が清算手続に入った場合（任意清算，裁判所による清算かは問わない）には，監査人の任が解かれる（会社法330条）。

5-6 ASX上場会社の財務情報開示

(a) 上場規則

オーストラリアの証券取引所に上場する会社は，会社法上の財務報告義務に加え，上場する証券取引所の上場規則上の財務及び事業報告を取引所に対

して行う義務を負う。各証券取引所はそれぞれ異なる上場規則を設けているが，本書ではASXの上場規則上の報告義務の概要を述べる。

(b) 半期報告

ASXを含むオーストラリアの証券取引所に証券を上場している会社はディスクロージング・エンティティーであることから，会社法上，半期の財務報告をASICに対して行わなければならない。オーストラリアで設立されたASX上場会社は，これに加え，半期の各報告書の写しをASXにも提出しなければならない（ASX上場規則4.2A.1条）。上場会社がオーストラリアで設立された会社でない場合には，設立された法域における類似の財務諸表及びその他関連情報・書類，並びにオーストラリアで設立されたASX上場会社が会社法上ASICに提出することが求められる情報・書類をASXに対しても提出しなければならない（ASX上場規則4.2A.2条）。さらに，上場規則上「**鉱山探査事業体**（mining exploration entity）」と定義される事業体[61]以外の会社は，前年同期比の収入や利益の増減等の一定の情報もASXに提供しなければならない（ASX上場規則4.2A.3条）。

ASX上場会社は，これらの情報又は書類を準備でき次第，遅くともASIC（又は会社が設立された法域の相当機関）への提出と同時にASXに提出しなければならない。また，鉱山探査事業体以外の会社の場合には，遅くとも会社の会計年度の終了後2ヶ月以内にこれらを提出しなければならない。鉱山探査事業体の場合，これらを会計年度の終了後75日以内に提出しなければならない（ASX上場規則4.2B条）。

(c) 予備的最終報告書（preliminary final report）

鉱山探査事業体以外のASX上場会社は，会計年度の終了後，前年同期比の収入や利益の増減等の一定の情報（**予備的最終報告書**（preliminary final report））をASXに提供しなければならない。ASXに提供する情報と，その基となる財務諸表は，同じ会計基準に沿ったものでなければならない（ASX上場規則4.3A条）。

上記に該当する会社は，これらの情報又は書類を準備でき次第，遅くとも

---

[61] 事業の全て又は主要な事業が，鉱物，石油又はガスの探査であるとASXが判断する事業体（ASX上場規則19.12条「mining exploration entity」の定義）

ASIC（又は会社が設立された法域の相当機関）への財務諸表の提出と同時にASXに提出しなければならない。また，遅くとも会社の会計年度の終了後2ヶ月以内にこれを提出しなければならない（ASX上場規則4.3B条）。

上場会社がASXに提出済みの予備的最終報告書に記載された内容に重大な影響を与える可能性のある事情が発生したことを認識した場合には，かかる状況及びこれが会社の業績又は財務状況に与える影響をASXに説明しなければならない（ASX上場規則4.3D条）。

(d) 年次最終財務報告

オーストラリアで設立されたASX上場会社は，会社法上ASICに提出が義務づけられている年次の各報告書の写しを，遅くとも会計年度末の3ヶ月後までにASXに対して提出しなければならない。また，簡易報告書が株主に送付されている場合には，簡易報告書の写しも同時にASXに提出しなければならない（ASX上場規則4.5.1条）。上場会社がオーストラリアで設立された会社でない場合には，ASICに登録された海外企業が会社法上ASICに提出することが求められる書類の写しをASXに対しても提出しなければならない（ASX上場規則4.5.2条及び第4.5.3条）。

ASX上場会社は，株主に送付したアニュアルレポートの写しを，株主に対する送付日と会社法上の受領期日のいずれか早い日にASXに対して送付しなければならない（ASX上場規則4.7条）。ただし，アニュアルレポートが既にASXに提出した書類のみによって構成される場合には，この規定は適用されない（ASX上場規則4.7.1条）。

ASX上場会社の主要な資産が非上場の事業体の発行する証券又はこれに対する債権である場合には，上場会社は，これら事業体の財務諸表を，上場会社の年次の報告書の写しとともにASXに提出しなければならない。ただし，事業体の財務諸表が上場会社の連結財務諸表に組み込まれている場合には，この規定は適用されない（ASX上場規則4.8条）。また，非上場の事業体の発行する証券又はこれに対する債権が上場会社の資産に含まれるものの，主要な資産ではない場合は，上場会社が同様の義務を負うことはないが，ASXが事業体の財務諸表を要求した場合には，この要求に応じなければならない（ASX上場規則4.9条）。

上記の情報に加え，ASXは上場会社のアニュアルレポートに最低限記載

しなければならない情報を列挙している。この中には，株主数及び議決権株式数，大株主，会社の登録上の住所及び主たる事業所，会社の事業活動の検証等が含まれる。

(e) その他の定期報告

上記の報告義務のほか，一定の上場基準をクリアして上場した会社，又はASXから特に要求されたASX上場会社は，四半期毎に法定のキャッシュフロー報告書をASXに対して提出しなければならない（ASX上場規則4.7B条）。

また，鉱山探査事業体や，鉱区の権益が事業に重要な位置を占める会社，及び「鉱山生産事業体（mining production entity）」と定義される会社は，それぞれの事業及び財務に関する一定の情報を四半期毎にASXに提出しなければならない（ASX上場規則5.1条，5.2条及び5.3条）。

(f) 定期的情報開示規定の違反

上場会社がASX上場規則上義務づけられる定期報告を期日までに行わなかった場合には，ASXはこの会社の株式の取引を停止する。また，ASX上場規則は，ASXがこの権限を例外なく行使することも明記している（ASX上場規則17.5条）。

6. 情報開示

6-1 ASICに対する情報開示義務

(a) 情報の提出

多くの会社は財務状況をASICに対して報告する必要があるが，このほかにも，一定の事項の変更，又は一定の取引や決議が行われた場合には，これらについてASICに逐次報告しなければならない。

(i) ASICに対する変更事項の通知

会社法は，会社に関する一定の事項に変更が生じた場合，その旨をASICに通知する義務を会社に課している。変更通知の対象となる事項は，会社の形態や変更の種類等により異なり多岐に渡るが，主要な事項だけでも以下のようなものが挙げられる。

変更事項	通知期限
取締役，秘書役又は代理取締役の選解任[62]	28日以内
取締役，秘書役又は代理取締役の氏名又は住所の変更	28日以内
監査人の選任	該当なし
監査人の辞任，解任又は終了	辞任又は解任の場合は14日以内，その他の場合は該当なし
株式の発行，譲渡又は消却	28日以内
持株数上位20名の株主の保有する株式の詳細の変更（非公開会社のみ）	28日以内
持株数上位20名の株主の氏名又は住所の変更（非公開会社のみ）	28日以内

---

62 取締役，秘書役又は代理取締役が辞任する場合，会社の代わりに本人がASICにこれを通知することもできる。

究極的持株会社の変更（会社が究極的持株会社の支配下になった場合又は支配されなくなった場合）（非公開会社のみ）	28日以内
会社名の変更	変更を可決した株主総会から14日以内
登録上の住所の変更	28日以内
住所の公開時間の変更（公開会社のみ）	変更前
主たる事業所の変更	28日以内
公開会社の定款の変更	変更を可決した株主総会から14日後
登録情報の修正（ASICの誤字，脱字等による誤りの修正）	該当なし

(ii) ASICに対する一定事項発生の通知

上記のほか，会社が一定の行為を行った場合にも，ASICに対してこれを通知しなければならない。ここでの通知の対象となる事項も多岐に渡るが，主要な事項だけでも以下のようなものが挙げられる。

通知事項	通知期限
財務報告	会計年度末の3ヶ月後（ディスクロージング・エンティティーの場合）又は4ヶ月後（その他の場合）
会社形態の変更	変更を可決した株主総会から14日後又は21日後（特別決議が必要な場合）
株式に付随する権利の変更	変更を可決した株主総会から14日後
株式分割又は併合	分割又は併合を可決した株主総会から1ヶ月後
株式資本の減少の詳細	資本減少を審議する株主総会の29日前（上場会社）又は22日前（その他の会社）

株式資本の減少の承認	資本減少を可決した株主総会から14日後
自己株式買戻の詳細	自己株式買戻を審議する株主総会の招集通知前
自己株式買戻実行の意思	買戻契約が承認された日か，承認後に契約が締結された日の遅い方の14日前
資金援助の詳細	資金援助を審議する株主総会の29日前（上場会社）又は22日前（その他の会社）
会社による資金援助に対する株主の承認	資金援助を可決した株主総会から14日後
会社株式取得予定者による資金援助に対する株主の承認	資金援助の受入れを可決した株主総会から14日後
資金援助実行の意思	資金援助実行の14日前
社債信託受託者の選任	選任の14日後
レシーバーの選任	選任の7日後
外部管理人の選任又は辞任・解任	選任の14日後，辞任・解任の14日後（清算人），7日後（レシーバー）又は速やかに（管財人）
会社と債権者との和解の承認	変更を可決した株主総会から14日後
DOCAの締結	締結後速やかに
任意清算の決議	変更を決議した株主総会から7日後
裁判所による清算の決議	変更を決議した株主総会から14日後

(b) 年次評価

(i) 概　要

会社は，年に一度，ASICが行う会社の**年次評価**（annual review）に対応

しなければならない。年次評価は，ASIC が会社の支払能力の健全性や一定の情報について確認するために行われる。

具体的には，年次評価は，ASIC が各会社の**評価日**（review date）とされる日を基準として，**詳細抜粋書**（extract of particulars）という書類をそれぞれの会社に対して送付することによって行われる。詳細抜粋書の記載内容に誤りがある場合には，会社は誤りのある箇所について正確な情報を提供しなければならない。また，詳細抜粋書の記載内容が正確かどうかにかかわらず，会社は法定の**評価費用**（review fee）を ASIC に支払わなければならない。さらに，会社が評価日以前の 12 ヶ月の期間中に ASIC に対して財務報告書を提出していない場合には，取締役会は会社に支払能力があるかどうかを決議しなければならない。

この年次評価の各手順について，以下に説明する。

(ii) 評価日

会社の評価日は，会社の設立登録がされた日又は ASIC のデータベースに会社設立日と記録されている日，若しくはその他 ASIC が評価日と決定した日となる（会社法 345A 条(1)）。ただし，これに該当する日が 2 月 29 日である場合には，評価日は 2 月 28 日とされる（会社法 345A 条(1B)）。

会社が評価日を設立日以外の日に変更することを希望する場合には，法定の書面を ASIC に提出し，許可を得なければならない（会社法 345B 条(1)）。ASIC は，会社が以下の状況にある場合には，変更を承認する。

1．究極的持株会社の傘下にある会社の評価日を究極持株会社の評価日と合わせるため，又はグループ間の調整をするための変更である場合
2．オフィサーの構成が同一の複数の会社の評価日を合わせるための変更である場合
3．その他例外的に許容できる状況であると ASIC が判断した場合

なお，ASIC は，上記 3 の例外的な状況について，コストや手間の削減という理由だけでは評価日変更を例外的に許容できる状況とはならないとの立場を明確にしている（ASIC Form 488）。

ASIC が評価日の変更を承認した場合には，ASIC はこの事実を会社に通知しなければならない。変更された評価日が，変更前の次の評価日より前に到来する場合には，変更は ASIC が通知を行った時点で有効とされ，これが

後に到来する場合は，変更前の次の評価日の直後に変更が有効となる（会社法345C条）。

(iii) 詳細抜粋書

ASICは，会社の評価日から2週間以内に会社に対して詳細抜粋書を送付しなければならない（会社法346A条(1)）。会社との間で事前の合意がある場合には，抜粋書をインターネット上に掲載し，会社にアクセスさせることにより，ASICが抜粋書を会社に送付したものとすることができる（会社法346A条(2)）。抜粋書には，修正が必要な場合に会社が使用する書類及び評価費用の請求書が同封される。

詳細抜粋書には，ASICのデータベースに記録されている会社情報が記載される。ASICは，抜粋書をもって，会社に対して以下の情報を提供するよう要求することができる（会社法346B条及び会社法規則2N.2.01(1)条）。

1. ACN
2. 会社名
3. 登録上の住所
4. オーストラリアにおける主たる事業所
5. 各取締役及び秘書役の氏名，自宅住所（それ以外の住所をASICに登録することが認められた場合はその住所）及び生年月日及び出生地
6. 各取締役，秘書役及び代理取締役の選任日又は辞任・解任日
7. 株式に関する以下の情報
   (a) 株式の種類
   (b) 各種類株式の発行済株式数，払込済金額の合計及び未払金額の合計
8. 非公開会社の場合には，持株数上位20名の各種類株式の株主
9. 非公開会社の場合には，上記8記載の各株主の保有する株式数，株式の対価が全額支払われているかどうか，及び株主が株式を自己の利益のために保有しているかどうか
10. 究極的持株会社の名称，究極的持株会社がオーストラリアで登録されていない場合には登録された場所，又は究極的持株会社がオーストラリアで登録されている場合にはACN又はARBN

送付された詳細抜粋書に不正確な内容の情報が含まれている場合又は

ASICに特定の情報を提供することを要求された場合には，会社は抜粋書の発行日から28日以内にASICに回答を提出しなければならない。

(iv) 評価費用

会社は，詳細抜粋書の記載内容に誤りがあるかどうかにかかわらず，評価日から2ヶ月以内に年次評価に関する評価費用を支払わなければならない（会社法1351条(3), *Corporations (Review Fees) Act 2003* (Cth) 及び *Corporations (Review Fees) Regulations 2003* (Cth)）。

評価日から12ヶ月が経過しても会社が評価費用を支払わない場合には，ASICは会社の登録を抹消することができる（会社法601AB条(1A)）。

なお，本書執筆時点での評価費用は以下の通りである。下記の通り，10年分の評価費用を先払いすることにより，1年あたりの費用を下げることもできる。

	会社形態	年次評価費用	10年分一括先払いした場合の評価費用
1.	公開会社（特別目的会社を除く）	A$1,146	A$8,774
2.	非公開会社（特別目的会社を除く）	A$243	A$1,823
3.	特別目的会社	A$45	A$342

上記表の「特別目的会社（special purpose company）」とは，評価費用に関する法令（2003年会社（評価費用）規則（*Corporations (Review Fees) Regulations 2003* (Cth)）（以下「評価費用法規則」という）で定められた条件を満たす会社であり，いわゆる投資ビークルとして設立する特別目的会社とは異なる。評価費用法規則上の特別目的会社には，非営利事業のみを行う会社や，株主のみが占有する住宅建設地を保有する会社，株主に配当を行わない年金ファンドの受託者となる会社等が含まれる（評価費用法規則3条「special purpose company」の定義）。

(v) 支払能力に関する決議

会社の取締役会は，評価日から2ヶ月以内に会社の支払能力の有無についての決議を行わなければならない（会社法347A条(1)）。ただし，評価日の

12ヶ月前までの期間に会社がASICに対して財務報告書を提出している場合には，この義務は免除される（会社法347A条(2)）。これは，会社の財務報告書には会社の債務返済能力に関する取締役会の宣誓が盛り込まれるからである。

取締役会が会社に支払能力がないと決議した場合には，決議後7日以内にASICに対してその旨を通知しなければならない（会社法347B条(1)）。支払能力に関する決議を行わなければならないにもかかわらず，評価日から2ヶ月が経過しても取締役会が決議を行わない場合，会社はこの2ヶ月の期間の終了後7日以内にその旨をASICに通知しなければならない（会社法347B条(2)）。

上記の通知を期日までに行っておらず，かつ評価日の12ヶ月前までの期間に会社がASICに財務報告書を提出していないにもかかわらず，会社が評価費用を支払った場合には，会社法上，会社に支払能力があるという見解を取締役会がASICに表明したものとみなされる（会社法347C条(1)）。

(c) 詳細報告書（return of particular）

ASICが登録されている会社情報に誤りがあると考える場合には，会社に対し，**詳細報告書**（return of particular）と呼ばれる書面を送付する（会社法348A条(1)）。年次評価の際の詳細抜粋書同様，会社との間で事前の合意がある場合には，報告書をインターネット上に掲載し，会社にこれにアクセスさせることにより，ASICが報告書を会社に送付したものとすることもできる（会社法348A条(2)）。

ASICは，詳細報告書を送付することにより，会社に対して以下の情報の提供を要求できる（会社法348B条及び会社法規則2N.4.01条）。
1．各取締役，秘書役及び代理取締役の氏名，元の氏名，自宅住所（それ以外の住所をASICに登録することが認められた場合はその住所）及び生年月日及び出生地
2．各取締役，秘書役及び代理取締役の選任日又は辞任・解任日
3．各取締役，秘書役及び代理取締役の氏名又は住所の変更日
4．特定の者が会社の取締役，秘書役及び代理取締役であったこと（又はその役職についていなかったこと）の証拠
5．会社が評価費用法規則上の特別目的会社であることの宣誓

6. 究極的持株会社の名称，元の名称若しくは新しい名称，又は究極的持株会社となった日若しくは究極的持株会社でなくなった日
7. 株式の発行日，消却日又は譲渡日
8. 株式の払込金額の変更日
9. 株主が株式を自己の利益のために保有しているかどうかの表明，及び当該保有状況の変更日
10. 種類株式の構成に関するコード名，種類株式の正確な呼称，発行済株式数，支払済金額及び未払いの金額
11. 新しい株主の名前が株主名簿に記載された日
12. 会社が小規模非公開会社，大規模非公開会社又は海外企業が支配する小規模非公開会社であることの表明
13. 会社が上場会社であるかどうか，及上場会社である場合には，上場する証券取引所の表明
14. 会社が以下のいずれかを行っているかどうかの表明
    (a) 取締役会が，会社の支払能力に関する決議を行い，かつ会社に支払能力があるかどうかの有無が詳細報告書の回答に記載されていること
    (b) 年次評価において，会社の支払能力に関する決議が行われた日付が詳細報告書の回答に記載されていること
15. 登録上の住所又は主たる事業所の変更，取締役又は秘書役に関する情報の変更，株式構成の変更又は財務報告に関する情報

また，ASIC は，詳細報告書により，以下のいずれかを要求することができる（会社法 348C 条）。

1. 取締役会が会社の支払能力に関する決議を行い，かつ会社に支払能力があるかどうかを詳細報告書の回答に記載すること
2. 年次評価において，会社の支払能力に関する決議が行われた日付を詳細報告書の回答に記載すること

会社は，詳細報告書の日付から 2 ヶ月以内に，これに対する回答を行わなければならない。また，回答は会社の署名権者が署名した法定の書面で行わなければならず，詳細報告書により要求された事項が記載されていなければならない（会社法 348D 条）。

6-2 上場会社の証券取引所への情報開示義務

(a) 上場規則

オーストラリアの証券取引所には，それぞれの市場に上場している会社に適用される上場規則があり，どの上場規則にも投資家の保護を目的とした情報開示の規定がある。各証券取引所はそれぞれ異なる上場規則を設けているが，本書ではASXの上場規則上の情報公開義務について概要を述べる。

(b) 継続的情報開示

ASX上場会社は，分別のある者が会社の株価に重要な影響を与えると予想できる情報がある場合又はこれを入手した場合には，かかる情報をASXに対して速やかに報告しなければならない（ASX上場規則3.1条）。ASX上場規則及び会社法上の情報開示義務の目的について，以下のような判例がある[63]。

継続的情報開示義務の制度は，市場に十分な情報が開示されることにより，オーストラリアの資本市場の統合性や効率を向上させるために確立されたものである。市場に影響を及ぼす情報の適切な開示は，オーストラリア市場における投資家の信頼を維持・向上させ，会社経営陣の説明責任を改善するために欠かせないものである。また，これはインサイダー取引やその他の市場の歪みを抑えるためにも欠かせないものである。

オーストラリアでは，この分野の米国や英国の判例に倣い，対象となる情報が投資家の株式売買の方針を実際に変更する可能性のある情報である必要はなく，売買の判断に影響を与える情報であれば，開示が求められる。ASX上場規則は，開示が求められる種類の情報について例を挙げているが，その中で主要なものには以下のものが含まれる。

・会社の財務予測の変更
・会社又は子会社についての外部管理者の選任
・会社の連結資産価値比で，相当の価値のある取引（通常は5％以上であるが，これより少ない割合でも開示の対象となる場合がある。）

---

[63] *James Hardie Industries NV v ASIC* (2010) 274 ALR 85; 81 ACSR 1; [2010] NSWCA 332

- 配当や残余財産分配の宣言
- 発行株式の過小引受け又は過大引受け
- 鉱区の取得に関連する情報
- 公開買付の意向の通知又は受領
- 会社と取締役との間の契約
- 海外の証券取引所に開示された財務書類
- 会社の採用する会計基準の変更
- 格付け機関による会社の発行する証券の格付け
- 監査人変更の計画

一方，以下の要件を全て満たす情報の場合には，開示義務は適用されない（ASX 上場規則 3.1A 条）。

1. 分別のある者が開示されると期待しない情報
2. ASX が公になっていないと判断する秘密情報
3. 以下のいずれかに該当する情報
   (a) 開示することが法令違反となる情報
   (b) 不完全な提案や交渉中のものに関する情報
   (c) 想定の域を超えない情報又は開示するほど確実ではない情報
   (d) 会社の内部管理に関連する情報
   (e) 営業秘密情報

ASX 上場規則は，このほか，会社の事業内容や規模の大きな変更計画に関連する情報を，計画を実行する前に ASX に対して速やかに開示することを求めている（ASX 上場規則 11.1 条）。また，本書では説明を割愛するが，会社が行う多くの取引，例えば一定の割合を超える株式の新規発行や，重要な事業や資産の取得又は処分等を行う場合には，株主に関連情報を開示し，その承認を得ることを求めている。

(c) 上場規則の情報開示義務に関する会社法上の規定

上記の通り，オーストラリアの証券取引所の上場規則には，上場会社による情報開示に関する規定を設けているが，会社法はこれを補完する形で上場会社による上場規則の遵守を担保している。

(i) 上場会社の義務

会社法は，上場会社が以下の全てに該当する情報を有している場合には，上場している証券取引所にかかる情報を開示しなければならないと規定している（会社法 674 条(2)）。

1. 証券取引所の上場規則上開示が求められる情報
2. 一般に入手できない情報
3. 入手されていれば会社の株価に重要な影響を与えることが合理的に予想される情報

情報が以下のいずれかに該当する場合には，これが「一般に入手できる（generally available）」とみなされる（会社法 676 条(2)）。

1. すぐに閲覧できる状態にある場合
2. 関連する種類の証券に投資を行う投資家が注目するような方法によって通知され，この情報が拡散するまでの合理的な時間が経過した場合

なお，ASIC に登録されている情報のうち，手数料を支払わなければ入手できないものについては，上記のいずれにも該当せず，「一般に入手できる」情報とはいえないとする判例がある[64]。

(ii) 証券取引所の義務

証券取引所は，情報開示に関する規定を上場会社に提示しなければならない（会社法 674 条(5)）。

(iii) 情報開示義務の違反

会社法上の情報開示義務の違反に関与した者は，同法の民事制裁規定及び刑法上の罰則の対象となる（会社法 674 条(2A)，1317E 条及び 678 条）。ASX上場規則による情報開示義務等の違反は，会社法の違反にもなり，それによりこれらの制裁規定及び罰則が適用される可能性がある点に注意する必要がある。

(d) 取締役の利益の通知

上場会社の取締役は，自己の有する以下の利益に関する情報を証券取引所

---

[64] *Australian Securities and Investments Commission v Macdonald（No 11）*（2009）71 ACSR 368; 27 ACLC 522; [2009] NSWSC 287

に通知しなければならない（会社法 205G 条(1)）。

1．会社の証券に関連する権利
2．会社の株式又は社債のコールオプションを取締役に付与する契約

上記1に関する通知には，関連する証券の数と，関連する権利を取得した経緯の詳細を記載しなれければならない（会社法 205G 条(2)）。

かかる通知は，取締役の就任日又は会社の上場日の 14 日以内に行われなければならず，取締役の有する権利が変更した場合には，変更後 14 日以内にこれを通知しなければならない（会社法 205G 条(3)及び(4)）。

ただし，取締役が自己の有する利益の情報を既に証券取引所に開示していた場合には，この規定は該当しない（会社法 205G 条(5)）。また，会社法は，かかる取締役の通知義務を免除する権限を ASIC に与えている（会社法 205G 条(6)）。ASX 上場規則もこれと類似した通知義務を ASX の上場会社に課しているが（ASX 上場規則 3.19A 条），ASIC は，ASX 上場会社が取締役に関する ASX 上場規則上の通知を ASX に行ったとその取締役が合理的に信じる場合には，会社法上の規定に従った通知が行われたものとみなす方針を採っている（ASIC Corporations (Disclosure of Directors' Interests) Instrument 2016/881）。

7. 株　式

7-1　株式の特徴

(a) 株式の法的位置付け

　株式は，細分化された会社所有権であり，その詳細は会社法及び定款に規定される権利義務によって構成される。また，発行された株式には，動産取引に適用される法律が適用される。しかし，株式を保有していても，会社の保有する資産に関する直接的な権利を有するわけではない。

　また，株主としての権利を株式から切り離すことはできず，したがって，権利自体を株式と分離して売却又は譲渡することはできない。

　株式は，会社の定款，会社法及び（上場会社の場合）証券取引所の規則等に従った上で，これを譲渡したり，担保権等の権利を設定したりすることができる。

(b) 株式に関する概念の説明

　オーストラリアの会社の株式に関する法律上の概念のうち，特筆すべきものを幾つか紹介・説明する。

(i) 受益権

　非公開会社は，その株主が株式を自己の利益のために保有しているか否か（beneficial ownership）を株主名簿に記載し，この情報を ASIC に通知しなければならない（会社法117条(2)(k)(iv)及び178A条(1)(b)(viii)）。このため，会社買収前のデュー・ディリジェンスを行う場合，対象会社の株主が株式を自己の利益のために保有しているかどうかを確認する必要がある。株主が株式を自己の利益のために保有していない場合には，株主は受託者の立場で，受益者たる第三者の利益のために株式を保有していることになる。

　信託の概念は，コモン・ローの中でも衡平法（equity）という分野の法律から発展した概念である。本書では詳述しないが，受託者は，受益者の利益のために資産を保有・管理する義務を負う。このため，株主が株式を自己の

利益のために保有していない株主から株式を譲り受ける場合には，買主は，株主が受益者のために株式を売却する権限を有していることを確認する必要がある。

(ii) 額面金額（par value）の廃止

会社法は，コモン・ロー上の概念であった株式の額面金額（par value）の概念を廃止し，株式に額面金額がないと明記している（会社法254C条）。額面金額とは，現在は廃止された授権株式資本（authorised share capital）を株式数で割った金額であり，従前は資産の大小にかかわらず額面金額未満の金額で株式を発行することができなかった。

現在は，株式の額面金額の概念の代わりとして発行価格の概念がある。発行価格とは，株式の引受人が株式を引き受けるために支払うことを合意した金額をいう。

(iii) 部分的支払済株式（partly-paid share）

オーストラリアでは，日本の場合と異なり，発行価格の全額が支払われていなくても会社は株式を発行することができる。発行価格の全額又は一部が支払われていない株式は，**部分的支払済株式**（partly-paid share）と呼ばれる。

部分的支払済株式の保有者及びこれに対する会社の権利義務の規定は，定款を有する会社の場合には，定款に記載されるケースが多い。

通常，部分的支払済株式の保有者は，株主として認められるものの，株主総会における議決権の制限（発行価格が全額払い込まれるまで議決権を持たない，又は払込済金額の割合に応じた議決権のみが割り当てられる等）や，配当を受ける権利に制限等が加えられる場合が多い。また，会社法は，会社が未払分の請求を行った場合には，株主は請求された金額を支払う義務を負うことを規定している（会社法254M条(1)）。

部分的支払済株式の未払分は，株主が会社に対して負う債務である。定款やその他株式の発行条件には，会社が部分的支払済株式の株主に対して未払分の支払請求を行う権利が規定される場合が多い。また，株式発行の条件として，株主が特定の期日までに発行価格を満額支払うことが記載されることもある。また，会社は，未払分について株主が有する部分的支払済株式に対して先取特権（lien）を有し，株主が未払分の支払請求に応じなかった場合

や支払期日までに発行価格の満額が支払われなかった場合に、株式を差し押さえる権限を有することも多い。

7-2　種類株式

(a) 種類株式の発行権限

オーストラリアにも、株主として有する権利は、株主ごとに違いはなく、全て平等であるという原則が存在する。これは、日本の会社法で定められている株主平等の原則に相当するものである。また、会社は、日本の会社と同じく異なる種類の株式を発行することができる。会社法は、株式の発行条件及び種類株式の株主に与えられる権利や制限を決定する権限を会社に与えている（会社法254B条(1)）。

会社が2種類以上の種類株式を発行する理由は多岐に渡るが、その例としては以下のようなものが挙げられる。
- 少数の株主が保有する小規模の会社において、特定の種類株式の株主に対し、株主総会での一株あたりの議決権を他の種類株式の株主より多く持たせるため
- 民営化された旧政府系企業において、政府が特殊株式の株主として、特定の重要事項の拒否権を維持するため
- 投資目的で会社の株式を引き受ける者に対し、普通株式よりも配当が優先される優先株式を与えるため
- 株式を引き受ける者に対し、特定の権利が付随する株式を保有させることによる税務上のメリットを与えるため

(b) 種類株主に与えられる権利の例

株主に与えられる権利は、通常会社の定款に記載されるか、又は取締役会若しくは株主総会で決定される。一般に、以下のような事項に関する規定が記載又は決定されることが多い。
- 配当を受ける権利の有無に関する規定
- 配当の優先順位に関する規定
- 株主総会及び種類株式株主総会における議決権に関する規定
- 資本減少の際の払戻金を受領する権利に関する規定

・会社清算の際の資本金分配の優先順位に関する規定

(c) 優先株式（preference share）

(i) 優先株式の定義

会社法は，**優先株式**（preference share）について定義していないが，優先株式の株主に，他の種類株式の株主と比較して何らかの優先権を与えなければ，その株式は優先株式とみなされないという判例が存在する[65]。なお，どのような形で優先的な権利を定めるかという点については，特に決まりはないが，最も一般的な優先権は，配当を優先的に受ける権利であるといえる。しかし，配当を優先的に受ける権利が株主に与えられていない場合でも，例えば会社の清算の際に，残余資本を優先的に受ける権利が与えられていれば，その株式は優先株式とみなされるというのが一般的な見解である。

(ii) 優先株式の発行条件

会社法は，優先株式の発行に関する規定を置いている。会社が優先株式を発行するためには，以下の全ての事項について，会社の定款で定められているか，又は株主総会の特別決議により可決されなければならない（会社法254A条(2)）。

1．資本の払戻し
2．余剰資産及び利益の分配
3．配当が累積されるかどうか
4．議決権
5．他の種類株式又は種類優先株式との間の資本及び配当の分配に関する優先順位

ただし，会社法上は，上記事項が定められているのみであり，上記事項の内容自体についての特段の規定や制限はない。

(iii) ASX上場会社が発行する優先株式の株主の権利

優先株式を発行する会社がASXに上場している場合には，優先株式の株主に与えられる権利に制約が加えられる。

65　*Re Capel Finance Ltd*（2005）52 ACSR 601; 23 ACLC 527;［2005］NSWSC 286

ASX上場会社の発行する優先株式の株主は，以下の状況において議決権を有していなければならず，それ以外の状況においては議決権を有してはならない（ASX上場規則6.3条）。
1. 保有する優先株式の配当が未払いの状態である期間
2. 資本減少の決議が行われる場合
3. 会社による自己株式取得契約を承認する決議が審議される場合
4. 保有する優先株式に付随する権利に影響を及ぼす決議が行われる場合
5. 会社の清算が決議される場合
6. 会社の資産や事業の全てを売却する決議が行われる場合
7. 会社の清算手続期間中

優先株式の株主に対しては，普通株式の株主よりも優先して配当及び資本の払戻しを受領する権利を持たせることが義務付けられている（ASX上場規則6.5条及び6.6条）。また，各種通知や報告書，監査報告を受領する権利，及び株主総会に参加する権利については，普通株式の株主と同等の権利を与えなければならない（ASX上場規則6.7条）。

(iv) 償還優先株式（redeemable preference share）

償還優先株式は，優先株式の一種で，会社の清算が行われなくとも会社による買戻ができるものをいう（会社法9条「redeemable preference share」の定義）。原則として，会社が償還できる条件又は株主が会社に償還させる条件は，株式発行条件として規定されるが（会社法254J条），会社法は，以下の条件が満たされなければ償還をすることができない旨規定している（会社法254K条）。
1. 償還の対象となる株式の発行価格が満額支払われていること
2. 会社の利益を償還の原資に充てるか，又は償還の原資を賄うために発行された新株引受けの対価から支払われること

普通株式や償還することができない優先株式等の償還優先株式ではない株式を償還優先株式に転換することはできない（会社法254G条(3)）。

(d) 種類株主に付与される権利の変更

(i) 変更手続

定款に種類株式の権利の変更手続が記載されている場合には，権利の変更

は定款に規定される手続を経なければ行うことができない（会社法246B条(1)）。権利の変更手続自体を変更する場合には，定款の変更が必要となり，定款の変更には株主総会の特別決議が必要となる（会社法136条(2)）。

会社に定款がないか，又は定款に種類株式の権利の変更手続が記載されていない場合には，権利の変更には以下の両方の決議が必要となる（会社法246B条(2)）。

1．株主の特別決議
2．変更の対象となる種類株式の株主の特別決議，又は当該種類株式の75％以上の議決権を有する株主の同意書

いずれの場合も，権利の変更決議が行われてから7日以内に，会社は変更の旨を関連する種類株式の株主に通知しなければならない（会社法246B条(3)）。

(ii) 変更反対株主の権利

権利の変更が上記の手続をもって可決された場合には，かかる変更は該当する種類株式の株主全員に適用されることとなる。この場合には，決議に反対した株主が有する権利も変更される結果となるが，会社法は，このような権利の変更により不当な不利益を蒙った株主を救済する手段を規定している。

権利の変更決議，又は定款変更による変更手続の変更決議に反対の意思を表明した10％以上の議決権を有する株主は，変更決議から1ヶ月以内にこれを無効とする命令を発するように裁判所に申請することができる（会社法246D条(1)及び(2)）。

裁判所は，申請を行った株主が権利の変更によって不当な不利益を蒙ると判断した場合には，変更を無効とする命令を発する裁量を有するが，不当な不利益を蒙らないと判断した場合には，株主の権利の変更を認めなければならない（会社法246D条(5)）。

会社は，裁判所の命令が発せられた日から14日以内に，ASICに対して同命令の写しを提出しなければならない（会社法246D条(6)）。

(iii) 権利変更の発効日

種類株式の権利変更の発効日は，変更決議が全会一致で可決されたかどうかにより異なる。

変更決議が全会一致で行われた場合には，決議が行われた日において，又は決議にて発効日が別途指定された場合には，その指定日において，権利変更は効力を生じる（会社法246E条。ただし，発効日を遡及的に設定することはできない）。

変更決議に対して反対の意思が表明された場合には，反対株主による決議無効の申立てが1ヶ月後までに行われなければ，決議の1ヶ月後に，決議無効の申立てが行われた場合には，申立てが取り下げられた日又は裁判所の判決が下された日において，権利変更は効力を生じる（会社法246D条(3)）。

7-3　株式分割及び併合

(a) 株式分割

(i) 概　要

株式分割は，その名の通り，既存の株式をより多くの数の株式に細分化するプロセスをいう。株式分割は，株式の償還や消却，発行を伴わないプロセスであり，発行済株式資本にも変更は生じない。分割される株式が部分的支払済株式の場合には，未払額は，分割後の株式数に基づいて均等に分割される（会社法254H条(3)）。

株式分割の例

発行済株式が1,000株，資本金がA$1,000である会社が株式を5分割する場合：
・発行済株式が1,000株から5,000株に細分化される。
・資本金はA$1,000から変更なし。
・1株あたりの資本金はA$1.00からA$0.20に変換される。

1株A$1で発行された株式を1,000株引き受けた株主が，株式の対価をA$800しか支払っていない状況で，発行会社が株式を5分割する場合：
・分割後の株主の保有株式数は5,000株となる。
・分割前の株主の未払額は合計A$200，1株あたりA$0.20である。
・分割後の株主の未払額は合計A$200のままであるが，1株あたり

> 未払額は，A\$200 ÷ 5,000 株 = A\$0.04 となる。

　株式分割を行う目的には，株式が高い値段で取引されている上場会社が，株式の単価を下げることにより市場での流動性を向上させ，株主の数を増やすこと等が挙げられる。

　会社がオプションや転換社債等株式を受領する権利を伴った証券を発行している場合には，これら証券発行の条件として，株式の分割や併合等資本構成の変更に応じて受領又は交換できる株式数が自動的に連動して変更されることが記載される場合が多い。

(ii)　必要手続

　株式の分割を行うには，株主総会の普通決議により可決される必要がある（会社法254H条(1)）。分割の実行日は，株主総会決議で指定できるが，特定の実行日が指定されなかった場合には，決議が行われた日が実行日となる（会社法254H条(2)）。株式分割が株主の承認を受けた場合には，これを可決した株主総会議事録又は決議書の写しを，1ヶ月以内にASICに提出しなければならない（会社法254H条(4)）。

(iii)　上場会社の株式分割に関する追加的義務

　オーストラリアの証券市場に上場している会社は，株式分割に関する追加的義務を負う。

　上場会社は，一般に市場の秩序を維持する義務を負うが，株式分割等会社の資本構成の変更は市場の秩序を乱す可能性をはらんでいる。従って，例えば株式分割を行う会社がASXに上場している場合には，市場の秩序が維持されるようにするために，これを行う前にASXに相談しなければならない（ASX上場規則7.18条）。

　また，ASX上場会社は，分割の結果，普通株式の取引額が0.20豪ドル未満となる可能性がある株式分割を行うことを禁止している（ASX上場規則7.25条）。

(b) 株式併合

(i) 概　要

株式併合は，株式分割とは逆に，既存の株式をより少ない数の株式に統合するプロセスをいう。株式併合も，株式の償還，消却又は発行を伴わないプロセスであり，発行済株式資本にも変更は生じない。統合される株式の対価が全額支払われていない場合には，未払額は，併合後の株式数に基づいて均等に割り振られる（会社法 254H 条(3)）。

(ii) 必要手続

株式の併合を行うには，株主総会の普通決議により可決される必要がある（会社法 254H 条(1)）。併合の実行日は，株主総会決議で指定できるが，特に指定されなかった場合には，決議が行われた日が実行日となる（会社法 254H 条(2)）。株式併合が株主の承認を受けた場合には，これを可決した株主総会議事録又は決議書の写しを，1ヶ月以内に ASIC に提出しなければならない（会社法 254H 条(4)）。

(iii) 上場会社の株式併合に関する追加的義務

株式分割の場合と同様に，オーストラリアの証券市場に上場している会社は，株式併合に関する追加的義務を負う。

株式併合を行う会社が ASX に上場している場合には，市場の秩序が維持されるようにするために，これを行う前に ASX に相談しなければならない（ASX 上場規則 7.18 条）。

また，ASX 上場会社は，併合の結果，普通株式の取引額が 0.20 豪ドル未満となる可能性がある株式併合を行うことを禁止している（ASX 上場規則 7.25 条）。

7-4　株式譲渡

(a) 譲渡手続

株式を譲渡するには，株主名簿に譲渡が記録されなければならない。オーストラリアの会社は，無記名株券を発行することができず，株式証書の譲渡

が行われたとしても，株式の所有権が移転したことにはならない。

会社法は，株式が会社定款又は（上場会社の場合には）証券取引所の運営規則に従って譲渡できる旨規定している（会社法1070A条(1)(b)(ii)）。ただし，発行会社が非上場の場合には，定款に別段の定めがあるときであっても，「正式な書面（proper instrument）」が会社に提出されない限り，会社は株式の譲渡を登録することができない（会社法1071B条(2)）。会社法及び会社法規則上，「正式な書面」には，発行会社が登録されている州を記載しなければならないが（会社法1071B条(3)及び会社法規則7.11.22条(1)），それ以外は特に法律上記載が義務づけられる項目はない。会社定款には株式譲渡の手続が記載されている場合が多く，譲渡人と譲受人が署名し，印紙税のスタンプ（非上場会社の株式譲渡に印紙税を課す州の場合）が押された譲渡証（かかる譲渡証は「正式な書面」に該当するものと考えられる）を会社に提出することを求める規定がよく見られる。

会社に株式譲渡の登録を拒否する権限と理由がない限り，会社は株式譲渡の書面を受領してから1ヶ月以内に新しい株式証書を準備し，株主が別途指示しない限りこれを株主（又はその代理人）に送付しなければならない（会社法1071H条(3)）。

証券取引所に上場している株式の取引が証券市場の運営規則に従って行われた場合には，かかる取引について他の法律で別段の定めがある場合であっても，取引は有効に行われたものとみなされる（会社法1074D条(1)）。

(b) 譲渡規制

(i) 譲渡の拒否権

会社定款には，株式の譲渡制限が定められることが多い。しかし，裁判所は，歴史的に株式譲渡についてできるだけ制限を加えるべきではないという姿勢を取っており[66]，株式譲渡の有効性が争われた裁判では，定款の株式譲渡規定に曖昧さがある場合には，株式譲渡の有効性を認める方向で判断がなされる傾向にある[67]。

多くの会社は，定款で，会社の機関（主に取締役会）に株式譲渡の登録を拒否する権限を与えている。このような規定には，その権限に明示的な制限

---

[66] *New Lambton Land & Coal Co Ltd v London Bank of Australia Ltd* (1904) 1 CLR 524

を設けているもの（例えば，機関が登録を拒否できる理由を列挙している場合）と，機関に絶対的な拒否権を与えているものとに大別される。

Replaceable rules は，以下のいずれかに該当する場合には，取締役会は株式譲渡の登録を拒否できると規定している（会社法1072F条(2)及び(3)）。

1．株式譲渡書面と株式証書が会社の登録上の住所に送付されない場合
2．登録に手数料を設けている場合にその手数料が支払われない場合
3．株式に関する譲渡人の権利について，取締役会が合理的に請求する情報が提供されない場合
4．譲渡の対象となる株式が部分的支払済株式である場合
5．会社が譲渡の対象となる株式に対して先取特権を有する場合

会社法は，株式譲渡の登録を拒否できる機関が拒否権を行使した場合には，株式の譲受人が裁判所に対して譲渡の登録を請求する権利を与えている（会社法1071F条(1)）。拒否権を有する機関に株式譲渡を拒否する正当な理由がないと判断した場合には，裁判所は株式譲渡を登録させる命令，又はその他裁判所が適切と判断する命令を発することができる（会社法1071F条(2)）。

(ii) 既存株主の先買権

非公開会社の定款には，既存の株主の先買権（pre-emptive rights）を規定していることが多い。先買権とは，ある株主が株式の売却を希望する場合において，第三者に株式が譲渡される前に，他の既存株主が先にこれを買い取ることのできる権利をいう。また，既存株主の先買権を含む定款上の手続に従って株式の譲渡が行われない限り，有効な譲渡とならないと規定する定款も多い。

先買権に関する規定を新たに設ける定款変更が行われる場合には，定款変更時の株主は書面で合意しない限り，かかる変更に拘束されない（会社法140条(2)(c)）。

なお，既存株主の先買権を含む株式譲渡に関する規定は，合弁会社の株主間契約にも頻繁に見られる。

67　*Moodie v W & J Shepherd (Bookbinders) Ltd* [1949] 2 All ER 1044; *Stillwell Trucks Pty Ltd v Nectar Brook Investments Pty Ltd* (1993) 12 ACSR 334; 12 ACLC 126

(iii) 会社法上のその他の譲渡制限

会社法は，会社が以下の状況になった場合における株式譲渡を制限している。

1．管財人の管理下に入った場合
2．清算手続に入った場合（裁判所による手続及び任意清算手続の双方を含む）

会社が任意管理に入った場合には，管財人による書面上の同意又は裁判所の命令がなければ株式を譲渡することはできず，これに反する譲渡は無効となる（会社法 437F 条(1)）。また，管財人も裁判所も，株式譲渡が会社の債権者全体の利益になることを確認できるまでは，株式譲渡について同意又は命令することができない（会社法 437F 条(2)及び(4)）。

会社が清算手続に入った場合には，清算人による書面上の同意又は裁判所の命令がなければ株式を譲渡することはできず，これに反する譲渡は無効となる（会社法 468A 条(1)（裁判所による清算手続の場合），会社法 493A 条(1)（任意清算手続の場合））。ただし，会社が管財人の管理下にある場合と同様に，清算人も裁判所も，株式譲渡が会社の債権者全体の利益になることを確認できるまでは，株式譲渡について同意又は命令することができない（会社法 468A 条(2)及び(4)（裁判所による清算手続の場合），会社法 493A 条(2)及び(4)（任意清算手続の場合））。

7-5　株主名簿

(a) 株主名簿の作成・維持

会社法上，全ての会社は株主名簿を作成し，これを維持しなければならない（会社法 168 条(1)）。株主名簿には以下の事項を記載しなければならない（会社法 169 条(1)，(3)，(5A)及び(7)）。

1．株主の氏名及び住所
2．株主が名簿に登録された日付
3．株主に対して株式が発行又は譲渡された日付
4．発行又は譲渡された株式数
5．株主の株式保有数
6．株式の種類

7．株式の番号又は株式証書番号（これらがある場合のみ）
8．株式について支払われた金額
9．株式の発行価格が満額支払われたかどうか
10．株式について払い込まれていない金額（満額支払われていない場合のみ）
11．株主が株式を自己の利益のために保有しているかどうか（オーストラリアの証券取引所に上場している会社及び株式発行に情報開示が必要な会社を除く）
12．過去7年間に株主であった者の氏名及び詳細，並びにその者が株主でなくなった日付

50名を超える株主がいる会社は，最新の株主の氏名が記載された一覧表を株主名簿に記載しなければならない（会社法169条(2)）。

(b) 株主名簿への記載の法的効果

会社の設立後，株主名簿に名前が記載され，かつ明示的又は黙示的に株主となることに合意した者は，会社の株主となる（会社法231条(2)）。判例上，単に株主となることに合意するだけでは，その者が株主となったとはされず，逆に単に株主名簿に名前が記載されるだけでも，その者が株主となったとはされない[68]。株主となることの「合意」をするためには，法的拘束力のある契約を締結する必要はなく，株主名簿に名前が記載されていることを承知の上で株主として振舞うだけでも，株主となることに合意したものとされる[69]。

このため，株式の発行や譲渡を受けた者は，取引と同時又は直後に自分が株主名簿に確実に記載されたかどうかを確認することが実務的に重要である。

7-6　株式証書（share certificate）

(a) 株式証書の法的位置付け

オーストラリアの会社が発行する株式証書（share certificate）は，これ自体が会社の株式の価値を有するわけではない。すなわち，株式証書は，あく

---

[68] *Maddocks v DJE Constructions Pty Ltd* (1982) 148 CLR 104; 40 ALR 283; 6 ACLR 566; 1 ACLC 211

[69] *Re Darling Downs Brewery Ltd (Jane Primrose's Case)* (1899) 9 QLJ 225; *Re Peruvian Railways Co (Crawley's case)* (1869) LR 4 Ch App 322

までも証書に名義が記載された者が会社の株主であることを証明するための証明書に過ぎず,有価証券ではない。会社法は,保有した者が株式の保有者とされる無記名株 (bearer share) を発行することを禁じている (会社法254F 条)。

株主とは,株主名簿に株式の保有者として登録された者をいうため,株式証書が物理的に第三者に譲渡されたとしても,譲渡を受けた者が株主となるわけではない。株式が有効に譲渡された場合には,会社は譲渡人の株式証書を無効とし,譲受人に対して新規の株式証書を発行することになる。

株式証書は,証書に記載された株主が株式を所有することについての推定的な証拠となる (会社法 1070C 条(2))。つまり,第三者が,株式証書に名義が記載されている者の権利に異議を唱える場合には,第三者が (例えば,発行会社の株主名簿にその者の名前が記載されていないことを立証する等して) それを証明しなければならない。

このように,オーストラリアの会社が発行する株式証書は,日本の株券発行会社が発行する有価証券としての株券とは大きく異なる。本書にて share certificate を「株券」ではなく「株式証書」と表記するのはこのためである。

(b) 株式証書の作成・発行義務

オーストラリアの非上場会社が株式を発行する場合には,その株式証書を株式発行から 2 ヶ月以内に作成しなければならず,株主が別途指示しない限り,これを株主又は株主が指名した代理人に送付しなければならない (会社法 1071H 条(1))。

株式の発行会社がオーストラリアの証券取引所に上場しており,市場で取引される証券の清算・決済に関する規則に別段の定めがある場合には,その規定が適用される (会社法 1071H 条(2))。ASX に上場している会社は,株式証書を作成及び送付する義務はない (ASX 決済運営規則 (ASX Settlement Operating Rules) 5.10.1 条)。

株式証書には,以下の事項が全て記載されていなければならない (会社法 1070C 条(1))。

1. 発行会社の名称及び発行会社が会社法に基づいて登録された会社であること
2. 株式の種類

3．株式についての未払金額（部分的支払済株式の場合）

(c) 株式証書の紛失・毀損

会社法は，株式証書が紛失又は毀損した場合に株主及び会社が取るべき手続について定めている。

株主が株式証書を紛失又は毀損し，代わりの証書の取得を希望する場合には，株式証書の再発行の申請を発行会社に対して行わなければならない。再発行の申請には，以下の書面を添付しなければならない（会社法 1070D 条(5)）。

1. 申請の対象となっている株式証書が紛失又は毀損し，これが（第三者への）差入れ，売却又はその他処分の対象となっていないことを記載した声明文
2. 株式証書が紛失した場合には，適切な捜索が行われたことを記載した声明文
3. 紛失した株式証書を発見した場合には，古い株式証書を会社に返還する確約書

発行会社の取締役会は，上記の申請を受領する前に，申請者に対し，以下のような行為を行うことを要求することができる（会社法 1070D 条(6)）。

1. 取締役会が指定する地域の日刊紙に，①株式証書が紛失又は毀損した旨，及び②広告掲載後 14 日経過後に代わりの株式証書の発行を会社に申請する旨を記載した公告を掲載すること
2. 株式証書を発行することにより発生するかもしれない損失を補償するため，株式の市場価格以上の金額の保証金を支払うこと

株主が，上記の書類を添付し，取締役会が要求した行為を履行した上で株式証書の発行申請を行った場合には，会社は，紛失又は毀損した株式証書に代わる証書を発行しなければならない（会社法 1070D 条(3)）。

8. 株式資本の取引

8-1 資本維持の原則

　有限責任株式会社の制度においては，株主の責任は有限であり，株主と会社は別の法人格を有する。この制度を債権者の観点から見ると，債権者は会社に対してのみ債権の追求と回収を行うことができ，株主に対しては債権の回収を行うことができないということを意味する。このため，債権者が債権の回収を確保するためには，返済金の唯一の引当先である債務会社の資産に依存するほかなく，それ故，会社の支払能力を裏付けるだけの会社の資産の存在を確認することは，債権者にとって非常に重要な問題となる。これに加え，会社が債権者への支払に本来充てるべき会社の資産を株主に優先して支払った場合には，会社の債権者に対する支払余力が著しく低下する結果を招くおそれもある。その上本来の事業活動に回す資金が低下するおそれもある。

　会社の債権者をこのような不利益から保護するため，会社が株主に対して株式払込金を返還することを原則禁止する**資本維持の原則**（maintenance of capital principle）が，コモン・ロー上発展していった。また，コモン・ローは，会社の債権者に，会社の資産を株主に対する支払に充てるのではなく，事業を運営する目的で使用することを会社に対して要請する権限を与え，さらに会社の資産を株主に返還することを目的とした契約も，コモン・ロー上無効とされるようになった。

　その一方，資本維持の原則を厳格に適用すると，債権者に不利益が発生しない場合でも株主への支払いが禁止される状況が発生することとなる。特に会社やビジネス，金融等の制度が複雑化するにつれ，資本維持の原則の硬直的な適用が，経済活動の実態に適さないことも指摘されるようになってきた。このため，このコモン・ロー上の原則は，制定法によって経済活動の実態に合わせる形で修正されていった。

　会社法は，資本維持の原則を採用しつつ，主に以下の行為に関する禁止事項，要件や手続等を規定している。

・株式資本の減少
・自己株式の買戻

- 自己株式に対する担保権の設定・取得
- 子会社に対する自己株式の発行又は譲受
- 自己株式又は親会社の株式を第三者に取得させるための資金援助
- 配当の分配

本8章では，これらの行為に関する会社法の規定を説明する。

8-2 株式資本減少

(a) 株式資本減少とは

　株式資本の減少とは，株式発行に対して払込まれた金銭を会社が払い戻すことによって会社資本が減少することをいう。これはまさに資本維持の原則に反する取引であるといえるが，これを厳格に禁止すると，株式資本が必要以上に多い場合等に，会社の債権者に不利益が生じないにもかかわらず会社が株主に資本を還元する機会を奪うことになるという点は長く認識されてきた。このため，会社法は，株式資本の減少を条件付きで認め，会社の債権者や株主に不利益を生じないようにしている。

　株式資本の減少を達成するための手法は多岐に渡り，会社の資産を元手に株主から自己株式を取得し，それを償還する過程を経る償還優先株式の償還や，自己株式の買戻等も，広い意味ではその一種であるといえる。

　会社法は，自己株式の買戻等，特定の手法による株式資本の減少に関する規定を別個に定めるとともに，会社法で特別に定めない手法による資本減少の一般的な要件や手続等についても規定している。本8-2では後者について説明する。

　上記の通り，広義の株式資本減少の方法は多岐に渡るが，大きく**資本の還元**（return of capital）と，**未払資本の消却**（cancellation of uncalled capital）の二つに分類できる。

　資本の還元とは，会社が株主に対して金銭や資産を支払うことにより，株式資本を減少させる方法をいう。これに分類される資本の減少には，自己株式の買戻や償還優先株式の償還等が含まれる。この手法は，事業運営に必要ない余剰資金を株主に払い戻す場合や，特定の少数株主を排除し，会社を大株主の完全子会社にする場合等に利用される。

　未払資本の消却とは，会社が対価を提供せずに株式やそれに付随する権利

を消滅させることをいう。例えば、株主が保有する部分的支払済株式の未払分の金額を消却する場合等がこれにあたる。

(b) 株式資本減少の要件

(i) 要件

会社法は、以下の三つの条件を全て満たす場合において、会社が株式資本を減少することを認めている（会社法256B条(1)）。

1. 減資が会社の株主全体にとって「公平かつ合理的（fair and reasonable）」であること
2. 減資が会社の債権者に対する支払能力に「重大な悪影響（materially prejudice）」を及ぼさないこと
3. 会社法に規定される方法による株主の承認を得ること

なお、定款において株式資本の減少を制限（例えば、法律上は株主総会の普通決議があれば株式資本の減少を実行できるのに対し、定款で株主総会の特別決議又は株主全員の承認を要求する規定を設ける等）又は禁止する定めを置くことができる。

(ii) 「公平かつ合理的」な減資とは

上述の通り、会社が資本の減少を行うための要件の一つとして、これが株主全体にとって「公平かつ合理的」である必要があるが、会社法は、何をもって公平かつ合理的であると判断されるかについて定めていない。しかし、現在の制度を導入した法案の説明文書によれば、減資が株主全体にとって公平かつ合理的かどうかの判断に関連する要因としては次のものが含まれるとされている。

1. 支払われる対価の適切性
2. 減資が株主の権利を奪う現実的効果があるかどうか（例えば、優先株主に配当されるはずの資金を会社から奪う等）
3. 減資が買収の効果をもたらすものとして会社法の公開買付に関する規定を潜脱するために用いられていないか
4. 減資が本来であれば調整スキームとして進められるべき処理を含んでいないか

(iii) 債権者に対する支払能力への「重大な悪影響」とは

現在の制度を導入した法案の説明文書には，減資が会社の債権者に対する支払能力に「重大な」悪影響を及ぼすかどうかについては，「会社の特性や債権者の置かれた状況等，全ての関連する状況に照らして総合的に判断されるべき問題である」としている。

減資が決定された場合には，会社は株主に対して債務を負うことになる。これは，減資決定時に会社が破産状態であったり，減資の実行により破産状態になる場合には，減資を行った会社は破産取引を行ったとされ，取締役は会社が蒙った損害について，個人的に責任を負う結果を招くことを意味する（会社法588G条）。このため，取締役会は減資を検討する際には，破産取引に関する自らの義務と責任を十分に理解した上で行う必要があるといえる。

(c) 株式資本減少の会社法上の分類

会社法は，資本減少の方法にかかわらず，株式資本減少の形態を**平等減資**（equal reduction）と，**選択的減資**（selective reduction）の二つに分類している。資本減少がどちらの種類に分類されるかにより必要な承認方法が異なるため，資本減少を検討する会社は，それがどちらの形態に分類されるかを予め把握しておく必要がある。以下にこれらの形態の概要を説明する。

(i) 平等減資

以下の要件を満たす株式資本の減少は，平等減資とされる（会社法256B条(2)及び(3)）。
1. 普通株式のみに関連する減資であること
2. 普通株式の株主全員に対し，その保有株式数に応じて減資が適用されること
3. 各普通株主について同一の条件で減資が行われること―ただし，以下の違いがあった場合でも，減資の条件は同一とされる。
   (a) 株式の未払配当金の金額が異なることによる違い
   (b) 部分的支払済株式の未払金額が異なることによる違い
   (c) 各株主が整数の株式を保有することを確保するために設けられた違い

(ii) 選択的減資

選択的減資とは，平等的減資ではない株式資本の減少をいう（会社法256B条(2)）。

(d) 株式資本減少の承認方法及び手続

(i) 株主による承認

株式資本の減少を行うためには会社法で規定される方法による株主の承認が必要となるところ，会社法は，予定される資本の減少が平等減資であるか，又は選択的減資であるかによって，異なる承認方法を規定している。

A 平等減資の承認

株式資本の減少が平等減資に分類される場合には，株主総会の普通決議により承認されなければならない（会社法256C条(1)）。なお，この規定にかかわらず，定款で株主総会の特別決議による承認が必要である旨を定めることもできる。

会社は，株主が減資の承認決議の賛否を判断するにあたり，会社が認識している全ての重要な情報を株主総会の招集通知に添付しなければならない。ただし，関連情報の開示が既に行われており，再度開示することが不合理なものについては改めて情報開示する必要はない（会社法256C条(4)）。

また，会社は，招集通知を株主に送付する前に，招集通知及びこれに添付される必要情報の写しを所定の通知書とともにASICに提出しなければならない（会社法256C条(5)）。

B 選択的減資の承認

株式資本の減少が選択的減資に分類される場合には，以下のいずれかの決議により承認されなければならない（会社法256C条(2)）。

1. 以下の者又はその関係者が賛成票を投じていない株主総会の特別決議
   (a) 資本減少の対価が支払われる場合には，その対価を受け取る者
   (b) 資本減少が，部分的支払済株式の未払分の支払義務を減少又は免除することによって行われる場合には，その株式を保有する株主
2. 普通株式の株主全員による決議

会社は，株主が減資の承認決議の賛否を判断するにあたり，会社が認識している全ての重要な情報を株主総会の招集通知に添付しなければならない。ただし，関連情報の開示が既に行われており，再度開示することが不合理な

ものについては改めて情報開示する必要はない（会社法256C条(4)）。

また，会社は，招集通知を株主に送付する前に，招集通知及びこれに添付される必要情報の写しを所定の通知書とともにASICに提出しなければならない（会社法256C条(5)）。

選択的減資の決議が可決された場合には，可決後14日以内にその議事録（又は決議書）の写しを所定の通知書とともにASICに提出しなければならない（会社法256C条(3)）。

(ⅱ) 減資の実行

平等減資が株主総会の普通決議により承認された場合には，会社は，その決議に従い，いつでも減資を実行することができる。

選択的減資が株主総会の特別決議（又は普通株主の全会一致）により承認された場合には，会社はASICに議事録（又は決議書）の写しと所定の通知書をASICに届け出た後14日が経過するまで，減資を実行することができない（会社法256C条(3)）。

(ⅲ) 株式の消却

株式資本の減少に株式の消却が伴う場合には，消却後1ヶ月以内にASICに対して所定の通知書をもってこれを通知しなければならない（会社法254Y条）。

(e) 株式資本減少に関する上場会社の義務

オーストラリアの証券取引所に上場している会社の場合には，株式資本の減少に関する上場規則上の追加義務がある。本書では詳述しないが，ASX上場会社の場合には，この義務には以下のようなものが含まれる。

・株式資本の減少を含む株式資本の再編を提案する場合には，会社はASXと協議して，自社株式の秩序ある市場が維持されるようにしなければならない（ASX上場規則7.18条）。
・株式資本の減少を含む株式資本の再編を提案する場合には，会社は株主に対して以下の情報を書面で通知しなければならない（ASX上場規則7.20条）。
　(a) 当該提案が証券の数及びその未払金額（もしあれば）に与える影響

(b)　再編により生じた端数株式の取扱いについての提案
　(c)　発行済みの株式に転換可能な証券（オプションを含む）の取扱いについての提案

・ASX 上場会社がオプションを除く株式に転換可能な証券を発行している場合には，会社は，普通株式の株主には得ることができないような利益を，転換可能証券の保有者が得ることがないように，証券の数や転換価格を調整しなければならない（ASX 上場規則 7.21 条）。

・ASX 上場会社がオプションを発行している場合には，会社は，オプションの数や行使価格を上場規則に従って調整しなければならない（ASX 上場規則 7.22 条）。

・ASX 上場会社は，減資後の株式の取引価格が 0.20 豪ドルを下回る可能性が高い場合には，減資の方法で株式資本を再編してはならない（ASX 上場規則 7.25 条）。

(f)　株式資本減少禁止規定の違反

(i)　取引の有効性

　会社法に違反して実行された株式資本の減少，又はそれに関連する契約や取引は，無効とはならない。また，会社自体もこの規定に違反したことによって訴追されることはない（会社法 256D 条(1)及び(2)）。

(ii)　関与当事者の責任

　会社が会社法違反による訴追の対象とならない一方，違反に関与した者は，民事制裁金及び会社に対する損害賠償命令の対象になる（会社法 256D 条(3), 1317E 条(1)(c), 1317 条 G (1)及び 1317H 条(1)）。また，違反行為に不誠実性が認められた場合には，関与した者は刑事罰の対象ともなる（会社法 256D 条(4)）。

(iii)　違反行為の差止命令

　会社の債権者又は株主等，会社の株式資本の減少により不利益を蒙る者は，資本減少の差止命令や損害賠償請求の申請を裁判所に対して行うことができる（会社法 1324 条）。

8-3 自己株式の買戻

(a) 原則禁止

会社が自己株式を株主から買い戻すことは,会社が株主に対して自己の資本を還元することを意味し,これは本書8-1で述べた資本維持の原則に反することになる。このため会社法は,会社が自社の株式又は株式に関連する権利(株式を取得する権利等を含む)を取得することを原則禁止している。

会社法はその一方で,この原則に特定の例外を設けることにより,会社による自己株式(又はそれに関連する権利)の取得禁止を一部緩めている。会社法上,例外的に認められる自己株式又はそれに関連する権利の取得は以下の通りである(会社法259A条)。

1. 法定の自己株式買戻の手続に従った買戻
2. 会社又はその子会社による,対価が全て支払われた自己株式に関連する所有権以外の権利の無償取得
3. 裁判所の命令に基づく取得
4. 会社法で例外的に認められる株式に設定された担保権の取得

(b) 自己株式買戻の要件

(i) 要 件

会社法は,以下の二つの要件をいずれも満たす場合にのみ,会社が自社の発行済株式を株主から買い取ることを認めている(会社法257A条)。

1. 自己株式の買戻が会社の債権者に対する支払能力に重大な悪影響を与えないこと
2. 会社法に規定される買戻手続に従うこと

この規定は,会社が償還優先株式を償還する場合には適用されない。償還優先株式の償還に関する会社法の規定については,本書7-2(c)(iv)を参照されたい。

なお,会社定款において自己株式の買戻を禁止する定めを置くことができる。

(ii) 債権者に対する支払能力への「重大な悪影響」

現在の制度を導入した法案の説明文書によれば，自己株式の買戻が会社の債権者に対する支払能力に「重大な」悪影響を与えるか否かについては，「会社の特性や債権者の置かれた状況等，全ての関連する状況に照らして総合的に判断されるべき問題である」とされる。

買戻が決定された場合には，会社は株主に対して債務を負うことになる。これは，買戻決定時に会社が破産状態であったり，買戻の実行により破産状態になる場合には，買戻を行った会社は破産取引を行ったとされ，取締役は会社が蒙った損害に対し，個人的に責任を負う結果を招くことを意味する（会社法588G条）。このため，取締役会は買戻を検討する際には，破産取引に関する自らの義務と責任を十分に理解した上で行う必要がある。

(c) 自己株式買戻の形態

会社法は，自己株式買戻の形態を以下の五つに分類している。それぞれの形態により必要な手続が異なるため，自己株式買戻を検討する会社は，買戻がどの形態に分類されるかを予め把握しておく必要がある。

1. **最小限保有買戻**（minimum holding buy-back）
2. **市場買戻**（on-market buy-back）
3. **従業員株式スキーム買戻**（employee share scheme buy-back）
4. **平等アクセス・スキーム**（equal access scheme）
5. **選択的買戻**（selective buy-back）

これら自己株式買戻の諸形態の概要を以下に説明する。

(i) 最小限保有買戻

最小限保有買戻とは，オーストラリアの証券取引所に上場している会社について，会社の特定の株主が保有する全株式が「市場性のある単位（marketable parcel）」より小さい場合において，その株主が保有する株式を全て買い戻すことをいう。ASX上場会社の株式の場合には，「市場性のある単位」とは，取引日の終値の基準で最低500豪ドルの株式の単位を意味する（ASX市場運営規則手続説明書（ASX Operating Rules Procedures）第7章「Marketable Parcel」の定義）。

この買戻が認められる理由は，上場会社が市場で取引できないほどの株式

数しか保有していない株主に対して通知を行ったり，株主名簿を維持することはコストに見合わないため，このような株式を排除することにある。

(ii) 市場買戻

市場買戻とは，オーストラリアの証券取引所に上場している会社が，市場における通常の取引の過程で自己の株式を買い戻すことをいう（会社法257B条(6)）。

また，オーストラリアの証券取引所に上場しているかどうかにかかわらず，ASICが認める特定の海外の金融市場における通常の取引の過程で自己株式を買い戻す場合も，市場買戻とされる。ただし，オーストラリアの証券取引所に上場している会社については，オーストラリアの証券取引所でも買戻のオファーがされている必要がある（会社法257B条(7)）。本書執筆時では，ニューヨーク証券取引所，ナスダック・グローバル・マーケット，東京証券取引所，ロンドン証券取引所，香港証券取引所等の19の取引所が，このASICの認める特定の海外の証券取引所とされている（ASIC Corporations (Approved Foreign Markets—Buy-backs and Takeovers) Instrument 2015/1071）。

(iii) 従業員株式スキーム買戻

従業員株式スキームとは，株主総会の普通決議で可決され，以下の者が会社の株式を取得するスキームにおける株式の買戻をいう（会社法9条「employee share scheme buy-back」の定義）。

1．会社又は関連会社の従業員
2．会社又は関連会社から給与を受け取る雇用関係にある取締役

(iv) 平等アクセス・スキーム

平等アクセス・スキームとは，以下の要件を全て満たす自己株式の買戻をいう（会社法257B条(2)及び(3)）。

1．買戻のオファーが普通株式のみに関するものであること
2．買戻のオファーが普通株式の保有者全員に対して行われ，その保有する株式を各株主から同じ割合だけ買い戻すものであること
3．普通株式の保有者全員に対してオファーを受け入れる合理的な機会が与えられること

4. オファーの受入れのために定められる期間が終了するまで株式の買戻契約が締結されないこと
5. 全てのオファーの条件が同一であること——ただし，以下の違いがあった場合でも，オファーの条件は同一とされる。
   (a) 株式の未払配当金の金額が異なることによる違い
   (b) 部分的支払済株式の未払金額が異なることによる違い
   (c) 各株主が整数の株式を保有することを確保するために設けられた違い

(v) 選択的買戻

選択的買戻とは，上記のいずれも該当しない自己株式の買戻をいう（会社法9条「selective buy-back」の定義）。

(d) **10/12 制限**（**10/12 limit**）

自己株式買戻の手続は，上記で説明した買戻の種類に加え，「**10/12 制限（10/12 limit）**」と呼ばれる基準を超える株式を買い戻すかどうかよっても左右される。この10/12制限を超えない自己株式の買戻の条件は，これを超える買戻の条件と比較すると緩やかである。

10/12制限とは，過去12ヶ月間において議決権付株式の議決権が最も少なかったその数の10%以内のことをいう（会社法257B条(4)）。

予定される買戻の対象となっている議決権付株式の議決権と，過去12ヶ月以内に買い戻した議決権付株式の議決権の合計が10/12制限を超える場合には，予定される自己株式の買戻は10/12制限を超えるとされる（会社法257B条(5)）。

10/12 制限の例

A社は設立時から普通株式しか発行していないが，株式の発行及び自己株式買戻を以下の通り行った。普通株式には1株あたり一つの議決権がある（なお，会社法上の自己株式買戻に関する他の要件は充足されているものとする）。

・1年1月1日の時点のA社の発行済株式数は20,000株である。議

決権もこれと同数である。
- 1年3月1日，A社は5,000株の新株を発行した。これによりA社の発行済株式の総数は25,000株となった。議決権もこれと同数である。
- 1年9月1日，A社は自己株式を1,000株買い戻した。これによりA社の発行済株式の総数は24,000株となった。議決権もこれと同数である。

A社は，1,200株の自己株式を追加で買い戻すことを検討している。
- この買戻が2年2月1日に行われる場合：

10/12制限は，2,000 = 過去12ヶ月間で最低の議決権数（20,000）× 10％

この買戻の12ヶ月前までの間に，既に1,000株の自己株式が買い戻されていることから，今回買戻が検討されている自己株式数と合わせると2,200株式，つまりこれと同数の議決権を買い戻すこととなる。

2,200は2,000よりも大きいため，今回の自己株式の買戻は10/12制限を超えることとなる。

- この買戻が2年4月1日に行われる場合：

10/12制限は，2,400 = 過去12ヶ月間で最低の議決権数（24,000）× 10％

この買戻の12ヶ月前までの間に，既に1,000株の自己株式が買い戻されていることから，今回買戻が検討されている自己株式数と合わせると2,200株式，つまりこれと同数の議決権を買い戻すこととなる。

2,200は2,400よりも小さいため，今回の自己株式の買戻は10/12制限を超えないこととなる。

(e) 自己株式買戻の手続

いずれの形態の自己株式の買戻においても，会社と買戻の対象となる株式を保有する株主との間で売買契約が締結され，その契約に基づいて対象株式の買戻が行われることとなる。また，いずれの形態の自己株式の買戻におい

ても，会社は買い戻した株式を消却しなければならない（会社法 257H 条(3)）。

しかし，自己株式の買戻に関する情報開示の要件や，ASIC に対する通知及び株主の承認の義務については，買戻の形態及びこれが 10/12 制限を超える買戻かどうかによって異なってくる。これらの要件や義務は，会社が破産状態となることを防ぎ，株主を公平に扱い，取引の透明性を高めることによって，会社の債権者及び株主の利益を保護することを目的としている。

それぞれの形態の自己株式買戻において必要な手続の概略は，以下の通りである（会社法 257B 条(1)）。

	株主の承認	ASIC に対するオファー書類の提出	ASIC に対する 14 日前までの通知	関連情報の開示
最小限保有買戻	×	×	×	×
市場買戻（10/12 制限内）	×	×	○	×
市場買戻（10/12 制限超）	○普通決議が必要	×	○	×
従業員株式スキーム買戻（10/12 制限内）	×	×	○	×
従業員株式スキーム買戻（10/12 制限超）	○普通決議が必要	×	○	×
平等アクセス・スキーム（10/12 制限内）	×	○	○	○
平等アクセス・スキーム（10/12 制限超）	○普通決議が必要	○	○	○
選択的買戻	○特別決議が必要	○	○	○

これら自己株式買戻の手続について，以下説明する。

(i) 株主の承認

A 普通決議による承認

上記の表の通り，10/12制限を超える市場買戻，従業員株式スキーム買戻及び平等アクセス・スキームには，株主総会の普通決議による承認が必要となる。

自己株式を買い戻すには，会社と株主との間で株式の売買契約を締結する必要があるが，会社は，株主と売買契約を締結する前に，買戻の条件を株主総会の普通決議により承認しなければならない。ただし，かかる承認を買戻の前提条件とする旨が売買契約に定められている場合には，決議前に契約を締結することができる（会社法257C条(1)）。

会社は，株主が売買契約の承認決議の賛否を判断するにあたって会社が認識している全ての重要な情報を株主総会の招集通知に添付しなければならない。ただし，関連情報の開示が既に行われており，再度開示することが不合理なものについては会社は改めて情報開示する必要はない（会社法257C条(2)）。

また，招集通知が株主に送付される前に，会社は招集通知及びこれに添付される必要情報の写しを所定の通知書とともにASICに提出しなければならない（会社法257C条(3)）。

B 特別決議による承認

上記の表の通り，選択的買戻には株主総会の特別決議による承認が必要となる。この場合には，買戻の対象となっている株式の所有者又はその関係者は，賛成票を投じることはできない。また，普通株式の株主全員による承認によっても，選択的買戻を承認することができる（会社法257D条(1)）。

選択的買戻を行う場合においても，会社と株主との間で株式の売買契約を締結する必要があるが，これを締結する前に，買戻の条件を特別決議（又は普通株式の株主全員）により承認するか，又はかかる承認を買戻の前提条件とする規定が売買契約に定められていなければならない（会社法257D条(1)）。

会社は，株主が売買契約の承認決議の賛否を判断するにあたって，会社が認識している全ての重要な情報を株主総会の招集通知に添付しなければならない。ただし，関連情報の開示が既に行われており，再度開示することが不合理なものについては会社は改めて情報開示する必要はない（会社法257D条(2)）。

また，招集通知が株主に送付される前に，会社は招集通知及びこれに添付される必要情報の写しを所定の通知書とともに ASIC に提出しなければならない（会社法 257D 条(3)）。ASIC は選択的買戻の契約条件の承認義務及びそれに関連する株主及び ASIC への情報提供義務を（条件付き又は無条件で）一部又は全部免除する権限を有するが，会社がこれらの義務の免除の対象となるには，株式売買契約が締結される前までに免除の申請を行わなければならない（会社法 257D 条(4)）。

(ii) オファー書類の提出

予定する自己株式買戻が平等アクセス・スキーム（10/12 制限に関係なく）又は選択的買戻の場合には，買戻のオファーを記載した書類及びこれに添付する書類の写しを所定の通知書とともに ASIC に提出しなければならない（会社法 257E 条）。

(iii) 14 日前までの通知

最小限保有買戻以外の形態の自己株式買戻を行う場合には，会社が自己株式を買い戻す意向を，以下の行為が行われる日の 14 日前までに ASIC に対して通知しなければならない（会社法 257F 条(1)）。

1．会社法上，株式の売買契約の条件について株主の承認が必要な場合——決議の可決予定日
2．上記以外の場合——株式の売買契約の締結予定日

上記の期日までに，本書 8 - 3 (e)(i)又は 8 - 3 (e)(ii)で述べた通知書が既に ASIC に提出されている場合には，この通知書の提出をもって ASIC への通知義務が履行されたものとみなされる。

この通知書が上記の期日までに ASIC に提出されていない場合には[70]，会社が自己株式買戻を行う意向を記載した所定の通知書を上記の期日までに ASIC に対して提出しなければならない（会社法 257F 条(2)）。

---

[70] 自己株式買戻に株主の承認が必要な場合であっても，会社は 21 日（上場会社の場合 28 日）の招集通知期間が必要な株主総会の代わりに，（招集通知期間を必ずしも必要としない）書面による承認決議を行うことが可能なため，ASIC への株主総会招集通知の写し及び必要情報が，決議の 14 日前までに ASIC に提出されるとは限らない。

(iv) 関連情報の開示

予定する自己株式買戻が平等アクセス・スキーム（10/12制限に関係なく）又は選択的買戻の場合には，会社は自己株式を買い戻すオファーを行う際，株主がオファー受入れの是非を判断できるようにするため会社が認識している全ての重要な情報を関連する株主に提供しなければならない（会社法257G条）。

(v) 開示情報

ASICは，本書8-3(e)(i)及び8-3(e)(iv)で述べた，株主が株主総会での承認又はオファー受入れの是非を判断するために株主に提供されるべき情報に関するガイドラインを設けている。

ASICが株主に対して提供すべき情報として列挙している情報には，以下のものがある（ASIC規制ガイドRG110.18）。
・会社の発行済株式数
・買戻の対象となる株式の数及び割合
・買戻の条件の詳細
・オファー価格又は価格算定方式
・買戻の理由（他の資本還元の方法が採られなかった理由を記載することが推奨されている）
・買戻の契約当事者となる取締役の利害関係の説明（該当する場合）
・買戻が会社に及ぼす影響
・買戻の原資
・株主の承認が必要な場合には，買戻のメリット及びデメリット
・選択的買戻の場合には，買戻が会社の支配に与える影響及び株式を売却する株主の特性
・平等アクセス・スキーム又は選択的買戻の場合には，オファー期間
・監査済財務報告書の提出が義務付けられる会社の場合には，監査済財務報告書
・上場会社の場合には，会社の株価及びその他証券取引所の上場規則上求められる情報

ASICは，買戻の対象となる株式の割合が大きい場合や主要な株主から株式を買い戻す場合には，利害関係のない取締役が作成した，当該株式の買戻

が実行されることの是非に関する報告書，及び独立した専門家が作成した買戻価格に関する報告書も追加で提出することを推奨している。

ASICは，さらに，株式の対価が現物で支払われる場合には，対価の評価額及び対価となるものが譲渡された場合の会社への影響の査定に関する情報についても株主に開示することを推奨している。

(vi) 買戻の実行日

会社法は，自己株式の買戻が実行できる期限については規定していない。しかし，ASICは，以下のいずれかの日から2ヶ月が経過しても買戻が開始されない場合には，ASICに提出された買戻の通知が失効したものとみなす方針を採っている（ASIC規制ガイドRG110.31）。

1. 本書8-3(e)(iii)で触れたASICへの通知に買戻予定日又は株主の承認予定日が記載されていない場合には，ASICが通知を受領した日
2. 上記通知に買戻予定日又は株主の承認予定日が記載されている場合には，当該予定日

また，ASICは，以下のいずれかの日から12ヶ月が経過しても買戻が実行されない場合には，株主の承認又はASICへの通知は無効となり，予定されていた買戻を実行するためには，新たな承認又は通知を必要とする方針を採っている（ASIC規制ガイドRG110.30）。

1. 買戻に株主の承認が必要な場合には，買戻が承認された日
2. 買戻に株主の承認を必要としない場合には，ASICに対する通知が行われた日

(vii) 株式の消却

日本の会社法と異なり，オーストラリアには金庫株に相当する概念がなく，会社は買い戻した自己株式を，売却目的等のために保管することはできず，これらを全て消却しなければならない。取得の対象となった株式は，会社に対する株式譲渡が株主名簿に登録された時点で消却され（会社法257H条(3)），消却後1ヶ月以内にASICに対して通知しなければならない（会社法254Y条）。

会社が，自己株式買戻に関する株式売買契約を締結した段階で，買戻の対象となる株式に付随する権利は全て行使ができなくなる。ただし，売買契約

が履行されないまま解除された場合には，この制限もまた解除される（会社法257H条(1)）。

(f) 自己株式買戻禁止規定の違反

(i) 取引の有効性

既に実行された自己株式の買戻又はそれに関連する契約や取引は，これが会社法の規定に違反して実行されたものであっても，無効とはならない。また，会社自体もこの規定に違反したことによって訴追されることはない（会社法259A条及び259F条(1)）。

(ii) 関与当事者の責任

会社が会社法違反による訴追の対象とならない一方，違反に関与した者は，民事制裁及び会社に対する損害賠償命令の対象になる（会社法259F条，1317E条(1)(c)，1317G条(1)及び1317H条(1)）。また，違反行為に不誠実性が認められた場合には，関与した者は刑事罰の対象ともなる（会社法259F条(3)）。

(iii) 違反行為の差止め命令

会社の債権者又は株主等の自己株式の買戻により不利益を蒙る者は，買戻の差止命令や損害賠償請求の申請を裁判所に対して行うことができる（会社法1324条）。

8-4 自己株式に対する担保権の設定・取得

(a) 禁止事項

本書8-3(a)で触れた通り，会社法は自己株式に関連する権利の取得を原則禁止しているため，会社が自己株式又は親会社の株式に設定された担保権を取得することは禁止されている。また，これと同様に，コール・オプション等，これらの株式を取得する権利に設定された担保権を取得することも禁止されている（会社法259B条(1)）。

もっとも，会社法は，この原則について以下の二つの例外を設けている（会社法259B条(2)及び(3)）。

1．法定の承認を得た従業員株式スキームに関連する株式に設定された担

担保権を取得する場合
2．金融機関である会社の日常業務の過程で担保権を取得する場合

(b) 従業員株式スキーム

従業員株式スキーム（employee share scheme）とは，以下の者が会社又は会社の親会社の株式，若しくはそれに関連する権利（新株を取得するオプションも含む）を取得することができるスキームをいう（会社法9条「employee share scheme」の定義）。
1．会社又はその関連会社の従業員，若しくはこれらの会社から給与を受け取る雇用関係にある取締役
2．前項に該当する者が全株式を保有する法人

会社法は，従業員株式スキームについて，以下の全ての承認を得た場合には，スキームに関連する自己株式に設定された担保権を会社が取得することを認めている（会社法259B条(2)）。
1．会社の株主総会の普通決議による承認
2．会社がオーストラリアの上場会社の子会社の場合には，親会社の株主総会の普通決議による承認
3．会社が非上場のオーストラリアの会社の子会社であり，その親会社自体はどの会社の子会社でもない場合には，親会社の株主総会の普通決議による承認

なお，この規定は，自己株式に設定される担保権のみに認められるものであり，自己株式に関連する権利に設定される担保権には適用されない点は留意する必要がある。同様に，親会社の株式に設定される担保権についても，この規定は適用されない。

(c) 金融機関による担保権の取得

会社法は，会社の通常の業務として資金提供を行う事業が含まれており，会社による自己株式又は親会社の株式，若しくはこれに関連する権利に設定された担保権の取得がかかる通常の業務の一環として通常の商業的な条件にて行われる場合において，かかる担保権の取得を行うことを認めている（会社法259B条(3)）。なお，会社法上の「資金提供（providing finance）」とは，以下のいずれかの行為をいう（会社法9条「providing finance」の定義）。

1. 金銭の貸付
2. 第三者が提供したローンの保証又は担保の提供
3. 第三者の資金調達を目的とした，為替手形，小切手，支払指図又は約束手形の振出，引受，裏書，譲渡又は割引

(d) 担保権実行による株式保有の禁止

会社が上記の例外規定に従って取得した担保権を実行し，その結果自己株式（又は株式に関連する権利）を取得した場合には，会社は，取得後12ヶ月以内に当該株式又はこれに関連する権利を処分しなければならない。ただし，ASIC は，この期間終了前に会社の申請を受けた場合には，この期間を延長することができる（会社法259B条(4)）。会社が自己株式を保有している間は，この株式又はこれに関連する権利に付随する議決権を行使することはできない（会社法259B条(5)）。

(e) 担保権取得禁止規定の違反

(i) 取引の有効性

既に実行された自己（又は親会社の）株式又はそれに関連する権利に設定された担保権の取得に関連する契約や取引は，これが会社法の規定に違反して実行されたものであっても，無効とはならない。また，会社自体もこの規定に違反したことによって訴追されることはない（会社法259F条(1)）。

(ii) 関与当事者の責任

会社が会社法違反による訴追の対象とならない一方，違反に関与した者は，民事制裁金及び会社に対する損害賠償の支払命令の対象にもなる（会社法259F条，1317E条(1)(c)，1317G条(1)及び1317H条(1)）。また，違反行為に不誠実性が認められた場合には，関与した者は刑事罰の対象ともなる（会社法259F条(3)）。

8-5　被支配者に対する自己株式の発行又は譲渡

(a) 無効となる取引

会社が子会社に自らの株式を保有させることは，間接的に自己株式を保有

することとみなされることから，原則禁止されている。会社法は，会社が子会社等自らが支配する者に対し，株式を発行又は譲渡する場合には，一定の例外を除き，その取引は無効となる旨規定している（会社法259C条(1)）。この点は，会社法違反があっても取引自体は有効とされる自己株式（又はそれに関連する権利）の取得やこれに設定される担保権の取得とは法的効果を異にする。

この場合の支配する「者」とは，個人，公的機関を除くあらゆる形態の法人，パートナーシップ又は信託をいい，信託の場合には信託の受託者もこの定義に含まれる（会社法64A条）。

(b) 他者の「支配（control）」

会社法は，会社が他者の経済上及び運営上の方針を決定する能力を有している場合には，会社が他者を「支配（control）」しているとされると規定している（会社法259E条(1)）。会社がこのような能力を有するかどうかを判断する場合には，以下の事項が考慮される（会社法259E条(2)）。
1．（会社が行使できる権利ではなく）会社が行使できる実質的な影響力
2．他者の経済上及び運営上の方針に影響を与える行動の習慣又はパターン（このような行動が契約違反や信託義務違反を発生させる場合も含む）

なお，会社が会社と無関係の者と共同で他者の経済上及び運営上の方針を決定する能力を有するというだけでは，会社は他者を支配しているとはいえない（会社法259E条(3)）。また，会社が株主以外の第三者の利益のために他者の方針を決定する能力を行使する義務を負っている場合も，会社が他者を支配していることにはならない（会社法259E条(4)）。会社法は，このような例として，会社が信託の受託者として受益者のために他者の株式を保有する場合や，会社が他者の清算人としてその義務を履行する場合を挙げている。

> 例えば，上場会社A社の子会社B社が投資信託Tの受託者（つまり信託財産の法的所有者）であるが，A社と支配関係にないC社がこの投資信託のマネージャーである場合には，A社はTを支配しているとはいえない。これは，子会社B社は信託契約に基づき信託財産の所有権を形式上有しているにすぎず，実質的なTの信託財産の運営は第三者であるC社によって行われるためである。

このため，C社の判断により，A社の株式をTの信託財産に加えた場合（すなわちB社がA社の株式の所有権を取得した場合）でも，かかるA社の株式の取得は無効とはならない。

(c) 例外規定

会社法は，会社の被支配者に自己の株式を保有させる取引を原則無効とする一方で，以下のような例外規定を設けている。

(i) 個人代理人

被支配者が個人代理人（personal representative）[71]として会社の株式又はそれに関連する権利の発行又は譲渡を受ける場合には，かかる被支配者への発行又は譲渡は無効とならない（会社法259C条(1)(a)）。

(ii) 信託の受託者

被支配者が信託の受託者として会社の株式又はそれに関連する権利の発行又は譲渡を受ける場合であって，かつ会社及び被支配者がこの信託の受益者ではないときは，かかる被支配者への発行又は譲渡は無効とならない（会社法259C条(1)(b)）。

また，以下のいずれの要件も満たされる場合には，会社又は被支配者が受益者であるときでも，取引は無効とならない。
1. 会社又は被支配者が享受する信託の利益が，通常の業務上の取引の一環として資金提供に関連して提供される担保から発生すること
2. 関連する取引が，会社又は被支配者の関係者との間で行われたものではないこと

(iii) 会社の全ての株主に対するオファー

会社による株式の発行が，会社の株主全員に対するオファーに基づいて行われたものであり，被支配者に特別に有利な条件で行われていない場合には，

---

[71] 個人代理人（personal representative）とは，本人の死後において，本人の相続財産の管理を行うために任命された者をいう。

被支配者による株式の引受けは無効とならない（会社法259C条(1)(c)）。

(iv) グループ会社

会社が親会社の完全子会社であり，被支配者もまた同じ親会社の完全子会社（直接，間接を問わない）である場合には，被支配者が会社の株式又はそれに関連する権利を取得しても無効とならない（会社法259C条(1)(d)）。

(v) ASICによる免除

このほか，ASICは，会社に対し，会社法の原則規定の適用を除外する権限を有する（会社法259C条(2)）。

(d) 被支配者による支配会社の株式保有の禁止

会社の株式（又はこれに関連する権利）を取得した者が，取得後にその会社の支配下に入ることが実際には起こり得る。会社法は，このような状況を含む特定の事象が発生したとき，被支配者による支配会社の株式（又はこれに関連する権利）の取得自体を無効とはせず，代わりにこれらの事由が発生してから12ヶ月以内に，会社による被支配者の支配を終了するか，又は被支配者の保有する会社の株式（又はこれに関連する権利）を処分することを義務付けている。これらの義務が発生する事由は以下の通りである（会社法259D条(1)）。

1. 会社が，会社の株式（又はこれに関連する権利）を保有する者を支配下に入れたとき
2. 会社の株式（又はこれに関連する権利）を保有する者に対する支配の割合が増加したとき
3. 会社法の例外規定（会社の株主全員に対するオファーに基づいて被支配者が会社の株式（又はこれに関連する権利）を引き受けた場合）に基づいて，被支配者が支配会社の株式（又はこれに関連する権利）を引き受けたとき
4. 会社法の例外規定（同じ親会社の完全子会社の間の株式（又はこれに関連する権利）の取引）に基づいて，被支配者が支配会社の株式（又はこれに関連する権利）を取得したとき

なお，被支配者が，その他の会社法の例外規定（すなわち被支配者が個人代

理人又は信託の受託者の場合）に基づいて支配会社の株式（又はこれに関連する権利）を取得した場合には，上記の保有禁止規定は適用されない。

　ASIC は，この 12 ヶ月の期間満了前に会社から申請を受けた場合には，この期間を延長することができる（会社法 259D 条(1)）。

　会社がこの規定に違反し，12 ヶ月が経過した後（又は ASIC による延長期間終了後）も被支配者が支配会社の株式を保有し続けた場合，又は会社が被支配者の支配を続けた場合には，会社は違反状態が続く期間中，一日ごとに違法行為を行ったこととされ，この状態が長く続くと重い刑事罰が科せられこともある（会社法 259D 条(4)）。なお，この禁止事項の違反により，被支配者が株式（又はこれに関連する権利）を取得した取引自体は無効とはならない。

　また，会社が被支配者を支配する限り，被支配者は取得した株式又はこれに関連する権利に付随する議決権を行使することはできない（会社法 259D 条(3)）。

8-6　資金援助

(a)　禁止事項

　オーストラリアでは，コモン・ロー上，他者がある会社の株式又はその親会社の株式を買い取ることにつき，当該会社が資金的に援助することを原則禁止する姿勢を取っており，会社法も原則として会社がこのような行為を行うことを禁じている。この禁止原則は，元々は資本維持の原則の下に発展したものであるが，現在は会社の経営者による会社資産の不正な使用から株主と債権者を保護することを主要な目的としている。他者による会社（又は親会社）の株式の取得に対する資金援助が不正な行為とされるのは，株式の売主や買主に利益を提供しても会社自体に利益をもたらさない以上，かかる取引のために会社の資産が使われることは好ましくない，という発想が背景にある。

　しかし，会社法は，以下のいずれかに該当する場合には，例外的にこのような資金援助を行うことを認めている（会社法 260A 条(1)）。

1．資金援助の提供が，会社又は会社の株主の利益，若しくは会社の債権者に対する支払能力に重大な不利益を与えない場合
2．会社の株主が，法定の承認方法によって資金援助を承認した場合

3．資金援助が，法定の例外規定に該当する場合

　この禁止事項は，資金援助が株式取得の前に行われたか，又は後に行われたかを問わず，適用される（会社法 260A 条(2)(a)）。また，株式取得の方法についても，それが新規発行や既存株式の譲渡等を含め，いかなる方法で行われたかを問わない（会社法 260A 条(3)）。

　なお，子会社の株式の買取について，親会社が当該株式の取得者に対して資金援助を行うことには特段の禁止規定はない。

(b) 資金援助の概念

　「資金援助」の定義については，多くの判決において取り上げられてきたが，援助の形態については経済的なものに限られる。また，一般に，特定の行為が資金援助とされるには，実質的な援助の要素が必要であるとされている。資金援助の形態には以下のものが含まれる。

　1．贈与
　2．貸付
　3．社債の発行
　4．会社の資産の担保提供
　5．保証の提供
　6．責任保証又は補償
　7．配当の支払

　上記のように，金銭や資産の提供のみならず，援助する会社が株式の取得者の債務や義務を負担することも経済的援助を提供するものとみなされることがある。オーストラリアの裁判所は，資金援助の意味に絶対的な定義を付すことを一貫して拒否しており，どのような行為が資金援助に該当するかという問題については，各案件の経済的背景に照らして個別に判断する姿勢を取っている。

　また，資金援助が株式の取得者に直接提供される必要はない。このため，例えば以下のような形態の資金援助も禁止規定の対象となる。

　1．会社が，株式を売却する株主が会社に負っている債務を免除する行為
　2．会社が，当該会社の株式の買主が株式購入資金を得るための取引を，当該買主以外の者との間で行う行為

(c) 債権者に対する支払能力に重大な不利益を与えない場合の適用除外規定

会社が資金援助を行ったとしても、会社の債権者に対する支払能力に重大な不利益を与えない場合には、自己株式又は親会社の株式を買い取らせることを目的とした他者への資金援助を行うことが認められる。何をもって「重大な不利益」を生じるかという点については、個別の事案の状況に照らし合わせて決定されるため、特に定まった客観的な基準というものは存在しない。

資金援助が重大な不利益を与えるかどうかの問題は、会社の債権者に対する支払能力に悪影響を与えるかどうかの問題であり、資金援助が債権者にとって一般的な不利益を与えるかどうかの問題ではない点に注意する必要がある。例えば、債権者が会社に対する債権を有しているだけではなく、会社との日常的な取引関係にあるケースも多くあるが、このような場合には、資金援助が債権者自体にとって不利益になると一般的には言えるとしても、これが会社の債権者に対する具体的な支払能力に大きな影響を及ぼさない場合には、かかる援助が禁止されないこともある。

会社法上、資金援助の形態には、配当金の支払も含まれる（会社法260A条(2)(b)）。このため、株主総会の承認がない場合、配当金の支払が債権者に対する支払能力に重大な不利益を与えるかどうかという問題が発生する。しかし、以下の条件が全て満たされている場合には、配当金の支払が支払能力に不利益を与えないというのが一般的な見解である。

1. 配当金の支払後、会社が支払不能とならないことが明白であること
2. 少数株主が存在しないこと
3. 配当金が経常利益又は利益準備金から支払われること
4. 株式の買主が支払う金額が、買主の会社に対する支配可能性、及び配当金の支払金額への充当可能性を考慮して算定されたものではないこと

資金援助が債権者に対する支払能力に重大な不利益を与えるか否かの問題が裁判所で争われる場合は、会社側が、援助がかかる不利益を与えないことを立証しなければならない。このような係争案件では、不利益を与えないことを会社側が立証しない限り、資金援助が会社法の禁止規定に違反していると推定される（会社法1324条(1B)）。

(d) 株主の承認による適用除外規定

(i) 援助する会社の株主による承認

株主総会において，以下のいずれかの方法により株主が資金援助を承認した場合は，会社は自社の株式又は親会社の株式を買い取らせることを目的とした他者への資金援助を行うことができる。

1. 株主総会における特別決議によって資金援助が承認され，かつ株式を取得する者（及びその関係者）が賛成票を投じなかった場合
2. 会社の普通株式の株主全員による承認決議が得られた場合（会社法260B条(1)）

(ii) 援助を受ける会社の株主による承認

オーストラリアの会社が，自社の株式を買い取らせるために，以下のいずれかに該当する会社に資金援助を提供し，援助を受ける会社が当該株式を取得した結果，取得会社（援助を受ける会社）の子会社となる場合には，資金援助には，援助する会社の株主の承認に加え，取得会社の株主の特別決議による承認も必要とされる（会社法260B条(2)及び(3)）。

1. オーストラリアの証券取引所に上場しているオーストラリアの会社
2. 非上場のオーストラリアの会社であるが，オーストラリアの会社の子会社ではない会社

(iii) 株主に対する情報提供

会社又は上記(ii)に定める取得会社について，資金援助を審議する株主総会がそれぞれ開催される場合には，当該会社又は当該取得会社は，自社が有しており，自社の株主が資金援助の是非を判断するために必要な情報を，株主総会の招集通知とともに自社の株主に対して提供しなければならない（ただし，これらの情報が既に株主に提供されており，招集通知とともに提供することが不合理である場合を除く）（会社法260B条(4)）。

(iv) ASICに対する通知

会社又は上記(ii)に定める取得会社について，資金援助を審議する株主総会がそれぞれ開催される場合には，当該会社又は当該取得者は，自社の株主に

対する招集通知を送付する前に，ASIC に対し，所定の通知書及び自社の株主に提供する情報を添付した招集通知の写しを提出しなければならない（会社法 260B 条(5)）。

　資金援助が株主総会により承認された場合，援助が実行される 14 日前までに，援助に対する会社法上の承認が得られた旨を ASIC に通知しなければならない（会社法 260B 条(6)）。また，会社及び上記の取得会社は，資金援助を承認する特別決議の可決後 14 日以内に，ASIC に対して所定の通知書を提出し，特別決議が可決された旨の通知を行わなければならない（会社法 260B 条(7)）。

(e) その他の適用除外規定

　上述の除外規定のほか，会社法上認められる資金援助には以下のものがある。

(i) 部分的支払済株式の未払分に対する権利

　資金援助は，通常の業務の一環として行われ，かつ以下のいずれかに該当する場合には，かかる資金援助は禁止されない（会社法 260C 条(1)）。

1. 資金援助が，部分的支払済株式の未払分に対する先取特権を設定する形で行われる場合
2. 資金援助が，株式の対価を分割払いにて支払う契約の形で行われる場合

(ii) 金融機関

　資金援助が通常の業務の一環として，通常の取引条件の下で行われ，さらに援助を行う会社の通常の業務の中に以下のいずれかが含まれる場合には，かかる資金援助は禁止の対象とならない（会社法 260C 条(2)）。

1. 金銭の貸付
2. 他者が提供した貸付金の返済義務の保証又はこれに対する担保提供
3. 他者の資金調達を目的とした為替手形，小切手，支払指図又は約束手形の振出，受領，裏書，譲渡又は割引

(iii) 子会社による親会社の借入の保証

資金援助が通常の業務の一環として行われ,かつ資金援助が親会社の発行した社債の返済義務の保証又は担保提供の形態で行われる場合には,かかる資金援助は禁止の対象とならない(会社法260C条(3))。

(iv) 従業員株式スキーム

以下の株主総会の普通決議により承認された従業員株式スキームを基に提供される資金援助は禁止の対象とならない(会社法260C条(4))。

1. 資金援助を行う会社の株主総会の普通決議
2. 本書8-6(d)(ii)で述べた,資金援助を受ける会社の株主総会の普通決議

(v) 会社の減資

会社法の規定に従った会社の減資手続は,資金援助の禁止の対象とならない(会社法260C条(5)(a))。

(vi) 自己株式買戻

会社法の規定に従った自己株式買戻手続は,資金援助の禁止の対象とならない(会社法260C条(5)(b))。

(vii) 裁判所の命令

裁判所の命令による資金援助は,禁止の対象とならない(会社法260C条(5)(c))。ただし,資金援助を伴う調整スキームの承認が裁判所に申請された場合には,裁判所は,かかる資金援助について,本書8-6(d)で述べる株主の承認が得られない限り,スキームの承認を行わない場合が多い。

(viii) 債務の免除

会社の通常の業務の一環として,通常の取引条件による債務の免除という形態を取る資金援助は,禁止の対象とならない(会社法260C条(5)(d))。

(f) 禁止違反

(i) 違反行為の法的効力

会社法の禁止条項に違反して資金援助が行われた場合でも，資金援助及びこれに関連する契約や取引の法的効力自体には影響を及ぼさず，また，資金援助を行った会社も刑事罰の対象とはならない（会社法260D条(1)）。

(ii) 関与当事者の責任

会社が訴追の対象とならない一方，違反に関与した者は，民事制裁金及び会社に対する損害賠償の支払命令の対象にもなる（会社法260D条(2)，1317E条(1)(c)，1317G条(1)及び1317H条(1)）。また，違反行為に不誠実性が認められた場合には，関与した者は刑事罰の対象ともなる（会社法260D条(3)）。

(iii) 違反行為の差止命令

会社の債権者又は株主等，資金援助により不利益を蒙る者は，禁止される資金援助の差止命令や損害賠償請求の申請を裁判所に対して行うことができる（会社法1324条）。差止命令は，禁止される資金援助の実行を差し止めるだけではなく，善意の第三者がかかる命令により不利益を蒙らない限り，資金援助を提供する契約の履行を差し止めることもできる。

8-7　配当（dividend）の支払

(a) 配当支払の条件

配当（dividend）は，会社が株主に対してその資産を還元するものであるため，この支払は法律上の制限の対象となる。会社法は，以下の条件が全て満たされない限り，会社は配当を行ってはならない旨を規定している（会社法254T条(1)）。
1. 配当の宣言の直前の時点において，会社の資産が負債を上回っており，かつ資産の超過分が配当の支払に十分であること
2. 配当の支払が株主全体にとって公平かつ合理的であること
3. 配当の支払が会社の債権者に対する支払能力に重大な悪影響を与えないこと

会社の資産及び負債の計算は，その時点で有効な会計基準を基に算出される（会社法254T条(2)）。なお，会社法はかつて，配当は会社の利益から支払わなければならないという規定を設けていたが，この規定は2010年に廃止され，現在のものとなった。このため，上記の条件を満たしていれば，会社が関連する会計年度に損失を計上していても，配当を行うことができる。

(b) 配当の諸条件

配当の諸条件は基本的に会社の決定事項であり，株式の発行条件若しくは定款，又はその双方に規定されるのが一般的である。通常は取締役会が配当の金額や日付，支払方法等を決定する権限を持っている。以下に，配当の諸条件について，特筆すべきと思われる点を説明する。

(i) 配当の支払方法

会社法は，配当の支払方法に関する規制を特段設けていない。このため，定款や株式の発行条件等に別段の定めがない限り，現金以外の方法（例えば，会社の新株）で配当を行うことも可能である。

実務的には，配当の支払方法に関する規定が定款に設けられている場合が多く，定款で取締役会に配当の支払方法を決定する権限が与えられていることが一般的である。また，replaceable rulesは，配当の支払方法として，現金の支払，株式の発行，オプションの付与，資産の譲渡等を認めている（会社法254U条）。

(ii) 部分的支払済株式の株主に対する配当

オーストラリアには部分的支払済株式の概念があるが，会社法は，株主の保有する株式の払込金が全額支払われていない場合の配当受給資格について特段の規定を定めていない。この点については，定款において規定される場合が多い。実際には，このような株主には株式の価格に占める支払済金額の割合（例えば，発行価格が1株10豪ドルの株式について5豪ドルしか支払っていない場合，50％）の配当しか分配されない，という規定がされている場合が多いが，これ以外にも，例えば，部分的支払済株式の株主には配当の受給資格がない旨を規定することもできる。なお，ASX上場会社の場合には，会社は部分的支払済株式を有する株主に対して，当該株式について実際に支払

われた割合を超える割合の配当を支払うことができない（ASX上場規則6.11条）。

また，多くの会社の定款は，株式の払込金の支払請求が行われ，支払期日を過ぎても未払の部分に関連する配当について，会社に先取特権を付与している。ASX上場規則は，ASX上場会社がこのような先取特権を有することを認めている（ASX上場規則6.10.1条及び6.13.1条）。

9. 資金調達

9-1 資金調達総論

(a) 資金調達の方法

　会社が事業を運営するためには資金が必要があるが，大型の設備の購入等，事業活動や投資活動で得られるキャッシュフローの内部留保だけでは賄えない規模の資金が必要となることも多く発生する。このような場合には，会社は外部から資金を調達する必要がある。会社が取り得る資金調達の方法には，**株式の発行による資金調達**と，**借入による資金調達**の2種類の方法がある。

　自らの資金を提供する投資家の側からすると，会社への資金提供は投資額を回収できなくなるリスクを伴う。このようなリスクを軽減するため，会社法は，会社が資金調達を行う際に，投資家に対して，会社の財務状況等特定の情報を開示することを原則として義務付けている。しかし，会社による全ての資金調達に情報開示を義務付けることは現実的ではないため，会社法は，投資家のリスクが小さい場合，投資家が自らのリスクを管理できる場合，十分な情報が既に開示されている場合等には，開示義務を免除する例外規定を設けている。実際，オーストラリアにおいて日々行われている会社の資金調達の大多数は，会社法に規定される例外規定のいずれかに該当するものである。

(b) 株式発行による資金調達

　一般に，会社は株式を発行する法的能力があり（会社法124条(1)(a)），普通株式をはじめ，優待株式（bonus shares）[72]，優先株式，償還優先株式及び部分支払済株式や，保有者に特定の権限を持たせる種類株式（例えばClass A株式，Class B株式等と呼ばれる株式）を発行することもできる（会社法254A条(1)）。普通株式を含む，各種類株式の権利内容や各株式に付帯する制限については，会社法と定款の制約の範囲内で会社が決定することができる（会

---

[72] その発行に際して発行体となる会社に対する払込みを要しない株式（会社法254A条(1)(a)）

社法 254B 条(1))。

会社の立場から見て，株式発行による資金調達が借入によるものより優れている点は，株主となる資金提供者に対し，貸付金の利息のように会社の収益の多寡に影響されない定期的な支払義務を会社が負わない点が挙げられる。また，償還優先株式を除き，会社は原則として清算されるまで株主から払い込まれた金額を返済する必要はない。

(c) 借入による資金調達

会社は，株式による資金調達のほか，資金を他社から借入れることによって調達することもできる。会社の立場から見て，借入による資金調達が株式発行によるものより優れている点は，会社の支払利息や資金調達にかかる費用が税法上損金算入費用として扱われる一方で，配当の支払や株式発行費用は損金算入が認められない点が挙げられる。また，資金提供者が第三者である場合，この第三者が会社の一部を所有することにならないため，株主として会社の経営に影響を及ぼすことがないこともメリットの一つとして挙げられる。

他方，会社の利益の大小にかかわらず，債権者である資金提供者に対して常に一定の利息の支払義務を負うことは，借入により資金調達を行うことのデメリットの一つであるといえる（株式発行による場合には，会社の財務状況が悪ければ株主に対して配当を支払う必要はない）。また，借入によって資金調達を行う場合には，会社資産に担保を設定し，これを貸主に供与することを求められる場合もある。

9-2　株式発行による資金調達一般

(a) 株式発行の権限

株式の発行権限については，定款に規定されていることが一般的である。多くの場合において，定款は取締役会に株式の発行権限を与えており，株式の内容，発行時期及び対価等について取締役会決議で決定できるとされている。Replaceable rules が適用される会社については，取締役会で株式発行に関する決議を行うことができる。

もっとも，定款により株式の発行権限が与えられている場合でも，取締役

会の権限は絶対無制限ではなく，取締役は，法律上取締役が負う義務に違反しない範囲においてその権限を行使しなければならない（本書3-2項参照）。また，株主に対する抑圧的行為を行うことも禁じられている。例えば，ある株主の株式保有比率を一定割合以下に希釈化させる目的で行われる株式発行は，場合によっては取締役としての義務違反又は株主に対する抑圧的行為と判断されることもある。

(b) 株式発行の制限

(i) 定款による制限

日本の会社法では，定款で定める発行可能株式総数の範囲内でなければ株式の新規発行ができないという制限があるが，オーストラリアの会社法にはそのような制限はない。オーストラリアの会社，とりわけ比較的新しい会社の定款には，授権株式（authorised shares）の概念がないものが多く，株式の発行権限に関する禁止や制限が明記される場合にも，その禁止や制限に違反して株式を発行したからといって自動的にその株式の発行が無効となるものではない。ただし，定款の禁止又は制限規定に違反した株式発行について，それにより損害を蒙った株主は，会社に対して損害賠償を請求することができる。

オーストラリアの会社の定款には株式発行に関する判断を取締役会に一任する規定がある場合が多いが，会社が合弁会社等の場合には，株式発行に際して会社が採らなければならない手続を定款に規定することも多い。

なお，Replaceable rulesには株式発行を直接制限する規定はない。

(ii) 契約上の制限

会社は，定款による制限のほか，契約によって株式発行を制限されることがある。最も顕著な例としては，合弁会社の株主間契約による制限が挙げられる。株主間契約には，既存株主が有する合弁会社の株式の持分比率を変更させないための規定や，株式発行の手続に関する規定が設けられていることが多い。また，会社が資金を借入れ，その保有する子会社の株式に担保を設定する貸付契約等では，貸付人側の要請により，子会社の株式発行に関する制限を定める規定が置かれることがある。

(iii) 会社法による制限

公開会社が関係当事者に株式を発行する場合には，関係当事者に対して経済的利益を提供するものとみなされ，株主総会による承認を得なければならない可能性がある（本書3-8参照）。

会社法は株式を発行する際の情報開示義務について定めている。会社法上，株式発行を行う際に情報開示が必要とされる場合には，法定の情報開示の手続を経なければ株式を発行することができない（本書9-4参照）。

株主が50名を超える公開会社の場合には，発行された株式を引き受ける者（及びその関係者）の保有持分比率が20％を超える結果をもたらす場合には，会社法に規定される所定の手続を経なければならない（本書12章参照）。

(iv) 上場規則による制限

株式の発行会社がオーストラリアの証券取引所に上場している場合には，取引所の上場規則による制限の対象ともなる。例えば，ASX上場会社の場合，12ヶ月以内に合計で発行済普通株式の15％を超える株式を発行する場合には，原則として株主総会の承認決議が必要となる（ASX上場規則7-1条）。

(v) その他の法令による制限

株式発行は外資規制や競争法の規制によって制限を受ける可能性がある（本書18項参照）。

また，産業分野によっては，その産業分野で事業を行う会社の株式保有について特別な規制が存在する場合がある。例として，銀行，航空，空港，船舶，テレビ放送，通信及び証券取引所等が挙げられる。

(c) 既存株主の引受権（pre-emptive rights）

定款や合弁会社における株主間契約等では，株式を発行する前に既存の株主がその株式を引き受ける権利（pre-emptive rights）を規定する場合がある。かかる既存株主の引受権を規定する場合は，株主が別途同意しない限り，各既存株主がその保有持分比率に応じた数の株式を引き受ける権利を有する旨を定めるのが一般的である。

Replaceable rulesが適用される非公開会社の場合，既存株主は新株発行に

際して上記のような株式引受権を有する（会社法254D条）。

(d) 株式発行の手順

(i) 株主になるための条件

既存の会社の株主になるための会社法上の要件は，株式の引受人が会社の株主になることに同意し，株主として株主名簿に記載されることのみである（会社法231条(b)）。

会社の株主になる旨の同意を書面で行うことは法的には要求されないが，実務上何らかの形で書面に残すことが一般的であり，同意を行ったかどうかの紛争を未然に防ぐためにも書面による同意を得ることが望ましい。非公開会社の既存の株主が既に保有している株式と同じ種類株式の引受けに応じる場合等においては，引き受ける株式数や引受価格，支払方法等の基本情報を記載した同意書に署名することが一般的であるといえる。他方，会社が既存の株主以外の第三者に対して株式を発行する場合等には，株式発行の前提条件や株式発行後の会社の義務等を規定した株式引受契約を締結する場合が多い。

(ii) 株式発行決議

取締役会に株式発行の権限が与えられている場合には，以下に挙げられるような事項を取締役会で決議するのが一般的な実務となっている。
- 株式引受予定者の氏名及び住所
- 株式の発行日
- 発行する株式の数
- 発行される株式の種類
- 株式の発行価格
- 発行価格の払込方法及び払込期日
- 株式発行に関するその他の条項
- 株式に付される権利や制限のうち，定款に規定されていないもの

また，会社と株式の引受人との間で株式引受契約が締結される場合には，会社がこれに署名すること，及び契約に規定される条件に従って株式を発行することを決議するのが一般的である。

(iii) 株式の番号

会社の株式は，以下の例外を除き，固有の番号によって特定されなければならない（会社法1070B条(1)及び(2)）。

1. 発行済株式の全て又は種類株式の全ての発行価格が全額払い込まれており，かつ，これらの株式があらゆる面において同順位である場合には，この状態が維持される限り，これらの株式について番号を付す必要がない。
2. 全ての発行済株式について適正な株式証書が発行されており，これらの株式証書に適切な番号が付されており，それらの番号が株主名簿に登録されている場合には，これらの株式について番号を付す必要はない。

(iv) 株主名簿への登録

上述の通り，会社法上，株主となる者は，会社の株主になることに同意するほか，株主として株主名簿に記載されなければならない。法的には，株式を引き受けた者は株主名簿に株主として記録されることによって初めて株主となる（本書7-5参照）。

(v) ASICに対する通知

会社は，株式の発行から28日以内に，以下の事項を記載した所定の通知をASICに対して提出しなければならない（会社法254X条(1)）。

1. 発行された株式の数
2. 会社が複数の種類の株式を発行している場合，発行した株式の種類
3. それぞれの株式の払込額，又は払い込まれたものとして合意された価額
4. それぞれの株式についての未払いの額

非公開会社の場合，発行された種類の株式について，上記の事項に加え，以下の事項も通知しなければならない（会社法178C条(1)(c)）。

1. その種類の株式の発行総数
2. その種類の株式についての払込金の総額
3. その種類の株式の未払額の総額

公開会社の株式の引受・払込が現金以外の現物で行われた場合には，株式

引受契約の写しを ASIC に対する通知に添付するか，又は株式発行に関する所定の事項を記載した所定の書式を通知書面と併せて提出しなければならない（会社法 254X 条(1)(e)）。現物出資による株式発行が契約に基づいて行われ，かかる取引について印紙税を支払わなければならない場合には，印紙税が支払済みであることを証する所定の証明書も併せて提出しなければならない（会社法 254X 条(2)）。

(vi) 株式証書の発行

非上場会社は，原則として，株式発行から2ヶ月以内に株式証書を作成し，これを株主に送付しなければならない（本書 7-6 参照）。

9-3　借入による資金調達一般

(a) 借入に関する会社の権利能力

オーストラリアの会社法には，会社の借入に関する一般的な規制はない。会社法上，会社は法人としての全ての権利能力を有することが明記されており，社債（debenture）を発行することや会社の資産に担保設定することもこの中に例示されている（会社法 124 条）。

(b) 借入の制限

(i) 定款による制限

オーストラリアの会社の定款では，借入を行う判断を取締役会に一任している場合が多いといえるが，合弁会社のケース等では，一定額以上の借入に際して会社が採らなければならない手続を定めることも多い。

Replaceable rules には，借入を直接制限する規定はない。

(ii) 契約上の制限

株式発行と同様，会社は，定款による制限のほか，契約によって借入を制限されることがある。最も顕著な例は，合弁会社の株主間契約による制限である。株主間契約には，会社の資金調達の方法について規定しているものが多く，会社が資金を必要とする場合には，借入を行う前に既存の株主に対して株式の引受けを要請することを義務付けるものもある。また，貸付契約に

おいても，借主による借り増しや他の貸主からの借入を制限する規定が置かれることもある。

(iii) 会社法による制限

公開会社が関係当事者に貸付を行う場合や社債を発行する場合には，関係当事者に対して経済的利益を提供したものとみなされ，株主総会による承認が必要となる場合がある（本書3-8参照）。

会社法は社債を発行する際の情報開示義務について規定している（本書9-4及び9-5参照）。会社法上，社債を発行する場合に情報開示が必要とされる場合には，情報開示の手続を経なければこれを発行することができない。

(iv) その他の法令による制限

外資買収法上「外国政府投資家」と定義される投資家がオーストラリアの会社に対して貸付を行う場合には，当該会社による借入れは外資規制によって制限を受ける可能性がある（本書18章参照）。

(c) 債権者としての株主

会社の株主もその会社の債権者になることができる。会社に対して貸付けをすることも可能であるし，宣言されたがまだ支払われていない配当について未払債権の債権者となることもある。ただし，会社が清算される場合には，株主としての立場で保有している債権については，会社の他の債務が完済された後にはじめて履行されることになる点に注意する必要がある。

(d) 「社債（debentures）」の定義

会社法は情報開示が義務付けられる資金調達について規制しており，借入による資金調達の場合には，**社債**（debenture）と呼ばれる債務はこの規制の対象となる（本書9-4及び9-5参照）。したがって，社債の定義を正確に理解することは非常に重要である。

会社法は，社債について，法人に対して貸付けられ，又は預けられた金銭を返済する約束等の無体動産（すなわち債権）と定義しており，その返済を担保する担保権も含まれるとしている。それ故，社債の定義は大変広く，原則として会社が負う金銭の支払義務のほぼ全てが社債と定義されることとな

る。しかし，以下のものは社債の定義に含まれないことが会社法上明記されている（会社法9条「debenture」の定義）。

- 会社に預け入れられ，又は貸付けられた金銭の返済の約束のうち，以下の二つの条件を満たすもの
  (a) 預入人又は貸付人が，通常行う業務の一環として会社に対する預入れ又は貸付を行ったこと
  (b) 会社は通常行う業務の一環として金銭を受け取ったが，その通常行う業務には借入又は資金提供を行う業務が含まれていないこと
- オーストラリアの預金業許可を有する機関（銀行等）が，通常の銀行業務の過程で受け入れた預金又は借り入れた金銭を返済する約束
- 小切手，金銭支払命令又は為替手形に基づく金銭支払の約束
- 関係会社に対する金銭支払の約束

上述の通り，社債の定義は投資家保護を目的とした会社法の規制の適用範囲を画することになるが，通常の銀行業や関連会社間の取引等の足かせとならないように，上記のような除外が設けられている。

(e) 社債の種類

(i) 償還社債（redeemable debenture）

償還社債（redeemable debenture）とは，その名が示す通り，償還する（つまり会社が払い戻す）ことが可能な社債を指す。償還社債には，会社が償還を決定できるもの，債権者が決定できるもの，特定の日に償還されるもの，及び債権者の決議により償還が決定されるものがある。なお，特定の日に償還される社債の場合には，会社はその期日前に償還することはできないとする判例がある[73]。社債が証券取引所に上場されている場合には，定款に別段の定めがない限り，会社はその社債を市場で買い取ることによって実質的に償還を行うことができる。また，会社が清算される場合には，所定の償還日が過ぎたかどうかにかかわらず，全ての社債が償還可能となる。

通常，一度償還された社債は失効するが，定期的に借入を行い社債を発行する会社にとっては，償還された社債が常に消滅する，つまり同じ社債を新しい債権者に再発行できないことは不便でもある。新たに債権者になる者の

---

[73] *Knightsbridge Estates Trust Ltd v Byrne* [1940] AC 613; [1940] 2 All ER 401

立場からみても，償還された社債に付帯していた会社清算時の支払優先順位等を確保できることは魅力的である。そこで，会社法は，償還社債について，**社債信託契約**（debenture trust deed）に基づいて発行された社債に限り，償還された社債の優先順位を同じ契約に基づき発行された新しい社債が承継すると規定している（会社法563AAA条(1)）。

(ii) 償還不能社債

社債には，元本の償還日が規定されていないものがあり，中には会社が清算される場合にのみ債権者が返済を受ける権利を有する条件で発行されるものもある（このような社債は会社の再生を目的とする清算の場合は償還されないとする場合が多い）。

会社法は，償還することができない社債や，一定の事由が発生した場合にのみ償還可能な社債，半永久的な一定の期間後にのみ償還可能となる社債を発行できると規定している（会社法124条(1)(b)）。ただし，いずれの場合も，発行会社が清算される場合には，これらの社債は償還されることとなる。

社債権者が会社に対して有する権利を株主が有する権利に近づけたい場合には，社債権者に対する支払を他の債権者に対する支払に劣後させ，他の債権者が全額返済を受けた後に償還を受けられるという条件で社債を発行することも可能である。このような性質の社債は株式そのものではないが，社債権者の権利が株主の権利に類似しているため，会計上債務か株主資本かを区別する際に株主資本に分類されることがある。

(iii) 転換社債

転換社債（convertible debenture）とは，社債の償還を金銭の支払で行う代わりに株式の発行で行うことができる条件で発行された社債をいう。転換社債には，株式に「転換」する権利を会社に与えるもの，社債権者に与えるもの，又は一定の期日が到来した場合や一定の事由が発生した場合に会社が「転換」できるもの等がある。

しかし，どのような転換社債であっても，株式への「転換」は自動的に行われるプロセスではなく，株式発行に必要な所定の手続を経る必要がある[74]。このため，社債の発行会社が株式発行を何らかの理由により拒否したような場合には，転換権を有する社債権者は会社に対して転換手続を強制する必要

がある。この場合には，社債権者は，通常，会社に対して株式を発行するよう特定履行（specific performance）の命令を裁判所に求めることができる。特に，その会社の株式が市場で入手できない場合等には，損害賠償だけではなく，会社に対して株式発行命令が発せられることが多い。

　発行会社側から見た転換社債の利点としては，社債の償還日までにその会社の株式の市場価値が上がれば社債権者が株式の発行による償還に応じる可能性が高くなり，会社が社債を償還するために資金を調達する必要性が低くなることが挙げられる。また，会社の株価が継続して上昇していく可能性が高ければ，会社は比較的低利で社債を発行できることにつながる。この仕組みは，会社が利益を上げるのに一定期間かかる場合には有益であるといえる。

　社債権者が会社に対して有する権利を株主が有する権利に近づけたい場合には，一定期日までは社債を株式に転換できるが，それまでに転換されなければ会社が清算されるまで償還不能という条件で転換社債を発行することも可能である。

　転換社債発行後，会社が社債権者以外の者に新株を発行した場合には，転換社債の保有者が株式に転換した場合に得られる株式の保有持分比率が希釈化する結果を招く。このような事態への対応として，会社が既存の株主の持分比率に合わせて株式を新規発行する場合には，転換社債の保有者に対して，その転換権を行使した場合に取得できる株式を既に保有しているものと仮定して，かかる新株の引受けに参加する権利を与える転換社債も存在する。

(f) 社債のディスカウント

　社債のディスカウントによる発行とは，会社が債権者に対し，社債の額面金額，すなわち会社が返済を約束する金額よりも低い金額で社債を発行することをいう。例えば，額面（つまり元本）が100万豪ドルである社債を投資家が95万豪ドルで引き受ける場合，社債はディスカウントで発行されたこととなる。

　会社法は，社債をディスカウントで発行することを禁止していない。

---

[74] *Precision Data Holdings Ltd v Titan Hills Australia Ltd* (1990) 2 ACSR 707

(g) 会社資産の担保

(i) 会社の資産に対する担保設定

会社の債権者，特に多額の貸付をする債権者が貸付金の返済を確保するための方法の一つとして，会社の資産に担保権を設定する方法がある。

担保権は，担保権者が担保資産に対して有する財産権であるため，債務者である会社のデフォルト等により担保権者が担保権を実行した場合，担保資産の財産権を取得することとなる。

担保権者は，会社が管財人の管理下に入った場合や清算手続が開始された場合においても，基本的には，担保権を実行し，債権の回収に充てることができることから（本書15章及び16章参照），借主である会社の資産に設定される担保権を確保しておくことは大変重要である。

(ii) 全資産担保

オーストラリアの会社が多額の借入を行う場合には，会社の全資産（又は特定の資産を除く全資産）に担保を設定し，債権者に付与するケースが多くある。この場合には，現金や不動産，什器備品類や車両等の有形資産はもちろん，知的財産やのれん，契約上の権利等の無形資産も担保の対象となる。

債権者が債務者の資産全てを担保にとるメリットとしては，以下のものが挙げられる。

・債権者が担保権を実行する際に，債権者（又は債権者が選任したレシーバー）は，会社の資産をばら売りせず会社が行っていた事業を纏めて売却先に譲渡することができる。これにより売却先が，債務者である会社が行っていた事業を継続して存続することができ，会社の取引先や従業員に対する影響も最小限に留めることができるため，比較的高い価格での譲渡が可能となる。

・会社が任意管理下に入った場合において，会社の全て（又は実質的に全て）の資産を対象とする担保権を有する債権者は，法定の期限内であれば担保権を行使することが認められる（会社法441A条(1)）。他方，会社資産の一部のみを対象とする担保権を有する債権者にはこの権利は認められていない。

9-4　情報開示を伴う資金調達

(a) 情報開示の必要性

　会社の株式を含む証券は，事業体である会社が生み出す収益を得る権利であるため，証券の価値は会社の行う事業の価値によって大きく左右される。このことは，会社の証券を購入しようとする投資家が証券の価値を判断するためには，その発行会社の事業価値について信用できる情報を得る必要があることを意味する。

　このため，会社法は，会社が証券を発行する場合には，投資家が会社に関する正確な情報を入手できるように，会社に必要な情報を開示することを義務付けている。具体的には，会社が証券発行の募集を投資家に対して行う際に所定の情報を開示することを義務付ける一方，この義務の例外規定を設けることにより情報開示と会社負担のバランスをとっている。

(b) 情報開示を必要とする証券についての募集

(i)　「証券 (security)」の定義

　会社による情報開示の要否を判断する際に適用される「証券 (security)」は，以下のものをいう（会社法700条(1)及び761A条「security」の定義）。

1．株式
2．社債
3．株式又は社債に関する権利
4．新規に発行される上記のものを取得するオプション

(ii)　証券の新規発行の募集

　会社が新規に発行する証券の募集を行う場合には，会社法に規定される例外規定（本書9-4(c)参照）が適用されない限り，情報開示が会社に義務付けられる（会社法706条）。ただし，会社法上「**CSFオファー** (CSF[75] offer)」と定義されるクラウドファンディングによって資金調達が行われる場合，例外規定は適用されない。CSFオファーに関しては，独自の情報開示のルー

---

[75] "CSF" とは crowd-sourced funding の略である。

ルが存在する（会社法703B条）。

(iii) 発行済証券の譲渡の募集

証券の新規発行の場合とは逆に，発行済証券の保有者がこれを譲渡する際は，原則として，譲渡先に対して情報開示を行う義務はない。しかし，以下の三つの状況のうちいずれかに該当する場合には，例外的に情報開示が必要となる（会社法707条(1)）。なお，これらに該当する譲渡の募集であっても，例外規定（本書9-4(c)参照）が適用される場合は情報開示を行う必要はない。

A　発行会社の支配者による市場外での募集

以下の条件が全て満たされる場合には，既発行の証券の保有者が譲渡の募集をするときであっても，譲渡先の投資家に対して情報開示をしなければならない（会社法707条(2)）。

1．証券の保有者が証券の発行会社を支配していること
2．証券が証券市場に上場していないか，又は上場している場合であっても証券取引所の通常の取引によって譲渡の募集が行われないこと

この規定は，証券の保有者が発行会社を支配していれば，発行会社の事業に関する情報を入手することが可能であり，これを譲渡先の投資家に提供できるはずであるという前提から設けられている。ただし，証券の保有者が発行会社を支配していても，証券取引所における通常の取引で証券の売買が行われる場合には，取引所の上場規則に基づき情報が一般に開示されていることから，譲渡の募集の際の特段の情報開示は求められない。

B　間接的な発行とみなされる証券の譲渡

証券の発行から12ヶ月が経過しないうちに同証券の譲渡の募集を行う場合であって，以下の条件が全て満たされるときは，投資家に対して情報開示を行わなければならない（会社法707条(3)）。

1．証券が新規発行された際に，投資家に対する情報開示が行われなかったこと
2．証券が新規発行された際に，引受人が証券を転売することを目的として発行されたこと，又は引受人が証券を転売することを目的として引き受けたこと

この規定は情報開示義務の潜脱を防ぐために設けられた規定である。すなわち，この規定がなければ，実質的には会社が新規に発行した証券を投資家

が引き受けることと変わらない取引であっても，証券取引の操作により情報開示義務を回避することができ，会社法の情報開示規定の趣旨である投資家（この場合は証券の転売先）の保護を確保できなくなる結果を招くこととなる。

C　発行会社の支配者による間接的な市場外の譲渡とみなされる証券の譲渡

証券の発行会社を支配していた者から証券を買い取った者が12ヶ月が経過しないうちにこの証券の譲渡の募集を行う場合であって，以下の条件が全て満たされるときは，投資家に対して情報開示を行わなければならない（会社法707条(5)）。

1．発行会社を支配していた者が証券を譲渡した時点において，証券が証券取引所に上場されていなかった，又は上場されていても証券取引所の通常の取引によって譲渡の募集が行われなかったこと
2．発行会社を支配していた者が証券を譲渡した際に，投資家に対する情報開示が行われなかったこと
3．発行会社を支配していた者が証券を譲渡した際に，引受人が証券を転売することを目的として譲渡したこと，又は引受人が証券を転売することを目的として引き受けたこと

この規定も，情報開示義務の潜脱を防ぐために設けられた規定である。つまり，上記の条件が満たされた証券の譲渡は，上記Aで述べた規定により情報開示義務が発生する証券譲渡と実質的に異ならないため，これについて情報開示が行われなければ投資家保護を確保できなくなるからである。

(c) 情報開示を必要としない資金調達

会社法は，例外的に情報開示を必要としない証券の新規発行又は譲渡の募集の種類を多く規定している。このような募集のうち代表的なものには以下が挙げられる。ただし，これら例外が該当する募集であっても，これがCSFオファーである場合には，CSFオファーに関して適用される情報開示が必要となる。

(i) 小規模募集（small scale offering）

オーストラリアにはかつて証券の公募（public offering）と私募（private offering）という概念があり，前者の場合にのみ情報開示義務が課せられていたが，現在ではこの違いが廃止され，代わりに小規模かつ私的な証券の募

集については情報開示を必要としない制度を採用している。

　会社法上，以下の条件を全て満たした証券の募集を行う場合には，情報開示が必要とされない（会社法708条(1)，(3)及び(4)）。ただし，この例外規定は，前記9-4(b)(iii)で説明した「間接的な発行とみなされる証券の譲渡」及び「発行会社の支配者による間接的な市場外の譲渡とみなされる証券の譲渡」についての募集が行われる場合には適用されない。

1. 証券の募集が「私的な募集（personal offer）」とされること
2. 募集により，12ヶ月の間に合計20人を超える者に対して証券が新規発行又は譲渡されないこと
3. 募集により，12ヶ月の間の調達金額が合計200万豪ドルを超えないこと

　ここでいう「私的な募集」とは，募集を受ける人のみが受諾可能なものをいい，これまでのやり取りや職業上のつながり，又は過去にこの種の募集に興味がある旨の言動等があったこと等から募集に興味があるであろうと考えられる者に対して募集が行われるものをいう（会社法708条(2)）。

(ii) 洗練された投資家（sophisticated investor）に対する募集

　以下のいずれかに該当する場合には，「洗練された投資家（sophisticated investor）」に対する募集とされ，投資家が自ら十分なリスクの査定と管理ができるとみなされることから情報開示は必要とされない（会社法708条(8)及び会社法規則6D.2.03条）。

1. 募集に応じた場合に投資家が支払わなければならない金額が50万豪ドル以上である場合
2. 募集に応じた場合に投資家が支払わなければならない金額と，同じ会社の発行する同じ種類の証券についてこれまでに支払った額との合計が50万豪ドル以上となる場合
3. 募集を受ける投資家が保有する純資産の価値が250万豪ドル以上，又は投資家の直近の2会計年度において各年度の総所得が25万豪ドル以上あることが，募集の前6ヶ月以内に会計士の有資格者が発行した証明書に記載されている場合
4. 上記3に該当する者が支配する会社又は信託に対して募集が行われる場合

(iii) 割当発行（rights issue）についての募集

会社法上，証券の「割当発行（rights issue）」とは，特定の種類の証券の保有者全員に対してその保有持分比率に応じて按分した割合の証券を同一条件で発行すること，又は一定の条件の下でオーストラリア又はニュージーランドに登録住所を有する全ての保有者にのみ同一条件で発行することと定義される（会社法9A条）。

割当発行についての募集が行われ，以下の条件が全て満たされる場合には，情報開示を行う必要はない（会社法708AA条(2)）。

1. 募集が行われる時点において，募集される証券と同種の証券がオーストラリアの証券市場に上場されていること
2. 証券市場に上場している同種の証券について，過去12ヶ月間（上場期間が12ヶ月よりも短い場合には上場期間中）のうち合計5日以上取引が停止されていないこと
3. 上記2の期間中，会社法規則又はASICにより，開示主体に適用される条項の適用が免除されていないこと
4. 上記2の期間中，ASICにより，会社法上の財務報告義務の適用が免除されていないこと
5. 募集直前の24時間以内に証券取引所に対して所定の事項を記載した通知を行うこと

上記5の通知は，実務では一般に洗浄通知（cleansing notice）と呼ばれ，所定の記載事項のうち主なものとしては以下が挙げられる（会社法708AA条(7)，(8)及び(9)）。

1. 証券の発行会社がASICに対する財務報告義務及び証券取引所の上場規則に規定される情報開示義務を遵守している旨
2. 上場規則上開示する義務がないものの，投資家やそのアドバイザーが会社の財務状況や証券に付随する権利等の分析を行うために合理的に必要な情報
3. 証券を発行することによる会社の支配状態への潜在的な影響やその結果に関する情報

会社法は，上記のような情報を洗浄通知に記載させることにより，証券を引き受ける投資家に十分な情報が提供されるようにしている。

9-4 情報開示を伴う資金調達　　211

(iv) 情報開示が十分に行われた上場証券の譲渡に関する募集

　情報開示が必要な証券の譲渡に関する募集（本書9-4(b)(iii)参照）のうち，「間接的な発行とみなされる証券の譲渡」及び「発行会社の支配者による間接的な市場外の譲渡とみなされる証券の譲渡」に関する募集について，証券の発行会社又は支配者が引受人に転売させる目的で証券の新規発行又は譲渡を行わない場合であって，以下の三つのいずれかに該当する場合には情報開示を必要としない。

A　3ヶ月以上継続的に上場されている証券と同種の証券の譲渡

　譲渡に関する募集の対象となる証券が発行されるまでの3ヶ月の期間中，これと同種の証券が継続的に証券取引所に上場されており，さらに以下の条件が全て満たされる場合には情報開示を行う必要はない（会社法708A条(5)）。

1. 証券市場に上場している同種の証券について，過去12ヶ月間（上場期間が12ヶ月よりも短い場合には上場期間中）のうち合計5日以上取引が停止されていないこと
2. 上記1の期間中，会社法規則又はASICにより，開示主体に適用される条項の適用が免除されていないこと
3. 上記1の期間中，ASICにより，会社法上の財務報告義務の適用が免除がされていないこと
4. 譲渡に関する募集が行われる前に証券取引所に対して洗浄通知を行うこと

　この場合に必要となる洗浄通知は，「間接的な発行とみなされる証券の譲渡」に関する募集の場合には発行会社が，「発行会社の支配者による間接的な市場外の譲渡とみなされる証券の譲渡」に関する募集の場合には発行会社と支配者の双方が行わなければならない。また，洗浄通知は，募集の対象となる証券の発行予定日[76]の前5営業日以内に証券取引所に提出しなければならない。また，この場合の洗浄通知の記載事項には以下が含まれる（会社法708A条(6)，(7)及び(8)）。

1. 発行会社がASICに対する財務報告義務及び証券取引所の上場規則に規定される情報開示義務を遵守している旨
2. 上場規則上開示する義務がないものの，投資家やそのアドバイザーが

---

[76] 洗浄通知の提出期限は譲渡に関する募集が行われる日を基準としていないので注意が必要である。

会社の財務状況や証券に付随する権利等を分析を行うために合理的に必要な情報

B　目論見書が提出された証券の譲渡に関する募集

譲渡に関する募集の対象となる証券と同種の証券が証券取引所に上場されており，この種類の証券に関する目論見書について以下のいずれかに該当する場合は，譲渡に関する募集の際に情報開示を行う必要はない（会社法708A条(11)）。

1. 目論見書が譲渡に関する募集対象の証券の発行時から譲渡に関する募集時までの期間中にASICに提出された場合
2. 目論見書が譲渡に関する募集対象の証券の発行前にASICに提出されており，その発行時において，当該目論見書に基づいて行われた同種の証券の募集期間が終了していなかった場合

C　目論見書に基づき引受人が引き受けた証券

譲渡に関する募集の対象となる証券と同種の証券が証券取引所に上場しており，以下の全てに該当する場合には，譲渡に関する募集の際に情報開示を行う必要はない（会社法708A条(12)）。

1. 目論見書に基づいて証券発行の募集が行われたこと
2. 目論見書に引受人として記載された者（又はその指名者）に対し，譲渡に関する募集の対象となる証券が発行されたこと
3. 目論見書に基づき申し込んだ者に対して，これらの証券が発行されたのと同時期に，譲渡に関する募集の対象となる証券が引受人（又はその指名者）に発行されたこと

これは，目論見書に引受人として記載された者が転売目的で引き受けた証券を発行から12ヶ月以内に転売する場合には，新たな情報開示を必要としないことを意味する。

(ⅴ)　特定の投資家に対する募集

会社法は，特定の種類の投資家に対する証券の新規発行又は譲渡に関する募集については，情報開示を義務付けていない。このうち主なものは以下の通りである。

1. 金融サービスライセンスを保有する者を通して募集が行われ，募集の対象者に十分なリスク査定及び管理能力があるとライセンスの保有者

が判断し，募集の対象者が情報開示を受けないことについて確認する書面に署名した場合（会社法708条(10)）
2．APRAの監督対象となる金融機関等，会社法上「プロの投資家（professional investor）」とされる者，又は関係者の保有する資産を含め1,000万豪ドル以上の総資産を保有又は管理する者に対する募集（会社法708条(11)）
3．証券の発行会社又は関係会社の幹部又はその親族（配偶者，親，子又は兄弟），若しくはそれらの者が支配する会社に対する募集（会社法708条(12)）

(vi) その他の情報開示を必要としない募集

上記のほか，会社法は情報開示がなくとも投資家が不利益を蒙らない証券の募集や会社法に手続が別途規定される特定の取引に基づき行われる証券の募集についても，情報開示を義務付けていない。このうち主なものは以下の通りである。
1．既存の証券保有者に対し，配当の代わりに新規発行する証券を分配するための募集（会社法708条(13)）
2．募集が社債の発行である場合には，既存の社債の保有者に対する募集（会社法708条(14)）
3．現金その他の対価の支払を伴わない証券についての募集（証券がオプションである場合には，オプション自体の対価とオプション行使価格がゼロのとき）（会社法708条(15)及び(16)）
4．会社法上の調整スキームの手続に従って行われる募集（会社法708条(17)）
5．DOCAに基づく会社管理下にある会社がその債権者に対して行う，債権放棄以外の対価を伴わない証券についての募集（会社法708条(17A)）
6．会社法上の公開買付手続に従い，公開買付者表明書を伴い対象会社買収の対価として発行される証券についての募集（会社法708条(18)）
7．オーストラリアの預金業許可を有する機関（銀行等）や生命保険会社による社債の発行又は販売の募集（会社法708条(19)）

(d) 情報開示書類

会社法は，投資家への情報開示が義務付けられる証券の新規発行又は譲渡についての募集を行う際の開示書類を以下の通り規定している。

1．**目論見書**（prospectus），**略式目論見書**（short-form prospectus）
2．**2部立て簡易社債目論見書**（2-part simple corporate bonds prospectus）
3．**プロファイル説明書**（profile statement）
4．**募集情報説明書**（offer information statement）

目論見書は，証券についての募集を行う際の標準的な開示書類であり，最も多くの情報が要求される書類である。しかし，例えば，株式市場に既に上場している種類の株式についての募集を行う場合等は，既に証券取引所を通じて上場規則に従って情報開示を適宜行っていることが前提とされるため，そうでない場合（つまり新規株式公開の場合）よりも少ない情報で足りる場合が多い。会社法は，情報開示が求められる募集が行われる際には，募集情報説明書により代替できる場合を除き，目論見書による情報開示を義務付けている。ただし，既に ASIC に提出されている情報については，提出された書類を参照することにより開示事項を開示したものとすることができる（会社法 709 条(1)）。このような目論見書は，略式目論見書と呼ばれる。

2部立て簡易社債目論見書は，**簡易社債**（simple corporate bond）と定義される要件を満たした社債の引受を募集する際に使用することができ，募集期間をカバーする**基本目論見書**（base prospectus）と，募集に関連する**募集固有目論見書**（offer-specific prospectus）の2部で構成される情報開示書類である（会社法 713B 条(1)）。会社法は，証券が簡易社債とみなされるための要件を詳細に規定しているが，主なものに，証券が上場している（又は近く上場する予定の）社債であること，豪ドル建てであること，償還日が固定されていること，利息の支払いが定期的であること，単価が 1,000 豪ドルを超えないこと，所定の事由がなければ償還日前の償還ができないこと，他の種類の証券に転換できないこと，といった要件が含まれる（会社法 713A 条）。

プロファイル説明書は，証券の発行会社と証券についての募集についての一定の重要な情報を記載し，目論見書に追加で提出される書類である。プロファイル説明書は，ASIC が認可した場合にのみ利用することが可能とされているが（会社法 709 条(2)），これまでに利用が許可された例はない。

募集情報説明書は，証券の新規発行に関連する書類で，情報開示が必要な譲渡についての募集の際には使用できない。募集情報説明書は，目論見書より開示が要求される情報量が少ないが，以下の方法により調達した資金の合計が1,000万豪ドルを超えない場合にのみ，目論見書ではなく募集情報説明書によって情報開示を行うことが認められる（会社法709条(4)及び(5)）。

1. 募集情報説明書にて情報開示を行った証券発行により得ることが見込まれる調達額
2. 過去に発行会社，その関連会社及び発行会社を支配する者が支配する法人や支配者の関係者が募集情報説明書を利用して情報開示を行った証券発行により得た調達額

募集情報説明書にて情報開示を行う場合には，募集日から遡って過去6ヶ月以内の日を基準日とする監査済財務諸表の写しを添付する必要がある（会社法715条(2)）。

(e) 開示情報

2部立て簡易社債目論見書を除く全ての開示書類の記載事項に共通していえることとして，どの書類にも日付を記載しなければならず，内容を明確かつ簡潔に，効率よく記載しなければならないことが挙げられる（会社法715A条(1)及び716条(1)）。2部立て簡易社債目論見書については，募集固有目論見書がASICに提出された日がこの日付とみなされる（会社法716条（1A)及び（1B))。また，開示書類に他の記述を引用する場合には，他から引用する旨と引用される内容について記述者の同意を得なければならず，この同意を得た事実を開示書類に記載しなければならない（会社法716条(2)）。

(i) 目論見書により開示される情報
A 一般的な開示基準

目論見書により開示される情報は，投資家やそのアドバイザーが証券に付随する権利義務並びに発行会社の資産及び負債，財務状況，利益及び損失，並びに将来性について合理的な分析ができる程度のものでなければならない（会社法710条(1)）。

募集の対象となる証券と同種の証券が既に上場されている場合には，上記で挙げたような発行会社の資産や負債，財務状況等に関する記載をする必要

はないが，発行会社が ASIC に対して財務情報を定期的に提供する義務を負い，誰でもこの情報にアクセスできることを記載しなければならない（会社法713条）。

B　具体的な開示事項

会社法は，目論見書の具体的な記載事項について規定している。この中で主要なものは以下の通りである（会社法711条）。

1．募集の条件
2．証券の募集に関連して下記の者が過去2年間に有した手数料等利益の性質や範囲
    (a)　発行会社の取締役
    (b)　目論見書の作成及び配布に携わった専門家やアドバイザー（法律事務所や会計事務所等）
    (c)　新規発行又は譲渡される証券を引き受ける金融機関
3．発行会社の取締役及び募集に関連してサービスを提供したアドバイザーや引受金融機関に支払われた金額又は受け取った利益の性質や価値
4．募集される証券が証券取引所にて取引できる場合には，証券が上場されている旨，又は上場申請が行われた旨，若しくは目論見書の日付の7日以内に上場申請が行われる旨
5．目論見書の日付から13ヶ月以内の募集終了日
6．目論見書の写しが既に ASIC に提出されており，ASIC はその記載内容について責任を負わない旨

ASIC は，より具体的な目論見書の記載方式や関連事項についての方針を，複数の規制ガイドにおいて規定している。また，実務上，目論見書では情報開示義務違反とならないように，以下の事項についても記載されることが多い。

・法令上要求される通知
・会社の事業及び産業分野の概要
・取締役及び主要な従業員の経歴
・会社の財務情報
・想定されるリスクの説明

C　略式目論見書

　略式目論見書とは，発行会社が，既に ASIC に提出済みの書面について，目論見書でこの内容を改めて記載する代わりに，これらの提出済みの書面を参照すべき旨を記載する目論見書のことをいう。この略式目論見書も，広義の目論見書の一種である。

　ASIC に提出された書類を目論見書で引用する場合には，その書面を特定しなければならず，また，要請があれば投資家が無料で書面の写しを受け取ることができる旨を記載しなければならない（会社法 712 条(1)及び(5)）。また，その書面がどのような事項を記載しているかについても記載しなければならない（会社法 712 条(2)）。

(ⅱ)　2 部立て簡易社債目論見書により開示される情報

　2 部立て簡易社債目論見書を構成する，基本目論見書と募集固有目論見書に規定しなければならない事項の概略は以下の通りである。なお，これらが既に ASIC に提出されている書類に含まれる情報を含んでいる場合，提出済みの書面を参照することにより，かかる情報が基本目論見書又は募集固有目論見書に記載されたこととすることができる（会社法 713E 条）。

A　基本目論見書

　基本目論見書には，これが ASIC に提出されてから 3 年の期間内に発行会社が発行する全ての簡易社債に適用される基本目論見書であるということと，この期間内に簡易社債が募集される毎に募集固有目論見書が開示されること，情報開示の書面は基本目論見書と募集固有目論見書によって構成されることを規定しなければならない（会社法 713C 条(2)及び(3)）。また，会社法規則は，基本目論見書に以下の情報を記載することを求めている（会社法規則 6D.2.04 条）。

1. 基本目論見書と募集固有目論見書の目的や法的位置づけなどの情報
2. 社債の期間や償還，デフォルト条件など，社債に関連する情報
3. 発行会社の事業や経営陣，財務諸表，財務指標など発行会社に関連する情報，及び社債信託契約や社債信託の受託者に関連する情報
4. 社債や発行会社に関連するリスクに関連する情報
5. 社債への投資に関する税務上の取り扱い，発行会社のプライバシー保護義務，販売規制などの情報

6．基本目論見書および募集固有目論見書で使用される用語の定義
　B　募集固有目論見書
　募集固有目論見書には，これが社債の引受の募集に関連する募集固有目論見書であること，これが ASIC に提出されてから 13 ヶ月を超えない執行日以降には簡易社債が発行されないこと，及び募集に関する基本目論見書が存在し，基本目論見書と募集固有目論見書をもって情報開示書類を構成することを記載しなければならない（会社法 713D 条(2)，(3)及び(4)）。また，簡易社債の募集が基本目論見書が ASIC に提出されてから 3 年の期間内に発行会社が初めて行う募集である場合，募集固有目論見書には，募集に対し最低 5,000 万豪ドルの資金調達がされない限り，当該募集による簡易社債は発行されない旨を記載しなければならない（会社法 713D 条(5)）。また，会社法規則は，基本目論見書に以下の情報を記載することを求めている（会社法規則 6D.2.05 条）。

　1．募集固有目論見書は，特定の募集にのみ関連することや，基本目論見書も当該募集に関連すること，募集固有目論見書の主旨などの情報
　2．発行会社の名前，償還日や募集規模，利息や元本の払い日，償還の条件，手数料，発行会社とアドバイザーの連絡先など，募集に関連する情報
　3．基本目論見書の記載内容の変更が必要な場合の変更内容，調達資金の用途，財務指標，発行会社の他の負債との優先順位などの情報

(ⅲ)　プロファイル説明書により開示される情報
　上述の通り，プロファイル説明書を使用して情報開示を行うためには ASIC の許可を必要とし，目論見書に追加で準備しなくてはならない。
　会社法は，プロファイル説明書に以下の情報を記載することを求めている（会社法 714 条(1)）。
　1．発行会社及び証券の性質
　2．証券への投資リスクの性質
　3．証券への投資のために投資家が支払う金額の詳細（諸手数料も含む）
　4．プロファイル説明書を受け取った者は目論見書を無料で受け取る権利を有する旨
　5．プロファイル説明書が既に ASIC に対して提出されており，ASIC は

その記載内容について責任を負わない旨
6．その他会社法規則やASICが記載を要求する事項

プロファイル説明書には募集終了日を記載しなければならず，終了日は関連する目論見書の日付から13ヶ月を越えてはならない（会社法714条(2)）。

(iv) 募集情報説明書

上述の通り，情報開示のために募集情報説明書を使用するためには，募集によって調達する金額が1,000万豪ドルを超えてはならない。プロファイル説明書と異なり，募集情報説明書は目論見書に代わる開示書類であるため，別途目論見書を作成する必要はない。この書類を使用して情報開示を行う制度は，規模の小さな会社が比較的小規模の資金調達を簡便に行うことを目的として導入されたものである。

会社法は，募集情報説明書に規定しなければならない情報を以下の通り定めている（会社法715条(1)）。

1．発行会社及び証券の性質
2．発行会社の事業の説明
3．調達資金の用途の説明
4．証券への投資リスクの性質
5．証券への投資のために投資家が支払う金額の詳細（諸手数料も含む）
6．募集情報説明書が既にASICに対して提出されており，ASICはその記載内容について責任を負わない旨
7．プロファイル説明書は目論見書ではなく，目論見書よりも開示要求のレベルが低い旨
8．募集に応じる者は専門家の投資アドバイスを仰ぐことが推奨される旨

このほか，募集情報説明書には監査済みの財務諸表を含めなければならず，財務諸表の日付・末日はオファーが開始された日の前6ヶ月以内でなければならない（会社法715条(2)）。募集情報説明書は，募集終了日を記載しなければならず，終了日は説明書の日付から13ヶ月を越えてはならない（会社法715条(3)）。

(f) 情報開示の手続

(i) 手続の概要

情報開示が必要とされる証券の募集に関する手続の流れは，以下の通りである（会社法717条）。

1. **開示書類の準備**：開示書類を準備する際に，会社法の規定やASICが要求する基準を遵守することが求められる。また，発行会社の取締役会は，開示書類を承認しなければならない（会社法710条，711条，712条，713条，714条，715条及び716条）。
2. **ASICに対する開示書類の提出**（会社法718条）
3. **証券の募集**：開示書類には，証券の募集と証券の申請書を含めなければならない（会社法721条）。
4. **追加情報の提供又は投資家への返金**：開示書類に瑕疵があった場合や投資家にとって重要な新事実が発覚した場合には，追加又は代わりとなる開示書類を提出するか，又は投資家が支払った金額を返金しなければならない（会社法719条及び724条）。
5. **支払金の信託保管**：証券の募集を行い，投資家からこれに関連する支払金を受領した場合は，証券の発行・譲渡，又は投資家への返金が行われるまで支払金を信託保管しなければならない（会社法722条）。
6. **証券の発行又は譲渡**：募集の対象となる証券を発行又は譲渡する際，投資家が開示書類に含まれる申請書類により申請を行ったこと，開示書類に瑕疵がないこと，及び引受けを行う条件が満たされていることを確認する必要がある（会社法723条）。

以下では，証券の募集に関連する諸手続に関する留意事項について説明する。

(ii) 開示書類の準備

発行会社が証券取引所に**新規株式公開**（initial public offering）（一般に「**IPO**」と略される）として株式を上場させる場合等は，証券の募集に必要な情報開示書類の準備は相当の作業となる。オーストラリアでは，IPOに際する開示書類の準備には，通常，発行会社，法律事務所及び証券の引受人の担当者からなるチームが編成される。また，一般にデュー・ディリジェンス委員会

(due diligence committee) と呼ばれる委員会も設立され，発行会社の調査を行う。デュー・ディリジェンス委員会のメンバーは，発行会社の社外取締役及び経営者，弁護士，会計士，財務アドバイザー及び引受人によって構成される場合が多い。

　デュー・ディリジェンス委員会は，投資家に開示するための重要事項の判断と，開示書類に記載される事項の正確性を確認するための計画を策定し，これを実施する。開示書類の草案が一通り完成したところで，記載事項の正確性について書面による確認が行われることとなる。この作業の終了後，開示書類の原案とデュー・ディリジェンス委員会の報告書が発行会社の取締役会に提出され，開示書類の承認が審議される。取締役会が開示書類を承認すると，これがASICに提出されることとなる。

(iii) 開示書類提出の同意

　証券の新規発行の募集が行われる場合には，情報開示書類の提出には発行会社の取締役全員の同意が必要となる（会社法720条）。このため，各取締役は，情報開示書類の提出に対する拒否権を有するといえる。

　証券の譲渡の募集に関する情報開示書類の提出には，譲渡の募集を行う者が個人の場合はその個人，法人の場合は取締役全員の同意が必要となる。また，「間接的な発行とみなされる証券の譲渡」と「発行会社の支配者による間接的な市場外の譲渡とみなされる証券の譲渡」が募集される場合には，これに加え，発行会社の取締役全員の承認が必要となる（会社法720条）。

(iv) ASICによる審査

　ASICは，提出された全ての情報開示書類を審査するわけではないが，抜打ちで特定の開示書類の審査を行う。審査はASICの担当官が行い，開示書類が会社法に従っているかどうかをチェックする。ASICは，開示書類の提出者又は（提出者と発行会社が異なる場合）発行会社に対し説明や追加の情報提供を求めることができる。また，時にはデュー・ディリジェンスや開示書類の記載事項の正確性を確認する書面が調査される場合もある。

　ASICは，情報開示書類の審査をどのような方針に基づきどのように行うかについて，規制ガイドを設けている（ASIC規制ガイドRG 152）。

　ASICによる審査の結果，情報開示に問題があると判断された場合には，

ASIC は関連する証券の募集及び新規発行又は譲渡を停止する命令を発するか，又は説明や追加の情報提供を命令することができる。

(v) ASIC による停止命令

情報開示書類の内容が明確かつ簡潔に，効率よく記載されていなかった場合，法令が要求する情報が欠けていた場合，投資家に必要な情報が提供されていない場合，誤認を招く記載や欺瞞的な記載がある場合，又は開示書類の提出後に新しい重要事情が発生した場合には，ASIC は停止命令（stop order）を発し，証券の募集，及び新規発行又は譲渡を停止させることができる（会社法739条(1)及び(1A)）。しかし，ASIC がこのような命令を発するためには，事前に関係者が ASIC に対して異議等を提出する機会を与えるための聴聞会を開催しなければならない（会社法739条(2)）。ただし，聴聞会の開催による命令の遅れが公共の利益に反すると判断した場合，最長21日間有効な仮命令を発し，命令の有効期間中の証券の募集，及び新規発行又は譲渡を停止させることができる（会社法739条(3)）。

(vi) 開示書類の瑕疵等

以下のいずれかの事実が発生又は発覚し，これが投資家に重大な悪影響を及ぼすと判断した場合には，証券の募集を行った者は，追加又は代替の情報開示書類を ASIC に提出することができる（会社法719条(1)）。
1．開示書類に誤認を招く記載や欺瞞的な記載があること
2．会社法上開示が要求される情報が開示書類に記載されていないこと
3．ASIC に開示書類が提出された後，新しい事情が発生し，この事情が提出前に発生していれば開示書類に記載する必要があったこと

追加の情報開示書類が ASIC に提出された場合には，この追加書類と当初 ASIC に提出した情報開示書類の双方が，会社法上提出が義務付けられる情報開示書類であるとみなされる（会社法719条(4)）。また，代替の情報開示書類を ASIC に提出した場合には，その代替書類が会社法上提出が義務付けられる情報開示書類であるとみなされる（会社法719条(5)）。

(vii) 証券の新規発行又は譲渡

情報開示が必要とされる証券の新規発行又は譲渡の募集を行った者が，発

行又は譲渡を実行するためには，募集に応じて証券を引き受ける旨の申請を受領しなければならない。その際には，引受申請は開示書類に含まれている申請書又はその写しをもって行われなければ，有効な引受とはみなされない（会社法 723 条(1)）。

　一定の数の証券の引受申請が行われること，又は一定金額を調達することが証券の新規発行又は譲渡の条件とされる場合には，この条件が満たされるまでは証券の発行又は譲渡を行ってはならない（会社法 723 条(2)）。

　情報開示書類において，募集の対象となる証券がオーストラリア又は海外の証券取引所に上場することが明示又は暗示されており，開示書類の日付から 7 日以内に上場申請がされなかった場合，又は 3 ヶ月以内に上場されなかった場合には，証券の引受申請に応じた発行又は譲渡は無効となり，募集を行った者は引受申請者から受領した支払金を返還しなければならない（会社法 723 条(3)）。

(viii)　募集を履行できない場合の選択肢

　以下のいずれかの事由が発生又は発覚し，証券の新規発行又は譲渡の引受申請に対応できなかった場合には，募集を行った者はこれに対する一定の対処をしなければならない（会社法 724 条(1)）。

1. 一定の数の証券の引受申請が行われること，又は一定金額を調達することが証券の新規発行又は譲渡の条件とされ，この条件が開示書類の日付から 4 ヶ月以内に満たされなかったこと
2. 情報開示書類に，募集の対象となる証券がオーストラリア又は海外の証券取引所に上場することが明示又は暗示されており，開示書類の日付から 7 日以内に上場申請がなされず，又は 3 ヶ月以内に上場されなかったこと
3. 開示書類に誤認を招く記載や欺瞞的な記載があるか，会社法上開示が要求される情報が開示書類に記載されておらず，これが投資家に重大な悪影響を及ぼすこと
4. 開示書類の提出後に新しい事情が発生し，この事情が提出前に発生していれば開示書類に記載されなければならず，またこれが投資家に重大な悪影響を及ぼすこと

上記の事項が発生又は発覚した場合には，募集を行った者は以下のいずれ

かの方法により，これに対処しなければならない（会社法 724 条(2)）。
 1．募集に応じた投資家から受領した支払金を返還する
 2．追加又は代替の情報開示書類を証券の引受申請をした投資家に提供し，同時に1ヶ月間の申請取り下げ期間を設け，取り下げた場合には，支払金を返還する
 3．証券の新規発行又は譲渡をした上で，追加又は代替の情報開示書類を証券の引受申請をした投資家に提供し，同時に1ヶ月間の申請取り下げ期間を設け，取り下げた場合には，支払金を返還する

(g) 情報開示義務の違反

会社法上の情報開示義務の違反により損害を蒙った者は，コモン・ロー（とりわけ契約法や不法行為，又は衡平法）を根拠として救済を求めることができる場合もあるが，本書では会社法に規定される救済規定について，その概要を述べる。

(i) 損害賠償請求権

情報開示書類について以下のいずれかに該当する場合には，これに関連する証券の募集を行うことは禁じられている（会社法 728 条(1)）。
 1．情報開示書類に誤認を招く記載や欺瞞的な記載があること
 2．会社法上開示が要求される情報が開示書類に記載されていないこと
 3．ASIC に開示書類が提出された後，新しい事情が発生し，この事情が提出前に発生していれば開示書類に記載する必要があったこと

上記の事項に該当するにもかかわらず証券の募集を行い，この募集によって損失又は損害を蒙った者は，以下の者に対して損害賠償請求を行うことができる（会社法 729 条(1)）。
 1．証券の募集を行った者
 2．募集を行った者が法人である場合には，法人の各取締役
 3．証券の発行会社の取締役に選任され，取締役就任の同意を行った者として情報開示書類に記載される者
 4．証券の引受人として情報開示書類に記載される者
 5．その他本禁止規定に違反した者又はこれに関与した者

これに加え，情報開示書類に組み込まれる陳述書を作成し，この組込みに

同意した者は，その陳述書の内容に関して発生した損害につき賠償請求の対象となる。

損害賠償請求を行う者は，請求事由の発生日から6年以内にこれを行わなければならない（会社法729条(3)）。

また，上述の規定に違反し，かつ誤認を招く記載や欺瞞的な記載，又は開示が要求される情報や新しい事情に関する情報の不提供により投資家が重大な不利益を蒙った場合には，違反者は刑事罰の対象となる（会社法728条(3)）。

(ii) 義務違反に対する抗弁

以上の通り，情報開示を伴う証券の募集に関与する者は多大なリスクを負うことになるが，会社法はその一方で，損害賠償請求や刑事訴追が行われた場合に，これに対する抗弁事由についても定めている。

A　デュー・ディリジェンス

目論見書における誤認を招く記載や欺瞞的な記載が原因で損害賠償請求や刑事訴追が行われた場合において，被告となった者がその状況下で合理的な調査を行い，その結果，誤認を招く記載や欺瞞的な記載がなかったと信じる合理的な根拠があったことを立証できれば，被告は民事上及び刑事上の責任を免れることができる（会社法731条(1)）。

これと同様に，目論見書に記載すべき情報の不記載が原因で損害賠償請求や刑事訴追が行われた場合において，被告となった者がその状況下で合理的な調査を行い，その結果，目論見書に漏れがなかったと信じる合理的な根拠があったことを立証できれば，被告は民事上及び刑事上の責任を負わない（会社法731条(2)）。

なお，この抗弁の規定は，情報開示書類が目論見書である場合にのみ適用されるので，注意する必要がある。

B　認識の欠落

募集情報説明書又はプロファイル説明書における誤認を招く記載や欺瞞的な記載が原因で賠償請求や刑事訴追が行われた場合には，被告となった者が問題となる記載事項が誤認を招いたり，欺瞞的であることについて認識がなかったことを立証できれば，被告は民事上及び刑事上の責任を免れることができる（会社法732条(1)）。

これと同様に，募集情報説明書又はプロファイル説明書に記載されるべき

情報の不記載が原因で損害賠償請求や刑事訴追が行われた場合には，被告となった者が説明書に記載されるべき事項が欠落していることについて認識がなかったことを立証できれば，被告は民事上及び刑事上の責任を負わない（会社法732条(2)）。

なお，この抗弁の規定は，情報開示書類が募集情報説明書又はプロファイル説明書である場合にのみ適用されるので，注意する必要がある。

　C　合理的な依拠

情報開示書類における誤認を招く記載や欺瞞的な記載，又は必要情報の欠落が原因で損害賠償請求や刑事訴追が行われた場合には，被告となった者が被告の取締役，従業員又は代理人以外の者から提供された情報に合理的に依拠していたことを立証できれば，被告は民事上及び刑事上の責任を免れることができる（会社法733条(1)）。なお，この場合には，専門家やアドバイザーとして被告に情報を提供した者は，被告の「代理人」とはみなされない（会社法733条(2)）。

　D　同意の撤回

以下の者に対して，情報開示書類における誤認を招く記載や欺瞞的な記載，又は必要情報の欠落が原因で損害賠償請求や刑事訴追が行われた場合において，被告となった者が，開示書類に記載されることについての同意を公に撤回したことを立証できれば，被告は民事上及び刑事上の責任を負わない（会社法733条(3)）。

1. 証券の発行会社の取締役に選任された者，及び証券の引受人として開示書類に記載された者
2. 情報開示書類に組み込まれる陳述を行った者として開示書類に記載された者
3. 情報開示書類に組み込まれる陳述書の基となる事項について陳述を行った者として開示書類に記載された者

　E　新事実の認識の欠落

情報開示書類をASICに提出した後に発生した重要事実が原因で賠償請求や刑事訴追が行われた場合において，被告となった者がこの事実を知らなかったことを立証できれば，被告は民事上及び刑事上の責任を負わない（会社法733条(4)）。

9-4 情報開示を伴う資金調達

(iii) 証券の返却及び支払金の払戻し

証券が投資家に発行又は譲渡され，本書 9-4 (f)(viii)で挙げた事項が発生した場合には，投資家は受領した証券を返却し，引受申請のために支払った金額の払戻しを受けることができる。この規定は発行会社が清算した場合においても適用される（会社法737条(1)）。ただし，この権利は証券が発行された日から1ヶ月以内に発行会社に通知を行うことにより行使しなければならない（会社法737条(2)）。また，発行会社又は譲渡者が支払金の払戻しを行うことができない場合には，その取締役が個人的に払戻金の支払義務を負う（会社法737条(3)）。

(h) 情報開示が必要とされる証券の募集に関する会社法の規制

会社法は，上記のほか，情報開示を伴う証券の募集について，いくつかの規制を設けている。このうち，主要なものとしては以下が挙げられる。

(i) 実在しない会社の証券の募集

会社法は，会社が実在していれば情報開示が必要となる証券の募集について，設立されていない会社の証券を募集することを禁じている。この規定は，会社を実際に設立する予定がある場合においても適用される（会社法726条）。

(ii) 開示書類提出前の証券の募集

会社法により証券の募集について情報開示が求められる場合には，開示書類を ASIC に提出する前に証券の募集を行ったり，募集受諾の申請書を配布してはならない（会社法727条(1)）。また，募集書類や受諾の申請書は情報開示書類に含めるか，情報開示書類の写しに同封しなければならない（会社法727条(2)）。

情報開示書類に基づいて募集される証券と同種の証券が上場されていない場合には，開示書類が ASIC に提出されてから7日が経過するまでは，募集された証券の発行又は譲渡，若しくは募集の受諾を行ってはならない（会社法727条(3)）。

(iii) 宣伝及び広告の規制

会社法は，証券の引受を検討する投資家に対して誤認を招く情報や欺瞞的

な情報が発信されないように，証券の募集に関する宣伝や広告に関する規制を設けている。

小規模私募の規定により情報開示が免除される証券の募集が行われる場合（本書9－4(c)(i)参照）には，この募集を宣伝することや明示的又は黙示的に広告することは禁止されている（会社法734条(1)）。また，情報開示が必要となる証券の募集についても，これを宣伝したり，明示的又は黙示的に募集に言及したり，証券の引受けの申請を促すような広告を行うことは禁止されている（会社法734条(2)）。

ただし，会社法はこの規制に一定の例外規定を設けている。この例外規定には，ASICに提出された開示書類の配布は禁止される宣伝や広告の対象とならないことや（会社法734条(4)），証券の発行会社及び譲渡人（情報開示が必要な譲渡募集の場合）が明記され，開示書類の参照を促す趣旨の文言が記載されている宣伝や広告は認められること等が含まれる（会社法734条(5)及び(6)）。また，開示書類やその内容を取り扱った報道機関等による新聞，ラジオ，テレビ等による報道についても，報道のための利益供与が行われていない限り，認められる（会社法734条(7)及び(8)）。

(iv) 勧誘の規制

証券の発行や譲渡を一方的な面会や電話により募集することは，原則禁じられている（会社法736条(1)）。ただし，会社法上「洗練された投資家」や「プロの投資家」と定義される者に対する募集や，証券ディーラーのライセンス保持者による上場証券の募集等については，この禁止規定は適用されない（会社法736条(2)）。

（ⅰ）クラウドファンディングによる資金調達

本書9－4(b)(ⅱ)項に記載の通り，会社法上CSFオファーとされるクラウドファンディングによる資金調達については独自の法的枠組みが設けられている。

(i) CSFオファー規定の適用の要件

会社法のCSFオファーに適用される情報開示に関連する規定が適用されるためには，以下の要件を全て満たす必要がある。

1. オファーが，会社による全額支払い済みの普通株式の新規発行のオファーであること
2. オファーをする会社が特定の要件を満たした会社であること
3. 下記の金額の合計が500万豪ドルを超えないこと
   (a) 新規オファーによって調達を予定する最大金額
   (b) 当該オファー予定日までの過去12ヶ月の期間中に別のCSFオファーにより会社又は関連会社が調達した金額
   (c) 当該オファー予定日までの過去12ヶ月の期間中に情報開示を必要としない資金調達により会社又は関連会社が調達した金額
4. オファーによって調達する資金が，株式の発行会社又はその関連会社による他の会社や投資スキームの証券や持分への投資，又は信用供与のために一切使われないこと

上記2でオファーをする会社が満たさなければならない要件は以下の通りである。
1. 公開会社である有限責任株式会社であること
2. 会社の主たる事業所がオーストラリアにあること
3. 取締役の過半数がオーストラリアに通常居住していること
4. 会社とその関連会社の連結総資産と連結収入がそれぞれ2,500万豪ドル未満であること
5. 会社も，そのどの関連会社も上場していないこと
6. 会社も，そのどの関連会社も，他の会社や投資スキームの証券や持分への投資を目的としていないこと

(ii) CSFオファーの手続き

CSFオファーは，**CSF仲介者**（CSF intermediary）と呼ばれる者の（オンラインの）プラットフォームを介して**CSFオファー書類**（CSF offer document）と呼ばれる情報開示書類を掲載することで行われる。CSF仲介者は，CSFの仲介サービスを提供することを明示的に認める金融サービスライセンスを保有する者を指す（会社法738C条）。CSFオファーは複数のCSF仲介者を通して行うことはできない（会社法738R条）。CSFオファーを受け入れた投資家が支払う資金はCSF仲介者に支払われ，オファーが終了し，株式が投資家に発行されたところでCSF仲介者はオファーをした会社

に投資家から集められた資金を支払うことになる。

　A　事前の同意

　CSF オファー書類を CSF 仲介者のプラットフォームに掲載するためには，オファーを行う会社の取締役全員と，取締役に選任される予定であると CSF オファー書類に記載される者全員の同意が必要となる（会社法738M 条(1)）。また，CSF オファー書類に誰かの発言や意見が記載されている場合，これら発言や意見を述べた者が，これらが CSF オファー書類に記載されることに同意し，かかる同意が得られている事実を CSF オファー書類に記載しなければならない（会社法738M 条(2)）。

　B　オファー期間

　CSF オファーは CSF 仲介者のプラットフォームから CSF オファー書類が掲載された時点で開始する（会社法738N 条(1)）。CSF 仲介者は，以下の最も早い事象が発生した後，可及的速やかに CSF オファーを終了させなければならない（会社法738N 条(4)）。

1. オファー開始日から3ヶ月が経過した時点
2. CSF オファーに規定されるオファー期間終了日
3. CSF 仲介者が，CSF オファーによる調達予定の最大金額が調達された時点
4. 会社が CSF 仲介者に CSF オファーを取り下げる通知をした日
5. 会社法上 CSF オファー書類を CSF 仲介者のプラットフォームに継続して掲載することを禁止された時点

　CSF オファーが上記1から3のいずれかの事象が発生したために CSF オファーが終了し，投資家がオファー対象の株式の引受の申請を取り下げることができる期間が**終了**（closed）し，かつ CSF オファー書類に記載される調達予定の最低金額分の株式の引受の申請を受領した場合，CSF オファーが**完了**（completed）したものとされる。

　CSF オファーが上記4か5のいずれかの事象が発生したために CSF オファーが終了し場合，CSF 仲介者はプラットフォームから CSF オファー書類を削除しなければならない（会社法738P 条(1)）。

(iii) CSF オファー書類

A 法定の記載事項

　CSF オファー書類には最低限，会社法規則に規定される情報を記載しなければならない（会社法 738J 条(2)）。会社法規則は，CSF オファー書類には，最低限以下の情報を記載することを義務付けている（会社法規則 6D.3A.02 条）。

1. **リスクの警告**：会社法規則は，CSF オファー書類の第1章に挿入しなければならない具体的な文言を規定している（会社法規則 6D.3A.03 条）。

2. **オファーをする会社に関する情報**：これには会社の ACN，登録上の住所，主たる事業所在地，各取締役及び幹部経営陣，ならびにこれら役職への就任予定者の氏名や能力や経験，事業の説明，会社の組織図，資本構成，事業の主要なリスクが含まれるほか，会社の直近の財務諸表を添付しなければならない。また，会社や各取締役及び幹部経営陣，ならびにこれら役職への就任予定者が民事制裁や刑事罰の対象となった場合にはその説明を記載しなければならない（会社法規則 6D.3A.04 条）。

3. **オファーに関する情報**：これには，オファーの対象となる株式の種類及びこれに付帯する権利，調達を予定する最低金額と最大金額，オファー期間，調達資金の用途が含まれる。また，調達資金の一部が会社の取締役や経営陣，CSF 仲介者やオファーの宣伝やプロモーションをする者，株主などに支払われる場合には，これらの詳細を記載しなければならない。更に，会社やその関連会社が過去に CSF オファーを行った場合にはその詳細も記載しなければならない（会社法規則 6D.3A.05 条）。

4. **投資家の権利に関する情報**：これには，株式引受の申請をした投資家は，5 営業日以内に申請を取り下げる権利があることや，CSF オファーが行われるプラットフォームに，オファーに関する質問などの投稿ができることが含まれる。また，会社が公開会社となってから 5 年以内であり，公開会社となってから 12 ヶ月以降に終了する会計年度が終了したときに CSF オファーが既に完了した場合には，会社法の規定に従い会社の財務諸表の監査や定時株主総会の開催などが免除されることなども記載しなければならない（会社法規則 6D.3A.06 条）。

会社法規則は，CSF オファー書類にこれ以外の情報を記載することを認めている（会社法規則 6D.3A.02 条(2)）。

　B　CSF オファー書類の瑕疵

以下のいずれかが CSF オファー書類にあてはまる場合，CSF オファー書類に瑕疵があるものとされる（会社法 738U 条(1)）。

1. CSF オファー書類に誤解を招く又は欺瞞的な表現があった場合
2. 会社法上要求される情報が欠如していた場合
3. CSF オファー書類が CSF 仲介者のプラットフォームに掲載された後に新しい事情が発生し，これが会社法上記載が求められるものである場合

オファーをする会社又は CSF 仲介者が CSF オファー書類に瑕疵があることを認識した場合，お互いにその旨を通知しなければならない（会社法 738V 条(1)及び(2)）。また，上記 9 - 4 (ⅰ)(ⅱ) A の同意を与えた者などが CSF オファー書類に瑕疵があることを認識した場合，オファーをする会社及び CSF 仲介者に，その旨を通知しなければならない（会社法 738V 条(3)）。

CSF 仲介者がオファー期間中に CSF オファー書類に瑕疵があることに気がついた場合，CSF オファー書類をプラットフォームから削除し，オファーを終了させるか凍結させなければならない（会社法 738X 条(2)）。オファーが凍結され，CSF オファーをする会社が瑕疵のある CSF オファー書類を補足する書類又は差し替えの CSF オファー書類を CSF 仲介者に提出した場合，これが提出された時点で凍結は解除される（会社法 738X 条(3)）。この場合，CSF 仲介者は既にオファー対象の株式の引受の申請を行った投資家に対し，1ヶ月以内に申請を取り下げ，支払った投資額の払い戻しを受ける権利がある旨の通知を，補足する書類又は差し替えの CSF オファー書類と共に送付しなければならない（会社法 738X 条(7)）。この通知を受けた投資家は，通知の日から1ヶ月以内に申請を取り下げることができる（会社法 738X 条(8)）。

CSF オファー書類に瑕疵がある場合，会社は CSF オファーに基づく株式のオファーを行ってはならず，CSF 仲介者が CSF オファー書類に瑕疵があることを知った場合，CSF オファー書類をプラットフォームに掲載しないか，（既に掲載されている場合）掲載を取り下げなければならない（会社法 738Y 条(1)及び(3)）。この義務の違反は刑事罰の対象となる（会社法 738Y 条(4)）。また，この義務の違反は，以下に列挙される者が CSF オファー書類の瑕疵

9-4 情報開示を伴う資金調達　233

による損害を被った者による以下の損害賠償請求の対象ともなる。下記の者の損害賠償責任は，その者が自ら違反行為を行わなかった場合においても負うことになる（会社法738Y条(5)）。

	損害賠償の対象となる者	損害の原因
1.	CSFオファーをした会社	CSFオファー書類に瑕疵があるにも拘わらずCSFオファーに基づいて株式のオファーをすること
2.	CSFオファーをした会社の取締役	CSFオファー書類に瑕疵があるにも拘わらずCSFオファーに基づいて株式のオファーをすること
3.	CSFオファーをした会社の取締役選任予定者であるとCSFオファー書類に記載されることに合意した者	CSFオファー書類に瑕疵があるにも拘わらずCSFオファーに基づいて株式のオファーをすること
4.	CSFオファーにて発行される証券の引受人であることがCSFオファー書類に記載されることに合意した者	CSFオファー書類に瑕疵があるにも拘わらずCSFオファーに基づいて株式のオファーをすること
5.	CSFオファー書類に記載される発言や意見を述べることに同意したことがCSFオファー書類に記載されている者	CSFオファー書類に記載される，発言や意見
6.	CSFオファー書類に瑕疵があるにも拘わらずCSFオファーに基づいて株式のオファーをする義務に違反した者	その者が行った違反行為
7.	CSF仲介者	CSFオファー書類に瑕疵があることを知りながらCSFオファー書類を掲載又は掲載を取り下げなかったこと

　上記の通りCSFオファー書類の瑕疵に起因する会社法上の義務違反の責任は広範に及ぶが，その一方で会社法は以下の通り，義務違反に関する刑事及び民事責任の抗弁を設けている（会社法738Z条）。
　1．違反をした者が，CSFオファー書類に瑕疵があることを認識してい

なかった場合（上記表7に記載される損害賠償責任を除く）
2．CSFオファー書類の瑕疵がCSFオファー書類に誤解を招く又は欺瞞的な表現，あるいは会社法上要求される情報が欠如していたことに起因し，瑕疵が第三者によって違反した者に提供された情報に違反した者が合理的に依拠したことによってもたらされた場合（上記表7に記載される損害賠償責任を除く）
3．CSFオファー書類の瑕疵がCSFオファー書類に誤解を招く又は欺瞞的な表現，あるいは会社法上要求される情報が欠如していたことに起因し，上記表の3から5までが該当する者が公に同意を取り下げた場合

また，瑕疵のあるCSFオファー書類が補足されたり差し替えられた場合（CSFオファー書類の補足及び差し替えについては下記を参照），補足又は差し替えの書類がプラットフォームに掲載された時点以降に発生した事項に関連し，瑕疵を補足した書類とCSFオファー書類，又は差し替えのCSFオファー書類が，関連するCSFオファーのためのCSFオファー書類とみなされる（会社法738W条(8)及び(9)）。

C　CSFオファー書類の補足及び差し替え

CSFオファーを行う会社が，CSFオファー書類に瑕疵があるか，CSFオファー書類が明確かつ簡潔に記載されていないことに気がついた場合，これを訂正するためにこれを補足又は差し替えをすることができるが，これ以外の目的でCSFオファー書類の補足又は差し替えを行ってはならない（会社法738W条(1)及び(2)）。

CSFオファー書類が補足される場合，補足書類には，これが補足するCSFオファー書類を特定し，これがCSFオファー書類を補足する書類であることと，補足書類とCSFオファー書類を併せて読むべきことを記載しなければならない（会社法738W条(3)）。また，CSFオファー書類が差し替えられる場合，差し替えのCSFオファー書類には，元のCSFオファー書類を特定し，これが元のCSFオファー書類を差し替える書類であることを記載しなければならない（会社法738W条(4)）。

CSFオファーを行う会社がCSFオファー書類の補足書類又は差し替えのCSFオファー書類をCSF仲介者に送付した場合，CSF仲介者はこれをプラットフォームに掲載しなければならない（会社法738W条(5)）。

上述の通り，瑕疵のある CSF オファー書類が補足されたり差し替えられた場合，補足又は差し替えの書類がプラットフォームに掲載された時点以降に発生した事項に関連し，瑕疵を補足した書類と CSF オファー書類，又は差し替えの CSF オファー書類が，関連する CSF オファーのための CSF オファー書類とみなされる。

(iv) CSF 仲介者の義務

CSF 仲介者は，CSF オファーに関連し，投資家を保護するために様々な義務を負う。CSF オファーに関連する CSF 仲介者の主な義務には以下が含まれる。

A　CSF オファー関連事項の確認

CSF 仲介者は，CSF オファー書類及びこれを補足又は差し替える書類をプラットフォームに掲載する前に以下の事項についてチェックしなければならない（会社法 738Q 条(1)及び会社法規則 6D.3A.08 条）。

1. オファーをする会社の会社名，ACN，会社の種類，登録上の住所及び主たる事業所
2. オファーをする会社が本書 9 - 4 (i)項に記載の要件を満たしているかどうか
3. CSF オファー書類が本書 9 - 4 (i)(iii) A に記載の最低限の記載事項を記載しているかどうか
4. CSF オファー書類に記載される，オファーをする会社の取締役，経営者及びこれらの就任予定者の氏名及び住所

また，CSF 仲介者が以下のいずれかが該当すると判断した場合，CSF オファー期間中，CSF オファー書類をプラットフォームに掲載することや継続して掲載することは認められない（会社法 738Q 条(5)）。

1. CSF オファーをする会社，その取締役又は経営陣の身元確認が疑わしい，又は誤解を招く又は欺瞞的な行為をしている可能性があること
2. 取締役又は経営陣の適性に問題があること
3. CSF オファーをする会社が CSF オファーをすることが会社法上認められないと考える理由があること

B　プラットフォームに関連する義務

CSF 仲介者は，CSF オファーが行われるプラットフォームに関連し，以

下の義務を負う（会社法738ZA条）。
1. オファー期間中及び凍結期間中，会社法規則に規定される文言の投資家のリスクの警告文をプラットフォームに目立つ所に記載すること
2. オファー期間中，プラットフォームに以下の機能が常に備わっていることを確認すること
    (a) オファー期間中，投資家がオファーされた株式の引受けの申請を行う機能
    (b) リテール・クライアント（retail client）と定義される投資家[77]が，クラウドファンディングによる投資のリスクを受け入れる主旨の声明をしなければ株式の引受けの申請を行えないようにする機能
    (c) オファーが凍結されている間，及びオファー終了後に株式の引受けの申請を行えないようにする機能
3. プラットフォーム上のオファー対象株式の引受け申請機能を通さずに行われた申請を全て拒否すること
4. オファー期間中及び凍結期間中，CSFオファー書類にアクセスする者がオファーに関連する投稿や質問を行うための機能，及びオファーをする会社又はCSF仲介者がこれらに対する返答をするための機能が常に備わっていることを確認すること
5. オファー期間中及び凍結期間中，投資家が5営業日以内にオファー対象の株式引受けの申請を取り下げることができる権利があることと，この権利を行使する方法をプラットフォームに目立つ所に記載すること

C 引受け金額の取り扱いに関連する義務

CSFオファーが完了し，オファーをした会社が株式を発行した場合，CSF仲介者は会社に，プラットフォームのホスティングに関連する費用を差し引いた引受け代金を支払わなければならない（会社法738ZB条(2)）。

CSF仲介者は，投資家が申請を取り下げた場合や申請が拒否された場合においても投資家が支払った金額を全額返却しなければならない（会社法738ZB条(4)）。また，オファーをした会社がオファーを取り下げたかCSFオファー書類の掲載が取り下げられた場合，又は投資家が引受けの申請を取り下げることができる期間が経過した段階でCSFオファー書類に記載される

---

[77] 会社法には詳細な規定があるが，主として一定の資産や収益規模のある投資家やプロの投資家などを除く投資家がこれに該当する。

調達予定の最低金額が集まらなかった場合，CSF 仲介者はオファーに対して投資家が支払った金額を全額返却しなければならない（会社法 738ZB 条(3)）。

(v) 投資家保護のルール

会社法は上記のほか，CSF オファーに関して，リテール・クライアントを保護することを目的に，以下のルールを設けている。

1. 一社が行った CSF オファーに対して一人の投資家が 12 ヶ月の期間中に 1 万豪ドルを超える金額を支払うことになる株式引受けの申請をした場合，CSF 仲介者は，かかる投資家による株式引受けの申請を拒否しなければならない（会社法 738ZC 条(1)）。
2. CSF オファーに対して株式引受けの申請をした投資家は，5 営業日以内に申請を取り下げることができる（会社法 738ZD 条(1)）。
3. CSF オファーをする会社又はその関連会社，もしくは CSF 仲介者又はその関係者は，オファーの対象となる株式を投資家に取得させるための資金援助（資金援助については本書 8 - 6 項参照）や資金援助のアレンジをしてはならない（会社法 738ZE 条(2)）。

9 - 5 社債信託

(a) 社債信託契約

(i) 概　要

会社が多数の投資家に対して社債を発行するということは，多数の債権者に対して義務を負うことを意味するため，実務的な管理に大変な困難を伴う。このような問題を解決するため，会社法は特定の会社や機関が債権者を代理して社債に関連する権利義務の管理を行う仕組みを設け，前記 9 - 4 で述べた情報開示が義務付けられる社債[78]の発行又は譲渡の募集等，特定の状況において社債が募集される場合には，この仕組みを採用することを会社に義務付けている。この仕組みには信託の方法が採用されており，社債の発行会社が委託者，特定の会社や機関が受託者，そして社債権者が受益者となる。なお，この義務は社債以外の証券を発行又は譲渡する場合には適用されない。

78　社債は「証券」の定義に含まれる（本書 9 - 4 (b)(i)参照）。

社債に関連する信託は、委託者となる会社と受託者となる会社・機関との間で締結される**社債信託契約**（debenture trust deed）によって設立される。信託の設立当初は名目的金額（10豪ドルが一般的）を信託財産とし、社債の発行後は社債の元利金や担保資産が信託財産に加えられる。また、社債に関する会社の義務の履行を親会社等の第三者が保証する場合には、保証人も社債信託契約の当事者となる。

会社が発行した社債に関する社債権者の権利、受託者の権利義務及び会社の義務等は、社債信託契約に規定される。会社法は、社債信託契約に最低限記載されなければならない事項を規定している。

(ii) 社債信託契約が必要となる社債の募集

会社法は、以下のいずれかに該当する場合には、社債信託契約を締結しなければならないと規定している（会社法283AA条(1)）。
1. 会社法上、情報開示が義務付けられる社債の発行又は譲渡の募集
2. 既存の社債権者に社債の募集を行うために情報開示義務が免除される社債の募集、又は情報開示が十分に行われたために情報開示義務が免除される上場社債の譲渡募集
3. 市場外公開買付における対価としての社債の募集
4. 調整スキームにおける裁判所の命令による社債の発行

(iii) 社債信託契約の記載事項

社債信託契約には、信託受託者が社債権者の利益のために以下の権利を保有することを規定しなければならない（会社法283AB条(1)）。
1. 発行会社の返済義務を履行させる権利
2. 返済のための担保権
3. 社債の条件、社債信託契約又は会社法の規定により、会社及び保証人が負うその他の義務を履行させる権利

(iv) 社債信託契約の解除

発行会社が社債に基づく支払義務を全て履行した場合には、社債信託契約を解除しなければならない（会社法283AA条(2)）。

(b) 社債信託の受託者

(i) 社債信託の受託者となれる者

会社法上，以下に該当する会社又は機関のみが社債信託の受託者になることができる（会社法283AC条(1)）。
1. オーストラリアの州又は準州の公認受託者（Public Trustee）[79]
2. 会社法上，「有資格受託会社（licensed trustee company）」と定義される会社
3. オーストラリアの州法又は準州法上，遺言の検認証書の発行を許可された法人
4. 登録された生命保険法人（生命保険会社等）
5. オーストラリアの預金受入許可を有する機関（銀行等）
6. 所定の条件を満たした上記3，4及び5の完全子会社
7. その他ASICが許可した法人

なお，上記に該当する法人又は機関であっても，受託者になることによって利益相反が発生する場合には社債信託の受託者となることはできない（会社法283AC条(2)）。

(ii) 受託者の選任

前述の通り，社債信託契約を締結しなければならない社債を募集する会社は，前項に該当する会社又は機関を社債信託の受託者として選任しなければならない。会社は受託者が選任された日から14日以内に受託者の氏名をASICに通知しなければならない（会社法283BC条(1)）。

(iii) 受託者の変更

受託者について以下の事由が発生又は発覚した場合には，発行会社は受託者を変更するための合理的な手段を採らなければならない（会社法283BD条）。
1. 受託者が解散したこと

---

[79] 公認受託者（Public Trustee）とは，主に英連邦の法域に存在する公的機関であり，オーストラリアでは，各州・準州の制定法に基づき設立されている。公認受託者は，管財人が選任されていない遺産の管理等を主な業務としているが，社債信託財産を含むその他の資産管理も行う。

2．受託者が有効に選任されていなかったこと
3．受託者が会社法において受託者となるための要件を満たすことができなくなったこと
4．受託者としての責任を果たさず,又は責任を果たすことを拒否したこと

ただし,一度選任された受託者は,代わりの受託者が選任されない限り,受託者としての任を担い続ける(会社法 283AD 条)。受託者の選任後に利益相反が発生する場合には,代わりの受託者が選任されなければならないが,選任されるまでは受託者の任は解かれない(会社法 283AC 条(2))。

受託者の変更権限は,通常社債信託契約に規定されるが,この規定のほか,発行会社は既存の受託者の関連会社を既存の受託者の代わりに選任することができる。ただし,この場合には,関連会社自体が社債信託の受託者となることが会社法上認められていなければならず,既存の受託者の書面上の同意も要する。このように選任された受託者の選任は,社債信託に別段の定めがある場合においても有効とされる(会社法 283AE 条(1))。

社債信託の受託者が有効に選任されない場合,又は既存の受託者が解散した場合には,裁判所は,発行会社,社債権者又は ASIC の申請に基づき,社債信託の受託者となる資格を有する会社又は機関を受託者として選任することができる(会社法 283AE 条(2)(a))。

社債信託の既存の受託者が会社法に規定される資格を失った場合,又は受託者としての責任を果たさない場合には,裁判所は,発行会社,既存の受託者,社債権者又は ASIC の申請に基づき,社債信託の既存の受託者を解任し,受託者となる資格を有する会社又は機関を新たに受託者として選任することができる(会社法 283AE 条(2)(b))。

(iv) 受託者の義務

会社法は,社債信託の受託者が負う義務について,以下のように規定している(会社法 283DA 条)。

1．社債発行の対価として支払われた金員又は預かり金の返済期日が到来したときに,発行会社及び保証人が返済金の支払を行うための十分な資産があることを確認するための合理的な努力をすること
2．発行会社及び保証人が社債の条件又は社債信託契約に違反しているか

どうかを確認するための合理的な努力をすること
3. 発行会社及び保証人による社債の条件又は社債信託契約の違反に対処するために，できる限りの手段を講じること（ただし，かかる違反が社債権者の利益や社債の担保権に重大な悪影響を及ぼさない限り，この義務を負う必要はない）
4. 発行会社及び保証人が所定の通知義務を履行しなかった場合には，その旨を ASIC に通知すること
5. 受託者が会社法に基づき社債信託の受託者となる資格を喪失した場合には，その旨を ASIC 及び発行会社に通知すること
6. 調整スキームにおいて裁判所が招集する集会又は受託者が招集する社債権者集会において，発行会社が社債権者に提出した提案についての説明を行うこと
7. 社債権者集会における社債権者の指示に従うこと（ただし，社債権者の指示が，社債の条件，社債信託契約の条件又は会社法の規定に違反する場合，又はその他指示に問題があると受託者が判断した場合には，裁判所に対し，指示の排除又は変更を申請し，この義務を回避することができる）
8. 発行会社が受託者に要求した場合において，裁判所に対して要求された命令の申請を行うこと

なお，社債の条件，社債信託契約又は社債権者との契約に以下のような規定が含まれる場合，かかる規定は無効となる（会社法283DB条(1)）。
1. 受託者が求められる注意と勤勉さをもって職務を遂行しなかった場合に，その会社法上の義務違反の責任を免除する規定
2. 上記の責任について受託者を補償する規定

ただし，受託者が行った特定の行為（不作為を含む）に関する責任を免除する規定や，社債権者集会における75％以上の金額の社債を保有する者の決議により責任の免除を認める規定は，無効とならない（会社法283DB条(2)）。

会社法は，受託者が社債権者集会における社債権者の指示に従って行った行為（不作為を含む）について，責任を負わない旨を規定している（会社法283DC条）。

(c) 発行会社

(i) 発行会社の義務

社債信託契約を締結しなければならない発行会社は、会社法に基づく義務を履行しなければならない（会社法283BA条）。会社法は、このような会社が負うべき一般的な義務を以下の通り規定している（会社法283BB条）。

1. 会社の事業を適切に効率よく運営すること
2. 社債権者又は社債信託の受託者に求められた場合において、社債信託契約の写しを提供すること
3. 受託者（又はその役職員）又は受託者に選任された監査人が会社の財務情報その他の情報を審査できるような態勢を整え、審査に協力すること

また、上述の通り、選任された受託者の氏名やその変更をASICに通知する義務や、受託者を変更する必要がある場合に合理的な手段を講じる義務を負う。

発行会社が社債に関する担保権以外の担保権を設定した場合には、これが設定されてから21日以内に担保権の詳細を受託者に対して書面により報告しなければならない。また、このような担保権により担保される貸付金の金額が不確定であり、貸付金が銀行等における当座預金口座に振り込まれない場合には、会社は貸付金の支払が行われた都度、7日以内にこの金額の詳細を受託者に対して書面により報告しなければならない（会社法283BE条）。

さらに、発行会社は四半期毎に受託者及びASICに対して所定の報告書を提出しなければならない（次項参照）。

(ii) 四半期毎の報告書

発行会社は、各四半期終了後1ヶ月以内に社債信託の受託者に対して所定の事項を記載した報告書を提出しなければならず、ASICに対しても報告書の写しを提出しなければならない（会社法283BF条(1)）。

報告書は、発行会社の取締役の決議に従って作成されなければならず、報告書の日付も記載しなければならない（会社法283BF条(8)）。

報告書がカバーする四半期中に以下の事由が発生した場合には、その詳細を報告書に記載しなければならない（会社法283BF条(4)）。

1．会社が社債若しくは社債信託契約の条件，又は会社法の規定に違反した場合
 2．社債に関連する会社の義務（社債返済義務を含む）を履行したか，又はかかる義務履行の強制事由となる，若しくはなりえる事由が発生した場合
 3．会社，その子会社若しくは保証人，又は担保権に重大な悪影響を及ぼす事由が発生した場合
 4．会社，その子会社又は保証人の事業の性質に大きな変更があった場合
 5．保証人が選任された場合，保証人の保証義務が停止された場合，又は保証人の氏名が変更した場合
 6．担保される貸付金の金額が不確定であり，貸付金が銀行等における当座預金口座に振り込まれることになる担保権が設定された場合（この場合には，会社が四半期末日時点で支払義務を負う当該貸付金の残高を報告書に記載する）
 7．社債権者が有する担保権に重要な影響を与える事由

 また，発行会社が四半期中に関連会社に金銭を預託したり，貸付けたりした場合には，四半期中に預託した金額又は貸付けた金額，及び四半期末日において関連会社が会社に対して支払義務を負う金額についても，報告書に記載しなければならない（会社法 283BF 条(5)）。さらに，発行会社が四半期中に関連会社の義務を保証した場合には，その詳細も記載しなければならない（会社法 283BF 条(6)）。

 なお，発行会社が外部管理下にある場合には，報告書を作成・提出する義務は適用されない。また，所有権留保条項の規定によって担保権とみなされる担保権については報告書に記載する必要はない（会社法 283BG 条）。

(d) 保証人の義務

 社債に関連する会社の義務を保証する保証人がいる場合について，会社法はかかる保証人が負う義務についても規定している（会社法 283CA 条）。会社法は，このような保証人が負うべき一般的な義務を以下の通り規定している（会社法 283CB 条）。
 1．保証人の事業を適切に効率よく運営すること
 2．受託者（又はその役職員）又は受託者に選任された監査人が会社の財

務情報その他の情報を審査できるような態勢を整え，審査に協力すること

　保証人が担保権を設定した場合には，21日以内に担保権の詳細を受託者に対して書面で報告しなければならない。また，このような担保権により担保される借入金の金額が不確定である場合には，7日以内にこの借入金の金額の詳細を受託者に対して書面で報告しなければならず，借入金が銀行等における当座預金口座に振り込まれる場合には，3ヶ月ごとに借入金の残高を報告しなければならない（会社法283CC条）。

　なお，保証人が外部管理下にある場合には，上記の報告義務は適用されない。また，所有権留保条項の規定によって担保権とみなされる担保権についても報告する必要はない（会社法283CD条）。

(e) 社債権者集会

　会社法は，発行会社及び社債信託の受託者が招集する集会，並びに裁判所の命令により招集される社債権者の集会について規定している。これらの集会は誰が招集又はその命令を発したかにより目的がそれぞれ異なる。

(i) 会社が招集する社債権者集会

　発行済社債の額面価格の10%超を保有する社債権者が書面により社債権者集会の招集を要求した場合には，発行会社は当該要求に従わなければならない（会社法283EA条(1)(a)及び(b)）。ただし，集会の目的は以下のいずれかでなければならない（会社法283EA条(1)(c)）。

1. 会社の最近の定時株主総会に提示された会社の財務諸表を検討すること
2. 社債信託の受託者の権利行使に関して指示を出すこと

　社債権者の要求に従って集会が開催される場合には，集会の開催日時が記載された招集通知を受託者，会社の監査人及び社債権者名簿に記載された社債権者全員に送付しなければならない（会社法283EA条(2)）。

(ii) 受託者が招集する社債権者集会

　発行会社又はその保証人が社債や社債信託契約の条件又は会社法の規定に違反し，社債信託の受託者の要請にもかかわらず，違反が是正されなかった

場合には，受託者は社債権者集会を招集することができる（会社法 283EB 条(1)(a)）。受託者が招集した集会では，受託者が会社又は保証人が違反を是正しなかったことを説明し，社債権者の利益を保護するための方法を提示し，社債権者の指示を仰ぐことができる（会社法 283EB 条(1)(b)，(c)及び(d)）。

受託者は，このようにして招集された集会の議長を選任することができ，受託者が選任しない場合には，集会に参加する社債権者が議長を選任することができる（会社法 283EB 条(2)）。

(iii) 裁判所の命令による社債権者集会

裁判所は，社債権者が受託者に対して指示を行うことを目的とする社債権者集会の招集を命令することができる。また，裁判所は，受託者に対して，社債権者の利益に関連する情報や利益を保護するための方策を集会で提示し，社債権者の指示を仰ぐことを命令することもできる（会社法 283EC 条(1)）。

裁判所が開催を命令する社債権者集会の開催方法や審議方法は，裁判所の指示に従って行われるが，受託者はこのように招集された集会の議長を選任することができ，受託者が選任しない場合には集会に参加する社債権者が議長を選任することができる（会社法 283EC 条(2)）。

9-6 ASX への上場

オーストラリアには証券取引所が現在五つ存在するが，ASX はその中でも上場会社数，時価総額，取引量の全てにおいて最大の証券取引所であり，世界でも有数の証券取引所である。

証券取引所の主要な役割は，資金を調達したい会社と資金を提供する投資家との間で資金調達を行う場と，投資家同士で証券の取引を行う場を提供することにあるが，本項では会社が ASX に上場することによる資金調達について大まかな概要を説明する。

(a) 会社の上場（listing）とは

会社の**上場**（listing）とは，会社が発行する証券を証券取引所にて取引できるように，証券取引所が管理する公式リスト（official list）に会社を加える過程をいう。また，会社が初めて一般投資家に対して新規株式の募集をすることを IPO（initial public offering の略）という。

どのような会社でも証券取引所に上場できるわけではなく、上場するためには証券取引所の上場規則に規定される基準を満たさなければならず、目論見書の準備を含む所定の手続を経る必要もある。また、晴れて上場を果たした後は、会社法に加えて上場規則を遵守する義務を負うこととなる。

(b) 上場のメリット・デメリット

(i) 上場のメリット

ASX を含む証券取引所に株式をはじめとする証券を上場させる最大のメリットは、資金源である投資家に容易にアクセスできることにある。特に、株式を上場させる場合には、上場によって得た資金を大きな投資に使用したり、債務を減少させたり、運転資金に回すことができるようになる。また、株式を上場させることにより、債務の返済能力を向上させ、借入による資金調達を行う能力をも向上させる結果につながる可能性もある。さらに、会社の証券を上場させることは、会社の知名度や社会的な信頼を向上させることにもつながる。

投資家の視点からのメリットとしては、非上場会社の証券と比較すると、上場証券の流動性（つまり、現金化の可能性）が高いということが挙げられる。また、投資家が、市場で取引される株式や発行会社の価値を知ることができるというメリットもある。

(ii) 上場のデメリット

証券を上場させた場合には、会社は証券取引所に対して上場及びその維持のための各種手数料を支払わなければならないほか、追加的な報告・通知義務を負担することになるため、かかる義務を履行するためのコストも発生する。また、ガバナンスや資本取引についても、上場会社は証券取引所の上場規則による制約を受ける。例えば、一定の割合を超える株式を新規発行する場合や、事業内容を変更する場合に、株主の承認を得る必要があること等が挙げられる。さらに、上場証券に流動性があることの反面として、上場会社は敵対的買収の対象となりやすいという点もある。

(c) 上場するための条件

(i) 上場の条件

ASX上場規則は，会社が上場するための条件を規定している。ASXは，株式を含むエクイティ証券の上場，社債を含むデット証券の上場，さらに海外の証券取引所に既に上場している会社を対象とした上場の3種類の上場について，それぞれ別の条件を設けている。本項では，エクイティ証券の上場の条件についてのみ説明する。

上場申請を行った会社が必要条件を満たし，上場会社の公式リストに加えられ，証券の取引を認められるかどうかの判断は，ASXの完全な裁量により決定される。これらの必要条件のうち，主要な条件としては以下のものが挙げられる（ASX上場規則1.1条）。

- 上場申請会社の構成と事業運営が上場会社として適切であること[80]
- 上場申請会社の定款の内容がASX上場規則の規定を遵守していること
- 目論見書をASICに提出すること
- ASXにおいて証券の取引を可能にするための条件（本書9-6(c)(ii)参照）を満たしていること
- 以下のいずれかに該当すること
  (a) 証券保有者が400名以上おり，各保有者が保有する証券の価値が2,000豪ドル以上あること
  (b) 証券保有者が350名以上おり，各保有者が保有する証券の価値が2,000豪ドル以上あり，かつ，上場申請会社の関係当事者でない者が同種の証券の25％以上を保有していること
  (c) 証券保有者が300名以上おり，各保有者が保有する証券の価値が2,000豪ドル以上あり，かつ，上場申請会社の関係当事者でない者が同種の証券の50％以上を保有していること
- 本書9-6(c)(iii)で説明する利益基準，又は本書9-6(c)(iv)で説明する資

---

[80] 会社の構成や事業運営の適切性はASXの完全な裁量によって決定される。ASX上場規則のガイダンスにおいて，不適切な例として，部分的支払済株式や転換社債が全額支払済株式の発行数に比べて不均衡である場合や，合弁事業で多くの事業を行っている会社がその出資比率の割に事業に対する決定権が不当に小さい場合等が挙げられている。

産基準のいずれかを満たしていること
- 上場申請会社が上場前に本書 9-6 (e) で説明する譲渡制限証券を発行する場合には，これに関する ASX 上場規則に従い，所定の制限契約を ASX に提出すること
- ASX 上場規則に関係する事項について ASX との窓口となる者を選任すること
- ASX コーポレート・ガバナンス委員会が作成したガバナンスに関する推奨事項を，上場申請会社が上場を果たした際にどの程度採用するかについて説明した説明書を提出すること

(ii) 証券取引を可能とするための条件

　ASX 上場規則は，会社を上場させる，つまり公式リストに加える条件とは別に，ASX において証券の取引を可能にするための条件を設けている。上述の通り，証券の取引を可能とするための条件を満たすことが会社が上場するための条件の一つとして挙げられているため，証券の取引を可能とする条件を満たさない限り，会社は ASX に上場することができない。エクイティ証券の取引を可能とするための条件は，以下の通りである（ASX 上場規則 2.1 条）。

1. 証券に付随する権利が ASX 上場規則の規定に従ったものであること
2. 所定の例外を除き，取引の対象となる証券の発行価格が 0.20 豪ドル以上であること
3. オーストラリアで認められる精算・決済システムで行われる取引によって証券の所有権の移転が有効に行われること
4. 証券が部分的支払済株式の場合には，未払分の支払要求予定日と支払金額が特定されていること

　なお，本書では詳述しないが，既に上場している会社が別種類の証券を ASX において取引できるようにするためには，上記の条件と類似の条件を満たさなければならない（ASX 上場規則 2.4 条から 2.8 条）。

(iii) 上場申請会社の利益基準

　上述の通り，ASX に上場するための条件の一つとして，上場申請会社は ASX 上場規則が規定する利益基準又は資産基準のいずれかを満たす必要が

ある。ASX上場規則が規定する利益基準は，概ね以下の通りである（ASX上場規則1.2条）。
 1．会社の事業が継続的に行われていること
 2．上場が認められた時点で行われている会社の事業が，過去3会計年度に会社が行っていた事業と同じであること
 3．過去3会計年度の監査済財務諸表，及び監査人又は独立した会計士が検討した見積貸借対照表をASXに提出すること
 4．過去3会計年度における会社の税引前利益の総額が100万豪ドル以上あること
 5．上場申請前2ヶ月を超えない時点までの過去12ヶ月の会社の連結利益が40万豪ドル以上あること
 6．取締役が調査した結果，事業から利益を継続して得られないことを示す事情が発見できなかった旨を記載した取締役全員の陳述書をASXに提出すること

(iv) 上場申請会社の資産基準
ASX上場規則が規定する資産基準は，概ね以下の通りである（ASX上場規則1.3条）。
 1．上場が認められた時点において，資金調達コスト差引後の正味有形資産の価値が300万豪ドル以上あること，又は時価総額が1,000万豪ドル以上あること
 2．以下のどちらかに該当すること
　(a) 資金調達後の正味有形資産のうち現金又は容易に現金化できるものの占める割合が半分未満であること
　(b) 資金調達後の正味有形資産のうち現金又は容易に現金化できるものの占める割合が半分以上である場合には，これらの資産の半分以上を会社の事業目的に沿う形で支出することを約束すること
 3．以下の両方に該当すること
　(a) 会社の目的を実行するための十分な運転資金があることが目論見書に表明されていない場合には，独立した専門家が作成したその旨の陳述書をASXに提出すること
　(b) 会社の運転資金が最低でも150万豪ドルあること，又は上場後最

初の会計年度における予測売上を考慮に入れた場合に運転資金が150万豪ドル以上となること
4．過去3会計年度の監査済財務諸表，及び監査人又は独立した会計士が検討した見積貸借対照表をASXに提出すること

なお，ASX上場規則上「**投資法人**（investment entity）」と定義される会社については，別段の資産基準が設けられている。また，鉱業探査会社については運転資金に関して別途特別なルールが適用される。

(d) 上場までの流れ

(i) 上場前の検討事項

会社がASXへの上場を検討する際には，数多くの要素を考慮に入れる必要がある。実際に必要な作業を開始する前に，会社を上場させるだけの経済的，経営的，企業文化的な準備が整っているか，又は整わせることができるかを検証することは非常に重要であるといえる。上場を検討する際に考慮すべき点の例としては，以下のものが挙げられる。

・会社の長期的展望と戦略
・経営者と取締役会の経営能力の差[81]
・経営者と取締役会に会社や自分の情報を一般に開示する意思があるかどうか
・企業文化的に会社が上場することを受け入れられるかどうか
・財務情報や経営情報を効率よく処理するシステムが存在するかどうか
・上場前に実行すべき大きな計画があるかどうか
・投資家や証券取引所が上場会社に求めるあらゆる基準を理解し，それらを履行できるかどうか
・上場するタイミングが適切かどうか

(ii) アドバイザーの選任

会社をASXに上場させる準備を行うには，複数の分野における専門的な知識やノウハウが要求される。このような専門分野には，法律，会計，財務，

---

[81] オーストラリアの会社，とりわけ上場会社では，実際に会社の日常的な経営に携わっている経営陣と取締役会の構成員が重複しないことが多い。そのため，この両者の実務上の経営能力に差がある場合もしばしば見受けられる。

税務，資産評価，広報，IR（投資家向け広報，investor relations の略）等が挙げられ，また，証券の引受人，マーケティングを行う営業，株主名簿の管理を行う専門業者の協力も必要となる。これら専門家と発行会社の経営者や社外取締役らによってデュー・ディリジェンス委員会が構成される場合が多い（本書9-4(f)(ii)参照）。

このため，会社は，弁護士，会計士，税理士，検定士，銀行，広報・IRアドバイザー，投資銀行，株主名簿管理人等を選任する必要がある。

(iii) 情報開示書類の作成

会社が ASX に上場するための条件の一つとして，目論見書を ASIC に提出する必要がある（本書9-6(c)）。ASX は，目論見書に代えて募集情報説明書によって投資家に情報開示することを認めていない。また，目論見書作成のためにはデュー・ディリジェンスを行う必要もある。

(iv) 上場の申請

ASX に対する上場の申請は，ASIC に対する目論見書の提出後7日以内に所定の書式を ASX に提出することによって行われる（ASX 上場規則1.7条及び会社法723条(3)）。ASX は，申請書を受理すると，申請書及び目論見書が ASX 上場規則に従ったものかどうかを確認する審査を行う。ASX が必要とする場合には，必要な追加情報の提供を会社に求めることがある。

上場審査には3週間から5週間程度かかるのが通常である。

(v) 証券の市場取引の承認

会社が IPO を行う場合には，株式を証券取引所において取引できるようにするための承認は，上場承認時と同時に行われるのが一般的である。また，ASX での株式の取引は株式の保有者に発行されてから開始することができるようになる。ASX は，申請の対象となる（株式を含む）証券の市場取引を承認するかどうかについて裁量権を有する（ASX 上場規則2.9条）。

(e) 譲渡制限証券

(i) 概　要

ASX 上場規則は「譲渡制限証券（restricted securities）」と定義される証

券を「エスクロー期間（escrow period）」と呼ばれる所定の期間が経過する前に譲渡することを禁止している（ASX上場規則9章）。譲渡制限証券の定義は非常に複雑であるが，大まかにいえば，特定の種類の資産やサービスを対価に発行された証券を指す（ASX上場規則19.12条「restricted securities」の定義及び付則9B）。ただし，譲渡制限に関する多くの規定は，利益基準を満たした結果上場が認められた会社には適用されない（ASX上場規則9.1.3条）。

エスクロー期間については，その開始時点や期間が，証券が譲渡制限証券となる要件ごとに異なる。例えば，鉱山開発権を対価として発行された証券は譲渡制限証券とされるが，証券の発行を受けた者が上場会社の関係当事者であった場合には，ASXにおいて証券の取引が承認されてから24ヶ月間がエスクロー期間とされる。

このような制限が設けられているのは，価値が不確定な資産を対価にして証券が発行された場合には，証券が適正でない価値で発行された可能性があるからである。このようにして発行された証券は，譲渡制限のない証券とは価値が異なる可能性があるため，譲渡制限証券が取引されることによって市場に混乱をきたすことを防ぐ必要がある。譲渡制限証券の取引に制限を設けることにより，取引制限期間中に市場がこのような証券の対価の価値を分析し，取引解禁後は市場が落ち着いてこれら証券の取引に対応できることになる。

(ii) 制限契約（restriction agreement）

譲渡制限証券が発行される場合には，発行会社は譲渡制限証券の発行先となる者との間で，発行先が証券を受け取る前に**制限契約**（restriction agreement）と呼ばれる契約を締結し，これをASXに対して提出しなければならない（ASX上場規則9.3条）。

制限契約は，所定の書式に従わなければならない（ASX上場規則9.2条）。制限契約の趣旨は，譲渡制限証券の保有者がエスクロー期間中にかかる証券を譲渡しないことを確約することにある。上場会社は，制限契約の義務を遵守し，また，譲渡制限証券保有者に制限契約を遵守させる義務を負う（ASX上場規則9.4条）。

エスクロー期間中，譲渡制限証券の発行会社は制限契約を変更してはならない（ASX上場規則9.7条(a)）。

9－6　ASXへの上場

(iii)　譲渡制限証券の保管

　譲渡制限証券の発行会社は，以下のいずれかの確約書を取得し，その確約書を証券の発行後2営業日以内にASXに対して提出しなければならない（ASX上場規則9.5条）。

1. 銀行又はASXが承認する信託の受託者が，登録されている譲渡制限証券の証書をエスクロー期間中保管し，ASXの書面による承認なく証書を解除しない旨の確約書
2. 会社の証券を登録するサービスの提供業者が，譲渡制限証券の取引にロックをかけ，ASXの書面による承認なくロックを解除しない旨の確約書

　エスクロー期間中，譲渡制限証券の発行会社は，ASXの書面による承認なく譲渡制限証券の証書を解除したり，ロックを解除してはならない（ASX上場規則9.7条(b)）。

(iv)　発行会社買収・合併の際における制限解除の承認

　譲渡制限証券の発行会社が公開買付又は調整スキームによる買収のオファーの対象となった場合には，譲渡制限証券の保有者がかかるオファーに応じることができるように（つまり買主に譲渡できるように），ASXは譲渡制限証券の証書の解除又はロックの解除を承認することができる（ASX上場規則9.17条）。ただし，ASXは，以下の条件が全て満たされない限り，承認を与えることができない（ASX上場規則9.18条）。

1. 公開買付による発行会社の買収の場合には，（普通株式等の）普通証券全てが買取オファーの対象となる証券であり，譲渡制限証券が普通証券でない場合には譲渡制限証券と同種の証券も全て買取オファーの対象となっていること
2. 公開買付による発行会社の買収の場合には，譲渡制限証券以外のオファー対象証券の保有者の半分以上がオファーを受け入れたこと
3. 市場外公開買付による発行会社の買収がオファーされ，オファーに条件が付いている場合，公開買付者が買い取らなかった譲渡制限証券については証書を保管する銀行又は受託者に証書が返還されるか取引にロックがかけられる旨を公開買付者と証券保有者が書面にて合意すること

4．調整スキームによる発行会社の合併の場合には，合併が行われなかったときには証書を保管する銀行又は受託者に証書が返還されるか，又は取引にロックがかけられる旨を譲渡制限証券の保有者と発行会社が書面にて合意すること

(f) 上場後の義務

ASX への上場を認められた会社は，会社法に加えて ASX 上場規則を遵守する義務を負う。これらの義務に違反した会社は，上場廃止の対象となる場合がある。ASX の上場会社が遵守しなければならない ASX 上場規則の代表的なものとしては以下が挙げられる。

- **継続情報開示義務**：上場会社が，上場した証券の価値に重要な影響を及ぼすと合理的な者が考え得る情報を入手した場合には，直ちにこの情報を ASX に開示しなればならない。また，ASX 上場規則に規定される特定の事由（資本構成の変更や取締役の選任，株主総会の決議事項等）が発生した場合にも，上場会社はこれを直ちに ASX に開示しなければならない。
- **定期的報告義務**：上場会社は，定期報告を行わなければならない（本書 5-6 参照）。
- **株式発行の制限**：上場会社が 12 ヶ月の期間中に発行済普通株式の 15% を超える株式を発行する場合は，株主の承認を得なければならない。
- **関係者との取引**：上場会社がその関係者との取引により重要な資産を購入したり，処分したりする場合には，株主の承認を得なければならない。
- **重要な取引**：上場会社は，主要な事業の売却や会社の事業の変更を計画した場合には，これを実行する前に直ちに ASX に対してこれらの詳細を通知し，その他 ASX の要求する関連情報を提供しなければならない。また，ASX が要求した場合は，事前に株主総会の承認を得なければならない。

上記で挙げたものは，あくまでも上場会社が負う義務のうち代表的なものであり，義務に関する詳細な規定は ASX 上場規則や ASX が発行するガイダンス等を参照する必要がある。

10. 会社資産の担保

10-1 動産担保法 (Personal Property Securities Act 2009 (Cth)) による法改正

　2009年12月，連邦議会は2009年連邦動産担保法 (*Personal Property Securities Act 2009* (Cth))（以下「**動産担保法**」という）を制定し，これによりこれまで動産や担保提供者の種類により複数の連邦法と各州法で管轄されていた動産担保に関する法律が一つの連邦法に集約されることとなった。また，担保対象の動産又は担保提供者の種類ごとに連邦政府と州政府の関連省庁で別々に管理されていた動産担保の登録簿に登録されていた記録が連邦政府の**動産担保レジスター** (Personal Property Securities Register) に移管され，一元管理されるようになった。

　動産担保法は，動産担保レジスターの運用が始まった2012年1月30日に施行された。

　本項では，本書の趣旨から逸脱しない範囲で担保制度の概要を説明する。動産担保法による法改正及び制度改正が比較的最近行われたことや，旧制度下で登録され動産担保レジスター動産担保レジスターに移管された担保が現在オーストラリアで登録されている担保の大多数を占めている状況を考慮し，改正前の会社資産担保制度についても触れる。

　なお，いわゆる鉱業権といった鉱区の権益等を含む不動産に設定される担保については動産担保法の適用を受けないことが同法において明記されており，これらについては関連する連邦法及び州法が引き続き適用される。

10-2 旧制度——会社法に基づく会社資産担保制度

(a) 会社法に基づく制度

　動産担保法の施行以前は，会社が担保提供者となる場合の担保に関する事項は会社法が規定していた。動産担保法の施行に伴い，このような担保に関する会社法の規定は削除された。

　会社法は，会社が資産に設定する担保をASICに登録する制度を設けてい

た。会社の資産への担保は担保設定契約やその他の行為により設定することができるが，これをASICに登録することで会社法に基づく優先順位を確保することができる仕組みを設けていた。会社法上の基本ルールでは，登録された担保権は未登録の担保権に優先するものとされた。

(b) 固定チャージと浮動チャージ

会社法に基づく担保は**チャージ**（charge）と呼ばれ，チャージはその性質により**固定チャージ**（fixed charge）と**浮動チャージ**（floating charge）に分類された。固定チャージは，解除されない限り担保資産に恒久的に付される担保権を指し，会社の固定資産がその対象となる。浮動チャージは，棚卸資産や売掛金等の会社が永続的に保有しない資産に設定される担保権であり，会社は浮動チャージの対象資産の取引を（担保契約の規定等に違反しない限り）行える一方で，担保契約によるデフォルト等の特定の事由が発生した場合には，浮動チャージが「**結晶化**（crystallise）」される。「結晶化」とは，担保資産に付される担保権が浮動チャージから固定チャージに変換することをいう。結晶化がされると，担保権者は担保権を実行することができるようになり，担保提供者（債務者）である会社は担保資産を自由に取引できなくなる。

(c) チャージの優先順位

会社法が規定していた担保権の優先順位に関する基本ルールは，以下の通りである。
- 複数の登録済みチャージが同じ資産に設定されていた場合には，先に登録されたチャージが後に登録されたチャージに優先する。
- 登録済みチャージと未登録のチャージの優先順位については，登録済みチャージが未登録のチャージに優先する。
- 未登録のチャージ同士の優先順位については，先に設定されたチャージが後に設定されたチャージに優先する。

上記の基本ルールは，担保権者同士が優先順位について別途の合意をしている場合には，適用されない。

10-3 動産担保の制度

(a) 動産担保法上の制度

　動産担保法が施行され，複数の連邦法と各州法で管轄されていた動産担保に関する法律が一つの連邦法に集約されたことにより，担保登録の手続が簡素化・明確化され，各法律が抱えていた担保に関連する制限や法的な不明瞭さの多くが解消された。これにより特定の動産に設定される担保権を異なるレジスターに登録する必要もなくなった。また，動産担保法の施行まで成文化されていなかった概念についても同法の施行により成文化され，明確になった。

　また，会社に対する貸付や買収を検討する者が対象会社のデュー・ディリジェンスを行う際には，動産については動産担保レジスターを検索することにより，対象会社の資産の担保設定状況を迅速に確認できるようになった。

　動産担保法の規定は，同法が「**動産（personal property）**」と定義するものに設定される担保権について適用される。同法は，動産を以下に該当するもの以外の全ての資産と定義している（動産担保法10条「personal property」の定義）。

1. 土地
2. 連邦，州又は準州の法律によって与えられる権利，又は動産担保法によって動産にはあたらないと明示的に除外される権利

　したがって，不動産やこれに関する権利（賃貸借契約等）について設定される担保権は動産担保法の適用を受けない。また，資源国であるオーストラリアは，連邦政府や州政府が資源会社等に対して鉱区における資源の採掘権を与えることがあるが，これらの権利に設定される担保権についても動産担保法は適用されない。

(b) 基本概念

　動産担保法は，動産に設定される担保について多くの用語や概念を導入した。この中でも重要かつ基本的な用語及び概念としては以下のものが挙げられる。

(i) 担保権の設定 (attachment)

担保権者が担保提供者に対して担保権を行使するためには，対象となる資産に担保権を設定 (attachment) しなければならない。担保権は，以下の条件が満たされた場合に設定されたものとされる（動産担保法19条(1)及び(2)）。
1．担保提供者が対象資産に関する権利，又は当該権利を担保権者に譲渡する権限を有していること
2．担保権により担保されるべき価値の提供が行われたこと，又は担保提供者が担保権を発生させる行為を行ったこと

つまり，例えば，担保提供者が担保の対象となる資産を所有していたり，リースを受ける権利を有しており，担保権者が担保権により担保されるべき金銭の貸付等を行ったり，担保提供者が何らかの債務を負担した場合には，担保権が設定されることとなる。

しかし，担保権が担保資産に設定されただけでは，担保提供者に対して担保権を主張することはできても，第三者に対してその有効性を主張することはできない。例えば，担保権が設定されている資産を第三者が購入した場合には，担保権者は資産の新しい所有者である第三者に対し，当該担保権の有効性を主張することはできない。第三者に対して担保権の有効性を主張するためには，担保権が設定されていることのほか，担保権者が担保資産を「占有 (possession)」若しくは「支配 (control)」するか，又は担保資産を特定した所定の担保契約を締結する必要がある（動産担保法20条(1)）。

なお本書では詳述しないが，動産担保法は，どのような場合に担保資産が「占有」又は「支配」されるとみなされるかについて規定している。

(ii) 担保権の完全化 (perfection)

動産担保法は担保権の完全化 (perfection) という概念を導入した。これは，日本の民法上の対抗要件の具備やオーストラリアの会社法上のチャージの登録に類似する概念である。担保権者が担保権を完全化させるメリットは以下の通りである。
・動産担保法は，完全化された担保権は完全化されていない担保権に原則優先するという規定を設けているため，同法に基づく優先権を得ることができる（動産担保法55条(3)）。
・会社が清算手続又は任意管理下に入った場合において，完全化されてい

ない担保権は会社に自動的に移転し，解消されることとなる（動産担保法267条(1)及び(2)）。つまり，この場合には，債権者は担保権を実行することができなくなり，無担保債権者と同様に扱われることとなる。これに対し，担保権が登録により完全化されている場合には，担保権者は会社が清算手続や任意管理下に入ったときでも原則担保権を実行することができる。

担保権を完全化させるためには，以下の条件が全て満たされなければならない（動産担保法21条1(b)及び(2)）。
1．担保権が担保資産に設定されていること
2．第三者に対して担保権の有効性を主張できること
3．動産担保レジスターに登録されていること，又は担保権者が担保資産を占有又は支配していること

上述の通り，どのような場合に担保資産が「占有」又は「支配」されているとみなされるかを判断するには動産担保法を参照する必要があることに加え，特に会社の全資産に担保が設定される場合等には担保権者が担保資産を物理的に占有することが現実的ではないことから，確実に担保権を完全化させるためには書面による担保契約を動産担保レジスターに登録することが必要である。

動産担保法施行日後に設定された担保を完全化するためには，上述の条件を満たす必要があるが，ASICに登録されていたチャージ等，同法施行前に各関連法に基づいて登録され，動産担保レジスターに移管された担保権については，動産担保法に基づいて完全化されたものとみなされる（動産担保法322条(1)及び第9.4章第6節）。

なお，動産担保法施行前に動産に設定されたが何の登録もされていない担保権については，動産担保法施行日に暫定的に完全化されたものとみなされていたが，これらは改めて同法上の手続に則って正式に完全化（動産担保レジスターへの登録等）されていない限り，施行日から24ヶ月経過後，すなわち2014年1月30日をもってその暫定的な完全化が解除されている（動産担保法322条(2)）。

(iii) 循環担保権（circulating security interest）

チャージに関連する会社法上の規定は動産担保法の施行とともに削除され

たが，これに相当する概念は動産担保法が引き継いでいる。このうち浮動チャージについては，動産担保法上，**循環資産**（circulating asset）に設定される担保権として引き継がれている。このような担保権は一般的に**循環担保権**（circulating security interest）とも呼ばれる。担保契約や法律において浮動チャージという用語が使われている場合には，これは動産担保法上の循環担保権を指すものと法的にみなされる（動産担保法 339 条(5)）。

なお，担保契約や法律において固定チャージという用語が使われている場合には，これは動産担保法上の循環資産以外の動産に設定されている担保権を指すものと法的にみなされる（動産担保法 339 条(4)）。

浮動チャージと同様に，担保提供者である会社は循環資産を担保権者の承認なく取引することができ，売却や譲渡された循環資産に設定されていた担保権はその資産処分とともに自動的に消滅する。また，担保契約上デフォルトが発生した場合等には，循環担保権は結晶化され，通常の担保権に転換される。結晶化されると担保権者が担保権を実行することができるようになり，担保提供者である会社は担保資産を自由に処分できなくなる。

動産担保法上，循環資産とは，棚卸資産，銀行預金（定期預金を除く）口座，売掛金等の特定の種類の資産を含むほか，担保提供者が日常的な事業の過程で自由に取引ができることを担保権者が承認した動産も含む（動産担保法 340 条(1)）。ただし，担保権者がこれら資産を占有又は支配している場合には，循環資産とはみなされない（動産担保法 340 条(2)及び(3)）。

(iv) 所有権留保条項やリースの扱い

動産の売買契約の所有権留保条項とは，動産の買主がその購入代金を全額支払うまで，所有権が売主にあることを定めた条項をいう。動産担保法上，所有権留保条項がある売買契約に基づき売却された資産に対して売主が有する権利は担保権とみなされる。このほか，割賦販売により売却された資産に対して売主が有する権利も担保権とみなされる。

また，動産のリースについても，貸主がリースしている動産に対して有する権利は担保権とみなされる（動産担保法 12 条(2)）。

(v) 購入代金担保権（purchase money security interest）

動産担保法上，**購入代金担保権**（purchase money security interest）とされ

る担保権は，通常の担保権と法的位置付けが一部異なる。

購入代金の支払を担保するために設定され，又は設定されたとみなされる担保権（所有権留保条項のある売買契約上，売主が有する担保権を含む）や，特定の動産の購入代金を貸し付けた貸主が購入された動産に担保権を設定した場合の担保権は，購入代金担保権とされる。また，1年[82]を超えるリース期間が設定されている動産のリース契約において貸主が有するとされる担保権も購入代金担保権に分類される（動産担保法14条(1)）。ただし，売買契約の対象となる動産が証券である場合には，担保される義務が購入代金の支払であっても購入代金担保権とはならない（動産担保法14条(2)(b)）。また，リース契約についても，貸主がリースを事業として継続的に行っていない場合には，リースの対象となる動産に設定されたとされる担保権は購入代金担保権として扱われない（動産担保法13条(2)）。さらに，売買やリースの対象となる動産が個人的な目的又は家庭用に使用される場合にも購入代金担保権とはならない（動産担保法14条(2)(c)）。このため，購入代金担保権は事業者間での動産取引に関してのみ発生する権利である。

購入代金担保権の特徴は，これが動産担保レジスターに登録された場合には，他の登録済みの担保権に対しても，その登録時期の先後を問わず優先することにある（本書 **10-3**(d)(iii)参照）。

(c) 担保権の登録

(i) 動産担保レジスター

動産担保法により，動産担保レジスターが設立された。同レジスターは，同法が設立した役職である登録官がこれを管理する責任を負う（動産担保法147条）。動産に設定される担保権は動産担保レジスターに登録することができる。

(ii) 登録申請

動産担保権の登録は，動産に設定される担保の登録を登録官に申請することにより行われる。担保権登録の申請が行われると，登録官は原則としてこれを受理し，登録しなければならない。ただし，申請が法定の形式に従って

---

82 自動車等，識別番号が設けられている資産については90日

いない場合，所定の手数料が支払われていない場合，申請に根拠がない場合，又は申請が公序良俗に反する場合等には，登録を拒否することができる（動産担保法150条）。登録事項を変更する場合にも同様の申請を行う必要がある。なお，動産担保レジスターはコンピューターベースのレジスターであり，申請はオンラインで行うことができる。

　担保権の登録申請時に動産担保レジスターに提供しなければならない情報は，以下の通りである（動産担保法153条(1)）。提供する必要がある情報の詳細は，担保資産の種類等により異なる。

1．担保権者に関する情報
2．担保提供者に関する情報
3．登録に関する通知の送付先
4．担保資産の詳細
5．担保権の登録期間
6．他の登録済み担保権に劣後する場合には，その旨（ただし，この情報の提供は任意）
7．登録される担保権が購入代金担保権かどうか
8．その他動産担保規則（*Personal Property Securities Regulations 2010* (Cth)）で定められる事項

(iii) 登録証明

　担保権が動産担保レジスターに登録されると，登録官により担保権が登録されたことを証明する登録証明（verification statement）が担保権者に送付される（動産担保法156条(1)）。

　登録証明を受領した担保権者は，担保権が登録された旨を担保提供者に通知しなければならない（動産担保法157条(1)）。ただし，この通知義務は，担保資産が商業用資産であり，かつ担保提供者が通知を受け取る権利を放棄した場合には発生しない（動産担保法157条(3)）。

(d) 担保権の優先順位

　同一の動産に複数の担保権が設定されており，担保提供者の債務不履行等の担保権を実行できる事由が発生した場合には，担保権を有する担保権者全員が一度に担保権を実行することはできない。このような場合には，最も優

先順位が高い担保権を有する担保権者から担保権を行使することができる。動産担保法は，同一の動産に複数の担保権が設定されている場合の担保権の優先順位について規定を設けている。

(i) 基本ルール

同一の動産に設定されている複数の担保権の優先順位に関する基本ルールは，以下の通りである（動産担保法55条）。このルールは動産担保法に別段の定めがある場合や担保権者間で別途の合意がある場合には適用されない。
・完全化されている担保権と完全化されていない担保権の間では，完全化されている担保権が優先する。
・完全化されている担保権同士の間では，先に完全化された担保権が優先する。
・完全化されていない担保権同士の間では，先に設定された担保権が優先する。

動産担保法は，この基本ルールについて幾つかの例外規定を設けている。以下では，その中で重要な例外規定の概要を説明する。

(ii) 担保資産が担保権者に支配される場合

完全化されている担保権のうち，担保資産の支配をすることによって完全化された担保権は，その他の方法，つまり動産担保レジスターに登録又は占有することによって完全化された担保権に優先する（動産担保法57条(1)）。上述の通り，動産担保法はどのような場合に担保資産が「支配」されるかについて詳細に規定している。例えば，担保提供者のオーストラリアの銀行口座に担保設定がされており，この口座が開設されている銀行が担保権者である場合には，担保権者はこの口座を支配するものとされる（動産担保法25条）。

(iii) 購入代金担保権

基本ルールのもう一つの大きな例外規定は，完全化された購入代金担保権は，原則として他の完全化された担保権に優先するという点である（動産担保法62条(1)）。

購入代金担保権は，動産担保レジスターに登録されることにより，他の完全化された担保権に優先することとなるが，他の担保権が担保権者に支配さ

れることによって完全化される場合には，担保資産を支配する担保権者の有する担保権の方が優先される。

また，購入代金担保権が他の完全化された担保権に対する優先権を得るためには，担保資産の性質により，以下に定める時点までにこれを動産担保レジスターに登録しなければならない（動産担保法 62 条(2)及び(3)）。

	担保資産の種類	担保資産の形態	登録期限
1.	棚卸資産	有形資産	担保提供者が担保資産を占有する前
2.	棚卸資産	無形資産	担保資産に担保権が設定される前
3.	棚卸資産以外の資産	有形資産	担保提供者が担保資産を占有してから 15 営業日後
4.	棚卸資産以外の資産	無形資産	担保資産に担保権が設定されてから 15 営業日後

例えば，上表 1 でいうと，メーカーが卸売業者に製品を納入するための供給契約に所有権留保条項が規定されている場合には，卸売業者が製品の購入代金を支払うまでは，動産担保法上，メーカーが製品に設定される購入代金担保権を有するものとされる。メーカーは，製品の納入前に購入代金担保権を動産担保レジスターに登録しておけば，卸売業者の全資産に設定される担保権を有する債権者が既にいたとしても，メーカーが有する権利は他の債権者の有する権利に対して優先することとなる。

なお，上記の登録期限までに登録が行われなかった場合でも，担保権の有効性や完全性は何ら影響を受けない。しかし，期限までに登録が行われなかった場合には，かかる担保権の優先順位は，購入代金担保権以外の完全化された担保権と同様の基準で決定されることになる。

(e) 担保資産の善意の購入者の保護規定

動産担保法の基本ルール上，担保権が設定されている動産が売却等の方法により処分された場合でも，担保権者が別途合意しない限り担保権は消滅することはなく，担保資産が第三者の手に渡った後も担保権は存在し続ける。このため，第三者が担保権が設定されていることを知らずに購入し，第三者が対価を支払って手にした動産が担保権者に差し押さえられる事態が発生することになる。このような不利益が発生しないように，動産担保法は，担保

権が設定されている動産を購入した善意の第三者を保護する規定を設けている。

　動産担保法は，一定の状況において，第三者が担保権の設定されている動産を購入し，又はリースを受けた場合には，かかる動産に設定された担保権が失効することを規定している。この場合には，第三者は担保権が設定されていない状態の動産を購入し，又はリースできることになる。かかる一定の状況のうち，主要なものとしては以下が挙げられる。

(i) 完全化されていない担保権

　完全化されてない担保権が設定された動産を購入し，又はリースを受けた者は，担保権が解除された状態で動産を購入し，又はリースを受けることができる（動産担保法43条(1)）。

　ただし，この規定に，購入者又は借主が担保権が発生した取引の当事者（ローン契約や担保契約の当事者等）である場合には適用されない（動産担保法43条(2)）。

(ii) 識別番号のある動産

　車両，船舶，特許等の識別番号が与えられている特定の動産に設定される担保権を登録する場合には，識別番号により動産を特定することができたり，これが義務付けられることがある。このような動産を購入し，又はリースを受ける者が，購入又はリースの直前に動産担保レジスターに登録される識別番号の検索を行い，動産の識別番号が確認できなかった場合には，購入し，又はリースを受けた動産に設定されていた担保権は失効する（動産担保法44条及び45条）。担保権者が識別番号を誤って登録した場合にもこの規定が適用されることとなる。

　また，自動車のディーラーとしてのライセンスを有する者が自動車の販売又はリースを行う場合には，買主又は借主が購入し，又はリースを受ける自動車に設定されていた担保権は失効する。この際に，購入者又は借主が事前に動産担保レジスターを検索する必要はない（動産担保法45条(3)）。

　ただし，これらの規定は動産の購入者又は借主が棚卸資産としてこれを購入し，又はリースを受ける場合には適用されない（動産担保法44条(2)(a)及び45条(2)(c)）。また，購入者又は借主が担保権が発生した取引の当事者であっ

た場合にも適用されない（動産担保法44条(2)(b)）。

(iii) 日常業務として取引される動産

担保権が設定されている動産の売主又は貸主が，日常的に行う業務の一環として同種の動産の販売又はリースを行っている場合には，買主又は借主が購入し，又はリースを受けた動産に設定されていた担保権は失効する（動産担保法46条(1)）。

担保権が設定されている動産が識別番号が与えられている特定の動産であり，購入者又は借主が棚卸資産としてこれを購入し，又はリースを受ける場合には，上記の規定は適用されない。また，これ以外の種類の動産の場合であっても，購入者又は借主が，売主が担保契約に違反して動産を販売していることを実際に認識していた場合には，上記の規定は適用されない（動産担保法46条(2)）。

(iv) 通貨や証券等

通貨の保有者が入手した通貨に担保権が設定されていたことを知らなかった場合には，かかる通貨に設定されていた担保権は失効する（動産担保法48条）。同様に，対価を支払って証券を譲り受けた者が証券に担保権が設定されていたことを知らなかった場合も，譲渡された証券に設定されていた担保権は失効する（動産担保法50条）。

購入者が証券に担保権が設定されていることを認識していたかどうかにかかわらず，オーストラリアの証券市場における通常の取引において証券が購入された場合には，当該証券に設定されていた担保権は失効する（動産担保法49条）。

(f) 担保権の行使

(i) 動産担保法の規定

動産担保法は，被担保債権が債務不履行になる等して担保権が実行可能な状況になった場合には，担保権者は担保資産について担保権を実行できることを規定している。ただし，担保権の行使に関する動産担保法の規定は，債務会社の資産にレシーバー（又はレシーバー兼マネージャー）が選任された場合には適用されない（動産担保法116条(1)）（レシーバーが選任された場合のレ

シーバーの権限等については本書 14 章参照)。また，担保資産が個人的に使用される動産でなければ，担保契約の当事者は，契約によって動産担保法上の担保権行使に関する規定の多くの適用を除外することができる（動産担保法 115 条(1)）。

(ii) 担保資産の差し押さえ

担保権者が担保権を行使できる状況になった場合には，担保権者は担保資産を差し押さえることができる。担保資産が無形資産の場合には，担保提供者（資産がライセンスの場合にはライセンス提供者も）に対して通知をすることにより，これを差し押えることができる（動産担保法 123 条）。

担保契約によって差し押える権利を放棄しない限り，どの担保権者も担保資産を差し押えることができる。しかし，担保資産を最初に差し押さえた担保権者が有する担保権よりも優先する担保権を有する担保権者は，差し押さえた担保権者に対し，担保資産を自分に引き渡すように請求することができる（動産担保法 127 条(2)及び(4)）。

担保資産を差し押えた担保権者は，動産担保法の規定に従い，担保資産を処分するか，又は保持するかを決定しなければならない（動産担保法 125 条(1)）。

(iii) 担保資産の処分

担保資産を差し押えた担保権者は，これを相対売買又は競売により売却することができる。また，担保資産が知的財産の場合には，これを他者にライセンスすることができる。また，担保契約において認められる限り，担保資産をリースすることもできる（動産担保法 128 条(1)及び(2)）。

担保権者は，特定の例外に該当する場合を除き，担保資産の処分を実行する前に，担保提供者及び優先する担保権を有する他の担保権者に対して法定の通知を行わなければならない（動産担保法 130 条(1)）。この通知には，担保権者や担保資産の詳細のほか，10 日以上の義務の履行の猶予期間等の特定の事項を記載しなければならない（動産担保法 130 条(2)）。

担保資産を処分する担保権者は，担保資産の処分によって得られる価額が市場価格を下回らないように（市場価格がない場合には，推定される最高額が得られるように），合理的な注意を払わなければならない（動産担保法 131 条）。

担保資産を差し押えた担保権者は，売却やライセンス，リースのほか，担保資産を競売にかけ，自らこれを買い取ることもできる（動産担保法129条(1)）。この場合も担保権者は担保提供者及び優先する担保権を有する他の担保権者に対して法定の通知を行わなければならず，通知を受け取った者が買取に異議を唱えた場合には，買取を実行することができない（動産担保法129条(2)）。担保資産を買い取る場合には，担保権者は最低でも担保資産の市場価値に相当する対価を支払わなければならない（動産担保法129条(3)）。

担保資産が処分された場合又は担保権者がこれを買い取った場合には，担保提供者が有していた担保資産に関する権利，及び処分（又は買取）を行った担保権者及び劣後担保権者が有していた担保権は消滅する（動産担保法133条(1)）。しかし，処分（又は買取）を行った担保権者が有していた担保権よりも優先する担保権は，そのまま存在し続ける。

(iv) 担保資産の保持

担保資産を差し押えた担保権者は，担保資産をそのまま保持することもできる（動産担保法134条(1)）。

担保資産を保持しようとする担保権者は，法定の通知を行わなければならず，通知を受け取った者が保持に異議を唱えた場合には，担保資産を保持することができない（動産担保法134条(2)）。この通知は担保提供者のほか，以下の他の担保権者にも送付しなければならない。

	担保資産を保持する担保権者	通知送付先
1.	担保資産を保持する担保権者が有する担保権が購入代金担保権である場合	保持する担保権者が有する購入代金担保権より優先する担保権を有する他の担保権者
2.	上記以外の場合	動産担保レジスターにおいて担保資産の他の担保権者として登録されている者

この通知には担保権者や担保資産の詳細のほか，10日以上の義務の履行の猶予期間等の特定の事項を記載しなければならない（動産担保法135条(3)）。

通知に記載される猶予期間が過ぎても担保資産の保持に異議が唱えられなかった場合には，担保権者は担保資産の所有権を自身に移転させることがで

きる（動産担保法 136 条(1)）。担保資産の所有権が移転する際には，担保提供者が担保資産に対して有していた権利，及び保持する担保権者及び劣後担保権者が有していた担保権は消滅する（動産担保法 136 条(2)）。しかし，保持する担保権者が有していた担保権よりも優先する担保権は，そのまま存在し続ける。

担保資産の所有権が担保権者に移転した場合には，担保提供者が担保権者に対して負っていた義務は消滅するが，他の劣後担保権を有する担保権者に対して負う義務については存続し続ける（動産担保法 136 条(5)）。

(v) 担保権実行後

担保権者は，担保権を実行したことによって得られた動産や売却価額を全て自分のものにすることはできない。動産担保法上，担保権を実行したことによって担保権者が取得した動産や売却利益は，以下の順番で充当されなければならない（動産担保法 140 条(2)）。

1．行使された担保権に優先する，担保権以外の権利を有する者に対する債務の履行
2．担保権の行使に関連する合理的な範囲内の諸経費（ただし，諸経費自体が担保されている範囲内に限られる。なお，行使に関連する合理的な諸経費は，担保契約に別段の定めがない限り担保されているものとみなされる）
3．行使された担保権に優先する担保権を有する担保権者に対する債務の履行
4．担保権を行使した担保権者に対する債務の履行
5．行使された担保権に劣後する担保権又はそれ以外の権利を有する者に対する債務の履行
6．担保提供者への払戻し

なお，上記 1，3 及び 5 に該当する者が複数いる場合には，これらの者の間の優先順位によって動産や売却価額が充当されなければならない（動産担保法 140 条(3)）。

10-4 不動産担保の制度

(a) トレンス制度（Torrens system）

不動産に設定される担保権に関する法律は，**トレンス制度**（Torrens System）と呼ばれるオーストラリアの不動産法制度の枠組みの一環として位置付けられ，動産担保に関する法律とは大きく異なる。動産担保に関する法制との最も大きな違いは，不動産に設定される担保権は登録されることによって初めて効力を生じるという点である。前述の通り，動産の場合には，担保権の動産担保レジスターへの登録は，優先順位や債務会社の清算時又は任意管理時における担保権者の権利等に影響を及ぼすが，担保権の設定とは直接の関係はない。

トレンス制度は制定法の産物であり，それぞれの州・準州ごとに異なる制定法によって作出・運用されているが，基本的な仕組みは全ての制定法に共通している。

▨トレンス制度とコモン・ロー上の土地制度の概要▨

オーストラリアの不動産に関する法律は他の法律同様，イングランドのコモン・ローが基になっていた。イングランドでは国王が支配する全ての土地は元々国王に帰属していたものとされており，オーストラリアにおいても，英国の植民地と宣言された当時は全て英国国王に帰属する土地，「クラウン・ランド（Crown land）」とされた。このため，クラウン・ランド以外の土地の権利に関する過去の取引を辿っていくと，最終的には全てクラウン・ランドに行き着くこととなる[83]。

コモン・ロー上，モノの買主は，売主がモノに対して有している権利以上の権利を手にすることができないという法原理があり，コモン・ローに基づく土地制度では，この法原理は土地の取引においても同様に

---

[83] オーストラリアには先住民権（Native Title）と呼ばれる，英国からの入植者が入植する前にオーストラリア先住民が土地に対して持っていた権利の概念が確立されたが，先住民権の存在は裁判所の手続きを経て，その存在が認められなければ，これが存在したこととはされない。

適用されていた。例えば，土地の所有者が売ろうとしている土地に第三者の権利（例えば第三者が土地を通行する権利）が付されていた場合には，買主は第三者の権利がない状態で，すなわち売主が有する権利より有利な状態で，土地を購入することはできない。コモン・ローに基づく土地制度でも，土地に関する権利の登録制度自体は存在していたが，権利の登録は義務ではなく，既存の権利を記録するだけに過ぎず，登録されていない権利も有効とされていた。

　このため，コモン・ロー上の制度は，土地を購入しようとする者にとって問題の多い制度であった。まず，土地を購入しようとする者がどのような権利を取得するかは，この土地の過去の所有者がどのような権利を有していたかによって決定されるため，購入時における土地に関する権利を確認するためには，土地の歴代の所有者が有していた権利の調査をクラウン・ランドであった時点まで遡って行わなければならなかった。また，土地に関する全ての権利が登録されているわけではないため，権利の移転の連鎖が途中で途切れることや，土地の購入後に第三者が権利を主張してくるという事態も頻繁に発生した。このため，土地の購入には，常に購入者が得る権利の不確定さが伴い，調査のための時間や費用も相当のものとなっていた。

　このような制度の問題を解決するため，ロバート・トレンス卿（Sir Robert Torrens）はコモン・ロー上の制度に代わる新しい土地登録制度の導入を提唱し，その結果，南オーストラリア植民地（現在の南オーストラリア州）において1858年不動産法（Real Property Act 1858）が制定された。新制度の導入は，これにより自らの仕事が減ることを危惧した法律家等からの激しい抵抗を押し切って決行されたが，新制度のメリットは明白で，1875年までにオーストラリアにおける全ての植民地において同様の制度が導入されるに至った。この新制度はトレンス卿の名前を取ってトレンス制度を呼ばれるようになった。

　トレンス制度の最大の特徴は，「登録による権利（title by registration）」と形容され，「権利の登録（registration of title）」と形容されるコモン・ロー上の制度とは対照的である。すなわち，土地に関連する権利は土地レジスターに登録することによって初めて効力を生じるため，権利者として登録されている者のみが真に権利を有する者であると

> される。このため，トレンス制度の下で土地を購入する者は，土地レジスターに登録されている情報だけを調査すれば，その土地について誰がどのような権利を有効に有しているかを確認できることになる。また，トレンス制度のもう一つの特徴は，登録された権利がレジスターによって保証され，制定法で明示される特定の例外を除き，これを阻害することができないという点である。これにより，登録された土地の所有者は，登録されていない権利を主張する第三者によって自らの権利が脅かされる心配がなくなる。
>
> 現在トレンス制度は，ニューサウスウェールズ州以外の全ての州及び準州において，クラウン・ランド以外の全ての土地に適用されている。ニュー・サウス・ウェールズ州についても，クラウン・ランド以外の土地の約99％にはトレンス制度が適用されており，残りについてもトレンス制度に移管するための努力が続けられている。

(b) 不動産に設定される担保権

(i) 担保権の効力

不動産又はリース等の不動産に設定される権利に担保権を設定するためには，法定書面を登録しなければならず，登録までは担保権としての効力を有さない。土地レジスターを管理する州・準州は，それぞれ異なる書式の法定書面を備えている。

(ii) 担保書面の書式

担保権を登録するためには，各州・準州において定められる所定の書式の書面を，手数料とともに，該当する州・準州の土地レジスターに提出しなければならない。

全ての州・準州において，担保権に関する法定の基本条項が存在するが，企業間で金銭貸借契約を締結する場合など債務者の支払義務を担保するための担保条項は，当事者間で合意した条項が基本条項に代えて採用されることが多い。

(c) 担保権の優先順位

同一の不動産又は不動産に関する権利に複数の担保権が設定される場合，これらの優先順位は，原則として登録の先後によって決定され，先に登録された担保権の方が優先順位が高くなる。担保権の優先順位と担保権を設定した法的書面が署名された日時は関係がない。ただし，州・準州によっては，担保権に関する取引の当事者に別途の意図があると登録官が認めた場合等の特殊なケースにおいては，この原則に例外を設けていることがある。

もっとも，実務上は，複数の担保権者の間で時系列に従わない形で優先順位を定めることが多い。債務者の所有する不動産に既に担保権が設定されている状態において，西オーストラリア州を除く全ての州・準州では，債権者間で合意変更した優先順位を記載した書面を土地レジスターに登録することができる。

優先順位の変更について合意した担保権者がそれぞれ有する担保権の間に別の担保権者がいる場合（例えば1番目に登録した担保権者と3番目に登録した担保権者が優先順位を交換するような場合）には，間の担保権者も優先順位変更の書面に署名しなければならない。

(d) 担保が設定された不動産の譲渡

担保提供者である不動産の所有者が当該不動産を売却した場合でも，担保権者の有する担保権は影響を受けない。このため，不動産の買主は担保権者に対する負担を承継しなければならない。このことから，土地を購入する者は，土地に担保権が設定されているかどうかを確認する必要があり，設定されている場合には，購入の条件として，売主に対し，購入者の所有権が登録される前に担保権を解除するよう要求することを検討する必要がある。

(e) 担保権の行使

担保提供者が担保の対象となっている義務の不履行を起こした場合において，担保権者が担保資産について何ができるかについては，担保契約により定められる。この場合，実務では以下の事項が定められることが多い。

- レシーバーの選任
- 担保資産の保有

・担保資産の売却
・担保資産の差押え

上記のうち，レシーバーの選任については本書14章で詳述する。

11. 公開会社の株式取得

11-1 株式取得・保有に関する重要な概念

(a) 株式に「関連する権利 (relevant interest)」,株式の取得に関連する「議決権 (voting power)」及び「関係者 (associate)」

会社法には,株主が50名以上いる公開会社の一定の割合の持分を取得したり,取得しようとする者に適用される規定が存在する。このような規定の例としては,株主数が50名を超える会社の株式を一定割合以上取得することを原則禁止する規定や,上場会社の大量保有通知義務に関する規定等が挙げられる。

会社法のこのような規定の適用に関して問題となる持分は,持分保有者が保有する株式数を基に計算されるのではなく,その保有する株式に「**関連する権利 (relevant interest)**」を基に計算される。すなわち,株式名簿に株主として記録されていない者であっても,株式に関連する権利を有している場合には,会社法の規定上,株式を保有している者と同じ扱いを受けることになる。したがって,例えば,上場会社の株式等の取得を検討する者は,何をいつどの程度取得した場合にこのような規定が適用されるかを考慮する必要がある。

また,会社法は,本人の「**関係者 (associate)**」とされる者が株式に関連する権利を有する場合も,本人がその関連する権利を有するものとみなしている。これは,関係者に影響力を及ぼす本人が,関連する権利を自分自身では保有せず,関係者にこれを代わりに保有させることにより,会社法の規定を回避しようとするのを防ぐためである。

会社法はさらに,上記の規定の適用に関して問題となる「**議決権 (voting power)**」について,一般的な議決権とは異なる特別な定義を設けている。

(b) 「関連する権利」の定義

(i) 基本ルール

会社法はまず,どのような権利を有する者が株式に関連する権利を有する

者とされるかについての基本ルールを定めている。そこでは，以下に該当する者が株式に関連する権利を有する者とされる（会社法608条(1)）。

1．株式の保有者
2．株式の議決権を行使する権限を有する者又は行使をコントロールする権限を有する者
3．株式を処分する権限を有する者又は処分をコントロールする権限を有する者

なお，複数の者が共同で上記の権限を有する場合には，一人一人がかかる権限を有するものとされる。この場合の「権限」や「コントロール」とは，直接的なものか間接的なものかを問わず，また，信用や契約，習慣に基づくものかどうかを問わず，さらには合法的に行使できる性質のものであるかどうかも問わない。さらに，権限やコントロールの行使について条件や制限が付されているかどうかも問わない（会社法608条(2)）。

したがって，例えば，暗黙の了解によって株主に議決権の行使を強制できる者は，株式に関連する権利を有する者とされることとなる。

(ii) 株式の間接保有

上述の基本ルールに加え，間接的に株式を保有する者もその株式に関連する権利を有するものとされる。具体的には，以下に該当する法人（又は投資ファンド）を通して対象会社の株式を保有する者は，対象会社の株式に関連する権利を有する者とされる（会社法608条(3)）。

1．その者が20％を超える議決権を有する法人（又は投資ファンド）
2．その者が支配する法人（又は投資ファンド）

上記の規定は，会社法の規定の潜脱に対抗するために設けられたものである。詳細は本書11.2項で述べるが，オーストラリアの証券取引所に上場する会社や50名を超える株主がいる会社の一定割合を超える株式に関連する権利を取得するには，会社法で定められる一定の手続を踏まなければならない。ところが，もし上記の規定がなければ，例えば非上場会社が上場会社の大株主である場合，この大株主を買収する者は，会社法で定められる手続を経ずに（間接的に）上場会社の大株主となることができてしまうからである。

上記2でいう法人の支配とは，法人の財務方針や経営方針に関する決定を行う能力をいい，かかる能力の有無を判断する際には，その者が及ぼすこと

ができる実質的な影響及び財務方針や経営方針に影響を与える慣習が考慮される（会社法608条(4)及び(5)）。ただし，その者が，関連性のない他者と共同で法人の財務方針や経営方針に関する決定を行う能力がある場合には，それだけの理由でその者が法人を支配する能力があるとはみなされない（会社法608条(6)）。

(iii) 契約等に基づく権利行使前の当事者

契約等により，株式に関連する権利を取得する権利を与えられている者は，実際にこの権利を行使していなくとも，既に株式に関連する権利を取得したものとされる（会社法608条(8)）。権利行使が前提条件の成就にかかっている場合も同様である。したがって，例えば，会社の既存株主から株式を買い取る契約を締結した者は，株式譲渡の決済が行われる前であっても，契約が締結された時点で既に株式に関連する権利を取得したものとみなされる。

なお，この規定は未発行の株式に関連する権利を取得する権利には適用されない。したがって，例えば，新規に発行される株式を特定の価格で購入するオプションを取得した者は，オプションを付与する契約が締結された時点では株式に関連する権利を取得したことにはならない。この場合には，オプションを行使した時点で株式に関連する権利を取得したものとされる。

(iv) 関連する権利に該当しないもの

上記の通り，株式に関連する権利は非常に広い権利をカバーし，形式よりも実質を考慮してこれに該当するかどうかが総合的に判断されるため，場合によっては判断が困難なケースも多い。その一方で，会社法は，一定の権利の取得について，それが株式に関連する権利の取得に該当しないとの除外規定も設けている。具体的には，以下に該当する場合には株式に関連する権利を取得したことにはならない（会社法609条）。

1. **金融業者の有する担保権**：金融業者が通常の条件で株式に担保権を設定する場合には，この者（担保権者）が取得した担保権は株式に関連する権利に該当しない。ただし，担保提供者が担保権者の関係者である場合には，この除外規定は適用されない。
2. **信託の受託者**：株式に関連する権利を既に有している者から「当該株式に関連する権利を取得する権利」が与えられている者であると信託

の受益者がみなされる場合には，かかる信託の受託者は，株式に関連する権利を有するとみなされない。

3. **金融業ライセンス保持者**：顧客の代理で株式を保有する金融業ライセンス保持者は，保有する株式に関連する権利を有するとみなされない。

4. **自己株式買戻**：自己株式を買い戻す契約を締結した会社は，自己株式に関連する権利を有するとみなされない。

5. **委任状による代理人**：委任状によって株主を代理又は代表して株主総会決議に参加する者は，株式に関連する権利を取得したものとみなされない。ただし，この例外規定が適用されるには，委任が一回の投票に限られ，かつ委任を受けるために株主に対価を提供していないことが条件となる。

6. **市場で取引されるオプション又はデリバティブ**：市場で取引される株式のオプションやデリバティブによって株式を取得する権利を有する者は，株式に関連する権利を有するものとみなされない。ただし，この例外規定は，実際に株式を取得する義務が発生した時点で適用されなくなる。

7. **条件付き契約**：株式に関連する契約について，以下の全ての要件を満たす場合には，契約当事者は株式に関連する権利を有するものとみなされない。
   (a) 買収対象会社の株主による承認を契約履行の条件にしていること
   (b) 契約が株式の議決権行使に影響を与えないこと
   (c) 契約締結後3ヶ月以降の株式の処分を制限しないこと
   ただし，上記(a)で挙げられた履行の条件が満たされた場合（すなわち，対象会社の株主の承認が得られた場合）には，その時点で契約当事者は株式に関連する権利を取得したものとみなされる。

8. **先買権**：会社の株主全員に先買権が付与されている場合には，定款が株主に先買権を与えているという理由だけで株式に関連する権利を取得したとみなされない。

9. **法人株主の取締役**：会社の法人株主の取締役であるというだけでは株式に関連する権利を取得したとみなされない。

10. **決済システムの提供**：証券取引の決済システムを運営する会社は，取引の決済システムを提供するという理由だけでは株式に関連する権利

を取得したとみなされない。

(c) 「関係者 (associate)」の定義

以下のいずれかに該当する個人又は法人（本項において以下「**対象者**」という）は，本人の「**関係者（associate）**」であるとされる（会社法 12 条(2)）。
1. 本人が法人であり，対象者が以下のいずれかである場合
   (a) 本人が支配する法人（本人の子会社等）
   (b) 本人を支配する法人（本人の親会社等）
   (c) 本人を支配する法人に支配されている法人（本人の兄弟会社等）
2. 対象者が，本人の取締役会の構成や本人の業務を支配し，又はこれらに影響を及ぼす目的で締結された契約（口頭や暗黙の了解によるものを含む）の相手側当事者である場合，又はこのような契約の締結を提案した者である場合
3. 対象者が，本人と共同で業務を行う者，又は行うことを提案する者である場合

ただし，以下に該当するだけでは，対象者は本人の「関係者」であるとはいえないことが会社法に明示的に規定されている（会社法 16 条(1)）。
1. 本人又は対象者のいずれか一方が，他方のために，専門家又はビジネス関係のある者としての正当な職務遂行のためにアドバイスし，又は行動する場合（対象者が弁護士として本人にアドバイスを行う場合等）
2. 一方が通常の業務として金融商品を扱っており，他方が顧客として一方に対し，特定の金融商品を購入するよう指示又は依頼する場合
3. 一方が他方に対し，他方が保有する株式を公開買付により取得する旨のオファーを送付又は送付することを提案する場合
4. 一方が他方を株主総会の代理人として選任し，その選任に際して他方又は他方の関係者が報酬を受け取っていない場合

　例えば，A 社の経営コンサルタントであり，A 社とは資本関係のない B 社が，経営コンサルタントとしての職務を遂行する過程において A 社にアドバイスを行う限り，B 社は A 社の関係者であるとはいえない。
　しかし，もし A 社の経営陣が B 社の言うがままに A 社の事業を行う習慣が出来上がってしまっているような場合には，B 社は A 社の関係

者とされる可能性が高いといえる。この場合には，A社とB社との間で締結されたコンサルティングのサービス契約に，B社にA社の経営権を与えるような規定がなかったとしても関係者とみなされることになる。

(d) 「議決権（voting power）」の定義

株主が50名以上いる公開会社の買収に関連する会社法の条項では「議決権（voting power）」という用語が用いられている。このような会社の買収に関連する文脈でこの用語が使用される場合には，株主が保有する株式に付される議決権に限定されず，より広い意味を有する。会社法がこのように特別な意味を与えている理由は，会社を買収しようとする者が会社に及ぼす実質的な影響力をできるだけ正確に判断することにある。会社法は，この場合に使用される議決権を以下のように定義している（会社法610条(1)）。

$$\frac{本人と関係者の議決権}{会社の議決権の総数} \times 100$$

上記の計算式の分子である「本人と関係者の議決権」とは，本人と「関係者」（本書11-1(c)参照）が保有する，株式に関連する権利の対象となる株式に付される議決権の総数を意味する。ただし，本人と関係者との間で同じ株式に関連する権利を保有している場合には，本人が有する権利と関係者が有する権利は一つとして扱われる。

上記の計算式の分母である「会社の議決権の総数」とは，会社の議決権付株式に付される議決権の総数を意味する。

例えば，A社がB社の完全子会社であり，A社はT社の普通株式を1,000株保有している場合を考える。A社以外にT社の株式を保有するB社の関係者はいない。B社は直接T社の株式を保有していない。T社の発行済み普通株式の総数は10,000株であり，普通株式1株につき議決権が一つ付されている。

この場合において ──

A社はT社の1,000株を直接保有していることから，これら株式に関

連する権利を保有している。

　B社については，A社はB社の完全子会社であることから，A社の関係者とみなされる。また，B社はA社の20％を超える株式を保有していることから，T社の1,000株を間接的に保有していることとなり，これら株式に関連する権利を保有しているとみなされる。

　しかし，A社とB社が有する議決権を計算する際，A社とB社がそれぞれ有する株式に関連する権利は合算されない。これはA社とB社が同じT社株式に関連する権利を保有しているからである。したがって，A社とB社が有する議決権付株式の総数は，2,000株ではなく1,000株となり，本人と関係者の議決権は1,000となる。T社の議決権の総数は10,000であることから，議決権は10％となる。

　もしB社がT社の普通株式500株を直接保有しており，その他の条件が上記の例と同じであれば，A社とB社が有する議決権付株式の総数は1,500株となり，議決権は15％となる。

11-2　株主が50名を超える会社の買収禁止原則

(a)　会社法上の禁止条項

　会社法は，株主が50名を超える会社の買収に関する規定を詳細に定めている。会社法は，このような会社の一定の比率を超える発行済議決権付株式に関連する権利の取得を原則禁止する一方で，この原則に一定の例外規定を設けることによって，このような会社の買収を規制している。

　会社法は，株主が50名を超える会社の議決権付株式に関連する権利の取得を予定する者が，以下のいずれかの結果をもたらす取引を行うことを原則禁止している（会社法606条）。

1. 20％以下の議決権を有する場合（1株も有していない場合を含む）には，20％超の持分を取得すること
2. 20％超から90％未満の議決権を有する場合には，追加で株式に関連する権利を取得すること

(b) 主要な例外規定

上述の通り，会社法は株主が50名を超える会社の買収の禁止原則に一定の例外を設けることにより，このような会社の買収を規制しているが，これら例外規定のうち主要なものとしては以下のものが挙げられる（会社法611条）。

- 法定の**市場外公開買付**（off-market takeover bid）の手続による買収
- 法定の**市場公開買付**（market takeover bid）の手続による買収（上場会社の買収にのみ適用）
- 裁判所が承認した**調整スキーム**（scheme of arrangement）に基づく買収
- 買収対象会社の過半数の株主が株主総会にて承認した買収（ただし，買収の公開買付者，株式を譲渡する株主，及びこれらの関係者は，対象会社の株式を保有している場合であっても，この承認の決議に際して議決権を行使することはできない）
- 「**ほふく取得**（creeping acquisition）」と呼ばれる，6ヶ月の期間内に持分を3％の範囲内で上昇させる証券の取得

また，自己株式の選択的買戻（本書8-3(c)(v)参照）により，特定の株主以外の株主が有する株式を消却したことにより，この特定の株主の有する株式の持分が増加した場合も，会社法の禁止規定に抵触したとはみなされない。

(c) その他の買収規制

会社法以外にも会社の買収を規制する法律が存在するが，主要なものとしては以下のものがある。

- **外資買収法**：オーストラリアの会社や事業資産が海外企業によって買収される場合には，連邦財務大臣の許可が必要とされることがある（本書18-1参照）。
- **競争消費者法**（**独占禁止法**）：予定される会社や事業の買収がオーストラリアの関連する市場における競争を著しく制限する場合には，かかる買収が禁止されたり，条件が付されることがある。

なお，これらの法律は，買収の対象となる会社の株主数や上場の有無等にかかわらず適用される。

11-3 大量保有（substantial holding）の通知

(a) 通知義務

オーストラリアの証券取引所に上場している会社の株式に関連する権利の取引を行い，その結果一定の状況が発生した場合には，この取引を行った者は法定の通知事項を会社及び証券取引所に対して通知しなければならない（会社法671B条(1)）。この分野に関連する事項は，日本では金融商品取引法という会社法とは別の法律が規定しているが，オーストラリアではこれについても会社法が規定している。このような通知義務が発生する状況としては，以下のものがある。

1. 株式に関連する権利を取得し，会社株式の**大量保有**（substantial holding）を行っているとみなされた場合
2. 会社株式の大量保有者であった者が，株式に関連する権利を処分し，大量保有者でなくなった場合
3. 大量保有者が保有する株式に関連する権利の持分割合が1％以上増減した場合

会社法がこのような規定を設けたのは，上場会社の株主は，会社の経営を左右することができる可能性のある他の株主が存在するかどうか，そしてそのような他の株主が存在する場合には，それが誰であるかを知る権利を有するべきである，という考え方に基づく。

(b)「大量保有」の定義

以下のいずれかに該当する場合には，大量保有を行っているものとみなされる（会社法9条「substantial holding」の定義）。

1. 本人及び関係者が有する会社の議決権付株式に付随する議決権の総数が，会社の議決権付株式に付随する議決権総数の5％以上である場合
2. 会社の議決権付株式に対する公開買付を行い，オファー期間が開始したが終了していない場合

この定義において使用される株式に「関連する権利」は，本書11-1(b)項で説明した通常の「関連する権利」よりも広い意味を有する。前述の通り，株主に関連する権利の通常の定義には，市場で取引されるオプションやデリ

バティブの取得や株式に関連する一定の契約の締結は含まれないが，会社法の大量保有規定の適用を判断する際には，これらも含まれる。このため，特に上場会社の株式に関連するオプションやデリバティブを取得する者は，これらを行使した時点ではなく，取得した時点で通知義務が発生することとなる点に注意を要する。

(c) 通知事項及び期限

(i) 通知事項

株式に関連する権利の大量保有に関する通知には，以下の事項を記載しなければならない（会社法 671B 条(3)）。

1. 大量保有者（又は大量保有者でなくなった者）の氏名及び住所
2. 議決権付株式に関連する権利の詳細
3. 議決権付株式に関連する権利の取得を規定する関連契約の詳細
4. 議決権付株式に関連する権利を保有している関係者の氏名，及び以下の詳細
    (a) 関係者との関係
    (b) 関係者が保有する株式に関連する権利
    (c) 関係者による権利の取得を規定する関連契約の詳細
5. 株式に関連する権利の持分割合の増減についての通知を行う場合には，増減数及びこれが行われた日
6. 関係者であった者が関係者でなくなったために通知義務が発生した場合には，関係者であった者の氏名

(ii) 通知書

株式に関連する権利の大量保有に関する通知は，所定の書面で行い，以下の書類を添付しなければならない（会社法 671B 条(4)）。

1. 通知義務の発生事由となった契約の条件が記載された書面のうち，通知者が入手しているものの写し
2. 通知義務の発生事由となった契約や取決めの詳細を記載した報告書

契約書の写しを提出する場合には，それが原本の真正な写しであることを陳述しなければならない。ただし，オーストラリアの証券取引所で行われた取引によって大量保有に関する通知義務が発生した場合には，上記の書類を

添付する必要はない（会社法 671B 条(5)）。

(iii) 通知期限

大量保有に関連する通知は，保有者が通知事由の発生を認識してから 2 営業日以内に行わなければならない。ただし，株式発行会社の議決権付株式に対して公開買付が開始され，買付期間中に通知事由の発生を認識した場合には，関連する証券取引所の翌営業日の午前 9 時半までに通知を行わなければならない（会社法 671B 条(6)）。

12. 会社の買収手続

12-1 市場外公開買付（off-market takeover bid）手続による買収

(a) 概　要

　本項で説明する**市場外公開買付**とは，会社法に「off-market takeover bid」又は「off-market bid」と表現される手続及び条件に従った特定の形態の会社買収のプロセスをいう。市場外公開買付手続に従った会社の買収は，会社法上の買収禁止規定の例外の中でも最も頻繁に利用される買収手法である。一般にこの手法は他の方法と比べ，公開買付者による買付価格や買付期間の変更に融通が利くものであるといえ，買収が敵対的なものであったり，他の公開買付者がいる場合は，特にこの手法が多用される。

　市場外公開買付の手続は，日本法上の株式公開買付に類似した制度であるといえるが，日本法上の株式公開買付制度は金融商品取引法に規定されているのに対し，オーストラリアの市場外公開買付制度は会社法によって規定されている。

(b) 市場外公開買付の諸条件

（i）対　価

　市場外公開買付による買付を行う公開買付者は，現金，証券又はその組み合わせ等，あらゆる形態のものを対価として提示することができる（会社法621条(1)）。

　市場外公開買付に関する対象会社の各株主に提示する価格は，種類株式ごとに全て同じでなければならない（会社法619条(1)）。また，提示される買付価格は，公開買付者が，公開買付直前までの4ヶ月の期間中に同じ種類株式に対して支払った（又はオファーした）最高価格を下回ってはならない（会社法621条(3)）。

　買付期間中，公開買付者及びその関係者は，対象会社の株主に「付帯利益（collateral benefit）」を提供したり，提供の申し出や合意をしてはならない。「付帯利益」とは，以下の条件を満たす利益をいう。

1．提供を受ける者（又はその関係者）が買付のオファーを受け入れること，又は公開買付の対象株式を処分することを誘引するような利益
2．対象会社の株主全員に提供されない利益

買付期間外で何らかの利益を提供することは，それが「許容できない状況」を生じさせる場合には，買収委員会による制限の対象となる（買収委員会ガイダンス覚書21）。

公開買付者は，対象会社の株主が買付のオファーを受諾した日，又は買付条件が全て充足された日の遅い方から1ヶ月以内に対価の支払を行わなければならない。また，いかなる場合においても対価の支払は買付期間終了日から21日以内に行われなければならない（会社法620条(2)）。

(ii) 買付期間

公開買付のオファーは最低1ヶ月，かつ12ヶ月を超えない期間中，有効でなければならない（会社法624条(1)）。

買付期間中，対象会社が上場している証券取引所における対象会社の株式の取引は通常通り継続される。公開買付者も，対象会社の議決権総数の20％を超えない限り，買付期間中も証券取引所の通常の取引過程で対象会社の株式を買い取ることができる。また，公開買付者は，20％を超える部分についても，オファーに前提条件が付されておらず（所定の列挙された条件を除く），かつ買取が証券取引所の通常の取引の過程で行われる限り，証券取引所を通じて株式を買い取ることができる。

(iii) 市場外公開買付におけるオファーの前提条件

市場外公開買付におけるオファーには，通常の契約法が適用される。このため，対象会社の株主がオファーを受諾した場合には，公開買付者と株主は株式売買の契約関係に入り，これに拘束されることとなる。市場外公開買付におけるオファーには前提条件を付けることが可能である。オファーに付される前提条件が買付期間終了後も満たされない場合，又は公開買付者が放棄しない場合には，オファーの受入れによる契約は発効せず無効となる。

一般的な市場外公開買付におけるオファーの前提条件として，以下のようなものが挙げられる。

・オファーの最低受入株式数又は割合

- FIRB や ACCC 等の政府諸機関による買収の承認
- 対象会社の資産，負債，財務状況，収益性，又は将来性に重要な悪影響を及ぼす変化がないこと（ただし，この条件の発生は客観的に判断されなければならず，公開買付者の主観を基準として判断してはならない）
- 市場の状況（株式市場指数の変化や特定の商品の値段等）
- 株式の新規発行，資本再編や破産等，特定の事由が発生しないこと

(iv) 禁止される前提条件

会社法は，市場外公開買付のオファーに関して特定の前提条件を付すことを禁止している。禁止される条件には以下のものが挙げられる。

- 最大引受条件――
  対象会社の株主から買い取る株式数又は比率が一定の値を上回った場合には，買付を取り下げ，又は買付価格を引き下げるという条件（会社法626条）
- 差別的な条件――
  公開買付者のオファーを受け入れた対象会社の株主のうち，一部の株主のみから株式を買い取るという条件（会社法627条）
- 対象会社のオフィサー又は従業員に対し，解任又は解雇の補償金又は利益の提供を行うという条件（会社法628条）
- 公開買付者又は公開買付者の関係者のみが充足を決定できる条件，又は公開買付者若しくは公開買付者の関係者の主観のみによって決定できる条件（会社法629条）

(v) 最低引受条件

公開買付者は，対象会社の一定比率の株式についてオファーの受入れが得られることをオファーの前提条件とすることが多い。最低引受条件として最も多く用いられる比率は，90％と50.1％である。

この中でも株式の90％の最低引受条件を設ける場合が最も多いが，これは，公開買付により90％以上の株式を取得した株主は，原則として残りの株式を強制的に取得することができるためである。

50％を超える普通株式を所得すると，公開買付者は対象会社の取締役の選解任を行うことができるなど，対象会社の株主総会の普通決議事項を可決す

ることができるようになる。このため50.1％の受諾を最低引受条件とする場合も多い。

(vi) 資金調達に関する条件

　会社法は，公開買付の意思が開示される時点において公開買付者が買収に必要な資金を確実に調達できることを義務付けていない。しかし，買収委員会は，買収に必要な資金調達ができることの合理的な根拠を有することを公開買付者に求めている（買収委員会ガイダンス覚書14）。何をもって公開買付者に「合理的な根拠」があると認められるかは個別の案件の状況によって異なるが，公開買付者の手元に十分な資金がない場合には，資金提供者が買収に十分な資金を提供する旨の法的拘束力を有する確約を得る必要がある。実務上，多くの場合には，最終的な契約に署名がなされていなくとも，基本条件を記載したタームシートに署名がなされていれば，この要件は満たされる。このため，公開買付者が買付に必要な対価を支払うために十分な資金を調達することをオファーの前提条件とすることはできない。

　もっとも，公開買付者の資金調達自体の主要な前提条件に，公開買付者が管理することができない事項（例えば，市場の状況や対象会社の事業に重要な悪影響を及ぼす変化がないこと等）が含まれる場合には，公開買付者は買取のオファーにも同様の事項を買付実行の前提条件とする必要がある。このような事項を買付の条件にすることについては，買収委員会からも異論は出ていない。

　また，実務上，公開買付者は，オファーの前提条件が全て満たされた場合に資金調達の条件も充足又は消滅するようにしておく必要がある。

(vii) 前提条件の放棄

　公開買付者は，当初のオファーにおいて買取の前提条件を放棄する権利をあらかじめ規定していれば，条件の一部又は全部を放棄することができる。前提条件を放棄する場合，原則として買付期間の最終日の7日以上前までにこれを行わなければならない。

　放棄と異なり，原則として買取の前提条件を変更することはできない。このため，例えば，公開買付者が当初最低引受条件を90％と定めていたのを50.1％まで下げることを希望するような場合には，公開買付者は市場に対し，

引受けが50.1％に到達した時点で90％の引受条件を放棄する旨を発表しなければならない。

(viii) 他のオファー条件の変更

会社法は、特定の変更を除き、オファーで提示した買取の諸条件を変更することを原則として禁止している（会社法650A条）。

ただし、公開買付者は、オファー時に提示した対価を上げたり、対価に加えて現金代替物を交付することを含む、買付条件を改善することにより買付条件を変更することができる（会社法650B条(1)）。そして、買付価格を引き上げた場合には、元の買付価格で株式売却に合意した株主も、変更後の条件にて対価の支払を受けることができる（会社法650B条(2)）。

また、公開買付者が買付期間中に買付価格を上回る価格にて対象会社の株式を取得した場合には、買付価格は自動的に当該取得価格まで増加したものとみなされ、既に元のオファーを受諾した株主を含む全ての株主に対して、この取得価格で買取を行わなければならない（会社法651A条(2)）。そして、対象会社の株式の対価に現金以外のものが含まれる場合には、対象会社の株主は当初オファーされた形の対価を受け取るか、又は公開買付者が市場において対象会社の株式に支払った最高価格と同額の現金を受け取るかのいずれかを選択できる形に買付条件が自動的に変更される（会社法651A条(4)）。

また、会社法は、買取に前提条件がない場合には、公開買付者が買付期間を延長する形で買付条件を変更することを認めている（会社法650C条(1)）。しかし、買取に前提条件が付いており、前提条件の充足状況の通知が既に行われた場合には、競合する公開買付があるときを除き、買付期間を延長することができない（会社法650C条(2)）。

市場外公開買付における買付期間の最後の7日間に、公開買付者が買付価格を引き上げたか、又は対象会社の議決権の過半数を取得した場合には、買付期間はこれが行われた日から14日後まで自動的に延長される。この場合には、公開買付者は、オファーを受諾していない対象会社の株主に対し、買付期間延長の旨を3日以内に通知しなければならない（会社法624条(2)）。

(ix) オファーを受諾した者による受諾の撤回

前提条件が付いている市場外公開買付の買付期間が延長され、それにより

公開買付者が公開買付上の義務を満たさなければならない期限が1ヶ月超延長された場合には，それまでにオファーを受諾した株主は，買付期間の延長の通知を受けた後1ヶ月以内であればその受諾を撤回することができる（会社法650E条）。

(x) 公開買付者によるオファーの撤回

市場外公開買付においては，公開買付者が受け入れられなかったオファーを撤回するためには，ASICの書面上の同意が必要である。ASICは撤回に条件を付けることができる（会社法652B条）。実務上は，ASICが撤回に同意することは殆どないと言ってよい。

(c) 市場外公開買付の実施の手順

(i) アナウンス前

公開買付者が市場外公開買付を実施する旨を公にアナウンスした場合には，2ヶ月以内に買付のオファーを提示しなければならない（会社法631条(1)）。このため，アナウンスが行われる前に，通常多くの準備作業が必要となる。

敵対的公開買付の場合，対象会社の協力を得ることが期待できないため，公開買付者による対象会社のデュー・ディリジェンスは大きく制限される。

友好的公開買付においては，デュー・ディリジェンスの実施は比較的容易である。通常，公開買付者と対象会社はデュー・ディリジェンスを開始する前に，交渉の秘匿性やデュー・ディリジェンスの過程で対象会社から公開買付者に提供される秘密情報を保持するために詳細な秘密保持契約を締結する。秘密保持契約は，秘密保持に関する条項に加え，以下の条項を含むことが多い。

- スタンドスティル条項（standstill arrangements）――公開買付者が合意した期間中，対象会社の株式を取得又は取得することに合意することを禁止する義務を課すもの（一定の例外を定めることが多い）
- 公開買付者がインサイダー取引規制に従うことを約束する条項

この段階で公開買付者が独占的交渉権を求める場合もあるが，対象会社の取締役は，そのような取決めを行うことにより，自らに課せられた信認義務（fiduciary duty）に反しないか十分に検討する必要がある。また，買収委員会は，独占的交渉の取決めについて，対象会社が取決めの存在をアナウンス

することを求める姿勢をとっている（買収委員会ガイダンス覚書7）。このため，公開買付をアナウンスする前にそのような取決めを行うことは実務上は極めて難しい。

また，一般に，実務では，公開買付者が対象会社の株式をある程度公開買付前に取得しようと試みることも多い。このようなケースで公開買付者が対象会社のデュー・ディリジェンスを行う場合には，一般的に秘密保持契約締結前（スタンドスティル条項が入ることが多いため）又はデュー・ディリジェンス実施前（その過程で得られる情報がインサイダー取引規制上の問題を生じさせる可能性があるため）に公開買付前の株式取得を行う必要がある。

(ii) アナウンス

上述の通り，公開買付の手続は，通常，証券市場へのアナウンスにより開始する。公開買付者はその後2ヶ月の間に公開買付の正式なオファーを行わなければならない。公開買付の条件はアナウンスされた内容と同じか，それより著しく不利なものであってはならない（会社法631条(1)）。このため，アナウンスは，実務上，買付価格やその他の公開買付の全ての条件を含めた詳細なものとなる。対象会社がASXに上場している場合，対象会社はアナウンス後3ヶ月間は，原則として株主の承諾なく株式を発行することができない（ASX上場規則7.9条）。

(iii) 公開買付者表明書（bidder's statement）

公開買付者表明書（bidder's statement）は，対象会社の株主に送付される書面であり，買取オファーの条件や会社法により求められるその他の情報が記載される。会社法上，公開買付者表明書に記載が義務付けられる情報（会社法636条(1)）のうち，主要なものとしては以下のものが挙げられる。

・対象会社の事業に関する公開買付者の意図
・買付の対価に現金が含まれる場合には，その資金調達についての詳細（資金の貸主に関する情報，資金調達の前提条件，債務不履行事由及びその他の資金調達の可否に影響を与える条件，利率や返済スケジュール等の条件）
・買付の対価に公開買付者又はその子会社が発行する証券が含まれる場合には，証券の募集又は発行に際して目論見書に記載しなければならない全ての情報

- 公開買付者又はその関係者が買付開始前4ヶ月の間に対象会社に支払った金額又は支払う約束をした金額の詳細
- 公開買付者又はその関係者が買付開始前4ヶ月の間に他人に供与，供与の提案又は合意をした利益のうち，買付の対象となる種類株式の株主全員には提供されておらず，かつ利益提供（又はその提案若しくは合意）を受けた者が買付のオファーの受諾又は保有株式の処分を行う可能性の高いものの詳細
- 公開買付者による対象会社の株式保有状況の詳細
- その他，対象会社の株主がオファーを受諾するかどうかを判断するにあたり重要な情報であって，公開買付者が認識しているもの

　公開買付者は，対象会社の株主によるオファーの受諾を促すような情報を表明書に記載したいと考えるのが通常であるが，買収委員会は，公開買付者表明書の記載内容が「許容できない状況」を生じさせないように，ガイダンスを発行している（買収委員会ガイダンス覚書18）。

　公開買付者は，公開買付者表明書の写しをASIC，対象会社及び対象会社が上場している証券取引所に提出しなければならない。また，公開買付者は，公開買付者表明書が対象会社に送付された後14日以上28日以内の期間中の3日以内に，公開買付者表明書を対象会社の株主及び株式に転換可能な証券の保有者全員に送付しなければならない（会社法633条(1)）。

(iv) 対象会社表明書（target's statement）

　対象会社は，公開買付者表明書の受領後，**対象会社表明書**（target's statement）をもってこれに回答しなければならない（会社法633条(1)）。会社法は，対象会社表明書に記載しなければならない情報を規定している（会社法638条）。このうち主要なものとして，以下が挙げられる。
- 対象会社の株主及びその専門的アドバイザーがオファーを受諾するか否かを判断するために合理的に必要な全ての情報
- 各取締役がオファーの受諾を株主に推薦するかどうか，及び推薦する（又は推薦しない）理由

　以下のいずれかに該当する場合には，オファーが公平かつ合理的かどうかについての独立した専門家の見解を記載した報告書を対象会社表明書に添付しなければならない（会社法640条(1)）。

1．公開買付者が対象会社の議決権の 30％以上を保有している場合
2．公開買付者（個人）が対象会社の取締役でもある場合
3．公開買付者（法人）の取締役が対象会社の取締役も兼務している場合

ただし，実務上，対象会社の取締役会は，たとえ法律上要求されていない場合であっても，かかる報告書を取得することが一般的である。

対象会社は，公開買付者から対象会社の株主に公開買付者表明書が送付されたとの通知を受けた日から 15 日以内に，対象会社表明書を公開買付者と対象会社の各株主に送付しなければならない（会社法 633 条(1)）。したがって，公開買付者が最も早いタイミングで対象会社の株主に公開買付者表明書を送付した場合（公開買付者表明書の写しを対象会社へ送付した 14 日後）には，対象会社は公開買付者表明書の受領後 29 日以内に対象会社表明書を送付しなければならないことになる。なお，実務上は，友好的な株主に公開買付する場合には，公開買付者表明書及び対象会社表明書は同時に送付されることが多い。

(v) 追加的表明書

公開買付者表明書及び対象会社表明書は，公開買付をめぐる状況に重要な変更が生じた場合には，更新又は修正されなければならない。

公開買付者は，公開買付者表明書について以下のいずれかの事実が発覚又は発生したことを認識し，それが対象会社の株主の観点から見て重要であると判断した場合には，これを是正するための追加的表明書を作成しなければならない（会社法 643 条(1)）。

1．公開買付者表明書に誤解を招く又は欺瞞的な表現があった場合
2．会社法上要求される情報が欠如していた場合
3．公開買付者表明書が提出された後に新しい事情が発生し，これが会社法上記載が求められるものである場合

対象会社も，対象会社表明書について同様の義務を負う（会社法 644 条(1)）。

追加的表明書は，相手方（公開買付者又は対象会社），ASIC 及び証券取引所に提出されなければならない（会社法 647 条）。対象会社の株主については，一定の場合を除き，これを別途配布する義務はないが，実務上は，株主への配布が行われることが多く，また，買収委員会がこれを要求することもある。

(vi) 強制取得（compulsory acquisition）

市場外公開買付におけるオファーが，対象会社の株主全員に受け入れられることは極めて稀である。しかし，会社法は，公開買付者及びその関係者が対象会社の大部分の株式を取得した場合には，オファーに応じなかった株主が保有する残りの株式を強制的に取得できる規定を設けている。この手続は強制取得（compulsory acquisition）と呼ばれている（本書12-3参照）。

(d) 市場外公開買付のスケジュールの一例

会社法は，公開買付の手順のタイミングに関してある程度の柔軟性を与えている。以下は，どの程度柔軟に変更できるかを示した，市場外公開買付のスケジュールの一例である。実務上は，公開買付者は買付期間を何度か延長しなければならないことが多く，特に重要な規制上の問題が絡む場合には，公開買付が完了するまで6ヶ月以上かかることもある。

日付	行為	備考
0日目（起算日）	証券取引所に対する公開買付のアナウンス	アナウンスには，最低でも買付価格や買付条件等の公開買付の主要条件が記載されなければならないが，多くの場合には，公開買付の事業上の理由も記載される。
28日目	公開買付者による，対象会社，ASIC及び証券取引所に対する公開買付者表明書の提出	これはアナウンス後にいつでも行えるが，アナウンス後2ヶ月以内に対象会社の株主に対して公開買付者表明書を提出できるように，十分な時間を確保する必要がある。
43日目	公開買付者による，対象会社の株主に対する公開買付者表明書の送付，及び対象会社に対する，公開買付者表明書の送付を確認するための通知書の送付	この手続は，公開買付者表明書の届出後14日から28日までの間であれば，いつでも行うことができる。対象会社の取締役は，それより早い時期の発送に同意することもできる。いずれにせよ，公開買付者表明書はアナウンス後2ヶ

		月以内に発送されなければならない。
58日目	対象会社による，公開買付者及び対象会社の株主に対する対象会社表明書の送付の提出期限日	この日付は，公開買付者表明書の発送を確認する通知書の受領後15日以内でなければならない。
78日目	公開買付者による，前提条件（所定の列挙された条件を除く）の放棄，又は公開買付が条件付きの場合には，買付期間の延長ができる最終日	この日付は通常の買付期間末日の7日前となる。
85日目	買付期間終了 公開買付が無条件の場合には，買付期間の延長ができる最終日	この日付は，株主に対するオファーがされた日の少なくとも1ヶ月後で，かつ12ヶ月以内でなければならない。本スケジュールは株主に対するオファー日の42日後と仮定している。
99日目	公開買付者が強制取得を行う旨の通知	これは，買付期間中又は買付期間終了後1ヶ月以内に行うことができる。
130日目	強制取得の完了	強制取得によって取得される株式を保有する株主の代わりに対象会社が署名をした譲渡書面により，残りの株式が公開買付者に強制的に譲渡される。

12-2 市場公開買付（market takeover bid）手続による買収

(a) 概　要

　本項で説明する**市場公開買付**とは，会社法に「market takeover bid」又は「market bid」と表現される手続及び条件に従った特定の形態の会社買収のプロセスをいう。市場公開買付では，公開買付者は，証券ブローカーに対し，

市場を通して買取をオファーした株式の全てを特定の値段にて買い付けることを依頼する手続をとる。この手続は、市場外公開買付に類似する形で規制されている一方で、大きな違いも幾つか存在する。市場外公開買付との最大の違いは、この手続の場合には、買取に前提条件を付けることができず、かつ現金以外の対価が認められないという点が挙げられる。また、この手続を利用する場合、公開買付者は上場されている対象会社の関連する種類株式の全て（発行済株式及び買付期間中に新規に発行される株式）に対して買取のオファーを行わなければならない。

(b) 市場公開買付の諸条件

(i) 対　価

市場外公開買付の場合と異なり、市場公開買付の公開買付者が提示できる対象会社の株式の対価は現金のみである。対価の支払の決済は、通常の市場での株式の決済同様、約定日から3営業日以内に行われる。

市場外公開買付の場合と同様に、提示される買付価格は、公開買付者が、買付開始前の4ヶ月の期間中に同じ種類株式に対して支払った（又はオファーした）最高金額を下回ってはならない（会社法621条(3)）。

(ii) 買付条件の変更

市場公開買付においては、買付期間終了の5営業日前までであれば、いつでも買付価格を増加することができる（会社法649B条）。もっとも、市場外公開買付の場合と異なり、増加する前の買付価格を既に受け入れた対象会社の株主は、増加された買付価格で株式を売却することができない。

また、市場公開買付においては、買付期間終了の5営業日前までであれば、いつでも買付期間を延長することができる。ただし、買付期間終了までの5営業日の間に競合する公開買付が行われた場合には、買付期間が終了するまでは買付期間を延長することができる（会社法649C条(1)）。

(iii) オファーの撤回

オファーの撤回について ASIC の承認が必要な市場外公開買付の手続と異なり、市場公開買付を行った公開買付者は、以下の三つのいずれかの状況に該当する場合には、受け入れられなかったオファーを撤回することができる。

- ASIC が撤回に同意した場合（会社法 652B 条）
- 買付期間における公開買付者が保有する対象会社の株式の持分比率が 50％以下であり，対象会社が株式分割・併合，発行，資本減少等の株式・資本の変更を行った場合や，主要な事業や資産の処分又は変更を行った場合（会社法 652C 条(1)）
- 対象会社が外部管理下に入った場合（会社法 652C 条(2)）

(c) 市場公開買付の実施の手順

(i) 手　順

市場公開買付の手続は，公開買付者のブローカーが，公開買付者が対象会社の特定の株式を特定の価格で証券取引所の通常の取引を通じて買収する意思を，証券取引所にアナウンスすることにより開始される。買付期間は 1 ヶ月を下回ってはならず，12 ヶ月を上回ってはならない（会社法 624 条(1)）。

市場外公開買付の場合と同様に，公開買付者と対象会社はそれぞれ公開買付者表明書及び対象会社表明書を作成しなければならない。公開買付者は，公開買付者表明書を ASIC，対象会社及び証券取引所に対して提出しなければならない。証券取引所に対する提出については，公開買付のアナウンスが行われた日にこれを行わなければならず，対象会社の株主に対しては，アナウンスが行われた日から 14 日以内にこれを送付しなければならない。対象会社は，公開買付者によるアナウンスが行われた日から 14 日以内に対象会社表明書を ASIC，公開買付者，証券取引所及び対象会社の株主に対して提出・送付しなければならない。このうち，ASIC，公開買付者及び証券取引所への提出は同日に行わなければならない（会社法 635 条(1)）。

市場公開買付では，証券取引所における取引が可能な時間帯でなければ株式の買付を行うことができない点が実務的な難点といえる。また，他の公開買付者がより高い価格で買付のオファーを行う場合には，対象となる株式が市場で既に公開買付を開始している公開買付者に売却される前に買付が行われなければならない。

(ii) 市場からの買取

上述の通り，市場公開買付においては，オファーに前提条件を付けることができないため，公開買付者は，証券取引所におけるアナウンス後も，対象

12－2　市場公開買付（market takeover bid）手続による買収　　299

会社の20％超の株式を市場でいつでも買い付けることができる。

(iii) 強制取得

市場外公開買付の場合と同様に，市場公開買付においても会社法上の強制取得の規定の適用対象となる。

(d) 市場公開買付のスケジュールの一例

以下は，市場公開買付のスケジュールの一例である。

日　付	行　為	備　考
0日目（起算日）	公開買付者の代理のブローカーによる証券取引所に対する買付のアナウンス 対象会社，ASIC及び証券取引所に対する公開買付者表明書の提出	
14日目	対象会社の株主に対する公開買付者表明書の提出期限日 公開買付者，ASIC，証券取引所及び対象会社の株主に対する対象会社表明書の提出期限日	対象会社の株主に対する公開買付者表明書の送付日が買付期間の開始日となる。
37日目	競合する公開買付がない場合には，買取価格の引上げ又は買付期間の延長ができる最終日	買付期間終了の5営業日前
44日目	買付期間終了	買付期間は，オファーが提示されてから1ヶ月以降で，12ヶ月以内の期間でなければならない。
58日目	公開買付者が強制取得を行う旨の通知	この日付は，買付期間中又は買付期間終了後1ヶ月以内でなければならない。
90日目	強制取得の完了	オファーに応じなかった株主の代わりに対象会社が署名した譲渡書面により，残りの株

| | | 式が公開買付者に強制的に譲渡される。 |

12-3 強制取得

(a) 概　要

強制取得（compulsory acquisition）とは，大部分の株式を保有する者が少数株主の保有する株式を強制的に取得し，対象会社の完全親会社となることができるようにする仕組みである。子会社の完全親会社になる場合とそうでない単なる親会社の場合とでは，法律上，税務・会計上及び経営上の意味合いが相当に異なり，特に親会社が既に子会社の大部分の株式を保有する場合，子会社を完全子会社にするメリットは高いといえる。

日本には強制取得に相当する一般的な制度がないため，買収対象会社を完全子会社化するためには，株式交換や全部取得条項付種類株式の発行等の方法が用いられるが，オーストラリアでは強制取得が法制度として存在する。会社法は，強制取得の手続を規定し，株式の大部分を保有する者が，子会社を完全子会社化することによるメリットを享受できるようにするとともに，少数株主によるグリーンメール，すなわち法外な値段による保有株式の買取を大株主に迫る行為を防ぐようにしている。

会社法は，以下の二つの強制取得の手続を規定している。

1. 市場外公開買付及び市場公開買付の公開買付者が，買付期間中又は買付期間後の一定期間中に行使できる，公開買付後の強制取得
2. 大株主が，公開買付手続を経たかどうかにかかわらず行使できる，一般的強制取得

なお，調整スキームや減資等の方法によっても少数株主を排除することができるが，強制取得の権利行使ができる株主にとっては，強制取得の方がより簡便であるといえる。

(b) 公開買付後の強制取得

公開買付においては，対象会社の株主全員がオファーを受諾することは実務上極めて稀である。したがって，通常，対象会社を完全子会社化したい公開買付者は，会社法に規定される強制取得の手続を利用し，少数株主を排除

することになる。

(i) 強制取得を実行できる権利の発生要件

公開買付者及びその関係者が以下の要件をいずれも満たす場合には，公開買付者は買付の対象となる発行済株式を強制的に取得することができる（会社法 661A 条(1)）。

1．公開買付者及びその関係者が，買付の対象となる株式に関連する権利の 90％以上を保有していること
2．公開買付者及びその関係者が，公開買付において取得をオファーした株式の 75％以上を取得したこと

また，裁判所の同意があれば，上記より低い割合でも強制取得を実施することができるが（会社法 661A 条(3)），実務上裁判所がこれに同意することは稀である。

公開買付者は，買付期間終了後 1 ヶ月以内であればいつでも強制取得の権利を行使することができ，また，買付期間中であっても上記の条件を満たせば直ちに手続を開始することができる（会社法 661B 条(2)）。

(ii) 取得オファーの義務

公開買付における買付期間終了時に，公開買付者及びその関係者が公開買付の対象となった種類株式に関連する権利の 90％以上を保有する場合には，残りの種類株式及びこれに転換できる証券の保有者全員に対し，これらを取得するオファーをしなければならない（会社法 662A 条(1)及び 663A 条(1)）。転換可能証券の取得のオファーを行う通知には，オファーの対象となる証券の価値に関する専門家の価値評価報告書を添付しなければならない（会社法 663B 条(1)(c)(ii)）。

(iii) 権利行使の方法

公開買付後の強制取得の権利を有する公開買付者がこれを行使するためには，以下の事項を記載した所定の通知を，対象会社の株主，ASIC 及び証券取引所に提出しなければならない（会社法 661B 条(1)）。

1．公開買付者に対象会社の株主が保有する株式を取得する権利があること

2. 対象会社の株主は以下の権利を有する旨の告知を含む，公開買付後の強制取得の手続
   (a) 通知が送付された対象会社の他の株主の氏名及び住所を取得する権利
   (b) 裁判所に強制取得の差止請求を行うことができる権利

(iv) 取得対価

強制取得の取得価格は公開買付でのオファー価格と同額でなければならないが（会社法661C条(1)），公開買付における株式の対価が2種類以上から選択できる場合（例えば現金や公開買付者の株式等）には，対象会社の株主は，公開買付においてオファーされた対価の種類の中から任意に対価の種類を選択することができる（会社法661C条(2)）。

(v) 差止請求

対象会社の株主は，裁判所に対して強制取得の差止めを請求することができる（会社法661E条(1)）。この場合には，裁判所は，取得対価が株式の公平な価値を反映していないと判断しない限り，差止命令を発することができない（会社法661E条(2)）。

(c) 一般的強制取得

会社法は，公開買付後の強制取得手続のほか，公開買付手続とは関係なく，大株主が少数株主を排除することができる一般的な強制取得の仕組みも定めている。

(i) 強制取得を実行できる権利の発生要件

会社の株式又は株式に転換できる証券の保有者が以下のいずれかの条件を満たす場合には，保有者は残りの株式又は証券を強制的に取得することができる（会社法664A条(1)，(2)及び(3)）。
1. 当該株主及びその関係者が対象となる種類株式の90％以上の株式数を保有していること
2. 当該株主が会社の90％以上の議決権を保有し，会社の発行済株式及び株式に転換可能な証券の総数の90％以上の価値の株式又は転換可

能証券を保有すること

ただし，この規定に基づく強制取得の権利は，90％の株式保有者となった後6ヶ月以内に行使しなければならない（会社法664AA条）。なお，この強制取得の権利は，対象となる発行会社の定款に相反する別段の定めがあった場合でも行使することができる（会社法664A条(4)）。

(ii) 権利行使の方法

本規定による強制取得の権利を有する者がこれを行使するためには，以下の事項を記載した所定の通知を，残りの株式・証券の保有者，発行会社，ASIC及び（発行会社が上場している場合には）証券取引所に提出しなければならない（会社法664C条）。
1. 取得対価の金額
2. 株式・証券の保有者が強制取得に対する異議申立書を送付できる，最低1ヶ月の期間
3. 株式・証券の保有者が以下の権利を有する旨の告知を含む，強制取得の手続
   (a) 通知が送付された対象会社の他の株主の氏名及び住所を取得する権利
   (b) 上記2記載の期間内に強制取得の権利の行使者に対して異議申立書を提出することができる権利
4. 通知送付前の12ヶ月間に，権利行使者が取得した株式・証券の取得対価の詳細
5. その他，強制取得に異議を申し立てるかどうかを判断するための重要な事実

この規定に基づく強制取得の通知には，取得の対象となる株式・証券の価値に関する独立した専門家の報告書を添付しなければならない（会社法664C条(2)(b)(ii)）。公開買付後の強制取得の場合と異なり，この強制取得の権利を行使するためには，（転換可能証券を取得するケースだけではなく）全てのケースにおいて専門家の報告書が必要とされる。また，通知には異議申立書のフォームも添付しなければならない（会社法664C条(2)(b)(iii)）。

(iii) 取得対価

この強制取得の権利を行使する者は，株式・証券の対価を現金で支払わなければならず，特定の例外を除き，取得する種類の株式・証券について同額の対価を支払わなければならない（会社法 664B 条）。

(iv) 異議申立

強制取得の通知を受けた株主は，強制取得の権利の行使者に対して，強制取得に対する異議申立書を提出することができる（会社法 664E 条(1)）。強制取得の対象となる株式・証券の 10％以上を有する株主からの異議申立書を受領した行使者は，異議申立期間終了後 1 ヶ月以内に強制取得の通知を受けた者全員に対して，権利行使を取り下げるか，又は裁判所に権利行使の承認の申請を行うことを通知しなければならない（会社法 664E 条(4)）。会社法は，行使者が裁判所に対して，権利行使の承認の申請を行うことを認めており（会社法 664F 条(1)），申請を受けた裁判所は，取得対価が株式・証券の公平な価値を反映していると判断した場合には，これを承認することができるが，公平な価値を反映していないと判断した場合には，強制取得が行われないことを確認しなければならない（会社法 664F 条(3)）。

12-4　調整スキーム（scheme of arrangement）の手続による買収

(a) 調整スキームの説明

(i) 調整スキーム（Scheme of arrangement）の概要

調整スキーム（scheme of arrangement）とは，会社法上の手続を経て効力が発生する，会社とその株主又は債権者の全員を拘束する一連の契約のことである。会社法は，この契約で扱われる当事者間の取引や合意事項に関する規定を定めていないため，調整スキームで扱われる取引やその条件は，基本的に当事者間の任意で設定することができる。調整スキームは，債権放棄等の会社と債権者の間の和解を目的とすることもできるが，実際には調整スキームが債権者と会社の和解に使用されることは非常に稀で，もっぱら会社の買収を行う際に使用されるケースが殆どである。本項では，会社が買収される際に用いられる調整スキームについて説明を行う。

調整スキームの手続は，会社法第 5 章 5-1 項に定められている。会社の

買収を伴う調整スキームに法的効力を生じさせるためには，概要以下の手順を経る必要がある。
  1．裁判所がスキームの対象となる種類株式の株主総会の開催を命令する
  2．法定の必要多数の株主がスキームを承認する
  3．株主により承認されたスキームの内容を裁判所が承認する

調整スキームの最大の特徴は，一度これが裁判所の承認を受けると，上記2の承認過程で反対した株主も，スキーム上の合意内容に等しく拘束される点である。

この方法による会社の買収は，実務上，買収者が対象会社の全株式を一度に取得することを望む場合や，買収が大規模かつ複雑な場合に用いられることが多い。しかし，公開買付と異なり，基本的に対象会社が主導し，対象会社の取締役会の協力が必要となることから，敵対的買収を伴う取引には向かない方法であるといえる。

(ii)　会社買収を伴う調整スキームの種類

調整スキームを通じた会社買収は，対象会社の株主が保有する全株式を買収者へ譲渡する方法（このような調整スキームは，一般的に「譲渡スキーム（transfer scheme）」と呼ばれる），又は買収者が保有する対象会社の株式以外の全株式を取消す方法（このような調整スキームは，一般的に「取消スキーム（cancellation scheme）」と呼ばれる）によって行われる。いずれの場合も，対象会社の株主は，対象会社の株式の対価として，買収者から現金若しくは株式，又はその両方を受領することになる。

最近の調整スキームによる会社買収は，譲渡スキームで行われる場合が多いが，オプションのような対象会社発行の他の証券に対処するために，譲渡スキームと取消スキームが併用される場合もある。

(iii)　株主による承認

会社買収のための調整スキームが効力を有するには，まず株主の承認を得る必要がある。会社法は，調整スキームを承認するためには，以下の両方の要件を満たさなければならない旨規定している。
  ・関連する種類株式の株主総会に出席して議決権を行使した株主数の過半数（ただし裁判所はこれと異なる要件を課す命令を発することができる）

・議決権総数の75％以上の議決権数（会社法411条(4)）

株主による承認の例

買収対象会社が発行した株式が普通株式のみであり，株主構成が以下の場合：
・株主A：　　45％
・株主B：　　35％
・株主C：　　15％
・株主D：　　5％

株主AとBのみが賛成票を投じた場合には，議決権数は80％であるが，賛成票を投じた株主数が過半数（株主が4名いる場合には3名）に達しないため，決議にかけられたスキームは否決されることとなる。このスキームが可決されるためには，株主AとBのほか，株主CとDのうち少なくともどちらかの賛成票が必要となる。

前述の，公開買付に伴う強制取得の規定が適用される公開買付者の株式保有割合の90％という数字は，対象会社の発行済株式総数を基準として算定されるのに対し，調整スキームにおける株主による承認要件は，株主総会に実際に出席し，議決権を行使した株主の人数，及びこれらの株主が有する議決権の数によって決定される。このため，株主による調整スキームの承認の是非は，実際にどの株主が株主総会に出席するかどうかにより大きく左右されるといえる。

(iv) 裁判所による承認

裁判所は，以下のいずれかの条件が満たされない限り，調整スキームを承認することができない。
・調整スキームが，公開買付について定める会社法第6章の規定を回避する目的で提案されたものではないと裁判所が判断すること
・ASICが調整スキームに異議がない旨を書面により裁判所に報告すること（会社法411条(17)）

ただし，ASICから裁判所に対して異議がない旨の報告書が提出された場

合でも，裁判所は調整スキームを必ずしも承認する必要はない。このため，スキームに関連する取引が会社法上の公開買付の手続を経ず，調整スキームとして行われる理由を説明する書面が提出されることが実務上のプラクティスとなっている。ASICがスキームに関連する取引について異議がない旨の報告を行った場合には，実際には会社法第6章の条項を回避する目的で調整スキームが提案されたときであっても，当該スキームが承認されることがあり，さらに，ASICからかかる報告を受けた際に，裁判所が第6章回避に関する審理の必要はないと判断することもある。

(v) 種類株式別の調整スキーム

調整スキームが特定の種類株を対象とする場合には，関連する種類株式の株主の承認を得る必要がある。スキームにより影響を受ける複数の異なる種類株の株主は，それぞれの種類株式ごとに関連するスキームの審議及び議決を行うことが一般的である。また，買収者が対象会社の株式を既に保有している場合は，その買収者が保有している株式と対象会社の他の株主が保有する株式とは別種類の株式であるとみなされ，他の株主が別途の審議及び議決を行うことができることとなる。

裁判所は，調整スキームの対象となる各種類株式の株主によってスキームが適切に承認されたことを確認しない限り，これを承認しない。したがって，スキームの対象となる種類株式の株主を正しく特定し，個々の種類株主にスキームについて審議及び議決する機会を与えることは非常に重要である。

調整スキームによって株式と株式取得のオプションの両方を取得し，又は取り消す場合には，オプションの種類ごとに保有者会議をそれぞれ開催することが必要となる。当該オプションに付与された異なる行使価格及び行使期間により，オプション保有者が実際には異なる対価を受領する場合であっても，オプション解約に伴う対価が同一の方法を用いて計算されるときは，オプション保有者は同一のオプションの種類の保有者とみなされるのが一般的である。

(vi) 調整スキームの対象取引実行のための前提条件

会社買収を伴う調整スキームには，買収を実行するための前提条件が定められる場合がある。典型的な買収の条件には以下のようなものが挙げられる。

- 外資規制に関する承認，独占禁止法に関する承認，その他の各種許認可が得られていること
- 対象会社の資産，負債，財務状況，収益性又は経営の見通しに重大な悪影響を及ぼす事象が発生しないこと
- 市況が悪化しないこと
- 株式発行，会社再生又は破産等が行われないこと（このほか重大な取引，上級管理職の雇用条件の変更等が行われないことが条件として規定される場合もある）
- 買収の実施を妨げる禁止命令，差止等がないこと
- 履行契約（本書12-4(b)(ii)参照）における対象会社による特定の表明保証事項が，買収が行われる時点において真実かつ正確であること（買収者が自己株式を買収の対価とする場合には，買収者の表明保証事項の真実性・正確性が条件とされる場合もある）

買収実行の前提条件が充足されていない調整スキームを裁判所が承認することは稀である。それゆえ，各条件の充足が判断される基準時は，スキームを承認する裁判所の審理が行われる日の午前8時とするのが実務上のプラクティスである。

買収者の買収資金調達の主要条件に，市況や対象会社の事業に重大な悪影響を及ぼす事象が発生しないこと等の買収者が管理できない事項が含まれている場合には，買収者は調整スキーム上の買収実行の前提条件に同様の条件を含める必要がある。しかし，裁判所は買収実行の前提条件が充足されない状態の契約が含まれるスキームを承認することはまずないため，これらの条件はスキームを承認する裁判所の審理が行われる日に放棄される必要があるのが実状である。

(b) 調整スキームの実施の手順

(i) 秘密保持契約

調整スキームによる対象会社の買収を検討する者と対象会社は，買収に関する交渉やデュー・ディリジェンスの一環として買収者に提供される情報の秘密性を保護する目的で，詳細な秘密保持契約を締結するのが一般的である。公開買付の場合と同様に，秘密保持契約では特定の期間中買収者が対象会社の株式を取得することを禁止する条項や，インサイダー取引に関する規制に

違反しない旨を確認する条項が含まれることも多い。なお，独占交渉条項や独占交渉条項の違反金に関する規定は，秘密保持契約ではなく履行契約に規定される場合が多い。

(ii) 調整スキーム関連契約

会社買収を伴う調整スキームにおいては，通常，以下の二つの付属契約が締結される。
  ・買収者と対象会社との間の**履行契約**（implementation agreement）
  ・対象会社の株主のために買収者が署名する**捺印証書**（deed poll）[84]

履行契約には，スキームを履行するために買収者及び対象会社が行う事項が記載される。調整スキームの手続は買収者ではなく対象会社主導で行われるため，買収者としては，合意された一定の期間内にスキームの対象となる取引が実行されるように，対象会社が履行すべき義務が履行契約の中に詳細に規定されることを確認することが重要である。

このほか，履行契約には，デュー・ディリジェンスに関する規定，独占交渉条項や独占交渉条項の違反金に関する規定等が置かれていることが多い。

法的には，調整スキームは，あくまでも対象会社と対象会社の株主との間の契約であり，契約当事者ではない買収者を拘束しない。このため，買収者は，対象会社の株主を受益者とする捺印証書に署名し，スキームを実行するために買収者が行わなければならないこと（株式の対価を支払うことが中でも最も重要なことである）を履行する約束を行う。また，調整スキームが効力を発生する前に，買収者がスキームによって取得する株式の対価を信託に拠出することが，実務上通例となっている。

(iii) 情報開示

買収の対象会社が ASX に上場している場合には，履行契約の締結後，直ちに ASX に対して履行契約に規定される取引に関する情報を開示しなければならない。

それ以外の場合には，市場外公開買付の場合と異なり，調整スキームに関

---

[84] 捺印証書（deed poll）とは，署名者が特定の受益者のために，記載条項の履行を約束する証書のことをいい，受益者が明確に特定される場合には，かかる受益者は署名者に対し証書の条項の履行を強制することができる。

する情報開示を行う法的義務はない。しかし，実務上は，調整スキームを通じた対象会社の買収提案が買収者から一方的に開示される事例が散見される。これは，対象会社の取締役会に買収者との協議を行わせるためのプレッシャーを与えるために行われるものであるが，このような行為は買収委員会又は裁判所により誤解を招く行為とみなされるおそれがある。

(iv) 説明メモランダムの準備

調整スキームの対象会社は，スキーム承認の是非を問う株主総会の開催前に，株主に対し，説明メモランダム（explanatory memorandum）と呼ばれるスキームに関する説明書を送付しなければならない（会社法412条(1)）。

説明メモランダムの送付義務を負うのは対象会社であるが，説明メモランダムには買収者に関する情報も記載する必要があるため（特に買収者が対象会社の株式取得の対価を自己株式で支払う場合），対象会社は買収者に関する情報を入手するための措置をとらなければならない。通常，履行契約は，説明メモランダムに記載される情報提供に関する買収者と対象会社の責任範囲を規定している。

説明メモランダムには，公開買付手続における公開買付者表明書に記載が必要な情報と同様の情報が記載されていなければならない（ASIC規制ガイドRG60.26）。これに加え，会社法上，以下のような情報を記載しなければならない。

・調整スキームが対象会社に及ぼす影響
・対象会社の株主が，スキーム承認の是非を判断するにあたり重要であると対象会社の取締役が認識している情報のうち，まだ公開されていない情報
・スキーム承認の是非に関する対象会社の各取締役による意見，意見の判断理由及び取締役自身の議決権行使に関する意向（会社法412条(1)，会社法規則5.1.01条及び別紙8第8301条）

(v) 独立した専門家の報告書

買収者が対象会社の議決権の30％以上を有する場合（又は種類株式の議決権の30％以上を有する場合），又は買収者及び対象会社に共通する取締役が1名でも存在する場合には，独立した専門家の報告書が必要となる（会社法規

則5.1.01条，別紙8第8303条及び第8306条）。実務上，ASIC及び裁判所は，どのような調整スキームであっても専門家の報告書が説明メモランダムに含まれるべきであると考えているため，通常はどのような場合でもこの報告書を準備することがプラクティスになっている。

　独立した専門家は，調整スキームが対象会社の株主の最良の利益に資するものであるかどうかの見解及びその理由を報告書に記載しなければならない。独立した専門家による報告書に対象会社の利益予想が記載されている場合，又は対象会社の資産の市場価値がその帳簿上の価値と齟齬がある旨が記載されている場合には，ASICの承認がない限り，報告書を説明メモランダムに添付してはならない（会社法規則別紙8第8305条）。

(vi)　株主総会招集の裁判所命令

　調整スキームについて株主の承認を得るための株主総会の招集は，裁判所の命令によって行われなければならない（会社法411条(1)）。また，これと同時に説明メモランダムの承認も行われる。

　裁判所は，総会招集及び説明メモランダムの承認命令に関して広範な裁量を有する。裁判所は，調整スキームの事業的判断を関連する種類株主に委ねる傾向にある一方で，スキーム及びスキームの各手順の公正性及び法的正確性（説明メモランダムの内容の充足性を含む）については積極的に判断を行う。

　対象会社は，裁判所による審理が行われる日の少なくとも14日前までにASICに対して通知を行わなければならず，裁判所は，ASICが調整スキーム及び説明メモランダムの内容を検討し，裁判所に対してこれらに関する報告を行うための十分な機会が与えられたことを確認するまでは，株主総会招集の命令を発することができない（会社法411条(2)）。実務上，ASICは，かかる通知が行われた時点で，最終ドラフトに近い形の説明メモランダムが提供されることを期待している。

　ASICが調整スキームに異議がない旨を書面により裁判所に報告しない限り，裁判所は調整スキームを承認することはできない（本書12-4(a)(iv)項参照）。実務上は，ASICが調整スキームの内容及び説明メモランダムの記載事項について異議がない場合には，株主総会招集に関する裁判所の審理の段階において，その旨の報告書をスキームの承認に関する審理の際に提出する予定である旨を記載したレターを提出することが一般的である。

⑺　株主総会

裁判所が調整スキームに関連する種類株式の株主総会の招集命令を発した場合には，説明メモランダムの写し及び株主総会の招集通知が，関連する株主全員に送付される。

調整スキームについて２種類以上の種類株式の株主の承認が必要な場合には，各種類株主総会の決議の発効は，他の種類株主総会の承認決議を条件とすることが多い。

会社に複数の種類株式がある場合において，それぞれの種類株式にのみ関連する複数の調整スキームの手続を別個に行うことは可能であるが，その場合には，各種類株式に関連するスキームの履行が，他の種類株式の株主の権利に影響を及ぼさないことが求められる。

また，普通株式とオプションそれぞれに関連する調整スキームが存在する場合には，オプションの調整スキームは，普通株式の調整スキームが承認されることを条件とすることが一般的だが，普通株式のスキームがオプションのスキームの承認を条件とすることは稀である。これは，オプション保有者がオプションのスキームを否決することにより，普通株式のスキームの発効が妨げられるのを防ぐためである。また，オプション保有者がオプションのスキームを否決した場合でも，強制取得の手続によりオプション保有者から強制的にオプションを取得することができるのが通常である。

⑻　裁判所によるスキーム承認

調整スキームが株主総会によって承認され，他の全ての条件が充足された場合には，対象会社は裁判所からスキームの承認を得なければならない。通常，スキーム承認の検討を行う裁判所の審理は株主総会開催後一週間以内に行われるが，場合によってはこれが一両日中に行われることもある。

調整スキームを承認する際において，裁判所は以下のような事項を確認する。

・違法でないこと
・会社法に定められる手続に違反しないこと
・関連する種類株主の利益となること

前述の通り，スキームの履行，すなわち対象会社の買収実行の前提条件が充足又は放棄されていない場合において，裁判所が調整スキームを承認する

ことは殆どない。ただし，裁判所による承認自体や，裁判所の承認なしでは充足できない条件に関してはこの限りではない。

(ix) 裁判所命令の ASIC への提出

裁判所が調整スキームを承認した場合には，承認が記載された裁判所命令の写しが ASIC に提出される。裁判所の命令に別段の記載がない限り，ASIC に対する提出が行われた時点でスキームは法的効力を有するようになり，当該スキームに反対した者も含め，関連する全ての種類株主がスキームに拘束されることとなる（会社法 411 条(10)）。

(c) 調整スキームのスケジュールの一例

以下は，調整スキームのスケジュールの一例である。もっとも，スキームが複雑であったり，重大な規制問題が絡む場合等には，これより長期間を要することがある。

日 付	行 為
0 日目（起算日）	履行契約の締結，及び（対象会社が ASX 上場会社の場合には）ASX に対する情報開示
28 日目	ASIC に対する，説明メモランダムの最終ドラフト及び株主総会招集に関する裁判所の審理の通知（ASIC に対する通知は，株主総会に関する裁判所の審理の 14 日前までに提出する必要がある）
42 日目	裁判所による，調整スキームの審議が行われる株主総会の招集命令及び説明メモランダムの承認
49 日目	調整スキームに関連する種類株主に対する説明メモランダムの配布完了
80 日目	株主総会によるスキームの承認
85 日目	裁判所に対する調整スキームの承認の申請，及び ASIC に対する裁判所命令の写しの提出（スキームは ASIC へ裁判所命令を通知した時点で有効となる。また，対象会社が ASX 上場会社の場合には，ASX における対象会社の株式の取引が停止される）
92 日目	対象会社の株式の対価が支払われる株主が決定される基準日
95 日目	対象会社の株式の対価の支払

対象会社がASXに上場している場合には，対象会社は，調整スキームのスケジュールについて，ASXに逐次報告及び相談しなければならない（ASX上場規則7.19条）。これは対象会社の証券が市場において混乱なく取引されることを確保するためである。上場規則は裁判所の承認取得後の手順についてのスケジュールを規定しており，ASXが別途承認しない限り，対象会社はこのスケジュールに従わなければならない。

　また，対象会社の株式の対価の全部又は一部がASXに上場している買収者の株式である場合には，スキームの実行に伴い発行される買収者の新株の取引の決済を通常より遅らせることの承認をASXに対して要請するケースが実務上多く見られる。買収者の新株は，スキームの実行（つまり新株発行の実施）の翌営業日から通常の決済ベースで取引される（前頁表の95日目）。

13. 外部管理

13-1 外部管理の種類

　会社は，本来，取締役会が管理・経営を行うが，取締役会が本来有する会社の管理権限が取締役以外の者に移管されることがある。

　このような権限の移管が発生する最も典型的な状況は，会社が破産状態となった場合である。会社が破産状態に陥ったと判断される最も重要な基準は，会社が債務を弁済期に至ったときに返済するに足るキャッシュフローが存在するかどうかという点であるが，会社が債務超過であるかどうかという点や，会社資産の現金化の容易さ（リクイディティ）も，破産状態を判断する要素とされる。なお，会社が破産状態にない場合においても，会社は自らの意思により取締役以外の者に会社やその資産を管理させることができる。

　取締役会が会社の管理・経営を行う権限を喪失し，外部の者にこれが移管された場合には，その会社は**外部管理**（external administration）下にあるとされる。会社法上分類される外部管理の種類は大きく分けて4種類あるが，そのうちの一つは本書12-4で述べた調整スキームである。調整スキームは，厳密には外部管理の一つとされているが，上述の通り，このスキームはもっぱら会社の買収に使用され，債権者がこの方法により会社を外部管理下に置くことは実務上は稀である。このため本書では外部管理の一種としての調整スキームには触れず，他の三つの種類の外部管理について説明する。

　本書が取り扱う会社の外部管理は，**レシーバーシップ**（receivership），**任意管理**（voluntary administration）及び**清算**（winding up）の三つに分類される。これらにおける会社の管理者及びその主要な役割は，以下の通りである。

	外部管理の種類	外部管理者	外部管理者の主要な役割
1.	レシーバーシップ	レシーバー	会社の担保権者のための担保資産の管理・処分・換価
2.	任意管理	会社の管財人	破産状態となった会社の調査及び会社存続の是非に関する提案
		DOCAの管財人	会社と債権者の取決めに基づく管理

| 3. | 清算 | 清算人 | 会社の調査，資産回収，現金化及び分配 |

レシーバーシップ，任意管理，清算については本書14章，15章及び16章にてそれぞれ取り扱う。

13-2　外部管理の分類図

前項で触れた会社の外部管理の種類のうち任意管理と清算は，それぞれさらに幾つかの種類に分類される。調整スキームを除く外部管理の分類を示す図を以下に示す。

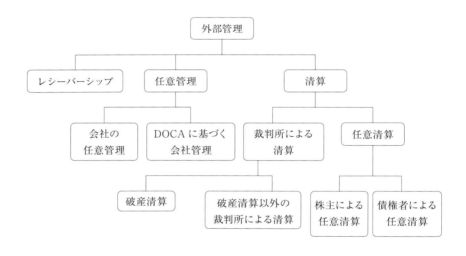

▨倒産解除条項▨

倒産解除条項の停止

　取引契約においてよく見られる契約条項として，倒産手続の開始などの一定の信用不安事由が契約相手方に生じた場合に契約を解除・変更（期限の利益喪失など）できるという倒産解除条項（Ipso Facto Clause）があるが，これが倒産に瀕した企業の再建にとって重大な支障となる場合がある。例えば，デパートやスーパーマーケットの場合，供給先から取

引契約を解除されて在庫商品の供給がストップすると，営業が継続できなくなり再建は非常に困難となる。

　Treasury Laws Amendment（2017 Enterprise Incentives No.2）Act 2017により，会社法が改正され，倒産解除条項の効力を一定の倒産手続の開始時点から終了時点まで停止（stay）するルールが導入された。この新ルールは，2018年7月1日以降に締結される契約に適用される。

　倒産解除条項が停止されるのは，(a)任意管理の管財人が選任された場合，(b)会社の財産に関するレシーバーまたはレシーバー兼マネージャーが選任された場合，(c)破産清算を避けるために調整スキームの手続を実施した場合とされている。これに加えて，「実質的に（in substance）」新ルールの趣旨に反する理由に基づき倒産解除条項が行使されたときにも新ルールは適用されるというキャッチオール条項が定められており，新ルールの適用を技術的に潜脱することを防止している。もっとも，この点については，「実質的に」の範囲など不明瞭な点が残っている。

　なお，管財人が同意した場合，倒産解除条項に基づく解除権を行使することができる。また，倒産した会社が反対債務（例えば，代金の支払い）を履行しない場合，契約違反を理由に解除することは防げられない。他方，契約上，一方当事者が倒産会社に対して新たに信用を供与する義務を負う場合，倒産解除条項が停止している間は与信義務も停止する。

倒産解除条項の停止の例外

　一定の場合，倒産解除条項の効力停止が免除される場合がある。例えば，以下のような権利や契約の場合は，倒産解除条項の効力停止が免除されることになる。
・政府から付与されたライセンスや許可
・ケープタウン条約に定められた担保設定契約や所有権留保契約，リース契約などの契約
・シンジケートローン，ボンド，promissory note 等の契約
・デリバティブや証券引受に関するアレンジ
・証券の購入に関する契約
・証券や割当発行のアレンジ
・全事業の譲渡契約

・証券化，PPP（public private partnership），その他特定のプロジェクトファイナンスにおける特定目的会社（SPV）が当事者となっている契約
・債権の優先劣後に関する合意やファクタリング契約
・2018 年 7 月 1 日より前の契約に定められた更改や譲渡を実施する権利（但し，2023 年まで）
・対価が高額な建築契約（但し，2023 年まで）
・スタンドスティル条項に基づく解約権
・信用不安事由が生じた際に相手方の権利義務を行使することを認める権利（step-in rights）

　上記のように，効力停止を免れる権利や契約は広く認められている。これは関係する業界の従前のプラクティスを維持するという観点からは基本的には歓迎すべきであるとも言えるが，他方で，例外を広く認めることによって，円滑な事業再生を促進するという改正法の本来の趣旨が害されないかが懸念されるところである。ただ，いずれにしても，2018 年 7 月 1 日以降に締結される契約に倒産解除条項が含まれている場合には，今回の改正を踏まえてそれらの内容を精査し，事業への影響を検討しておくことが必須であると言える。

14. レシーバーシップ（receivership）

14−1　レシーバーシップ

(a) 概　要

　会社に**レシーバー**（receiver）と呼ばれる者が選任された場合には，この会社は**レシーバーシップ**（receivership）にあるとされる。レシーバーは通常，会社の資産に対して担保権を有する債権者が担保権行使の手段の一つとして，担保資産の管理・処分を行うために選任される。したがって，レシーバーは，第一次的には選任した担保権者の利益のために会社の資産管理を行うものである。

　詳細は後述するが，会社の任意管理及び清算の場合と異なり，レシーバーシップは会社自体ではなく会社の資産を管理する制度である。しかし，多くの場合において，債権者（特に会社に対して融資を行う金融機関）は債務会社の全資産に対して担保権を設定するため（本書10章参照），このような状況で債権者がレシーバーを選任すると，レシーバーは会社の事業全体を管理する権限を得ることとなる。会社の事業の全てがレシーバーの管理下に置かれる場合には，レシーバーは**レシーバー兼マネージャー**（receiver and manager）と呼ばれることがある。ただし，レシーバーとレシーバー兼マネージャーとの間で法律上の権限及び義務に関する相異はない。

　他方，会社の一部の資産のみに担保を設定した債権者もレシーバーを選任することができるが，この場合には，取締役が会社の経営を引き続き掌握することが多く，また，債権者もレシーバーを選任せず，担保資産のみを差し押さえることにより債権を回収する手段を講じることが一般的である。本項では，レシーバーが債務会社の全資産を管理する場合について説明する。

　債務会社の全資産がレシーバーの管理下に置かれるレシーバーシップでは，レシーバーを選任した債権者の債権が全て回収されると会社の経営権が取締役会に返還されるケースもあるが，殆どのケースではレシーバーシップ終了後の会社は救済が望めないため，他の債権者のために会社の清算手続が採られることが多い。しかし，会社救済の可能性が残されている場合には，清算

手続に入らずに管財人の管理下となる場合もある。

　(b)　レシーバー

(i)　レシーバーの資格

　レシーバーには，会社清算人として登録した者でなければ就任することができない。また，担保資産を保有する会社の担保権者や，当該会社又は関連会社の役員や従業員，監査人もレシーバーとなることが禁止されている（会社法418条(1)）[85]。オーストラリアにおいて会社清算人として登録されている者の多くは，弁護士ではなく会計士である。

(ii)　レシーバーの選任

　レシーバーは，通常，会社の資産に対する担保権を有する債権者が選任する[86]。債権者がレシーバーを選任する権限は，債務会社の資産に担保権を設定する担保契約に規定されることによって発生する。オーストラリアの担保契約には，債務者がデフォルトとみなされる行為（例えば，貸付金の期限内の返済を怠った場合や，担保契約又は関連するローン契約等の違反行為等が含まれる）を行った場合において，債権者がレシーバーを選任し，担保資産の管理を行うことができる旨が規定される場合が多い。

　レシーバーを選任した者は，レシーバーの選任から7日以内に，レシーバー及びレシーバーの管理下に入る会社資産の詳細をASICに通知しなければならない。

(iii)　レシーバーの権限

　レシーバーの権限は，担保契約に規定される。レシーバーの権限には，会社の事業運営が含まれることが一般的であるが，会社の資産を売却するか事業を継続させるかの判断は，レシーバーを選任した債権者が行う。

　会社法は，レシーバーについて，以下に挙げられるような，その選任された目的を遂行するために必要な，又は望ましいあらゆる行為を行う権限がある旨規定している（会社法420条(1)及び(2)）。もっとも，債権者にレシーバー

---

[85]　清算人の登録要件については本書16－1(b)(i)を参照
[86]　制定法上，厳密には連邦裁判所及び各州の最高裁判所にもレシーバーを選任する権限があるが，実際にこの権限が行使されることは殆どない。

の選任権を与えた担保契約に別段の定めがある場合には，契約の規定が優先する（会社法420条(2)）。

- 会社の事業の運営
- 会社資産の差押え
- 会社資産の現金化
- 担保提供を伴う借入
- 契約の締結
- 会社名義での訴え提起又は応訴
- 会社印の使用
- 従業員の採用及び解雇
- 会社の代理人の選任

レシーバーは，会社の情報を収集する権限を有する。レシーバーは，会社の資産を差し押さえる権限の一環として，会社の帳簿その他の書類を差し押さえることができるほか，レシーバー選任時の取締役又は秘書役は，選任時における会社の状況に関する報告書をレシーバーに提出することが会社法上義務付けられている（会社法429条(2)(b)）。また，レシーバーは，会社のオフィサーや従業員に対して会社の状況に関する報告書を求める権限（会社法430条）や，担保資産に関する帳簿にアクセスする権限（会社法431条）も有する。

会社の資産がレシーバーの管理下となった場合であっても，第三者が所有権を主張できるときは，レシーバはこれらの資産を任意に売却することはできない。これに該当する資産には以下のようなものが挙げられる。

- 債務会社が受託者となっている信託の信託財産（ただし，信託契約上債務会社に信託財産に担保を設定する権限が与えられている場合には，これに当てはまらない場合もある。）
- 債務会社がリースを受けている資産
- 所有権留保付売買契約に基づき買主が保有する資産のうち代金が未払いであるもの
- レシーバーを選任した担保権者が行使した担保権に優先する担保権の対象となっている資産

(iv) レシーバーの義務

レシーバーは会社のオフィサーとされるため（本書 3 - 5 参照），会社法上オフィサーに課せられる義務，例えば，注意と勤勉さの義務，誠実に権限を行使する義務，オフィサーの地位や会社情報を不正に利用しない義務を負う。また，レシーバーは，会社法上，担保資産に市場価値がある場合には，市場価値以上の価格でこれを売却するための合理的な注意義務を負う（会社法 420A 条）。

会社の現金がレシーバーの管理下となった場合には，レシーバーは管理下にある現金を払い込む銀行口座を開設し，管理下となった 3 営業日以内にこれを払い込まなければならない（会社法 421 条）。ただし，ASIC は，かかる口座に払い込まれる現金を債務会社が持ち合わせていない場合や，現金が払い込まれることが期待できない場合には，銀行口座開設を強制しない方針を採っている（ASIC 規制ガイド RG106.9）。

レシーバーは，選任後 2 ヶ月以内に会社の状況に関する報告書を作成し，ASIC に提出しなければならない（会社法 421A 条）。報告書には，開示されると会社の不利益となり，又はレシーバー選任の目的に反する結果をもたらすおそれのある情報を記載する必要はないが，この場合には，記載されなかった情報がどのような性質なものかを報告書に記載しなければならない。

レシーバーは，会社がレシーバーシップにある期間中 6 ヶ月毎及びレシーバーシップ終了後に，法定の情報が記載された記録を ASIC に提出しなければならない（会社法 432 条）。

裁判所及び ASIC は，レシーバーの行為についての調査に関連する広範な権限を与えられており，レシーバーはこの調査に協力する義務を負う（会社法 423 条）。

(v) レシーバーの個人責任

A　レシーバー選任以前に発生した会社の契約上の義務

会社の資産の全て又はほぼ全てがレシーバーの管理下に入った場合には，レシーバー選任以前に会社が締結した契約上の履行義務をレシーバーが自動的に承継するかどうか，という問題が発生する。コモン・ロー上，このような場合において，レシーバーが自ら責任を負うような行為を特段行わない限り，レシーバーは個人的にこのような契約の履行義務を負うことはないとさ

れている[87]。したがって，このような契約の履行義務は会社が引き続き負うことになるが，実際には，レシーバーを選任した債権者以外の債権者に対する債務の履行・返済に充てることができる会社財産は限られることが多い。

　会社による契約上の債務不履行について，契約の相手方が会社に対して損害賠償の請求しかできない場合には，レシーバーはこのような契約を破棄することができる。ただし，レシーバーは誠実にこの権限を行使しなければならず，会社の更生の可能性を無視して不誠実又は重過失により契約破棄を行った場合には，会社から損害賠償請求を受けるリスクを負うことになる。もっとも，実際には，レシーバーが誠実にこの権限を行使する限り，通常であれば契約破棄に基づく責任を追及されることはまずない[88]。

　会社法は，レシーバーが選任される前に会社が（テナントとして）締結した賃貸借契約の対象となる第三者所有物件を会社が使用又は占有する契約に基づくレシーバーの義務について特別に規定している。この類の契約では，会社が支払義務を負う賃借料等の支払は，レシーバーが負担することとなる。この場合には，レシーバーは，選任後7日目以降，レシーバーが在任し，かつ会社が物件を使用又は占有している期間中，これらの費用を支払わなければならない（会社法419A条(2)）。

B　レシーバーシップの期間中に発生した会社の契約上の義務

　会社法は，レシーバーシップ期間中に会社が提供を受けたサービス，購入した物品，賃借，借受，使用又は占有した物件について，レシーバーが個人的に債務を負うと規定している（会社法419条(1)）。この規定は，担保契約やレシーバーの選任契約等に別段の定めがされている場合にも適用されるが，レシーバーが会社に対して有する権利には影響を与えない。このため，レシーバーは，レシーバーシップ期間中に発生した第三者に対する債務を負う一方で，会社に対する請求権は保持し続けることになる。この規定は，レシーバーの潜在的な権限濫用の防止を目的としている。すなわち，この規定がない場合には，例えば，レシーバーが会社を代理して物品やサービスを注文しながら，それらに対して支払を行わず，会社の資産の売却代金の大部分を担保権者に支払う一方で，物品の売主やサービスの提供者は資産のない会

---

[87] *Re Diesels & Components Pty Ltd* [1985] 2 Qd R 456; (1985) 9 ACLR 825; 3 ACLC 555; *Cater-King Pty Ltd v Westpac Banking Corp* [1990] WAR 225

[88] *Edwin Hill & Partners v First National Finance Corp Plc* [1989] BCLC 89

社を訴えることしかできない状態に置かれるおそれがある。

また，レシーバーが行った行為によって会社が本来負う必要のなかった債務を負った場合には，その債務がレシーバー選任前に締結された契約に基づくものであっても，レシーバーが個人的に責任を負うことがある[89]。例えば，会社がレシーバーの選任前に電力供給契約を締結し，会社が実際に電力を使用するまで電力供給者に対する支払義務が生じないという内容になっている場合には，レシーバーが同契約に基づき電力を使用することにより債務が発生することになる[90]。

(vi) 特定の無担保債権者に対する優先的支払義務

会社の担保権者は，無担保債権者に優先して債権を回収する権利を有する。しかし，会社法は，レシーバーが以下のような特定の無担保債権者に対し，担保権者に優先して支払うことを義務付けている。

1. 会社が保険会社と締結した第三者賠償責任保険契約に基づき，保険会社から会社に支払われた第三者に対する賠償金
2. 会社の監査人が辞任の承認を ASIC に申請したにもかかわらず[91]，ASIC がこれに同意しなかった場合には，ASIC が辞任の承認を拒否した日からレシーバーが資産を取得した日までの期間中の監査人に対する適切な報酬及び費用
3. 会社の従業員に対する給与及び退職年金積立金（取締役を兼ねる従業員等の特定の従業員には法定の上限金額が定められている）
4. 会社の従業員に対する休暇手当（取締役を兼ねる従業員等の特定の従業員には法定の上限金額が定められている）
5. 会社の従業員に対する解雇手当

レシーバーは，会社の資産を回収しながら上記の優先的な支払を怠った場合には，不法行為に基づく損害賠償責任を個人的に負うこととなる[92]。

---

[89] *McMahon's (Transport) Pty Ltd v Ebbage* [1999] 1 Qd R 185

[90] *AGL Victoria Pty Ltd v Lockwood* (2003) 10 VR 596; 183 FLR 242; [2003] VSC 453

[91] 監査人の辞任については本書 5-5(f)(iii)を参照

(vii) レシーバーの報酬

レシーバーの報酬については，選任する担保権者と会社との間で締結される担保契約又は担保権者による選任書において規定される。いずれの場合も，レシーバーが会社の資産から報酬を受け取ることができるとされるのが一般的である。

会社法上，裁判所は，会社の清算人，管財人（DOCAの管財人も含む）又はASICの申請により，裁判所はレシーバーに報酬として支払われる金額を決定することができる（会社法425条(1)）。これらの会社の清算人，管財人（DOCAの管財人も含む）又はASICのほか，裁判所の命令の対象となるレシーバー自身も命令の変更を申請することができる（会社法425条(5)及び(6)）。

(c) レシーバーシップの影響

(i) 会社に対する影響

レシーバーが選任されると，会社はその発行又は署名する書面及び譲渡可能証券に，レシーバーが選任された旨を会社名に併せて記載しなければならない（会社法428条(1)）。例えば，ABC Pty Ltdという会社が送付するサプライヤーや債権者等に対する通知のレターヘッドには，会社名を記載する箇所に「ABC Pty Ltd (receiver and manager appointed)」といった形で記載する必要がある。

(ii) 取締役会に対する影響

会社の事業の全てに対してレシーバー兼マネージャーが選任された場合においても，取締役会の全ての権限が失われるわけではないが，通常は取締役会が行使できる権限は非常に限られたものとなる。担保権者にレシーバーを選任する権限を与えた書面において，会社の権限をレシーバーに委譲することが認められている場合には，レシーバーは取締役会の承認を得ずに会社名義で権限を行使することができる[93]。

---

[92] *Woods v Winskill* [1913] 2 Ch 303 ; *Westminster Corporation v Haste* [1950] Ch 442; *Inland Revenue Commissioners v Goldblatt* [1972] Ch 498; [1972] 2 All ER 202; [1972] 2 WLR 953; *Re Custom Card (NSW) Pty Ltd* [1979] 1 NSWLR 241; *Steinberg v Herbert* (1988) 14 ACLR 80; 7 ACLC 134

(d) レシーバーシップと会社の任意管理との関係

(i) 管財人の選任後におけるレシーバーの選任

会社に既に管財人が選任されている場合には，原則として，会社の担保権者は，レシーバーの選任を含む担保権の行使を行うことはできない。ただし，会社法上，以下の担保権者は，管財人が選任された会社の資産に対する担保権を行使することができる。

・担保権者が消耗品（perishable property）に設定される担保権を有する場合（この場合，担保権者は担保対象となる消耗品についてのみ担保権を行使できる）（会社法441C条）
・担保権者が会社の全て又はほぼ全ての資産に対する担保権を有する場合（会社法441A条(3)）
・管財人又は裁判所による許可を得た場合（会社法440B条(2)）

管財人が選任された会社の全て又はほぼ全ての資産に対する担保権を有する担保権者が担保権を実行する場合には，一般に管財人の選任が担保権者に通知されてから13営業日以内に担保を実行するかどうかを決定しなければならない（会社法441A条(1)及び(2)並びに9条「decision period」の定義）。それまでに決定が行われないときは，担保権者は担保権を実行することができない。

(ii) 管財人の選任前におけるレシーバーの選任

既にレシーバーが選任された会社に管財人が選任された場合には，通常は管財人が選任された後もレシーバーシップの手続を継続して行うことができる（会社法441B条(1)及び(2)）。

ただし，この場合でも裁判所は，管財人の申請に基づき管理期間中のレシーバーや担保権者の権限を制限することができる（会社法441D条(1)及び(2)）。裁判所は，管財人が行うことを予定している行為が担保権者の利益に反しないことを確認するまでは，このような制限を加える命令を発することはできない（会社法441D条(3)）。

---

93 *Re Scottish Properties Pty Ltd* (1977) 2 ACLR 264

(e) レシーバーシップと会社清算手続との関係

(i) 清算人の選任後におけるレシーバー選任

レシーバーが選任される前に裁判所による会社清算手続が開始されても，会社の担保権者による担保権の実行やその他会社資産の取扱いは何らの影響も受けない（会社法471C条）。つまり，担保権者がレシーバーを選任する前に会社が清算手続を開始しても，担保契約により担保権者に与えられたレシーバーの選任権には影響を及ぼさない。したがって，担保が会社の全資産に付されているような場合，清算人はその担保が解除されるまで，担保の対象となっている資産の処分を行うことができないことになる。

(ii) 清算人の選任前におけるレシーバー選任

レシーバーの選任後に清算人が選任された場合でも，レシーバーシップは継続して行われる。

会社が清算手続に入ると，原則として，会社は事業を停止し，清算人は会社法上清算の目的のために必要な限りにおいてのみ事業を継続することが認められる（会社法477条(1)(a)及び493条）。しかし，レシーバーは，清算人又は裁判所の承認を得ることを条件に，会社を代理して事業を遂行することができる（会社法420C条）。この場合には，レシーバーは，レシーバーシップ期間中に提供されたサービス，物品，賃借，借受，使用又は占有した物件について個人的な債務を負う（会社法420C条(4)）。

15. 任意管理（voluntary administration）

15-1 会社の任意管理

(a) 概　要

　会社が破産状態に陥った場合には，会社に**会社の管財人**（administrator of a company）と呼ばれる者が任意に選任され，経営者に代わって会社の管理を行うことがある。この状態を指して，会社が**任意管理**（voluntary administration）下にあると呼ばれる。会社の任意管理は外部管理の一種であり，日本における民事再生手続や会社更生手続，米国におけるチャプター11の手続に相当する制度といえる。レシーバーシップと異なり，会社の管財人は会社が選任する。また，会社の清算手続と異なり，任意管理は会社の清算を最終的な目的とはせず，会社の事業体としての存続の可能性を調査することが第一の目的であり，これが可能であると判断されれば，一定の条件のもと会社を更生する手段が採られることとなる。なお，この制度は，コモン・ロー上の基盤はなく，1993年に制定法によって導入された。

　通常，会社の任意管理では，大まかに以下の手順が踏まれる。
- 会社が破産状態にあると取締役が決議し，清算人の資格を有する者から会社の管財人が選任される。
- 会社の管財人の選任から8営業日以内に第一回債権者集会が開催される。第一回債権者集会において，債権者は，取締役が選任した会社の管財人を解任し，別の者を会社の管財人に選任することができる。
- 会社の管財人は会社の管理及び財務状況の調査を行い，会社の今後の見通しに関する意見書を債権者に提出する。この期間中，債権者は，特定の場合を除き，会社に対する訴えを提起すること等ができず，係属中の係争案件は中断される。
- 第二回債権者集会が招集される。招集通知には，会社の事業や財務状況等を記載した報告書及び会社の今後の見通しに関する会社の管財人の意見書が添付される。
- 第二回債権者集会が開催される。第二回債権者集会において，債権者は

会社の今後の進め方について，以下のいずれかの方法を選択する決議を行わなければならない。

- **会社調整契約**（deed of company arrangement）（以下「**DOCA**」という）を締結し，これに基づく会社の更生を図る。
- 会社を清算する。
- 会社管理を終了し，元の経営者に経営権を戻す。

- 債権者が DOCA に基づく更生を決議した場合には，**DOCA の管財人**（administrator of a deed of company arrangement）が会社を管理することになる。通常は，会社の管財人が DOCA の管財人として，引き続き会社の管理を行う。
- 債権者が清算を決議した場合には，会社は，債権者による任意清算の手続に入る。通常は会社の管財人が清算人となる。

(b) 会社の管財人

(i) 会社の管財人の資格者

会社の管財人には，会社清算人として登録された者でなければ就任することができない（会社法 448B 条(1)及び(2)）。また，以下に該当する者は，清算人としての資格を有している場合であっても，裁判所による許可がない限り，会社の管財人となることはできない（会社法 448C 条(1)及び(4)）。

- 会社又はその関連会社に対して 5,000 豪ドルを超える債権又は債務を有する者（ただし，管財人としての立場で会社に 5,000 豪ドルを超える債権を有する場合には該当しない）
- 会社の取締役，秘書役又は従業員
- 会社の担保権者の取締役，秘書役又は従業員
- 会社の監査人，又はそのパートナー若しくは従業員
- 会社の（清算人を除く）オフィサーのパートナー，雇用主又は従業員
- 会社の（清算人を除く）オフィサーの従業員のパートナー又は従業員

なお，この場合の会社の取締役，秘書役，従業員及び監査人については，過去２年間にこれらの役職に就いていた者は，会社の管財人選任時にこれらの役職に就いていなくとも，これらの役職にあるものとみなされる（会社法 448C 条(3)）。

(ii) 会社の管財人の選任

会社は，取締役会が以下の決議を行った場合には，書面により会社の管財人を選任することができる（会社法 436A 条(1)）。

1．会社が破産状態にあるか，又は破産状態となる可能性が高いこと

2．会社の管財人を選任すべきであること

取締役会が，会社が破産状態にある旨，又は破産状態となる可能性が高い旨の決議を行わず，会社の管財人選任の決議のみを行った場合には，選任は無効となる[94]。実務では，任意管理下にある会社の殆どは，取締役会の決議に基づいて会社の管財人が選任されている。

会社が既に清算手続に入っている場合には，清算人（又は仮清算人）は会社の管財人を選任することができる（会社法 436B 条(1)）。ただし，清算人が，会社が既に破産状態にあるか，又は近い将来破産状態になるという見解を有していない限り，この権限を行使することができない。また，会社の債権者又は裁判所の許可なしに，清算人自身や清算人のパートナー，従業員，雇用主や同僚を会社の管財人として選任することはできない（会社法 436B 条(2)）。また，清算手続に入っている会社の取締役は，会社の管財人選任の決議を行うことはできない（会社法 436A 条(2)）。

会社の資産の全て又はほぼ全てを対象とする担保権を有する担保権者は，担保権を行使できる状態になった場合には，会社の管財人を選任することができる（会社法 436C 条(1)）。ただし，会社が既に清算手続に入っている場合には，担保権者はこの権限を行使することができない（会社法 436C 条(2)）。

既に会社の管財人の管理下にある会社について，会社の管財人を新たに選任することはできない（会社法 436D 条）。

会社の管財人の選任の有効性に合理的な疑いがある場合には，会社の管財人，会社又は債権者は，会社の管財人が有効に選任されたかどうかについて，裁判所に判断を求めることができる（会社法 447C 条(1)）。裁判所は，その申請理由を踏まえて，会社の管財人が有効に選任されたかどうかを宣言することができる（会社法 447C 条(2)）。

会社の管財人が選任されると，会社の管財人は選任の翌営業日が終了する前に ASIC に対して通知しなければならない。また，選任の3営業日以内に，

---

[94] *Wagner v International Health Promotions (admin apptd)* (1994) 15 ACSR 419; 12 ACLC 986

全国紙，又は会社の登録上の住所若しくは事業が行われている州若しくは準州にて発行されている日刊紙において，選任の公告を掲載しなければならない（会社法450A条(1)及び会社法規則5.3A.07A条）。さらに，会社の管財人は会社の資産の全て又はほぼ全てに設定された担保権を有する担保権者に対しても，選任を通知しなければならない（会社法450A条(3)）。

　会社の資産の全て又はほぼ全てを対象とする担保権を有する担保権者が会社の管財人を選任した場合には，会社の管財人は，会社に対して翌営業日が終了する前に通知しなければならない（会社法450A条(2)）。

(iii)　会社の管財人の権限

　会社の管財人が選任されることにより，会社の任意管理が開始される（会社法435C条(1)(a)）。会社の管財人は任意管理下にある会社の代理人と位置付けられ，会社の事業や資産を支配することができ，資産の処分や事業の継続又は停止を含め，会社が任意管理下でなかった場合に会社又はそのオフィサーが行使できた権限の全てを行使することができる（会社法437A条及び437B条）。また，会社法は，会社の管財人が以下の権限を有することを明記している（会社法442A条）。

・取締役の選任及び解任
・会社名義での書面の署名，訴えの提起及び応訴，その他会社名義による行為又は会社を代理する行為
・その他の会社の任意管理に必要な行為

　会社が任意管理下にある間，会社の管財人以外の者が会社の事業や資産，株式に関する取引を行うことは原則として禁止されるが，会社の管財人は債権者や株主等の関連当事者に禁止される行為が行われた場合には，これを承認することができる。

　これらの会社の管財人の権限は会社法に基づくものであり，会社の管財人の行為は会社自体の行為とはみなされず，会社の行為を制限する定款の規定にも拘束されない[95]。

---

[95] *Re Smith (as Administrator of Berowra RSL Bowling and Community Club Ltd)* (2006) 58 ACSR 410; [2006] NSWSC 780

⒤ 会社の管財人の権限の制限

会社の資産に担保権が設定されている場合には，会社の管財人が会社の資産を取り扱う権限に制限が加えられる。

会社の管財人は，原則として，担保権者，会社が占有する資産の所有者若しくは賃貸人，又は裁判所の許可なしに担保資産を売却することはできない（会社法442C条⑴及び⑵）。裁判所は，担保権者の利益が十分に保護されていることを確認しない限り，会社の管財人による資産売却を許可することはできない（会社法442C条⑶）。また，会社の管財人が会社の日常の業務の過程で（棚卸資産等の）担保資産を売却することは例外的に認められているが，裁判所は，かかる資産の担保権者，所有者，又は賃貸人の申請に基づき，会社の管財人による資産の売却を禁止する命令を発することができる（会社法442C条⑷及び⑸）。

また，担保権が設定されている資産の会社の管財人による取扱いには，以下の制約がある。

・会社の全て又はほぼ全ての資産に設定される担保権を有する担保権者は，会社の管財人の選任が担保権者に通知されてから13営業日以内であれば，原則担保権を行使することができる（会社法441A条⑴及び⑵並びに9条「decision period」の定義）。
・担保権者が消耗品に設定される担保権を有する場合には，担保権者はこれらの消耗品について担保権を行使することができる（会社法441C条）。
・会社の管財人が選任された時点において既に担保権者（又はレシーバーやその他の者）が担保権を行使していた場合には，担保権者は継続して担保権行使を行うことができる（会社法441B条⑴及び⑵）。

上記のいずれかに該当する場合には，担保権を行使する担保権者（又はレシーバーやその他の者）の権限は，会社の管財人の権限に優先する（会社法442D条）。

⒱ 会社の管財人の個人責任

会社法は，会社の任意管理中に発生した第三者に対する一定の債務について，会社の管財人が個人的に責任を負うと規定している。なお，本項で述べる会社の管財人の個人責任を除き，会社の管財人は会社の債務について個人責任を負うことはない（会社法443C条）。

A 任意管理に必要なサービス，物品等に関連する債務

会社法は，会社の管財人が任意管理下の会社の管理を遂行するために第三者から提供されたサービス，物品，賃借，借受，使用又は占有した物件，借り入れた金銭の元利及び調達コストについて，会社の管財人が個人責任を負うと規定している（会社法 443A 条(1)）。この規定は契約によって除外することはできないが，会社の管財人が会社に対して有する権利には影響を与えない（会社法 443A 条(2)）。

B 会社が使用している資産に関連する債務

会社が任意管理下に入る前に締結した契約に基づき，第三者が所有又は会社に貸与している資産を会社が使用している場合には，会社の管財人は，選任後 5 営業日以降，任意管理が継続又は会社が資産を使用している期間中は，この契約に基づく賃料やその他金銭の支払義務について個人責任を負う（会社法 443B 条(2)）。ただし，会社の管財人は会社に代わってこのような契約の当事者となるわけではなく，金銭の支払義務以外の契約上の義務までは負わない（会社法 443B 条(3)）。

会社の管財人は，これらの契約に基づき会社が資産に関して有する権利を行使しない旨を，選任の 5 営業日後までに，かかる資産の所有者又は貸主に対して通知することができる（会社法 443B 条(3)）。この場合には，会社の管財人は賃料その他金銭の支払義務について個人責任を負うことはなくなる（会社法 443B 条(4)）。ただし，この通知が行われた場合でも，会社自体の契約上の義務が免除されるわけではない（会社法 443B 条(4)）。

また，以下のいずれかに該当する場合においても，会社の管財人は資産の賃料その他金銭の支払義務について個人責任を負わない（会社法 443B 条(7)及び(8)）。

・資産にレシーバーが選任された場合
・資産に設定された担保権を有する担保権者が資産を差し押さえた場合
・裁判所が会社の管財人の責任を免除した場合

上記のいずれの場合も，会社自体が負う契約上の義務が免除されるわけではない（会社法 443B 条(7)及び(8)）。

C 特定の税金の支払義務

このほか，会社が支払うべき特定の税金についても，会社の管財人は個人的な支払義務を負う（会社法 443BA 条）。

(vi) 会社の管財人の報酬

会社の管財人は，以下の方法で決定された報酬を受け取る権利を有する（会社法449E条(1)）。

1. 会社の管財人と債権者委員会（設置されている場合）による合意
2. 債権者集会における決議
3. （上記合意や決議が行われなかった場合）裁判所の判断

上記1の場合には，会社の管財人は合意を行う前に，債権者委員会が報酬額の妥当性を判断するために必要な情報及び会社の管財人の業務，並びにそれにかかる費用を記載した報告書を債権者委員会の各メンバーに提出しなければならない。上記2の場合も同様に，債権者集会の決議が行われる前に，同様の報告書を各債権者に提出しなければならない（会社法449E条(5)及び(7)）。

上記1又は2によって会社の管財人の報酬が決定された場合には，ASIC，会社の管財人，会社のオフィサー，株主又は債権者の申請に基づき，裁判所は報酬の見直しを行い，その増額又は減額を決定することができる（会社法449E条(2)）。

(vii) 会社の管財人の債務の補償

会社の管財人は，会社の資産から以下の事項に関する補償を受けることができる（会社法443D条）。

1. 本書15-1(b)(v)で述べた，会社の管財人が個人的に負う債務
2. 会社の管財人に過失がなく，誠実に職務を遂行する過程で会社の管財人が蒙った債務や責任，損害又は損失
3. 会社の管財人の報酬

会社の管財人が補償を受ける権利は，会社の無担保債権者が残余財産分配を受け取る権利に優先する（会社法443E条(1)(a)）。また，この権利は，原則として，完全化されていない担保権や循環担保権を有する担保権者に対する支払にも優先する（会社法443E条(2)，(3)，(4)及び(5)）。また，会社が清算手続に入った場合には，会社法に規定される残余財産分配の順位が適用される。

(viii) 会社の管財人の義務

A 会社の管理義務

会社の管財人が選任されると，取締役に代わって会社を管理することにな

る。会社の管財人は，任意管理の開始後速やかに会社の事業，資産，活動及び財務状況の調査を行い，会社が以下のどの選択肢を採ることが会社の債権者の最も利益となるかについて，意見をまとめなければならない（会社法438A条）。

・DOCA を締結すること
・任意管理を終了すること
・清算すること

調査の過程において，過去又は現在の会社のオフィサー又は株主が会社に関連する事由で刑事罰の対象となることや，会社の資産を不正に使用したり，会社に関連して義務違反を行った者がいることが判明した場合，会社の管財人はそのことに関する報告書を ASIC に提出し，ASIC がその他要請する関連情報や書類を提供しなければならない（会社法438D条）。

B　オフィサーとしての義務

会社の管財人は会社のオフィサーであるため（本書3-5(a)参照），会社のオフィサーとしての義務と責任を負う。このため，会社の管財人は，注意と勤勉さの義務や誠実に業務を遂行する義務，会社の管財人としての立場に基づき入手した情報を個人的な利益のためや会社に不利益を与えるために利用しない義務等を負う。また，コモン・ロー上，会社の管財人は，利益相反を回避する義務も負う。

(ix)　会社の管財人の辞任及び解任

会社の管財人は，選任した者及び会社に対して書面による通知を行うことにより辞任することができる（会社法449C条(1)(c)）。

会社の管財人が一度選任されると，選任した者はこれを取り消すことはできないが（会社法449A条），ASIC 又は会社の管財人を選任した債権者若しくは清算人（仮清算人も含む）は，会社の管財人の解任を裁判所に申請することができ，裁判所はこれに基づいて会社の管財人の解任及び後任者の選任を命令することができる（会社法449B条）。会社法は，裁判所による会社の

96　*Advance Housing Pty Ltd (in liq) v Newcastle Classic Developments Pty Ltd (as trustee for the Albans Unit Trust)* (1994) 14 ACSR 230; 12 ACLC 701; *Commonwealth v Irving* (1996) 65 FCR 291; 144 ALR 172; 19 ACSR 459; *Bovis Lend Lease Pty Ltd v Wily* (2003) 45 ACSR 612; 21 ACLC 1737; [2003] NSWSC 467

管財人の解任事由は明記していないが，会社の管財人の独立性の欠如[96]や会社管理の効率性[97]を理由に会社の管財人を解任した判例がある。

会社法上，裁判所は，会社や会社債権者を含む利害関係者による申請に基づき，任意管理を終了する命令等を発することができる（会社法447A条）。このため，利害関係者は，裁判所を納得させることができれば，この方法で会社の管財人を解任することができるといえる。

会社の管財人の辞任，解任又は死亡の場合には，それを選任した者は代わりの会社の管財人を選任することができる（会社法449C条(1)）。この場合には，新たに選任された会社の管財人は5日以内に債権者集会を招集しなければならず，債権者は招集された集会において新しい会社の管財人を解任し，別者を会社の管財人に選任するかどうかの決議を行うことができる（会社法449C条(4)）。

会社が任意管理下にある期間中，何らかの理由により会社の管財人として会社を管理する者がいなくなった場合には，裁判所は，ASIC，会社のオフィサー，株主又は債権者の申請に基づき，新たな会社の管財人を選任することができる（会社法449C条(6)）。

(x) 裁判所による監督

ASIC，会社の債権者及び株主は，会社の管財人が以下のような行為を行ったと判断した場合には，裁判所に対してこれに対処するための必要な命令を発するよう申請することができる（会社法447E条(3)）。

1．会社の事業や資産を債権者又は株主に不利益を与える形で管理する行為
2．債権者又は株主に不利益を与える行為（不作為を含む）

裁判所は，会社の管財人が上記の行為を行ったと判断した場合には，裁判所が適切と考える命令を発することができる（会社法447E条(1)）。

---

[97] *Network Exchange Pty Ltd v MIG International Communications Pty Ltd* (1994) 13 ACSR 544; 12 ACLC 594

(c) 会社の任意管理の影響

(i) 会社のオフィサー

A　オフィサーの権限

会社が任意管理下にある期間中，会社の管財人以外のオフィサーは，会社が任意管理下でない場合に行使できる権限を行使することができなくなる（会社法437C条(1)）。このことは，会社の管財人以外のオフィサーが退任することを意味するものではないが，任意管理下にある会社における会社の管財人は，既存の取締役を解任したり，新たな取締役を選任する権限を有する（会社法442A条）。

任意管理下にある会社のオフィサー又は従業員が，会社の管財人又は裁判所の承認を得ずに会社の資産に関する取引や取決めを行ったり，このような取引や取決めに関与した場合には，これらのオフィサー又は従業員は刑事罰の対象となり，取引や取決め自体も無効となる（会社法437D条(1)，(2)及び(5)）。また，オフィサー又は従業員がこのような取引や取決めに関連する行為により有罪判決を受け，かかる行為により会社やその他の者が損害や損失を蒙ったと裁判所が判断した場合には，裁判所はかかるオフィサー又は従業員に対して賠償命令を発することができる（会社法437E条(1)）。

B　管財人に対する協力義務

任意管理下にある会社の取締役は，任意管理の開始後速やかに，自らが保有する会社の記録を会社の管財人に提出し，その他の会社の記録の保管場所を知っている場合には，これを会社の管財人に伝えなければならない（会社法438B条(1)）。また，取締役会は，会社の管財人の選任から5営業日以内に，会社の事業，資産，活動及び財務状況等の情報を記載した報告書を会社の管財人に提出し，会社の管財人の要請に応じてこれらに関する追加情報を提供しなければならない（会社法438B条(2)及び(3)）。

合理的な理由なくこれらの義務に違反した場合には，関連する取締役は刑事罰の対象となる（会社法438B条(4)及び(6)）。

(ii) 会社の株主

任意管理下にある会社の株式が，会社の管財人又は裁判所の承認なく譲渡された場合には，かかる譲渡は無効とされる（会社法437F条(1)）。会社の管

財人及び裁判所は、株式の譲渡が債権者全体の利益に資すると判断しない限り、譲渡の承認を行うことができない（会社法437F条(2)及び(4)）。

これと同様に、任意管理下にある会社の株式に付随する株主の権利が、会社の管財人又は裁判所の承認なく変更された場合には、かかる変更は無効とされる（会社法437F条(8)）。会社の管財人及び裁判所は、これらの権利の変更が債権者全体の利益になると判断しない限り、その承認を行うことができない（会社法437F条(9)及び(12)）。また、承認の対象となる株主の権利の変更が会社法の手続を経ていない場合も、会社の管財人及び裁判所はこれを承認することができない（会社法437F条(10)及び(12)）。

(iii) 会社の債権者一般
　A　債権者一般

会社が任意管理下にある間、会社の債権者は、会社の管財人又は裁判所の承認なく会社に対する民事訴訟や会社の資産に設定される権利の行使を伴う訴訟を提起することが禁じられ、係属中の手続も中断される（会社法440D条(1)）。ただし、この規定は仲裁には適用されない[98]。会社の管財人は、訴訟に関するこれらの承認を与えないことについて、いかなる責任も負わない（会社法440E条）。

ASIC又は会社の債権者は、会社が任意管理下にある間、債権者の利益を保護するように裁判所に申請することができる。裁判所はこの申請を受け、適切と判断する命令を発することができる（会社法447B条(1)及び(2)）。

　B　保証を受けている債権者

会社の取締役又はその親族が会社の債務を保証している場合には、会社が任意管理にある間、保証を受けている債権者は、裁判所の許可なくこのような取締役又はその親類に対して保証債務を履行させることができない（会社法440J条(1)）。ただし、裁判所は、債権者又はASICの申請に基づき、債権者の利益を守るために必要な命令を発することができる（会社法440J条(2)）。このような命令には、保証人の資産をオーストラリア国外に持ち出すことを禁止する命令や、保証人が国外に脱出しないようにするための命令等が含まれる（会社法1323条(1)）。

---

[98] *Auburn Council v Austin Australia Pty Ltd* (2004) 22 ACLC 766; [2004] NSWSC 141

(iv) 担保権者

A 担保権の行使権限

会社が任意管理下にある間は，原則として，担保権者は会社の資産に設定した担保権を行使することができない。しかし，以下のいずれかに該当する場合には担保権を行使することができ，本書15－1(c)(i)及び15－1(c)(v)で述べる，会社の管財人以外の者による会社の資産取引の制限規定は適用されない（会社法441A条(4)，441B条(3)及び441C条(3)）。

1. 担保権者が消耗品に対する完全化された担保権を有する場合（この場合，担保権者は担保権が設定される消耗品についてのみ担保権を行使できる）（会社法441C条）
2. 担保権者が有する完全化された担保権が会社の全て又はほぼ全ての資産に設定されている場合（会社法441A条(1)，(2)及び(3)）
3. 会社の管財人が選任された時点において既に担保権者（又はレシーバーやその他の者）が完全化された担保権を行使していた場合（会社法441B条(1)及び(2)）
4. 会社の管財人による書面上の同意又は裁判所による許可が得られた場合（会社法440B条(2)）

任意管理下にある会社の全て又はほぼ全ての資産に設定された担保権を有する担保権者が，その担保権を行使しようとする場合には，会社の管財人の選任が担保権者に通知されてから13営業日以内に担保権を行使するかどうかを決定しなければならない（会社法441A条(1)及び(2)並びに9条「decision period」の定義）。それまでに決定が行われない場合には，担保権者は担保権を行使することができなくなる。

裁判所は，会社の管財人の申請に基づき，担保権者（又はレシーバーやその他の代理人）による担保権の行使を制限することができる（会社法441D条(2)）。裁判所は，会社の管財人が行うことを予定していることが担保権者の利益に反さないことを確認するまでは，かかる制限を加える命令を発することはできない（会社法441D条(3)）。

会社の管財人は，担保権者又は裁判所の許可なく担保権が設定されている資産を売却することはできない。裁判所は，担保権者の利益が十分に保護されていることを確認しない限り，会社の管財人による資産売却を許可することはできない（会社法442C条(3)）。ただし，会社の日常の業務の過程で（棚

卸資産等の）資産を売却することは認められている（会社法442C条(1)及び(2)）。

会社が任意管理下に入る前に会社の資産に設定された循環担保権が通常の担保権となった場合でも，会社の管財人はこれらの資産を循環担保権が設定されている資産と同様に扱うことができるが（会社法442B条），担保権が設定されている以上，上述の通り，担保権者又は裁判所の許可なくこれらを売却することはできない。

B　完全化されていない担保権

会社が任意管理下に入った時点で完全化されていない担保権は，その時点で担保権者から会社に付与されたものとみなされる（動産担保法267条(1)及び(2)）。これにより，債権者は担保権を行使することができなくなり，無担保債権者と同様に扱われることとなる。

C　登録が遅れた場合の担保権

任意管理が開始された時点で担保権が動産担保レジスターに登録されたことにより完全化されている場合でも，その担保権の登録が以下のうち最も遅い時点より後に行われたときは，原則として，当該担保権は会社に付与されたものとみなされる（会社法588FL条(2)，(4)及び(7)）。

1. 任意管理の開始日の6ヶ月前
2. 担保権を設定する担保契約が発効した日から20営業日後又は任意管理の開始日のどちらか早い方
3. 担保権を設定する担保契約が海外の法律に基づき発効したが，オーストラリアの法律に基づき第三者に対して担保権を行使できるようになったのが任意管理の開始日とされる日の6ヶ月前より後であった場合には，担保権が行使できるようになってから56日後又は任意管理の開始日のどちらか早い方
4. 裁判所が命令する時点

(v)　会社の資産について権利を有する者

会社が任意管理下にある間，以下に該当する者が会社の資産に関して有する権利は，以下の通り制限される。ただし，いずれの場合においても，会社の管財人の書面による同意又は裁判所の承認があれば，これらの制限は適用されない（会社法440B条）。また，消耗品又は会社の全資産に設定され，完

全化された担保権を有する担保権者による権利行使については，以下の制限を受けない．

	該当者	制限される行為
1.	会社の資産を占有又は支配することにより完全化された担保権の保有者	担保資産の売却又はその他の方法による担保権の行使
2.	会社が使用又は占有する資産の賃貸人（リースによって発生した動産担保法上の担保権を有する者も含む）	・不動産賃料支払のための資産の差押え ・資産の取戻しその他の回収 ・動産担保法上の担保権を有する者による担保権の行使
3.	会社が使用又は占有する資産の所有者（動産担保法上の担保権を有する者も含む）	・資産の取戻しその他の回収 ・動産担保法上の担保権を有する者による担保権の行使
4.	上記に該当しない担保権者	担保資産に設定されている担保権の行使

(vi) 清算手続

任意管理下にある会社は，会社法の規定に基づいて清算手続に移行された場合を除き，任意清算を行うことができない（会社法440A条(1)）．

会社が任意管理下にある間に裁判所による清算命令の申請が行われ，会社の任意管理が清算よりも債権者の利益に資すると裁判所が判断した場合には，裁判所は清算命令の申請の審議を延期しなければならない（会社法440A条(2)）．また，会社の任意管理を継続させることが仮清算人を選任することよりも債権者の利益に資すると裁判所が判断した場合には，裁判所は仮清算人を選任することもできない（会社法440A条(3)）．

(d) 会社管理の手順

(i) 会社の管財人の選任

会社の任意管理に，会社の管財人の選任によって開始される（会社法435C条(1)(a)）．任意管理が開始されることにより，会社の管財人は会社の資産や事業を管理する権限等の会社の経営者が有していた権限を得ることとなる．また，任意管理期間中は管財人以外のオフィサーの権限は停止される．

本書15－1(b)(ⅱ)で述べた通り，会社の管財人が選任されると，管財人は選任の翌営業日が終了する前までにASICに対して選任の通知を行い，選任後3営業日以内に，全国紙，又は会社の登録上の住所若しくは事業が行われている州若しくは準州にて発行されている日刊紙において，選任の公告を掲載しなければならない（会社法450A条(1)及び会社法規則5.3A.07A条）。また，会社の資産の全て又はほぼ全てに設定された担保権を有する担保権者に対しても，選任を通知しなければならない（会社法450A条(3)）。

会社の全て又はほぼ全ての資産に設定された担保権を有する担保権者が会社の管財人を選任した場合には，管財人は，会社に対して翌営業日が終了する前までに選任の通知を提出しなければならない（会社法450A条(2)）。

会社が任意管理下にある間，会社が発行する公的書面や譲渡可能手形には，会社の管財人が選任されたことを示す「administrator appointed」という表現を会社名の後に付さなければならない（会社法450E条(1)）。

(ⅱ) 請求権の停止

任意管理手続が開始されると，会社に対する債権者の請求は停止され，会社の管財人以外の者による会社資産の取引は原則として無効とされるが，本書15－1(b)(ⅳ)で述べた通り，以下のいずれかに該当する場合には，会社の担保権者（又は担保権者が選任したレシーバー等）にはこの規定が適用されない。

・会社の管財人が選任された時点で既に担保権が行使されていた場合
・債権者が会社の資産の全て又はほぼ全てに設定された担保権を保有している場合
・消耗品に担保権が設定されている場合

また，以下のいずれかに該当する場合には，会社が使用又は占有する資産の所有者又は賃貸人にも，会社資産の取引の禁止規定が適用されない（会社法441F条及び441G条）。

・会社の管財人が選任された時点で既に資産を占有又は支配していた場合
・資産が消耗品である場合

(iii) 第一回債権者集会及び債権者委員会
A 債権者集会の通知等

会社の管財人は，会社の任意管理の開始から8営業日以内に債権者集会を開催しなければならない（会社法436E条(2)）。この債権者集会は，**第一回債権者集会**（first creditors' meeting）と呼ばれている。会社の管財人は，遅くとも開催予定日の5営業日前までに，できるだけ多くの債権者に集会開催の通知を行わなければならず，全国紙，又は会社の登録上の住所若しくは事業が行われている州若しくは準州にて発行されている日刊紙において，第一回債権者集会開催の公告を掲載しなければならない（会社法436E条(3)）。なお，債権者集会開催の公告については，会社の管財人選任の公告と合わせて掲載することが認められている（会社法436E条(3A)）。

会社の管財人は，選任後速やかに以下の宣誓を行い，宣誓書の写しを第一回債権者集会の通知と併せてできるだけ多くの債権者に送付しなければならない。また，これらの宣誓書の写しは，債権者集会において提示されなければならない（会社法436DA条(1)，(2)，(3)及び(4)）。

1．会社との関係に関する宣誓（declaration of relevant relationships）
2．補償の宣誓（declaration of indemnities）

「会社との関係に関する宣誓」とは，会社の管財人と会社やその関係者，清算人又は会社の全て若しくはほぼ全ての資産に設定された担保権を有する債権者との間に過去24ヶ月の間に関係があったかどうか，また，そのような関係があった場合には，当該関係が利益相反をもたらさないことを宣誓する書面をいう（会社法60条(1)）。

「補償の宣誓」とは，会社の管財人が，その負担する債務及び報酬に関して会社の資産から受ける補償とは別の補償を受けるかどうか，また，そのような補償を受ける場合には当該補償の提供者及びその範囲と性質について宣誓する書面をいう（会社法9条「declaration of indemnities」の定義）。

B 債権者集会及び債権者委員会（committee of creditors）

第一回債権者集会の目的は，**債権者委員会**（committee of creditors）を設立するかどうか，また，設立する場合には誰が委員会のメンバーとなるかを決定することにある（会社法436E条(1)）。委員会のメンバーには，債権者（債権者が法人の場合には，そのオフィサー，従業員又はその他の代理人）又は債権者の代理人のみがなることができる（会社法436G条）。債権者委員会は，会

社の任意管理について会社の管財人と相談し，また，会社の管財人の作成する報告書を受領して検討する役割を負う。債権者委員会は，会社の管財人に指示を与えることはできないが，会社の管財人に対して合理的な範囲で任意管理に関する説明を求めることができ，会社の管財人はこれに対応しなければならない（会社法436F条）。

第一回債権者集会では，債権者委員会設立に関する決議のほか，会社の管財人を解任し，別の者を会社の管財人に選任することができる（会社法436E条(4)）。

(iv) 会社の調査

会社の管財人は，会社の事業や資産，財務状況の調査を行い，会社が以下のいずれの選択肢を採るべきかについて意見をまとめなければならない（会社法438A条）。

1．DOCAを締結すること
2．任意管理手続を終了すること
3．会社を清算すること

会社の取締役は，任意管理期間中，会社の管財人の調査に協力する義務を負う。本書15-1(c)(i)で述べた通り，取締役は，任意管理の開始後速やかに，自らが保有する会社の記録を会社の管財人に提出し，その他の会社の記録の保管場所を知っている場合には，これを会社の管財人に伝えなければならない。また，取締役会は，会社の管財人の選任から5営業日以内に会社の事業，資産，活動及び財務状況等の情報を記載した報告書を会社の管財人に提出し，会社の管財人の要請に応じてこれらに関する追加情報を提供しなければならない。

会社の管財人は，原則として会社の記録を保有する権限を有し，記録の保有者に対して記録を提出するよう要求することができる（会社法438C条(1)及び(3)）。担保権者が記録を優先的に保有する権利を有する場合には，会社の管財人はその記録を提出するよう求めることはできないが，このような場合でもその記録を閲覧，謄写することはできる（会社法438C条(2)）。

また，本書15-1(b)(viii)で述べた通り，会社の調査の過程において，会社のオフィサー又は株主が刑事罰の対象となることや，会社の資産を不正に使用する等，会社に関する法的義務に違反していたことが判明した場合には，

会社の管財人はそれに関する報告書を ASIC に対して提出し，かつ ASIC の要請に応じて関連する情報や書類を提供しなければならない。

さらに，会社の管財人は，任意管理期間中，6 ヶ月毎の収支に関する記録を ASIC に提出しなければならない（会社法 438E 条(1)）。

(v) 第二回債権者集会
A 債権者集会の招集期間

会社の管財人は，債権者が会社の今後の進め方について検討し，決議するための集会を招集しなければならない（会社法 439A 条(1)）。この債権者集会は，**第二回債権者集会**（second creditors' meeting）と呼ばれている。第二回債権者集会は「招集期間（convening period）」と定義される期間の終了日の 5 日前から終了後 5 日以内の期間内に開催されなければならない（会社法 439A 条(2)）。会社法は「招集期間」の定義について，原則として，任意管理の開始日（開始日が営業日でない場合はその翌営業日）から 20 営業日後までの期間と定めている（会社法 439A 条(5)）。裁判所は，会社の管財人の申請に基づきこの招集期間を延長することができるが，招集期間の延長が債権者の利益となると判断した場合でなければ，延長を許可することはできない（会社法 439A 条(6)及び(7)）。実務上，会社の置かれている状況によっては法定の期限日までに第二回債権者集会の招集を行える状態ではないケースも多く，裁判所は債権者の意向や会社の資産状況，業務の複雑さ等の関連する事項を総合的に考慮して任意管理期間の延長の可否を判断する。

B 債権者集会の開催通知

会社の管財人は，遅くとも第二回債権者集会の開催予定日の 5 営業日前までに，できるだけ多くの債権者に集会開催の通知をしなければならず，全国紙，又は会社の登録上の住所若しくは事業が行われている州若しくは準州にて発行されている日刊紙において，第二回債権者集会開催の公告を掲載しなければならない（会社法 439A 条(3)）。債権者に対する通知には，以下の書類の写しを添付しなければならない（会社法 439A 条(4)）。

1. 会社の事業，資産，活動及び財務状況に関する会社の管財人の報告書
2. DOCA の締結，任意管理の終了又は会社清算のいずれの選択肢を採るべきかについての会社の管財人の意見及びその理由並びに債権者の判断に必要な情報

3．会社の管財人がDOCAの締結を推奨する場合には，提案するDOCAの詳細な内容の説明書

C　債権者集会

第二回債権者集会では，会社の管財人が議事を進行する。この集会を延期することも可能であるが，延期される期間の合計が45営業日を超えてはならない（会社法439B条）。この集会では，債権者は以下のいずれかの決議を行うことができる（会社法439C条）。

1．DOCAを締結すること（第二回債権者集会開催の通知に添付されるDOCAの規定案と異なる内容のDOCAを採用することを決議することもできる）
2．任意管理を終了すること
3．会社を清算すること

債権者により上記のいずれの決議もできないまま集会が閉会した場合には，任意管理は強制的に終了される（会社法435C条(3)(e)）。

(vi)　DOCAに基づく会社管理への移行

第二回債権者集会において，会社がDOCAを締結することを決議した場合には，会社の任意管理はDOCAの締結まで継続される（会社法435C条(2)(a)）。会社の管財人は，債権者が別の者を選任しない限り，DOCAの管財人に就任する（会社法444A条(2)）。

会社は，第二回債権者集会の決議から15営業日以内，又は裁判所が許可する期間内に，DOCAに署名しなければならない（会社法444B条(2)）。会社の取締役は，会社の管財人の同意を得ずに取締役会決議によって会社がDOCAに署名することを承認することができる。この承認権限は，オフィサーとしての権限停止の例外として，会社法で認められている（会社法444B条(3)及び(4)）。会社が上述の期間内にDOCAに署名しなかった場合には，会社は任意清算の開始決議をしたものとみなされ（会社法446A条(1)(b)及び(2)），DOCAの管財人はその旨をASICに対して通知し，かつ債権者に対して報告しなければならない。

他方，DOCAの管財人の就任予定者も，会社によるDOCAの署名前又は署名後速やかにDOCAに署名しなければならない（会社法444B条(5)）。会社とDOCAの管財人就任予定者の両者がDOCAに署名した時点でDOCAが

発効する（会社法 444B 条(6)）。

DOCA の締結後，DOCA の管財人は速やかに各債権者に対して DOCA 締結を通知し，DOCA の写しを ASIC に対して提出しなければならない（会社法 450B 条）。

第二回債権者集会の決議から DOCA の発効又は会社による DOCA の署名期限の終了時までの期間中，DOCA に拘束されることになる者は，DOCA が発効していないにもかかわらず DOCA の規定に反する行為を行ってはならない（会社法 444C 条）。

(vii) 債権者による任意清算への移行

第二回債権者集会において債権者が会社の清算を決議した場合には，任意清算の開始に必要な株主の特別決議が行われたものとみなされる（会社法 446A 条(1)(a)及び(2)）。また，債権者による任意清算手続において開催が義務付けられている債権者集会が開催されたものとみなされる（会社法 446A 条(3)）。

第二回債権者集会において債権者が別途清算人の選任の決議をしない限り，会社の管財人が会社の清算人として選任されたものとみなされ，集会の閉会をもって会社の管財人は清算人となる（会社法 499 条(2A)）。

清算人は，第二回債権者集会における決議が行われた日の 5 営業日以内に，ASIC に対して清算手続開始の通知を行わなければならず，決議が行われた日の 15 営業日以内に，全国紙，又は会社の登録上の住所若しくは事業が行われている州若しくは準州にて発行されている日刊紙において，ASIC に対する通知と同内容の公告を掲載しなければならない（会社法 446A 条(5)及び会社法規則 5.3A.06A 条）。

(viii) 会社管理の終了

会社の任意管理は，通常は，以下のいずれかが行われた時点で終了する（会社法 435C 条(2)）。

1．会社と管財人の両者による DOCA への署名
2．第二回債権者集会における任意管理終了決議
3．第二回債権者集会における会社の清算決議

また，以下のような事由によっても任意管理は終了する（会社法 435C 条(3)）。

- 裁判所が任意管理の終了を命令した場合
- 第二回債権者集会が法定の期限までに開催されなかった場合
- 第二回債権者集会において，債権者が会社の今後の進め方に関して決議できなかった場合
- 会社が法定の期限までに DOCA に署名しなかった場合
- 裁判所が会社に仮清算人を選任するか，会社の清算を命令した場合

会社の任意管理の終了後，会社の管財人又は DOCA の管財人は，ASIC に対して速やかに通知しなければならない（会社法規則 5.3A.01 条(1)）。

15-2　DOCA に基づく会社管理

(a) DOCA の管財人

(i) 管財人の資格者

会社の管財人の場合と同様に，DOCA の管財人には，会社清算人の資格を有する者でなければ就任することができない（会社法 448B 条(1)及び(2)）。また，本書 15-1(b)(i)で述べた，会社の管財人の就任に適用される会社法の規定も，DOCA の管財人の就任について同様に適用される（会社法 448C 条(1)及び(4)）。

(ii) DOCA の管財人の選任

債権者が別の者を選任しない限り，会社の管財人が DOCA の管財人に就任する。債権者が別の者を選任した場合には，選任された者は事前に書面により就任に同意しなければならない（会社法 448A 条）。

DOCA の管財人の選任の有効性に合理的な疑いがある場合には，DOCA の管財人，会社又は債権者は，DOCA の管財人が有効に選任されたかどうかについて，裁判所に判断を求めることができる（会社法 447C 条(1)）。裁判所は，その申請理由を踏まえて，DOCA の管財人が有効に選任されたかどうかを宣言する（会社法 447C 条(2)）。

DOCA の管財人が選任されると，DOCA の管財人は，選任の翌営業日が終了する前に ASIC に対して通知しなければならない（会社法規則 5.3A.03 条）。

(iii) DOCA の管財人の権限

DOCA の管財人の権限及び役割は，通常は DOCA に規定される。また，DOCA に別段の定めがない限り，会社法規則に規定されている DOCA の管財人の権限の規定も適用される（会社法 444A 条(5)，会社法規則 5.3A.06 条及び別紙 8A 第 2 項）。

会社法は，DOCA の管財人に対して，株主又は裁判所の承認を得た場合において，会社の株式を譲渡する権限を与えている（会社法 444GA 条(1)）。ただし，ASIC，株主，債権者その他の利害関係者は，DOCA の管財人による裁判所の承認申請に異議を申し立てることができ，裁判所は承認の対象となる株式譲渡が株主の利益を不公平に損なわないことが確認できない限り，譲渡の承認を行うことはできない（会社法 444GA 条(2)及び(3)）。

(iv) DOCA の管財人の報酬

DOCA の管財人は，以下の方法で決定された報酬を受ける権利を有する（会社法 449E 条(1A)）。

1．DOCA の管財人と調査委員会（設置されている場合）による合意
2．債権者集会における決議
3．（上記合意や決議が行われなかった場合には）裁判所の判断

上記 1 の場合には，DOCA の管財人は合意を行う前に，調査委員会が報酬額の妥当性を判断するために必要な情報及び DOCA の管財人の業務，並びにそれにかかる費用を記載した報告書を調査委員会の各メンバーに提出しなければならない。上記 2 の場合も同様に，債権者集会の決議が行われる前に，同様の報告書を各債権者に提出しなければならない（会社法 449E 条(6)及び(7)）。

上記 1 又は 2 によって DOCA の管財人の報酬が決定された場合には，ASIC，DOCA の管財人，会社のオフィサー，株主又は債権者の申請に基づき，裁判所は報酬の見直しを行い，その増額又は減額を決定することができる（会社法 449E 条(2)）。

(v) DOCA の管財人の辞任及び解任

DOCA の管財人が一度選任されると，選任した者はこれを取り消すことはできないが（会社法 449A 条），ASIC，債権者若しくは清算人（仮清算人も

含む）は，DOCAの管財人の解任を裁判所に申請することができ，裁判所は，これに基づいてDOCAの管財人の解任及び後任者の選任を命令することができる（会社法449B条）。また，DOCAの管財人の辞任，解任又は死亡の場合には，裁判所は代わりのDOCAの管財人を選任することができる（会社法449D条(1)）。DOCAが有効な期間中，何らかの理由によりDOCAの管財人としてDOCAの管理を行う者がいなくなった場合には，ASIC，オフィサー，株主又は債権者の申請により，裁判所は新たなDOCAの管財人を選任することができる（会社法449D条(2)及び(3)）。

(vi) 裁判所による監督

ASIC，会社の債権者及び株主は，DOCAの管財人が以下のような行為を行ったと判断した場合には，裁判所に対して，これに対処するための必要な命令を発するよう申請することができる（会社法447E条(3)）。

1．会社の事業や資産を債権者又は株主に不利益を与える形で管理する行為
2．債権者又は株主に不利益を与える行為（不作為を含む）

裁判所は，DOCAの管財人が上記の行為を行ったと判断した場合には，裁判所が適切と考える命令を発することができる（会社法447E条(1)）。

(b) DOCA

(i) DOCAの締結

DOCAは，会社とDOCAの管財人の両者によって署名された時点で発効し，DOCAの管財人は速やかに各債権者に対してDOCA締結を通知し，DOCAの写しをASICに対して提出しなければならない。

DOCAが効力を有する期間中，会社が発行する公的書面や譲渡可能手形には，会社がDOCAの対象となっていることを示す「subject to deed of company arrangement」という表現を会社名の後に付さなければならない（会社法450E条(2)）。

(ii) DOCAの内容

会社の管財人は，DOCAの内容を記載した書面を作成しなければならないが，会社法は，最低限以下の事項について記載しなければならないと規定

している（会社法 444A 条(3)及び(4)）。
 1．DOCA の管財人
 2．債権者の債権に対する弁済に充てられる会社の資産
 3．債権者の会社に対する債権行使が一時停止される期間及び性質
 4．会社の債務免除の程度
 5．DOCA が実行されるための条件（条件が存在する場合）
 6．DOCA が継続されるための条件（条件が存在する場合）
 7．DOCA の解除条件
 8．DOCA に拘束される債権者が残余財産分配を受ける優先順位
 9．DOCA において会社に対する債権を有していると認められるためには，いつまでに債権が発生していなければならないかについての期限（この期限は会社管理が開始された日以降であってはならない）

(iii) DOCA の拘束力

　DOCA により特定された日までに会社に対する債権があると認められた債権者は，任意管理期間中の第二回債権者集会において決議に賛成したかどうかにかかわらず，全員が DOCA に拘束される（会社法 444D 条(1)）。また，DOCA は，会社並びにそのオフィサー及び株主も拘束する（会社法 444G 条）。

　会社の任意管理期間中の第二回債権者集会において DOCA を採用することが決議されてから DOCA が発効するまでの間，これに拘束されることになる者は，まだ DOCA は発効していないものの，DOCA の規定に反する行為を行ってはならない（会社法 444C 条）。

(iv) DOCA の変更

　DOCA を変更するためには，債権者集会の決議が必要である（会社法 445A 条）。DOCA の管財人は，自らの意思で債権者集会を招集できるが，会社の債務総額の 10％以上にあたる金額の債権を有する債権者が債権者集会の開催を要求した場合には，DOCA の管財人は集会を招集しなければならない（会社法 445F 条(1)）。DOCA の管財人は，債権者集会の開催予定日の 5 営業日前までに，招集通知をできるだけ多くの債権者に送付しなければならない（会社法 445F 条(2)）。招集通知には，DOCA 変更の決議事項及び（債権者の要求に応じて債権者集会が開催される場合には）債権者の要求において記

載される決議事項を記載しなければならない（会社法445F条(3)）。

債権者集会では，招集通知に記載されるDOCAの変更案と大幅に異なる内容の変更を決議することはできない（会社法445A条）。

DOCAの変更が可決された場合には，債権者は裁判所に対して変更の取消を申請することができる（会社法445B条(1)）。この申請を受けた裁判所は，変更の全部若しくは一部の取消又は変更の確認を行うことができ，その他適切と判断する命令を下すことができる（会社法445B条(2)）。

(v) 裁判所によるDOCAの有効・無効の宣言

DOCAの管財人，会社の株主，債権者又はASICが，DOCAの締結や内容が会社法に違反していることについて合理的な疑いを有する場合には，裁判所に対してDOCA又はその特定の条項の有効性を審査して宣言する命令を行うことを申請することができる（会社法445G条(1)）。裁判所は，この申請に基づき，DOCA又は申請の対象となる特定の条項が有効か無効かについて宣言する命令を発することができる（会社法445G条(2)）。裁判所は，DOCA又はその特定の条項が法律に違反していると判断した場合でも，以下の条件をいずれも満たしているときには，これを有効であると宣言することができる（会社法445G条(3)）。

1．関連する会社法の規定が概ね遵守されていること
2．関連する規定の違反を無視しても，DOCAに拘束される者に対して不公正な結果とならないこと

DOCAの特定の条項が無効とされた場合には，裁判所は，DOCAの管財人の同意を得た上で，DOCAの関連する規定を変更する命令を出すことができる（会社法445G条(4)）。

(c) DOCAに基づく会社管理の影響

(i) 会社，オフィサー及び株主

DOCAが締結されると，会社，そのオフィサー及び株主は，その規定に拘束される。DOCAが有効な間は，DOCAに拘束される者は会社の清算申請を行うことはできず，DOCA締結前に既に行われていた清算申請を停止しなければならない（会社法444E条(2)）。また，DOCAに拘束される者は，裁判所の許可なく会社に対する訴訟や会社の資産に設定される権利の行使を

伴う訴訟を提起し，又は遂行することができない（会社法444E条(3)）。

(ii) 会社の債権者一般

DOCAに定められた日までに会社に対する債権を有すると認められた債権者は，会社の任意管理の第二回債権者集会において決議に賛成したかどうかにかかわらず，全員DOCAに拘束される。この場合の債権者には，偶発債権を有する者も含まれる[99]。

会社やそのオフィサー及び株主と同様，DOCAが有効な間は，債権者は会社の清算命令を裁判所に申請することはできず，DOCA締結前に既に行われていた申請については，これを停止しなければならない（会社法444E条(2)）。また，裁判所の許可なく会社に対する訴訟や会社の資産に関連する訴訟を提起し，又は継続することや，会社の資産に設定される権利を行使することもできない（会社法444E条(3)）。

会社が債権者に対して負う債務は，DOCAに規定される範囲内で免除される。また，免除される債務は，DOCAに拘束される債権者との関係でのみ免除される（会社法444H条）。

(iii) 債権者としての従業員

会社法は，会社の従業員が一定の優先順位にて会社の残余財産分配を受けることができることをDOCAに明記しなければならない旨を規定している。会社法は，会社が清算された場合の残余財産分配の優先順位を規定しているが，DOCAに基づく管理下にある会社の従業員についても，会社が清算された場合と同位又はそれ以上の優先順位にて会社の資産の分配を受ける権利を与えている（会社法444DA条(1)）。

もっとも，従業員が（会社の任意管理の）第二回債権者集会の前に開催される従業員債権者の集会において上記の規定をDOCAで定めないことを決議した場合には，上記の会社法の規定は適用されない（会社法444DA条(2)）。会社の管財人は，従業員債権者の集会の招集通知を開催予定日の5営業日前

---

[99] *Brash Holdings Ltd* (*admin apptd*) *v Katile Pty Ltd* [1996] 1 VR 24; (1994) 13 ACSR 504 なお，この偶発債権を有する者には，会社が将来的な賃料の支払義務を負う不動産の所有者も含まれる（*Molit* (*No 55*) *Pty Ltd v Lam Soon Australia Pty Ltd* (*admin apptd*) (1996) 135 ALR 280; 19 ACSR 160）。

までに，できるだけ多くの従業員に送付しなければならない（会社法444DA条(3)）。招集通知には，従業員債権者の優先順位をDOCAにおいて定めないことが，会社が清算される場合と比較して従業員の利益となるかどうかに関する会社の管財人の意見及びその理由，並びにその他従業員の判断に必要と思われる情報が記載された書類を添付しなければならない（会社法444DA条(4)）。

このほか，裁判所も従業員債権者の優先順位をDOCAで定めないことを許可することができる。DOCAの管財人，従業員又はその他の利害関係者が裁判所に対して関係規定の適用除外の申請を行い，裁判所がDOCAで従業員債権者の優先順位を定めなくとも会社が清算される場合と比較して従業員の不利益にならないと判断する場合には，裁判所は従業員債権者の優先順位をDOCAにおいて定めないことを許可することができる。

(iv) 担保権者
A 担保権行使の制限
DOCAが締結された場合でも，原則として担保権者は担保権を行使することができるが，以下に該当する場合にはこれを行使することができない（会社法444D条(2)）。
1. 担保権者が第二回債権者集会において，担保権の行使を制限する内容のDOCAを締結する決議に賛成した場合
2. 裁判所が担保権者による担保権の行使やこれに関連する取引を制限する命令を発した場合

DOCAの管財人は，担保権者が担保権を行使することを禁止する命令を発するよう裁判所に申請することができる（会社法444F条(7)）。裁判所は，担保権の行使がDOCAの目的達成に重大な悪影響を及ぼし，担保権を行使しなくても担保権者の利益が十分に保護されることを確認できた場合には，担保権の行使を禁止又は制限する命令を発することができる（会社法444F条(2)及び(3)）。

B 完全化されていない担保権
会社がDOCAに署名した時点で完全化されていない担保権は，担保権者から会社に付与されたものとみなされる（動産担保法267条(1)及び(2)）。この場合には，債権者は担保権を行使することができなくなり，会社の無担保債

権者と同様に扱われることとなる。

　C　登録が遅れた場合の担保権

　DOCA の締結により終了した任意管理手続が開始された時点で担保権が動産担保レジスターに登録されたことにより完全化されていても，担保権の登録が以下のうち最も遅く発生する時点より後に行われた場合には，当該担保権は原則として会社に付与されたものとみなされる（会社法588FL条(2), (4)及び(7)）。

1. 任意管理手続が開始された日の6ヶ月前
2. 担保権を設定する担保契約が発効する日から20営業日後又は任意管理手続の開始日のどちらか早い方
3. 担保権を設定する担保契約が海外の法律に基づき発効したが，オーストラリアの法律に基づき第三者に対して担保権を行使できるようになったのが任意管理手続の開始日とみなされる日の6ヶ月前より後であった場合には，担保権が行使可能となった56日後又は任意管理の開始日のどちらか早い方
4. 別途裁判所が命令する時点

(v)　会社資産の所有者又は賃貸人

　担保権者と同様に，会社が使用又は占有しているものの所有権を有していない資産の所有者や賃貸人も，以下の場合を除き，これらの資産に対する権利を行使することができる（会社法444D条(3)）。

1. 所有者又は賃貸人が，第二回債権者集会において，その権利行使を制限する内容のDOCAの締結に賛成した場合
2. 裁判所が担保権者による権利行使その他の関連する取引を制限する命令を発した場合

　ただし，所有権留保付売買契約やリース契約上，会社が占有している動産の所有権を有する者については，この規定は適用されない（会社法444D条(3A)）。

　DOCA の管財人は，所有者や賃貸人が動産に対して有する権利を行使しないよう裁判所に申請することができる（会社法444F条(7)）。裁判所は，権利の行使がDOCAの目的達成に重大な悪影響を及ぼし，権利を行使しなくても所有者や賃貸人の利益が十分に保護されることを確認できた場合には，

権利行使を禁止又は制限する命令を発することができる（会社法444F条(2)及び(3)）。

(d) DOCAに基づく会社管理の終了

(i) DOCAの解除事由

DOCAは，以下の場合に解除される（会社法445C条）。
1．裁判所がDOCAの解除を命令した場合
2．債権者集会においてDOCAの解除が可決された場合
3．DOCAに解除事由に関する規定があり，かかる事由が発生した場合
4．DOCAの管財人が会社法の規定に従ったDOCAの終了通知に署名した場合

(ii) 裁判所の命令による解除

裁判所は，以下のいずれかに該当すると判断した場合には，DOCAを解除する命令を発することができる（会社法445D条(1)）。
・会社の管財人又は債権者に提供された会社の事業，資産，活動及び財務状況に関する情報が虚偽又は誤解を招くものであり，かつ，それが任意管理における第二回債権者集会において債権者がDOCA採用の是非を判断するために重要なものであった場合
・第二回債権者集会の招集通知に添付される報告書が虚偽又は誤解を招くものであり，かつ，それが第二回債権者集会において債権者がDOCA採用の是非を判断するために重要なものであった場合
・第二回債権者集会の招集通知に添付される報告書に重大な漏れがあり，かつ，それが第二回債権者集会において債権者がDOCA採用の是非を判断するために重要なものであった場合
・DOCAに拘束される者が，DOCAの規定事項の重大な違反を犯した場合
・不公正な行為や過度の遅延が行われない限り，DOCAが履行できない場合
・DOCA又はその規定事項の履行が特定の債権者を抑圧したり，特定の債権者が不公平に不利益を蒙ったり，債権者全体に不利益を与える場合
・その他DOCAを解除すべき場合

DOCA の解除に関する裁判所への申請は，ASIC，債権者，会社又はその他の利害関係者が行うことができる（会社法 445D 条(2)）。

(iii) 債権者集会による解除
　会社法は，債権者が債権者集会で DOCA の解除を可決する権限に制限を設けている。すなわち，DOCA の規定違反が生じており，DOCA の解除前に違反が治癒されない場合には，債権者集会により DOCA を解除することが認められる（会社法 445CA 条）。
　DOCA の管財人は，自らの意思で DOCA の解約の是非を決議する債権者集会を招集できるが，会社の債務全体の 10％以上にあたる金額の債権を保有する債権者が債権者集会の開催を要求した場合には，DOCA の管財人は集会を招集しなければならない（会社法 445F 条(1)）。DOCA の管財人は，債権者集会の開催予定日の 5 営業日前までに，招集通知をできるだけ多くの債権者に送付しなければならず，通知には DOCA 解除の決議事項及び（債権者の要求に応じて債権者集会が開催される場合には）債権者の要求に記載された決議事項を記載しなければならない（会社法 445F 条(2)及び(3)）。
　債権者集会の招集通知に会社清算に関する決議事項が記載され，かつ，集会で DOCA の解除が決議された場合には，債権者は同じ集会において会社の清算を決議することもできる（会社法 445E 条）。

(iv) DOCA の管財人による DOCA 解除の通知
　DOCA の管財人は，以下のいずれかが完了した場合には，DOCA 解除の証明書を作成し，ASIC に対して 28 日以内に通知しなければならない（会社法 445FA 条）。
 1．DOCA の管財人が債権者に支払われる資産売却益を全て分配した場合
 2．DOCA の管財人が債権者に債務全額又は債権者集会で承認された金額を支払った場合
 3．DOCA の当事者が負担する DOCA 上の義務が全て履行され，その規定通りに債権者の債権が処理された場合

16. 清算（winding up）

16-1　会社清算

(a) 概　要

　会社の清算とは，会社を解散して登録を抹消する手続のことをいう。この手続の基本概念は，日本の会社清算のそれと類似している。すなわち，この手続では，会社に**清算人**（liquidator）と呼ばれる者が選任される。清算人の主たる義務は，会社の資産を回収して現金化した上で，これを債権者及び株主等に分配することにある。また，清算人は，清算手続開始前の会社の行為を調査する義務を負う。会社法は，清算人に対し，これらの義務を履行できるように広範な権限を与えている。

　会社の清算は，大きく分けて**裁判所による清算**（winding up by the court, **強制清算**（compulsory winding up）ともいう）と**任意清算**（voluntary winding up）に分類され，任意清算はさらに**株主による任意清算**（members' voluntary winding up）と**債権者による任意清算**（creditors' voluntary winding up）に分類される。

　裁判所による清算は，その名が示す通り，裁判所の命令によって開始される。裁判所が清算命令を出す理由のうち最も多いのは会社の破産であるが，このほかにも株主総会の特別決議により裁判所による清算命令を受けることが可決された場合，会社設立後1年以上事業が開始されなかった場合，特定の株主を抑圧するような形で会社が運営される場合等にも，会社の清算が命令されることがある。厳密に言えば，裁判所は会社の清算自体を命令するのではなく，会社の資産を現金化し，事業を終結させる手続を開始する命令を発する[100]。裁判所による会社清算手続については，本書16-2で詳述する。

　任意清算は，株主による場合及び債権者による場合のいずれの場合についても，株主総会の特別決議により開始される。株主による任意清算は会社にまだ債務返済能力がある場合にのみ開始することができ，清算人による清算

---

[100] *Re Crust 'n' Crumbs Bakers (Wholesale) Pty Ltd* [1992] 2 Qd R 76 at 78; (1991) 5 ACSR 70; 9 ACLC 912

作業を株主がある程度コントロールすることができる。債務返済能力がない会社を任意に清算させる場合には，債権者による任意清算の手続を採らなければならない。債権者による任意清算も株主によって開始されるが，株主ではなく債権者が清算作業をある程度コントロールする。会社の任意清算手続については，本書16-3で詳述する。

本書16-1では，全ての種類の清算手続に共通する事項の概要について説明する。

(b) 清算人

会社の清算人は，会社の資産を現金化した上で債権者及び株主にこれを還元する役割を担うが，本書16項では全ての種類の清算手続に共通してあてはまる事項について説明する。裁判所による清算手続又は任意清算手続において選任される清算人にのみ該当する事項については，本書16-2及び16-3にてそれぞれ詳述する。

(i) 清算人の登録

会社の清算人となるためには，清算人として登録された者であるか，又はASICが特定の会社の清算人として登録することを認めた者でなければならない（会社法532条(1)）。清算人は自然人しかなることができず，一定の学位や実務経験を有し，適切な経験，能力及び人格があるとASICに認められた者でなければ清算人として登録することができない（会社法1282条(2)）。

特定の会社の清算人として登録することを申請する場合には，その会社の資産及び事業並びに債権者や貢献者（本書16-1(c)参照）との利害関係を照らし合わせ，申請者に適切な経験，能力及び人格があるとASICが認めた場合にのみ，登録が許可される（会社法1282条(3)）。

(ii) 特定の会社の清算人となる資格

清算人として登録されている者であっても，裁判所による許可がない限り，原則として，以下に該当する者が会社の清算人となることはできない（会社法532条(2)）。

- 会社又はその関連会社に対して，5,000豪ドルを超える債権又は債務を有する者（ただし，清算人としての立場で会社に5,000豪ドルを超える債権

を有する場合には該当しない）
・会社の（清算人以外の）オフィサー又は従業員
・会社の担保権者のオフィサー又は従業員
・会社の監査人又はそのパートナー若しくは従業員
・会社のオフィサーのパートナー，雇用主又は従業員
・会社のオフィサーの従業員のパートナー又は従業員

ただし，非公開会社の株主による任意清算の場合には，上記のうち，清算人が会社又はその関連会社に対して5,000豪ドルを超える債権又は債務を有する者であってはならないという要件以外は適用されず，また，清算人として登録されている必要もない（会社法532条(4)）。また，債権者による任意清算の場合には，債権者集会において債権者が承認すれば，清算人が会社又はその関連会社に対して5,000豪ドルを超える債権又は債務を有する者であってはならないという要件以外の上記の要件を除外することができる（会社法532条(5)）。

なお，会社のオフィサー，従業員及び監査人については，過去2年間にこれらの役職に就いていた者は，清算人選任時にこれらの役職に就いていなくとも，これらの役職にあるものとみなされる（会社法532条(6)）。

(iii) 清算人の選任の通知

清算人の選任権限及びその手続は，会社清算の種類によって異なる。清算人がどのように選任された場合においても，清算人は選任から14日以内にASICに対してこれを通知しなければならない（会社法537条(1)）。

(iv) 清算人の義務

会社法上，清算人は会社のオフィサーとされるため，オフィサーに対して適用される注意と勤勉さの義務や誠実に業務を遂行する義務等は清算人に対しても適用される。このほか，清算人にのみ適用される会社法上の義務として，以下のものが挙げられる。

A 会社の記録の保管

清算人は，帳簿や会議の議事録及び清算人による会社の管理の記録を保管しなければならず，会社の債権者及び貢献者は，これらの記録を閲覧することができる（会社法531条）。

清算人は，この記録を会社の登録抹消から5年間保管しなければならない（会社法542条(2)）。

　B　犯罪行為等の報告

会社の清算手続中に以下の事由が発生したとの疑いが生じた場合には，清算人はこれに関する調査を行うべきかどうかについて記載した報告書をASICに提出しなければならない。また，ASICの要請に応じて必要な情報を提供するか，又はASICが必要情報を取得できるようにしなければならない（会社法533条(1)）。

- 過去又は現在のオフィサー，従業員，株主又は貢献者が会社に関連して刑事罰の対象となる可能性があること
- 会社の設立，管理，経営又は清算に関与した者が，会社資産の不正使用や横領その他の責任を負っている可能性があること，又は会社に関する義務に違反した可能性があること
- 会社が債権者に対する債務総額の半額以上を支払えなくなる可能性があること

また，清算人はASICに通知した方がよいと自ら判断する追加情報を記載した報告書を提出することもできる（会社法533条(2)）。

裁判所が，以下の事由が発生したことを疑うものの，清算人がこれに関する報告書を提出していなかった場合には，裁判所は利害関係者の要請に応じて清算人に対して報告書の提出を命令することができる（会社法533条(3)）。

- 過去又は現在のオフィサー，従業員，株主又は貢献者が会社に関連して刑事罰の対象となったこと
- 会社の設立，管理，経営又は清算に関与した者が，会社資産の不正使用や横領その他の責任を負っていること，又は会社に関する義務に違反したこと

　C　計算書の管理及び提出

清算人は，選任から6ヶ月毎に，収支計算書及び清算手続の状況報告書をASICに対して提出しなければならない。また，清算人の職務が終了又は辞任した日から1ヶ月以内に，最終の計算書及び状況報告書を提出しなければならない（会社法539条(1)）。

ASICは，監査人の資格を有する者に，清算人が提出した計算書及び状況報告書を監査させ，これらに関する報告書を提出させることができる（会社

法539条(2))。清算人は，監査人が要求する書類や情報を監査人に対して提供しなければならない（会社法539条(3)）。

D 違反行為の是正

清算人が，法律で義務付けられた書類提出や申請等を怠り，違反の通知から14日以内に違反行為を是正しなかった場合には，裁判所はASIC，債権者又は貢献者の申請に基づき，所定の期限までに違反行為を是正することを清算人に命令することができる（会社法540条(1)）。

(v) 清算人の権限

清算人は，会社の清算作業を行うために必要な権限を行使することができる。このうち主なものについて以下に述べる。

A 犯罪行為を行った者の訴追

清算人が，犯罪等に関する報告書をASICに提出したものの，報告事項が訴追の対象となるべき類のものでないとASICが判断した場合には，ASICはその旨を清算人に通知しなければならないが，清算人はこの場合でも，かかる報告書で挙げられた者を訴追することができる（会社法534条(1)）。

B オフィサーの協力

清算人は，会社の清算に関し，会社の他のオフィサーの協力を求めることができる。会社法は，オフィサーに対し，清算手続が開始された場合において，以下のような方法で清算人に協力することを義務付けている（会社法530A条(1)，(2)，(3)及び(4)）。

・オフィサーが保有する会社の記録の送付
・オフィサーが保有していない会社の記録の保管場所に関する情報提供
・清算人から要求された会社の事業，資産，活動及び財務状況に関する情報の提供，及び清算人の要請に基づく債権者集会や株主総会の出席
・会社の清算に関連し，清算人が合理的に要求するその他の協力事項

C 会社の記録の保有等

原則として，いかなる者も清算人に優先して会社の記録を保有したり，先取特権を主張又は行使することはできない（会社法530B条(1)）。会社の記録に付される担保権を有する担保権者は，清算人に優先して会社の記録を保有することができるが，この場合でも清算人は合理的な時間にこれらの記録を閲覧，謄写することができる（会社法530B条(2)）。また，清算人は，担保権

者以外の会社の記録の保有者に対して，記録の送付を要求することができ，保有者は，この要求に従わなければならない（会社法530B条(4)及び(6)）。

清算人及びASICの申請に基づき，以下の行為が行われる可能性があると判断した場合には，裁判所は会社の資産や記録を捜索，押収し，これを清算人に送付するための令状を発することができる（会社法530C条(1)及び(2)）。

- 会社の資産が隠蔽又は移動され，清算人による会社資産の取得や保有が妨害又は遅延されるおそれがあること
- 会社の記録が隠蔽，破棄又は移動されるおそれがあること

実務的には，この手続は最後の手段として行われ，裁判所は，清算人が他の手段を用いて会社の記録や資産の取得を試み，それが効を奏しない場合にのみ令状を発する[101]。

(vi) 清算人の監督

以下のいずれかに該当する場合には，裁判所又はASICはこれについて調査を行うことができ，裁判所は適切と判断する措置を取ることができる（会社法536条(1)）。

1. 清算人が清算人としての義務を誠実に遂行していない，又は裁判所の要求や法律上の義務に従っていないと裁判所又はASICが疑う場合
2. 清算人の義務の履行に関連する申立てが裁判所又はASICに提出された場合

(c) 貢献者（contributory）

(i) 貢献者とは

オーストラリアの会社清算の制度には，会社の資産に貢献する「**貢献者（contributory）**」という概念がある。会社法は，貢献者を以下のように定義している（会社法9条「contributory」の定義）。

1. 会社が清算される場合に，現在又は過去の株主として会社の資産に貢献する義務を負う者
2. 対価が全て支払われた株式の保有者
3. 上記のいずれかに該当すると主張する者

---

[101] *Cvitanovic v Kenna & Brown Pty Ltd* (1995) 18 ACSR 387; 13 ACLC 1654

貢献者の定義には過去の株主も含まれるため，会社の清算時に株式を保有していない者も貢献者とされることがある。貢献者は，原則として，会社の債務及び清算手続のコストを賄い，貢献者間の権利を調整するために会社資産に「貢献する」義務を負う（会社法515条）。貢献者の義務の範囲は会社法が規定する。

(ii) 貢献者の義務の範囲

有限責任株式会社の場合には，株主は，現在又は過去の株主として支払義務を負う未払分の株式の対価を超える貢献を行う必要はない（会社法516条）。一方で，会社は貢献者との契約によって未払分の金額を減額したりすることはできない[102]。

過去の株主は，原則として，株主でなくなった後に発生した会社の債務について貢献する義務を負わない（会社法520条）。また，既存の株主が貢献義務を履行できないことが裁判所に明白とならない限り，過去の株主が貢献義務を負担することはない（会社法522条）。さらに，過去の株主が清算開始から遡って12ヶ月前までの期間株式を保有していなかった場合も，貢献義務を負わない（会社法521条）。

(iii) 債権との相殺の禁止

会社の債権者でもある株主は，株主としての株式の未払額と債権者として会社に対して有する債権を相殺することはできない。これは，相殺が認められると，実質的に貢献者が他の債権者に優先して自己の債権の弁済を受ける結果となるためである[103]。

(d) 調査委員会 (committee of inspection)

(i) 調査委員会

債権者又は貢献者の要請により，清算人の補助及び監督を目的として，債権者及び貢献者の代表者から構成される**調査委員会** (committee of inspection)

---

[102] *Re L Slutzkin Pty Ltd* [1932] VLR 229; (1932) 38 ALR 298

[103] *Re Overend, Gurney, & Co (Grissell's Case)* (1866) LR 1 Ch App 528; *Ramsay v Jacobs* (1987) 12 ACLR 595; 6 ACLC 121; *Re Pyramid Building Society (in liq) (No 2)* (1992) 8 ACSR 33; 10 ACLC 1205

が設立される場合がある。調査委員会は，債権者又は貢献者が任意で設立するものであり，設立に義務ではない。

(ii) 調査委員会の設立

会社の債権者又は貢献者が要求した場合には，清算人は以下の事項について決議を行うための債権者集会及び貢献者集会をそれぞれ別に招集しなければならない（会社法548条(1)）。
- 調査委員会を設立するかどうか
- 調査委員会の設立を決議した場合には，委員会における債権者及び貢献者それぞれの代表者の人数及び候補者

債権者集会における決議と貢献者集会における決議が一致しない場合には，裁判所はこれを解消するために適切と判断する命令を行うことができる（会社法548条(2)）。

(iii) 調査委員会のメンバー

調査委員会のメンバーになることができる者は，以下に該当する者に限られる（会社法548条(3)）。
1. 会社の債権者によって選任される場合には，債権者自身，又は債権者の全権委任状によって委任を受けた者若しくは書面により調査委員会のメンバーになる権限を与えられた者
2. 会社の貢献者によって選任される場合には，貢献者自身，又は貢献者の全権委任状によって委任を受けた者若しくは書面により調査委員会のメンバーになる権限を与えられた者

会社法にはメンバーの人数に関する制限はない。調査委員会のメンバーは自然人である必要はなく，法人がメンバーとなる場合には，法人のオフィサーや従業員，又は書面により代表権を与えられたその他の者が調査委員会の会議に参加できる（会社法549条(4)）。

(iv) 調査委員会の信認義務

調査委員会のメンバーは，会社の清算の際に資産の分配を受ける者に対する信認義務を負う[104]。また，会社法上別途認められるか，又は裁判所の許可を得ない限り，以下の行為を行うことはできない（会社法551条(1)）。

1. 会社の清算に関連して贈与，報酬又は現金その他の対価や利益を受け取ること
2. 会社のために行った取引や売買によって直接若しくは間接的に利益や便宜を受けること，又は債権者から贈与，利益若しくは便宜を受けること
3. 会社の資産を直接又は間接的に買い取ること

上記に違反して行われた取引は，債権者又は貢献者の申請を受けた裁判所が破棄することができる（会社法551条(2)）。

(v) 権限と役割

調査委員会は清算手続の管理一般に関連する役割を担い，例えば，裁判所による清算手続における清算人の報酬を決定することにも関与する（会社法473条(3)）。

(e) 債権の証明

(i) 証明できる債権

会社の債権者が清算する会社の資産から債権を回収するためには，債権の存在について証明する必要がある。

会社法は，原則として，会社の債務が発生する状況が清算手続開始日より前に存在していれば，これらの債務は証明可能である（つまり，その存在を立証して会社財産から配当にあずかることができる）という前提に立っており，会社の清算手続における債務の価値は，清算手続開始日における価値によって判断される（会社法553条(1)及び554条(1)）。

会社の債務が発生する状況が清算手続開始日以降に生じた場合でも，以下の条件が満たされている場合には，会社の債務の存在が証明可能となる（会社法553条(1A)）。

1. 債務が発生する状況が，会社がDOCAに基づく管理下にある期間中に生じた場合
2. 会社清算の特別決議又は裁判所命令が発せられる直前まで会社がDOCAに基づく管理下にあった場合[105]

---

[104] *Re Standard Insurance Co Ltd (in liq)* [1962] NZLR 762; *Re F T Hawkins & Co Ltd* [1952] Ch 881

会社の債務が豪ドル以外の通貨で存在し，会社と債権者の間でその豪ドルへの交換方法について清算手続開始日前に書面上合意されている場合には，清算手続開始日における為替レートにて，合意された方法により算出された豪ドルでの相当金額が適用される（会社法554C条(2)）。会社と債権者の間でその豪ドルへの交換方法について清算手続開始日前に書面上合意されていない場合には，清算手続開始日におけるコモンウェルス銀行の為替レートにより算出された豪ドルでの相当金額が適用される（会社法554C条(3)）。

清算手続開始日において価値が算出できない債務がある場合には，清算人はこの債務の見積もりを立てるか，裁判所にその判断を求めなければならない（会社法554A条(1)及び(2)）。清算人が債務の価値を見積もった場合には，見積もりに不服がある者は裁判所に申立てを行うことができる（会社法554A条(3)）。裁判所は，その債務の価値の見積もりを行うか，又は清算人が使用する算定方法を決定する（会社法554A条(4)）。

(ii) 担保権者

清算手続における担保権者の権利義務は，会社が破産状態で清算される場合とそうでない場合で異なる。

A 破産状態で清算される場合

コモン・ロー上は，破産した会社が清算される場合には，会社の資産に設定されている担保権を有する債権者は会社に対して有する債権を証明する必要はない[106]。また，コモン・ロー上，担保権者が清算人に対して債権を証明して会社の一般財産からの配当にあずかろうとする場合には，自らが有する担保権を放棄しなければならず，担保権を保有していながら債権を証明することはできない[107]。

会社法は，このコモン・ロー上の立場を基本的に確認し，破産した会社の清算手続における担保権者の権利義務を明確化している。すなわち，担保権を有する者が会社の債権者全体の利益のために担保権を放棄した場合には，

---

[105] 会社がDOCAに基づく管理下にある間に会社清算の特別決議又は裁判所命令が発せられた場合，清算手続は会社の任意管理が開始された日に開始されたものとされる（会社法513C条(b)）。

[106] *Re Longdendale Cotton Spinning Co* (1878) 8 Ch D 150

[107] *Moor v Anglo Italian Bank* (1879) 10 Ch D 681

その債権者は担保されていた債権を全額証明することができる（会社法554E条(3)）。担保権者が担保権を行使した場合には，担保権が誠実かつ正当な目的のために行使されていないと清算人が判断しない限り，担保権者は担保の実行により現金化できた金額を差し引いた債権の残額について証明することができる（会社法554E条(4)）（日本法でいうところの「別除権不足額の証明」に相当する）。担保権者が担保資産の現金化も担保権の放棄も行わない場合には，担保権者は担保権の価値を見積もり，見積もられた価値を差し引いた債権の残額を証明することができる（会社法554E条(5)）。

担保権者が担保権の価値を見積もり，見積もられた価値を差し引いた債権の残額を証明する場合には，清算人は見積もられた金額を担保権者に支払い担保権を償還することができる（会社法554F条(2)）。見積もられた金額に不服がある場合には，清算人は，担保権者と清算人が合意する日付と条件にて担保資産の売却をオファーすることを要求できる（担保権者と清算人の間で売却の日付や条件が合意できなかった場合には，裁判所が売却の条件を決定する）（会社法554F条(3)）。担保権者は，担保権の価値の見積もり金額の変更を清算人又は裁判所に対して随時申請することができる（会社法554G条(1)及び(2)）。

　B　債務返済能力がある会社の清算の場合

債務返済能力がある会社が清算する場合には，担保権者は担保権を保有しつつ，自らが有する債権を証明して会社の一般財産からの配当にあずかることもできる[108]。ただし，担保権を行使して担保資産の売却代金を受け取り，加えて会社の一般財産からの配当も受け，会社に対して有していた債権額を超える額を受領するに至った場合には，その超過分を清算人に返還しなければならない[109]。

(iii)　証明できない債権

会社法は，会社に対して債権を有することを証明できないものを規定している。

　A　清算手続開始日以降に発生する債務

会社の清算手続開始日後に発生した債務は，原則として証明の対象となる会社の債務には分類されない。

---

[108] *Re Barned's Banking Co (Kellock's Case)* (1868) LR 3 Ch App 769
[109] *Re Withernsea Brickworks (1980)* 16 Ch D 337

B 実際に行使することができない債務

会社法を含むオーストラリアの破産に関連する法律は，清算対象の資産が会社に対して真に権利を主張できる者に対して分配されることを骨子としている。このため，会社の清算手続開始前に発生した債務のうち，自然債務等の実際に行使することができない債務については，証明可能な債務とは認められない[110]。

C 罰金等

犯罪行為によって裁判所が会社に支払を命じた罰金は，会社が破産している場合には証明できる債務として認められない。ただし，犯罪行為によって得た収益相当額の懲罰金の支払を裁判所が命令した場合には，この懲罰金は会社が破産していても証明できる債務として認められる（会社法553B条）。

D 株主に対する残余財産の分配

配当，利益等の株主としての地位に基づき会社に対して有する債権は，株主として会社に負う支払義務を履行しない限り，これを証明することはできない（会社法553A条）。また，自己株式の買戻の際に株式を会社に売却する株主は，会社に提出すべき書類を提出しない限り，会社に対する債権を有することを証明できない。

(iv) 相　殺

破産した会社が清算する場合には，会社法は会社と債権者が相互に負担する債務の相殺に関する規定を設けている。相殺は，債権者が会社に対して負う債務と同額の債権が優先的に支払われるのと実質的に同じ効果があることから，相殺に関する規制は重要である。

破産状態にある会社と，会社に対して証明できる債権を有する債権者との間で互いに債権債務が発生する取引がある場合には，会社法の以下の規定が適用される（会社法553C条(1)）。

1．対象となる取引について，債務額がそれぞれ計算される。
2．相殺できる額が相殺される。
3．会社が債権者に対して負う債務額が大きい場合には，債権者は相殺後の差額を証明することができ，また，債権者が会社に対して負う債務

---

[110] *Tanning Research Laboratories Inc v O'Brien* (1990) 169 CLR 332; 1 ACSR 510; 8 ACLC 248

額が大きい場合には，債権者は会社に差額を支払う。

ただし，上記の取引が行われた時点において，会社が破産状態にある旨の通知を債権者がすでに受けていた場合には，上記の規定は適用されない（会社法553C条(2)）。

(f) 残余財産分配の優先順位

(i) 無担保債権者に対する債務より優先される債務

清算する会社の資産が他の無担保債権者に分配される前に，原則として以下の順序に従って支払が行われる。しかし，会社法に別段の定めがある場合には，その規定が優先される（会社法556条(1)）。

1. 資産の保全や現金化，会社の事業を行う際に清算人（及び管財人）が費やした諸経費
2. 清算申請にかかる費用
3. 清算人が作成する会社状況の報告書に関連する費用
4. 清算人の収支監査に関連する費用
5. その他清算人が正当に費やした費用
6. 調査委員会が負担した費用
7. 従業員に対する給与，年金拠出金，年金保証費
8. 会社の業務に関連して発生した損害賠償金
9. 従業員の休暇手当
10. 従業員の解雇手当

(ii) 会社の代わりに従業員への支払を行った者

オーストラリアには，勤務していた会社が破産又は清算したことによって職を失った従業員を援助するため，会社が本来支払うべき従業員への給与の一部等を政府が会社に代わり清算人を通して負担する制度がある。会社法は，これに加え，会社の従業員に対する給与，年金拠出金又は退職金が第三者からの拠出によって支払われた場合における拠出者の権利に関する規定を設けている。この拠出者は会社の債権者とみなされ，給与等の支払を受けた従業員と同様の優先順位で会社資産の分配を受けることができる（会社法560条）。

16 - 1 会社清算

(iii) 従業員の権利と循環担保権の優先順位

従業員に対する給与,年金拠出金,年金保証費,休暇手当又は解雇手当の支払金額及び従業員の給与,年金拠出金又は退職金の拠出者が支払った金額の合計額が,担保権者以外の債権者への支払のために残る金額を上回る場合には,前者の金額の支払は循環担保権に関連して担保権者が有する債権の支払に優先して行われる(会社法561条)。

(iv) 第三者に対する責任に関する保険金

会社清算の開始前に締結された保険契約の対象範囲に第三者に対する(損害賠償等の)責任が含まれており,清算手続中にその対象となる事由が発生し,会社又は清算人が保険金を受け取った場合には,清算人はその受領した保険金を,本書16-1(f)(i)で述べた全ての費用等に優先して,当該第三者に対する債務の支払に充てなければならない(会社法562条)。

(v) 株主に対する配当金や利益等

株式の配当金やその他利益の分配等の株主としての地位に基づき会社に対して有する債権は,他の債権に劣後する(会社法563A条)。

(g) 過大な負担を伴う資産の放棄

(i) 清算人による放棄

清算人は,会社に過度の負担を与える資産及び経済的義務を放棄することができる。この権限は,会社の清算作業を迅速かつ円滑に遂行するために与えられている。なお,会社清算前に締結された契約によってこの権限を排除することはできない[111]。

清算人は,以下のいずれかに該当する会社の資産を,いつでも放棄することができる(会社法568条(1)(a)から(f))。

1. 負担の大きい条件が課されている不動産
2. 株式
3. 売却が困難又は不可能な資産
4. 支払義務又は他の負担が伴う資産

---

[111] *Mosaic Oil NL v Angari Pty Ltd (No 2)* (1990) 20 NSWLR 280; 8 ACLC 780

5．現金化するためのコストが売却代金を上回る可能性のある資産
　6．契約

清算人は，放棄する前にこれらの資産を売却又は譲渡することを試みる必要はない（会社法568条(1)(g)及び(h)）。ただし，契約については，利益の生じない契約又は不動産のリース契約を除き，これを放棄するためには裁判所の許可を要する（会社法568条(1A)）。放棄する契約が利益を生じる契約かどうかを判断する権限は清算人が有するが，これによって不利益を蒙る者は，裁判所に不服申立てを行うことができる[112]。

(ii)　放棄の法的効果

資産の放棄が行われると，資産に関する会社の権利，利益，債務及び所有権は放棄の効力発生日に消滅したものとみなされる。ただし，会社の負担が免除されるために必要なものを除き，会社以外の者が当該資産について有する権利や義務には何ら影響を与えない（会社法568D条(1)）。

放棄前に発生した事由に基づく資産に関する会社の義務は，資産の放棄によっても消滅しないが，放棄後に発生した事由に基づく義務を負うことはなくなる。

資産が放棄されたことにより不利益を蒙った者は会社の債権者とみなされ，清算手続において，その蒙った損害額を会社に対して有する債権として証明することができる（会社法568D条(2)）。

(iii)　放棄の通知

清算人は，資産の放棄をした後速やかにASICに対して通知を行い，資産について利害関係があると判断する者に対しても通知を行わなければならない（会社法568A条(1)(a)及び(b)）。また，資産について利害関係を有する者がいると合理的に推測するものの，その確証がない場合には，清算人は放棄した資産が所在する州又は準州及び会社が清算手続開始の6ヶ月前に事業を行っていた州又は準州の日刊紙において，資産放棄に関する公告を掲載しなければならない（会社法568A条(1)(c)及び(2)）。さらに，資産の譲渡に法律上登録が必要な場合には，登録官に対しても通知を行わなければならない（会

---

[112] *Dekala Pty Ltd (in liq) v Perth Land & Leisure Ltd* (1988) 17 NSWLR 664; 12 ACLR 585; 6 ACLC 131

社法 568A 条(1)(d))。

(iv) 放棄の停止請求

　清算人による会社資産の放棄に関して利害関係のある者は，裁判所に対し，放棄が有効となる前にこれを停止するように命令することを申請することができる。ただし，かかる申請は清算人が放棄の通知を行ってから 14 日以内に提出しなければならない（会社法 568B 条(1)）。裁判所は，資産の放棄が申請者に与える不利益が，資産の放棄の停止により債権者が蒙る不利益よりも遥かに大きいと判断しない限り，資産放棄の停止の命令を発することができない（会社法 568B 条(3)）。

(v) 放棄の発効日

　会社の資産の放棄は，これに対する停止請求が行われないこと，又は（停止請求がなされた場合には）停止請求が却下されたことを条件として，発効する（会社法 568C 条(1)）。この放棄の効力が発生する条件が満たされた場合には，資産の放棄は，以下のいずれかの日に発効したものとされる（会社法 568C 条(3)）。

・清算人が ASIC に対して資産放棄の通知を提出した後，利害関係を有する者に通知を行い，又は日刊紙に公告を掲載した場合には，その通知又は掲載が行われた日
・上記以外の場合には，清算人が ASIC に対して通知した日

(vi) 放棄発効後の破棄申請

　放棄された資産について何らかの権利を有している者や権利を有していると主張する者は，裁判所の許可が得られた場合には，資産の放棄が発効した後においても放棄の取消を申請することができる（会社法 568E 条(1)）。ただし，裁判所が申請の許可を与えるためには，資産の放棄が発効する前に放棄の停止請求を行うことが全く見込めなかったことが証明されなければならない（会社法 568E 条(2)）。裁判所が放棄の取消を認める場合には，取消の命令とともに，資産の放棄が行われる前の状況にできるだけ近づけるために適切な命令を発することができる（会社法 568E 条(4)）。

16. 清算（winding up）

(vii) 放棄対象資産の処分

清算人が放棄した資産に関して権利義務を有する者[113]が申請し，裁判所がこれを認めた場合には，裁判所は，以下のいずれかに該当する者に対して，放棄された資産を譲渡させることができる（会社法568F条(1)及び(2)）。

1．資産を保有する権利を有する者
2．譲渡先として適切と裁判所が判断した者
3．上記の者の受託者

放棄された資産の譲渡を裁判所が命令した場合には，資産はその時点で譲渡されたものとみなされる（会社法568F条(3)）。

(viii) 放棄する権限の喪失

会社の特定の資産について利害関係を有する者が清算人に対して資産を放棄するかどうかを決定するように要請したにもかかわらず，清算人が要請を受領した後28日以内に放棄しなかった場合には，清算人はこの資産を放棄する権限を喪失する（会社法568条(8)）。

(h) **破棄できる取引**（voidable transaction）

(i) 破棄できる取引

会社法は，一定の要件が満たされた会社の取引を「**破棄できる取引**（voidable transaction）」と定めている。会社が清算前にこのような取引を行った場合には，清算人はこれを破棄することを含め，取引によって会社が蒙った不利益を軽減するための命令を発することを裁判所に申請することができる。もっとも，ただ単に会社にとって不利な条件の取引を破棄できるわけではなく，取引の性質，会社の状況，取引が行われた時点等会社法が規定する要件を満たしたもののみが，このような破棄できる取引であると認められる。

破棄できる取引とされるための要件の概要は，以下の通りである（会社法588FE条）。

---

[113] 例としては，会社が賃借している不動産の転借人や賃貸人が，転借人に対して賃借権を譲渡する申請を行うことがある（*Re Finlay; Ex parte Clothworkers Co Ltd* (1888) 21 QBD 475）。

	取引の性質	会社の状況	取引が行われた時点	その他の要件
1.	以下のいずれかに該当する取引 ・「不公平な優遇」 ・「非商業的取引」 ・会社に対する「不公平な貸付」 ・「取締役に関連する不公正な取引」	清算手続開始前に会社が任意管理下にあったこと	会社の任意管理の開始日から清算手続開始日までの期間	取引が任意管理の会社の管財人の判断で行われなかったこと
2.	以下のいずれかに該当する取引 ・「不公平な優遇」 ・「非商業的取引」 ・会社に対する「不公平な貸付」 ・「取締役に関連する不公正な取引」	清算手続開始前に会社がDOCAの管理下にあったこと	DOCAの管理に関連する会社の任意管理の開始日から清算手続開始日までの期間	取引が任意管理の会社の管財人又はDOCAの管財人の判断で行われなかったこと
3.	「破産トランザクション」であり，かつ「非商業取引」でもある取引	要件なし	「関連遡及日」までの2年間	要件なし
4.	「破産トランザクション」	要件なし	「関連遡及日」の6ヶ月前から清算手続開始日までの期間	要件なし
5.	「破産トランザクション」	要件なし	「関連遡及日」までの4年間	取引の相手先が会社の関係者であること

6.	「破産トランザクション」	要件なし	「関連遡及日」までの10年間	債権者が会社に対して有する権利を消滅又は制限することを目的として取引が行われたこと
7.	会社に対する「不公平な貸付」	要件なし	清算手続開始日以前	要件なし
8.	「取締役に関連する不公正な取引」	要件なし	「関連遡及日」までの4年間又は「関連遡及日」の6ヶ月前から清算手続開始日までの期間	要件なし

　上表で述べる「**関連遡及日**（relation-back day）」とは，原則として，会社清算が開始されたとみなされる日をいうが，裁判所による清算手続において，会社の清算命令が発せられた日に清算手続が開始されたとみなされる場合には，かかる命令の申請が裁判所に対して行われた日が「関連遡及日」とされる（会社法9条「relation-back day」の定義）。また，会社清算が開始されたとみなされる日は，会社清算の裁判所命令が発せられた日や清算開始を決議する株主総会の特別決議が行われた日であるとは限らない点には注意を要する。この点の詳細については，本書 16 - 2 (d)及び 16 - 3 (d)にて述べる。

　また，上述の「**不公平な優遇**（unfair preference）」，「**非商業的取引**（uncommercial transaction）」，「**破産トランザクション**（insolvent transaction）」，「**不公平な貸付**（unfair loan）」及び「**取締役に関連する不公正な取引**（unreasonable director-related transaction）」という用語について，以下に説明する。

(ii) 不公平な優遇（unfair prejudice）

　会社法上，以下の条件が満たされた取引については，会社が債権者に「不公平な優遇」をした取引とされる（会社法588FA条(1)）。

1. 会社と債権者が取引の当事者であること
2. 会社が債権者に負っている無担保の債務について，当該取引により，本来債権者が清算時に証明できる債権を上回る利益を債権者が得る結

果がもたらされること

　この規定は，上記の取引が，裁判所の命令や公的機関の指導によるものであっても等しく適用される。

(ⅲ)　非商業的取引（uncommercial transaction）
　会社法上，以下のような事項を考慮に入れた場合において，会社が置かれている立場に立つ分別のある者であれば，通常は実行しないと考えられる取引は「非商業的取引」とされる（会社法588FB条(1)）。
　・取引を行うことによって会社が得る利益
　・取引を行うことによって会社が蒙る不利益
　・取引を行うことによって取引の相手側が得る利益

(ⅳ)　破産トランザクション（insolvent transaction）
　会社法上，会社の行った取引が上述の「不公平な優遇」をした取引又は「非商業的取引」に該当し，かつ，以下のいずれかの要件を満たす場合には，かかる取引は「破産トランザクション」とされる（会社法588FC条(1)）。
　1．会社が支払不能状態にある期間中に，取引が行われるか，又は取引を有効ならしめる行為（不作為を含む）が行われたこと
　2．取引又は取引を有効ならしめる行為（不作為を含む）が行われたことにより，会社が支払不能に陥ったこと

(ⅴ)　不公平な貸付（unfair loan）
　会社に対する貸付について，利息又は手数料が「搾取的（extortionate）」な場合には，かかる貸付は「不公平な貸付」とされる。これは，その後に利息や手数料の条件が変更され，もはや搾取的なものでなくなった場合でも同様である（会社法588FD条(1)）。
　利息又は手数料が「搾取的」であるかについては，以下のような事項を考慮に入れて判断される（会社法588FD条(2)）。
　・貸付人が負うリスク
　・担保資産の価値
　・貸付の期間
　・利息及び手数料の支払，並びに元本完済のスケジュール

・貸付金額

(vi) 取締役に関連する不合理な取引（unreasonable director-related transaction）

会社法上，以下の条件が満たされた取引は「取締役に関連する不合理な取引」とされる（会社法588FDA条(1)）。

1. 取引の内容が，会社による支払，資産の譲渡その他の処分若しくは株式の発行，又はこれらの取引を履行する義務を負うものであること
2. 取引の相手方が会社の取締役，取締役の近親者（又は配偶者の近親者）又はその代理人であること
3. 会社が置かれている立場にある分別のある者が以下のような事項を考慮に入れた場合において，通常は実行しない取引であること

・取引を行うことによって会社が得る利益
・取引を行うことによって会社が蒙る不利益
・取引を行うことによって取引の相手側が得る利益

この規定は，上記の取引が裁判所の命令や公的機関の指導によるものであっても等しく適用される。

(vii) 裁判所の命令

A　裁判所が下す命令

清算人が会社の特定の取引を破棄するための申請は，原則として，関連遡及日から以下のどちらか遅い方までに裁判所に対して行われなければならない（会社法588FF条(3)）。

・関連遡及日の3年後
・清算人の最初の選任日から12ヶ月後

取引破棄の申請が期限内に裁判所に対して行われ，裁判所がこれらの取引が会社法上破棄できる取引であると認めた場合には，裁判所は以下の命令を発することができる（会社法588FF条(1)）。

・取引に基づいて会社が支払った金額や資産を会社に返還ないし返却させる命令
・取引に基づいて会社が支払った金額や譲渡した資産の相当額を会社に賠償させる命令
・取引に基づいて会社が負った債務や提供した担保を免除する命令

- 会社に対する不公平な貸付の貸付債権が譲渡された場合において，会社が債権の譲受人に対して負っている債務相当分を補償させる命令
- 取引における会社の債権者が清算人に証明できる債権の範囲を制限する命令
- 取引に関連する契約を無効とする命令
- 取引に関連する契約が変更されたものとみなし，変更された条件にて契約が成立されていたものとする命令
- 取引に関連する契約を履行できないものとする命令

B 裁判所の命令の対象にできない状況

清算人が破棄を申請する取引について，会社法に規定される条件を満たしている場合であっても，裁判所がかかる命令を発することができない状況がある。

以下のいずれかの事由が証明された場合には，裁判所は申請の対象となる取引の当事者以外の者の権利や利益を著しく損なうこととなるような命令を発することができない（会社法588FG条(1)）。

- 命令の対象者が取引によって利益を享受しなかったこと
- 命令の対象者が取引によって利益を享受したが，利益を善意で享受しており，かつ，利益を享受した時点で，取引が会社の破産トランザクションであると信じる客観的かつ合理的な根拠がなかったこと

また，申請の対象となる取引が会社に対する不公平な貸付又は取締役に関連する不合理な取引以外の取引であり，かつ，以下の全ての事項が証明された場合には，裁判所は命令の対象となる者の権利や利益を著しく損なうこととなるような命令を発することができない（会社法588FG条(2)）。

- 命令の対象者が善意で取引当事者になったこと
- 取引の当事者となった時点で，取引が会社の破産トランザクションであると信じる客観的かつ合理的な根拠がなかったこと
- 命令の対象者が，取引に基づき価値のある対価を提供し，又は取引に依拠して自らの地位を変更したこと

(i) **無効とされる担保権**

(i) 循環担保権

会社法は，一定の状況の下で会社の資産に設定された循環担保権は，清算

人に対して効力を有さないと規定している。この規定に該当する循環担保権は，破棄できる取引と異なり，裁判所の命令を必要とせず当然無効となる。この規定により，清算人は無効となる担保権が設定された資産を無担保債権者に分配する原資に組み入れることができるようになる。

会社が破産清算手続に入り，関連遡及日前6ヶ月間又は関連遡及日から清算手続開始までの期間に会社の資産について循環担保権が設定された場合には，以下を担保する循環担保権のみが有効とされ，これ以外を担保する循環担保権は，清算人との関係で無効となる（会社法588FJ条(1)及び(2)）。

1．担保設定時又はその後に循環担保権の被担保債権として支払われた貸付金
2．上記貸付金の利息
3．担保設定時又はその後に発生した会社債務についての保証債務
4．担保設定時又はその後に会社に提供された資産やサービスに対する支払額
5．上記支払額の利息

なお，この規定は裁判所による清算命令が発せられた場合にのみ適用されるものであり，債権者による任意清算の場合において，清算人がこの規定を適用するためには，改めて裁判所による清算命令を得る必要がある[114]。

上記1の貸付金が，担保権者又はその関連会社に対して既に負っている無担保債務を返済するために支払われた場合には，この貸付金の元本及び利息の支払を担保する循環担保権は，清算人との関係で無効となる（会社法588FJ条(4)）。また，上記4の支払額が会社に提供された資産やサービスの市場価格を超える場合には，超過分及びその利息を保証する循環担保権は，清算人との関係で無効とされる（会社法588FJ条(5)）。

(ⅱ) 完全化されていない担保権

会社の清算手続が開始された時点で完全化されていない担保権は，担保権者から会社に自動的に付与されたものとみなされる（動産担保法267条(1)及び(2)）。この場合には，債権者は担保権を行使することができなくなり，会社の無担保債権者と同様に扱われることとなる。

---

[114] *Carter v New Tel* (2003) 44 ACSR 661; [2003] NSWSC 128

(iii) 登録が遅れた場合の担保権

清算手続が開始されたとみなされる時点で担保権が動産担保レジスターに登録されたことによって完全化されていても，担保権の登録が以下のうち最も遅く発生する時点より後に行われた場合には，当該担保権は，原則として，会社に自動的に付与されたものとみなされる（会社法588FL条(2)，(4)及び(7)）。

1. 会社法上，清算手続の開始日とみなされる日の6ヶ月前
2. 担保権を設定する担保契約が発効する日から20営業日後又は清算手続開始日のどちらか早い方
3. 担保権を設定する担保契約が海外の法律に基づき発効したが，オーストラリアの法律に基づき第三者に対して担保権を行使できるようになったのが清算手続の開始日とみなされる日の前6ヶ月以後であった場合には，担保権が行使可能となった日の56日後又は清算手続の開始日のどちらか早い方
4. 別途裁判所が命令する時点

(iv) オフィサー等に提供された担保

会社がオフィサー又は過去のオフィサー若しくはそれらの関係者に対して担保権を提供し，かかる担保権者が担保設定から6ヶ月以内に担保権を行使しようとした場合には，担保権及びこれに関連する権利は無効とされる（会社法588FP条(1)）。ここでいう「過去のオフィサー」とは，担保設定前6ヶ月以内にオフィサーであった者をいう（会社法588FP条(2)(b)）。ただし，会社に債務返済能力があり，全ての状況を考慮した上で担保権の行使が公平かつ公正であると裁判所が認めた場合には，裁判所はかかる6ヶ月以内の担保権行使を許可することができる（会社法588FP条(4)）。

担保権が無効とされた場合でも，会社が担保権者に対して負う債務自体は有効に存続する（会社法588FP条(6)）。

16-2　裁判所による清算

(a) 概　要

会社法は，一定の条件が満たされた場合において，会社の清算を命令する権限を裁判所に与えている。裁判所の命令による清算の手続は，**裁判所によ**

る清算（winding up by the court）と呼ばれる。

　会社法は，裁判所による清算のうち，会社が破産したことを理由に清算される場合と，その他の理由により清算される場合とで異なる規定を用意している。会社の破産を理由した清算は**破産清算**（winding up in insolvency）と呼ばれ，裁判所による清算の中で最も多い形態の手続である。裁判所が会社の清算を命令できる破産以外の理由は，会社法に明記されているものに限られ，これ以外の事由により会社を清算させることはできない。

　裁判所は，清算命令を申請する権限を有する者が申請を行わない限り，清算命令を発することはできない。また，会社法は，裁判所による清算が破産清算か否かにより，申請権者をそれぞれ別に規定している。

　裁判所による清算手続は，裁判所に選任された清算人によって遂行される。裁判所により選任された清算人は，裁判所の監督の対象となり，その権限も裁判所の命令や手続規則及び会社法により定められる。

　破産清算の多くは，会社の債権者が**法定請求**（statutory demand）と呼ばれる通知をもって会社の債務履行を促す最終通告を行った上で，会社がこれを履行しなかったことにより開始される。法定請求は，裁判所による清算手続，とりわけ破産清算を説明する上で非常に重要な概念である。

(b) 法定請求（statutory demand）

(i) 法定請求とは

　法定請求とは，債権者が会社に対して債務の履行を求める旨の法定の通知書を指す。会社が法定請求で求められた債務を履行しない場合には，債権者は，法定請求の不履行を理由として会社の破産清算の命令を裁判所に申請することができるようになる。

　債権者が会社に対して法定請求を送付することの最大のメリットは，会社がこれを履行できなければ破産状態にあるものと推定される点にある。債権者が会社の破産清算の命令を裁判所に申請する際において，通常は会社が破産状態であることを立証するのは債権者の方であるが，法定請求の不履行となった場合には，会社側が自ら破産状態にないことを立証しなければならない。このため，会社にとって法定請求が行われることは非常に深刻な問題である。実際に，債権者は債務の支払を滞っている会社に対し，破産清算の申請をほのめかす最後通告として法定請求を会社に提示することがよく行われ

ている。

 (ii) 請求事項

　債権者は，支払期限が到来した法定の一定の金額以上の債務を負う会社に対し，法定請求を提出することができる。会社が債権者に対し複数の債務を負っている場合には，支払期限が到来した債務の合計が法定金額以上であれば，これらの債務を一つの法定請求に纏めて提出することができる（会社法459E条(1)）。

 (iii) 書式及び記載事項

　法定請求には法定の書式が使用され，債権者又はその代理人がこれに署名しなければならない。また，法定請求では，その受領後21日以内に，会社が債権者に対して負う債務額の支払，債権者が受け入れることのできる担保の提供又は和解を行うことを要求する旨が記載されなければならない。加えて，会社の債務の支払義務が裁判所の命令によるものでない限り，債務の支払期日が到来した旨を記載し，裁判所の規則に従った宣誓供述書を法定請求に添付しなければならない（会社法459E条(2)及び(3)）。

 (iv) 法定請求の不履行

　法定請求を受けた会社は，原則として受領から21日以内に請求の対象となる債務を履行しなければならない。ただし，会社は法定請求の破棄の申請を裁判所に対して行うことができ，裁判所が履行期間を延長した場合，会社は延長された期日までに履行しなければならない。また，裁判所が履行期間を延長しなかった場合には，法定請求の破棄の申請に関する請求が棄却された日から7日以内に履行しなければならない（会社法459F条(2)）。

　会社が上記の期日までに請求の対象となる債務を履行しなかった場合には，法定請求の不履行となる（会社法459F条(1)）。

 (v) 法定請求の破棄の申請

　法定請求を受けた会社は，受領から21日以内に，裁判所に対して法定請求の破棄を申請することができる（会社法459G条(1)及び(2)）。

　法定請求に規定される債務の有無や金額について真の争いがあり，又は会

社が債権者に対して反訴や相殺請求をしていると裁判所が判断した場合には，争われていない金額のみが請求金額となるよう法定請求が変更される。争われていない請求金額が法定の最小金額を下回る場合には，裁判所は法定請求を破棄する（会社法459H条）。

また，裁判所は，法定請求に瑕疵があり，これを破棄しなければ重大な不公正が生じると判断し，又はその他破棄すべき理由があると判断した場合には，法定請求を破棄することができる（会社法459J条(1)）。ただし，法定請求に瑕疵があるというだけの理由でこれを破棄することはできない（会社法459J条(2)）。

(c) 会社清算命令の申請

裁判所による清算命令の申請方法は，破産清算であるか，又はそれ以外の理由に基づく清算であるかによって，申請権者に関する規定等が異なる。

(i) 会社清算命令の申請理由
A　破産清算

申請者から破産清算の申請を受けた裁判所は，会社が破産状態にあると判断した場合には，その清算を命令することができる（会社法459A条）。会社法は，弁済期限までに債務を弁済できなくなる状態を破産状態であるとしている（会社法95A条(1)及び(2)）。裁判所は，申請の対象となる会社が破産状態であるかどうかを判断する際には，会社の偶発債務や潜在的債務の存在等のあらゆる事項を考慮に入れる（会社法459D条(1)及び(2)）。

B　破産清算以外の裁判所による清算

会社が破産状態にあること以外の理由に基づき会社の清算命令の申請を行うためには，会社法に規定される以下のいずれかの申請理由があることが必要である（会社法461条(1)）。

1. 裁判所の命令による清算を行う旨を会社の株主総会の特別決議で決めた場合
2. 会社の設立後1年が経過しても事業を開始しない場合，又は1年以上事業を休止している場合
3. 会社に株主がいなくなった場合
4. 取締役会が株主全体の利益のためでなく自らの利益のために会社運営

を行った場合，又は他の株主にとって不公平又は不公正となる会社の運営を行った場合
5．特定の株主又は株主全体を抑圧するような方法，不当に不利益を与えるような方法，又は不当に差別するような方法で会社が運営されている場合
6．会社の行為（不作為を含む）又は特定の種類株主総会の決議が，特定の株主又は株主全体に対して不当に不利益を与え，又は不当に差別的であるような場合
7．ASICが会社の行為に関連する事項について法律違反の調査を行い，調査報告書において会社の清算を推奨した場合
8．会社を清算することが公正かつ公平であると裁判所が判断した場合

会社を清算することが上記8にあるように「公正かつ公平」であるとはどのような状態をいうかという点は，申請の対象となる会社が置かれている個別の状況を基に総合的に判断される[115]。したがって，会社清算が公正かつ公平である事象を全て挙げるのは難しいが，主な例としては，以下のような状況が挙げられる。

・株主が，特定の活動を行うことを目的として会社を設立したものの，この活動を継続できなくなった場合
・会社の経営陣の意思決定が膠着状態となり，解決の目処が立たない場合

上記1の株主総会の特別決議がなされた場合には，特別決議が行われた日から14日以内に特別決議の議事録の写しをASICに提出しなければならない（会社法461条(2)）。

(ii) 清算命令の申請権者

会社法上，破産清算及び破産清算以外の裁判所による清算のそれぞれの場合について，裁判所による清算を申請することができる者は，以下の者に限られる（会社法459P条(1)，(2)及び(5)，462条(2)及び(5)，並びに会社法規則5.4.01条）。

---

[115] *Re Bleriot Manufacturing Aircraft Co (Ltd)*（1916）32 TLR 253

	破産清算	破産清算以外の裁判所による清算
会社自体	○	○
債権者（担保権者を含むが，偶発債権者及び潜在的債権者は含まない）	○	○
偶発債権者及び潜在的債権者	△（裁判所の許可が必要）	○
貢献者	△（裁判所の許可が必要）	○
取締役	△（裁判所の許可が必要）	×
清算人	○	○
仮清算人	○	×
ASIC	△（裁判所の許可が必要）	○
APRA	○	○

　上記に該当する者のうち，破産清算の申請に裁判所の許可が必要な者が許可の申請をした場合には，裁判所は会社が一見して破産していると判断できるときにのみ，申請の許可を与えることができる（会社法459P条(3)）。
　また，破産清算以外の裁判所による清算の場合には，ASICは，会社の行為に関連する事項について行う法律違反の調査に伴い，清算を裁判所に対して申請することができる（会社法464条(1)）。ASICがこれ以外の状況で清算命令を申請するためには，会社に株主が存在しないことが条件となり，この場合には，会社に対して1ヶ月以上の事前の通知を行わなければならない（会社法462条(2A)）。
　偶発債権者又は潜在的債権者が破産清算以外の裁判所による清算の申請を行う場合には，裁判所が合理的と判断する費用について申請者が担保を提供し，さらに一見して会社清算の申請理由があると判断できるときにのみ，申請について判断する（会社法462条(4)）。

(iii) 裁判所に対する申請
 A　申請手続

　会社清算の命令を行う権限のある裁判所は，連邦裁判所（Federal Court）や各州の最高裁判所（Supreme Court）等であり，会社を清算する命令の申請は，これらのいずれかの裁判所に対して行う必要がある。

　会社法上，会社清算命令の申請者は，当該申請を裁判所に対して行った旨をASICに通知し，通知書の写しを14日以内に会社に対して提出しなければならない。また，申請者は，各裁判所の規則に従った方法による公告も行わなければならない（会社法465A条）。

　法定請求の不履行を理由に破産清算命令の申請を行う場合には，申請者は法定請求が会社に提出されたこと，及び会社がこれを履行しなかったことに関する詳細を申請書に明記し，法定請求の写しを添付しなければならない。また，裁判所の規定に従った宣誓供述書も申請書に添付しなければならない（会社法459Q条）。

 B　申請に対する異議の申立て

　異議を申し立てる者は，原則として，裁判所規則に規定された期限日（審理日の3日前）までに，申請に対する異議の理由を記載した通知，及びこれを証明する宣誓供述書を申請者に提出しなければならず，これ以降に異議を申し立てるには裁判所の許可が必要となる（会社法465C条）。

　法定請求の不履行を理由に破産清算命令の申請が行われた場合には，会社は，裁判所の承認がない限り，法定請求が破棄されるべきであったことを主張して，かかる申請に対して異議を申し立てることはできない（会社法459S条(1)）。裁判所は，法定請求を破棄すべき理由が，会社が破産状態にないことを証明するために重要であると判断しない限り，会社による異議の申立てを認めない（会社法459S条(2)）。

(iv) 申請の審理

　清算命令の申請にかかる審理において，裁判所は，申請の却下，審理の延期，仮命令その他の命令を行うことができる（会社法467条(1)）。ただし，破産清算の申請の場合には，裁判所は6ヶ月以内に申請の是非について判断しなければならならず，特別な事情がない限り，この期間を延長することはできない（会社法459R条(1)及び(2)）。裁判所がこの期間内に判断できない場合

には，破産清算の申請は却下される（会社法 459R 条(3)）。

(d) 裁判所による清算手続の開始日

裁判所による清算手続は，原則として清算命令が発せられた日に開始されたものとみなされるが，以下の状況においては，これと異なる日が清算手続の開始日とみなされる（会社法 513A 条）。

	会社の状況	清算手続の開始日とされる日
1.	清算命令が発せられた時点において既に会社の清算手続が開始されていた場合	既に開始されていた清算手続が開始されたとみなされる日
2.	清算命令が発せられた直前において会社が任意管理下にあった場合	会社の任意管理手続の開始日（すなわち会社の管財人の選任日）
3.	清算命令が発せられた時点において仮清算人が業務を遂行しており，仮清算人の選任直前において会社が任意管理下にあった場合	会社の任意管理手続の開始日（すなわち会社の管財人の選任日）
4.	清算命令が発せられた直前において DOCA が有効であった場合	DOCA の締結によって終了した会社の任意管理手続の開始日（すなわち会社の管財人の選任日）

会社清算が開始されたとみなされる日は，これによって「関連遡及日」が定まるため，どの取引が清算人によって破棄できる取引となるかを左右する重要な事項である。

(e) 裁判所が選任する清算人

(i) 清算人の選任

裁判所は，会社清算の命令の際に，会社清算の清算人を選任することができる（会社法 472 条(1)）。清算命令の申請者が特定の清算人の選任を希望する場合には，申請の際に希望する清算人を指名することができるが，最終的に誰を清算人に選任するかを決定する権限は裁判所が有する。清算人選任の基本指針として，裁判所は会社清算に関連する者の利益にかない[116]，高い専門性を有する者を選任する[117]。また，公共の利益も考慮に入れることができる[118]。さらに，コモン・ロー上，会社清算の過程で行う調査事項に関し，

独立性が保てる者が清算人に選任されなければならないとされている。

(ii) 仮清算人

裁判所は，会社清算命令の申請を受理した後，清算命令を出す前（又は清算命令に対して申し立てられた異議に関する判断を行う前）までの期間中，暫定的に清算人を選任することができる（会社法472条(2)）。この暫定的に選任された清算人は，仮清算人（provisional liquidator）と呼ばれる。実務上，仮清算人は，会社清算の命令が発せられる可能性が高い場合に選任される傾向にあり，清算命令申請の根拠となる会社の債務の存在や金額が争われている場合等に選任されることは少ない。正式な清算人の選任と同様に，仮清算人の選任も裁判所の裁量で行われる。

仮清算人は，会社法や選任した裁判所の規則，又は裁判所が選任時に定める役割及び権限を有する（会社法472条(3)）。

(iii) 清算人の報酬

仮清算人の報酬は，裁判所が決定する（会社法473条(2)）。

清算人の報酬は，会社の状況に応じて異なる方法により決定される。会社の状況及びその状況における報酬の決定方法は，以下の通りである（会社法473条(3)）。

	会社の状況	報酬の決定方法
1.	会社清算の調査委員会が設けられ，清算人と調査委員会との間で報酬の決定方法が合意された場合	清算人と調査委員会との間で合意された方法
2.	調査委員会が設けられていない場合，又は清算人と調査委員会の間で報酬の決定方法が合意されなかった場合において，債権者集会の決議がされたとき	債権者集会によって決議された方法

116　*Re Austral Knitting Mills Ltd* (1926) 43 WN (NSW) 131
117　*Northbourne Developments Pty Ltd v Reiby Chambers Pty Ltd* (1989) 19 NSWLR 434; 1 ACSR 79; 8 ACLC 39
118　*Brian Cassidy Electrical Industries Pty Ltd (in liq) v Attalex Pty Ltd (No 2)* (1984) 9 ACLR 289; 2 ACLC 752

| 3. | 調査委員会が設けられていない場合,又は清算人と調査委員会の間で報酬の決定方法が合意されなかった場合において,債権者集会の決議がされなかったとき | 裁判所が決定する方法 |

調査委員会が清算人の報酬について検討するにあたり,清算人は,予想される会社の清算業務の概要や必要経費等,調査委員会が報酬額の是非を判断するために必要かつ十分な情報を記載した報告書を,委員会開催の通知とともに提出しなければならない(会社法 473 条(11))。調査委員会と清算人が報酬額について合意した場合には,以下の者は裁判所に対して報酬額の見直しを申し立てることができる。

1. 10%以上の発行済株式を保有する株主
2. 証明された債務全体の 10%以上の債権額を保有する債権者
3. ASIC

この申立てを受けた裁判所は,合意された清算人の報酬を確認するか,増額又は減額することができる(会社法 473 条(5))。

債権者集会が清算人の報酬について検討するにあたり,清算人は,予想される会社の清算業務の概要や必要経費等,債権者が報酬の是非を判断するために必要な十分な情報を記載した報告書を,集会開催の通知とともに提出しなければならない(会社法 473 条(12))。債権者集会が報酬に関する決議を行った場合には,清算人又は 10%以上の発行済株式を保有する株主は,裁判所に対して決議された報酬額の見直しを申し立てることができる。この申立てを受けた裁判所は,決議された清算人の報酬を確認するか,増額又は減額することができる(会社法 473 条(6))。

清算人の報酬について検討する際に,裁判所は,清算人の業務の内容,妥当性及び期間,会社資産の内容,性質及び価値,債権者の状況等の関連する事項を全て考慮に入れなければならない(会社法 473 条(10))。

(iv) 清算人の権限

裁判所に選任された清算人の権限は会社法に規定されており,これらの権限の行使は裁判所や債権者の承認を必要としない。会社法は,清算人の基本

的な権限として，以下の行為を行うことができる旨を規定している（会社法477条(1)）。
 1．会社の事業の解散又は売却に必要な限度で会社の事業を運営すること
 2．会社法に規定される優先順位に従い，債権者に対して債務を弁済すること
 3．会社に対して請求権を有する者との間で会社の責任について一定の調整を行うこと
 4．貢献者や債務者等会社に対して債務や責任を負う者との間で債務の免除や担保の受領等一定の調整を行うこと

さらに，会社法は，清算人が上記の権限を行使するために必要な，より具体的な権限に関する規定を定めている。これらの権限には，会社を代表して提訴又は応訴する権限，弁護士を選任する権限，会社資産の売却や担保設定を行う権限，契約を締結する権限等の会社事業の清算や資産の分配に必要な権限が含まれる（会社法477条(2)）。また，清算人は，会社の帳簿を調査する権限があり，かかる清算人の調査を妨げる者は刑事罰の対象となる（会社法477条(3)）。

ただし，清算人が以下の行為を行うためには，裁判所，調査委員会又は債権者集会のいずれかの承認を得なければならない（会社法477条（2A）及び(2B)，並びに会社法規則5.4.02条）。
 1．10万豪ドルを超える債務を免除すること
 2．契約期間又は契約上の履行期間が3ヶ月を超える契約を締結すること

(v) 清算人の監督

清算人は，会社の資産の管理及び債権者に対する分配を行う際に，債権者集会や貢献者集会の決議，又は調査委員会による指導に配慮しなければならない。債権者集会や貢献者集会の決議内容と調査委員会による指導内容に齟齬がある場合には，前者の内容が優先される（会社法479条(1)）。清算人は，債権者や貢献者の意思を確認することを目的としてそれぞれの集会を招集することができる。集会を招集する場合には，債権者集会若しくは貢献者集会による決議により指定される日時，又は10％以上の債権者又は貢献者が書面により指定する日時に集会を開催しなければならない（会社法479条(2)）。

清算人に関する規定の趣旨として最も重要なものの一つに，清算人の独立

性がある。このため，債権者や貢献者の指導に配慮しつつも，清算人はこれらに従う義務はない[119]。また，会社法は，清算人が会社の資産の管理及び債権者に対する弁済を自らの判断で行うことを要求している（会社法479条(4)）。

なお，清算人が法律を遵守しているか否かという点については，裁判所による監督の対象になる。また，清算人は，会社の清算に関する事項に関して，裁判所の指示を仰ぐことができる（会社法479条(3)）。

(vi) 清算人の辞任及び解任

裁判所が選任した清算人は，自らの意思で辞任することができ，また，裁判所が解任することもできる（会社法473条(1)）。会社法は，誰が裁判所に対して清算人の解任を申請する権限を有するかについて明確な規定を置いていないが，判例では会社の債権者や貢献者のほか，状況次第では他の利害関係者も申請することができる[120]。

裁判所が選任した清算人の解任に関する裁判所の裁量は大きいが，解任する理由としては，清算人による違法行為や不正行為はもちろん，清算人の独立性や客観性に問題がある場合等がある。

(f) 会社状況の報告書

(i) 取締役及び秘書役の報告書

会社の清算命令が発せられた日（又は清算人若しくは仮清算人が特定するその前の日付）において取締役又は秘書役であった者は，その時点における会社の状況を記載した報告書を作成し，清算人又は仮清算人に提出しなければならない（会社法475条(1)）。

取締役及び秘書役は，清算命令から14日以内に報告書を清算人に提出しければならないが，清算人に対してこの期限前に延長の申請を行い，延長を

---

[119] *Re David A Hamilton and Co Ltd (in liq)* [1928] NZLR 41
[120] *Re Shanks Byrne Industries Pty Ltd (in liq)* [1979] 2 NSWLR 880; (1979) 4 ACLR 676; (1979) CLC 40-614; Re 67 Budd Street Pty Ltd; Commonwealth v O'Reilly [1984] VR 931; (1984) 8 ACLR 804; 2 ACLC 190; *Re Tietyens Investments Pty Ltd (in liq) (rec and mgr apptd)* (1999) 31 ACSR 1; 17 ACLC 697; [1999] FCA 206

認める特別な事情があると清算人が判断した場合には，清算人は報告書の提出期限を延長することができる（会社法475条(4)及び(6)）。

清算人は，報告書の受領から7日以内に，報告書の写しを裁判所及びASICに提出しなければならない。また，清算人が報告書の提出期間の延長を認めた場合には，延長承認の通知を速やかにASICに提出しなければならない（会社法475条(7)）。

(ii)　その他の報告書

清算人又は仮清算人は，以下の者に対し，会社の状況や会社に関する特定の事項を纏めた報告書の作成及び提出を書面により要求することができる（会社法475条(2)）。

1. 会社のオフィサー又はオフィサーであった者
2. 会社が設立されて1年以内に清算命令が発せられた場合には，会社の設立に関与した者
3. 会社の従業員又は清算命令前1年以内に従業員であった者のうち，清算人が必要とする情報を提供できると判断した者
4. 会社のオフィサー若しくは清算命令前1年以内に会社のオフィサーであった法人のオフィサー又は従業員，若しくは清算命令前1年以内にその法人のオフィサー又は従業員であった者
5. 会社の仮清算人であった者

清算人に上記の報告書の作成及び提出を要求された者は，かかる要求を受けた日から14日以内に報告書を清算人に提出しければならないが，清算人に対してこの期限前に延長の申請を行い，延長を認める特別な事情があると清算人が判断した場合には，清算人は報告書の提出期限を延長することができる（会社法475条(5)及び(6)）。

清算人は，報告書の受領から7日以内に，報告書の写しを裁判所及びASICに提出しなければならない。また，清算人が報告書の提出期間の延長を認めた場合には，延長承認の通知を速やかにASICに提出しなければならない（会社法475条(7)）。

(g) 清算命令の影響

(i) 債権者及び貢献者に対する影響

会社法上，会社の清算命令は，会社の債権者及び貢献者の全員との関係でその効力が生じる（会社法471条）。

(ii) 株主に対する影響

A　株式譲渡

清算命令後に行われる株式の譲渡は，清算人の書面上の同意又は裁判所の承認が得られない限り無効とされる。清算人は，株式の譲渡が債権者全体にとって有益であると判断しない限り，株式譲渡の承認を行うことができない（会社法468A条(1)及び(2)）。

清算人が株式譲渡を拒否し，又は譲渡の承認に条件を付した場合には，予定されていた株式譲渡の譲渡人，譲受人又は会社債権者は，裁判所に対して異議を申し立てることができる（会社法468A条(3)及び(5)）。裁判所は，株式の譲渡が債権者全体にとって有益であるか，又は譲渡の条件が債権者全体の利益にならないと判断しない限り，清算人の判断を覆すことができない（会社法468A条(4)及び(6)）。

B　株主の権利の変更

清算命令後に行われる株主の権利の変更は，清算人の書面上の同意又は裁判所の承認が得られない限り無効とされる。清算人は，権利の変更が債権者全体にとって有益であり，かつ会社法の権利変更の規定に抵触しないと判断しない限り，権利の変更の承認を行うことができない（会社法468A条(8)，(9)及び(10)）。

清算人が株主の権利の変更を拒否したり，変更の承認に条件を付した場合には，株主又は債権者は，裁判所に対して権利の変更を承認するか，又は変更の条件を破棄するように申請することができる（会社法468A条(11)及び(13)）。裁判所は，権利の変更が債権者全体にとって有益であり，かつ会社法の権利変更の規定に抵触しないと判断しない限り，権利の変更を承認することができず，また，変更の承認の条件が債権者全体にとって有益にならないと判断しない限り，変更の条件を破棄することができない（会社法468A条(12)及び(14)）。

16-2 裁判所による清算

(iii) 会社のオフィサーに対する影響

裁判所の命令によって会社が清算される間は，以下に該当する者を除き，いかなる者も会社のオフィサーとしての権限を行使することができない（会社法 471A 条(1)及び(1A)）。

1．清算人
2．清算命令が発せられた後に会社を管理するために選任された会社の管財人
3．清算人の書面による許可を得た者
4．裁判所の許可を得た者

また，仮清算人が就任している間は，以下に該当する者を除き，いかなる者も会社のオフィサーとしての権限を行使することができない（会社法 471A 条(2)及び(2A)）。

1．仮清算人
2．仮清算人が選任された後に会社を管理するために選任された会社の管財人
3．仮清算人の書面による許可を得た者
4．裁判所の許可を得た者

上記のいずれの場合も，会社のオフィサーは権限の行使が制限されるだけで，解任されるわけではない（会社法 471A 条(3)）。なお，会社法は，この場合において，会社の資産を管理するレシーバー兼マネージャーを「オフィサー」の定義から除外している（会社法 471A 条(4)）。

(iv) 会社が関与する係争

裁判所の命令によって会社が清算される間，又は仮清算人が就任している間は，いかなる者も，裁判所の許可を得ずに会社に対する訴訟や，会社の資産に関連する訴訟又は権利の実行を開始し，又は継続することはできない（会社法 471B 条）。ただし，担保権者については，このような期間中でも担保権を行使することができる（会社法 471C 条）。

(h) 会社資産の取得及び取引

(i) 会社資産の取得

清算命令が発せられ，又は仮清算人が選任された場合には，清算人又は仮

清算人は一見して会社の資産と判断される資産の占有又は支配を取得しなければならない。清算人が選任されていない場合には，会社の資産は全て裁判所の支配下に入る。また，清算人の申請に基づき，裁判所は，会社の資産の一部又は全部を清算人に帰属させる命令を発することができる（会社法474条(1)及び(2)）。

(ⅱ) 会社資産の取引

裁判所による清算が開始されたとみなされる日以降に行われた会社資産の取引は，原則として，裁判所の許可がない限り無効とされる。ただし，以下の取引はその例外とされる（会社法468条(1)及び(2)）。
1．清算人又は仮清算人が会社法，裁判所の規則又は命令に従って行った取引
2．会社の管財人が誠実に行った取引，又は管財人の誠実な同意を得て行われた取引
3．会社が締結したDOCAに基づいて行われた取引
4．会社が管理する銀行口座からの支払のうち，会社清算命令が発せられた日以前に，銀行の通常の業務遂行の一環として誠実に行われたもの

ただし，裁判所は，会社清算命令の申請から清算命令までの間は，会社資産の取引を有効と認めること，及び清算命令が発せられるまで会社の事業の全部又は一部を運営することを許可することができる（会社法468条(3)）。

清算手続開始日以降に会社の資産に対する担保設定や資産への権利行使が行われた場合には，このような行為は無効とされる（会社法468条(4)）。

(ⅰ) **裁判所の権限**

(ⅰ) 清算手続の停止又は中止

裁判所は，申請者から申立てを受けた場合には，清算手続を無期限若しくは一定期間停止し，又は中止する命令を発することができる。原則として，清算人，債権者又は貢献者のみが裁判所に対する申請を行うことができるが，会社がDOCAの管理下にある場合にはDOCAの管財人が，生命保険会社として登録している会社の場合にはAPRAが，それぞれ裁判所に申請することができる（会社法482条(1)及び(1A)）。

このような申立てを行う理由としては，会社を再建する可能性があること，

又は清算命令の申請を行った者にその権限がなかったこと等が挙げられる。裁判所は，通常，会社に債務返済能力があるということを確認できない限り，清算手続の中止を命令しない[121]。

(ii) 清算人に対する資産の譲渡

裁判所は，会社の貢献者，受託者，レシーバー，銀行，オフィサー又は従業員等に対し，その保有する現金その他の資産や記録等，会社に帰属することが一見して分かる資産を清算人に譲渡するよう命令することができる（会社法483条(1)）。

(iii) 特別管理者の選任

会社の資産や事業の性質，債権者や貢献者の利害関係の性質等の理由により，清算人以外にこれらの資産や事業を特別に管理させる者を選任する必要があると清算人が判断した場合には，清算人は，裁判所に対してこのような資産や事業を管理する特別管理者の選任を申請することができる。裁判所は，このような申請を受けて，特別管理者の選任を命令することができる（会社法484条(1)）。実務上，このような命令は，清算される会社の資産や事業が非常に大きい場合や専門性が非常に高い場合等，清算人に通常求められる能力や経験に基づいてこれらを管理することが難しい場合にのみ発せられている。

裁判所に選任された特別管理者は，裁判所の指示に従って担保の提供や情報開示を行わなければならない。また，特別管理者の報酬は裁判所が決定し，また，裁判所は特別管理者を解任することができる（会社法484条(2)）。

(iv) 債権の証明及び分配

裁判所は，債権者が会社に対して有する債権を証明することができる期日を設けることができる。また，裁判所は，貢献者間の権利を調整し，債権者に対する支払後の余剰資産を分配しなければならない（会社法485条(1)及び(2)）。

---

[121] *Double Bay Newspapers Pty Ltd v Fitness Lounge Pty Ltd* (2006) 57 ACSR 131; [2006] NSWSC 226; *Gematech Pty Ltd v Bardi Investments Pty Ltd* [2008] NSWSC 196

⑸　会社の記録の調査

裁判所は，適切と判断する場合には，債権者及び貢献者が会社の記録を調査できるようにする命令を発することができる（会社法486条）。

⑹　会社の貢献者，オフィサー，従業員又は関係者に対する命令等
　A　禁止命令等

会社の清算に関連し，裁判所は，会社のオフィサー，従業員及び関係者に対して，以下の命令を発することができる（会社法486A条⑴）。

1．現金その他の会社の資産，又はオフィサー，従業員若しくは関係者の資産を国外へ持ち出すことを禁止する命令
2．オフィサー，従業員又は関係者の資産に対して，レシーバー又は受託者を選任する命令
3．オフィサー，従業員及び関係者に対し，パスポート等特定の書類を引き渡す命令
4．オフィサー，従業員及び関係者が国外へ渡航することを禁止する命令

裁判所に対する上記の命令の申請は，清算人，仮清算人又はASICのみが行うことができる（会社法486A条(2A)）。裁判所は，以下の全ての事由に該当しない限り，上記の命令を発することができない（会社法486A条⑵）。

1．会社が裁判所による清算の過程にあり，又は会社清算命令の申請が行われていること
2．オフィサー，従業員若しくは関係者が，会社に対する何らかの支払義務，又は会社の資産に対する責任を負っていることが少なくとも疎明されていると裁判所が判断すること
3．オフィサー，従業員又は関係者が，自らが負っている義務又はその結果を避けるために，現金その他の資産を隠蔽し，若しくは移動させた，又は国外に持ち出そうとしたという十分な証拠が存在すると裁判所が判断すること
4．オフィサー，従業員又は関係者に対する会社の権利を守るために，このような命令を発することが必要又は望ましいと裁判所が考えること
　B　逮捕令状

裁判所は，会社が裁判所による清算過程にあり，又は会社清算命令の申請が行われており，かつ，以下のいずれかに該当する場合には，これらに該当

する者を逮捕し，裁判所に出廷させる令状を発行することができる（会社法486B条(1)）。

1．会社に対する支払義務，会社の運営に関する取調べ，又は会社清算に関する裁判所の命令その他の義務を回避するために海外へ逃避しようとした者
2．会社の資産が清算人に渡らないように資産を隠蔽し，又は移動させようとした者
3．会社の記録を破壊，隠蔽若しくは移動した，又はこれらの行為をしようとした者

また，裁判所は，上記の令状において，会社の資産や記録を該当者から押収し，裁判所の指名した者に渡すように命ずることができる（会社法486B条(2)）。裁判所に対する上記の令状発行の申請は，清算人，仮清算人又はASICのみが行うことができる（会社法486B条(3)）。

C 貢献者に対する命令

株式の対価の払込請求又は会社の運営に関する取調べを回避するために，貢献者が海外へ逃避しようとしたり，自らの資産を持ち逃げ，移動又は隠蔽しようとしたという証拠があると裁判所が判断した場合には，裁判所は，貢献者を逮捕又は拘禁し，会社の記録及び貢献者の資産を押収することができる。この権限は，裁判所による清算命令の前後を問わず行使することができる（会社法487条）。

(j) 清算手続の終了

清算人は，会社の全ての資産（又は清算手続を必要以上に延長させることなく現金化できる資産）を現金化し，これらを可能な限り債権者に分配し，さらに貢献者に対しても可能な限り残余財産を分配した場合には，裁判所に対し，自らの責任を免除し，ASICに会社の登録抹消を行わせる命令を申請することができる（会社法480条）。

裁判所は，ASIC又は裁判所が選任する監査人に清算人の収支に関する報告書を準備させることができ，この報告書及び監査人，債権者，貢献者等の利害関係のある者が主張する反対意見を考慮した上で，清算人の責任の免除を行うかどうかを決定しなければならない（会社法481条(1)）。

裁判所が清算人の責任免除を保留し，清算人に信認義務その他の義務違反

や怠慢があったと判断する場合には，裁判所は，清算人に対して，清算人のこれらの行為により会社が蒙った損失を補償させる命令を発することができる（会社法 481 条(2)）。

裁判所が清算人の責任を免除する命令を発した場合には，会社の管理その他清算人として行った行為によって発生した清算人の責任は全て免除されるが，この命令を得るために虚偽の情報を提供したり，重要な情報が開示されなかったことが判明した場合には，裁判所はこの命令を破棄することができる（会社法 481 条(3)）。

裁判所が清算人の責任を免除し，ASIC に会社の登録抹消を行わせる命令が発せられた場合には，清算人は，命令の写しを 14 日以内に ASIC に提出しなければならない（会社法 481 条(5)）。

16-3 任意清算

(a) 概　要

会社の任意清算とは，裁判所の清算命令を伴わずに，任意に会社を清算する手続をいう。

任意清算は，**株主による任意清算**（members' voluntary winding up）と**債権者による任意清算**（creditors' voluntary winding up）に分類される。株主による任意清算は，株主主導の会社清算手続であり，会社に債務返済能力がある場合にのみ行うことができる。これに対し，債権者による任意清算は，株主による任意清算に該当しない任意清算であり（会社法 9 条「creditors' voluntary winding up」の定義），債権者が主導し，会社が債務返済能力がない場合に用いられる清算手続である。いずれの手続においても，会社の任意清算は，株主総会の特別決議により可決されなければ開始されない。

任意清算が株主による任意清算とされるか，又は債権者による任意清算とされるかについては，会社の取締役会が会社に債務返済能力があることを宣言（「**債務返済能力の宣言**（declaration of solvency）」）できるか否かによって決まる。債務返済能力の宣言が行われ，任意清算が株主総会によって可決された場合には，清算手続は株主による任意清算として遂行され，かかる宣言が行われずに任意清算が可決された場合には，債権者による任意清算として遂行される。なお，株主による任意清算の過程で会社に債務返済能力がないこ

とが判明した場合には，清算人は，清算手続を債権者による任意清算手続に移行させることができる。

いずれの任意清算手続においても，会社の資産の現金化や分配等の清算業務は清算人が行う。また，いずれの任意清算手続においても，株主が清算人を指名できるが，債権者による任意清算の場合には，債権者も清算人を指名することができ，株主と債権者の間で異なる清算人が指名された場合には，債権者の指名した清算人が選任されることとなる。

裁判所による清算手続と比較すると，任意清算における裁判所の権限は限定的である。

(b) 会社清算の特別決議

会社は，株主総会の特別決議により自主的に清算を決議できる（会社法491条(1)）。ただし，会社の破産清算の命令が発せられ，又はその申請が既に行われた場合には，裁判所の許可なく会社が任意清算を決議することはできない（会社法490条(1)）。裁判所は，通常は，少なくとも主要な債権者が任意清算を行うことに同意していることを確認できなければ，このような許可を出さない傾向にある[122]。

任意清算の特別決議が可決された場合には，会社は，決議から7日以内に，その旨を ASIC に対して通知し，21日以内に官報に掲載しなければならない（会社法491条(2)）。

(c) 債務返済能力の宣言（declaration of solvency）

(i) 債務返済能力の宣言の必要性

株主による任意清算は，会社に債務の返済能力がある場合にのみ，これを決議することができる。このため，会社は株主による任意清算の決議が行われる前に，会社に債務の返済能力があることを確認しなければならない。会社法は，これに関して，株主による任意清算の決議が行われる前の段階で会社に債務の返済能力があることを取締役に宣言させることを求めている。

なお，債権者による任意清算では会社に債務返済能力があることを前提としないため，取締役がこの宣言を行う必要はない。

---

[122] *Re Horsham Kyosan Engineering Co Ltd* [1972] VR 403; *Re South Australian Air-Conditioning Centre Pty Ltd* (1977) 2 ACLR 539; (1977) CLC 40-356

(ii) 宣言の内容

株主による任意清算が予定される場合には，取締役会はこれが審議される株主総会の招集通知を送付する前に，以下の事項を書面により宣言しなければならない（会社法494条(1)）。

1．取締役が会社の運営について調査を行ったこと
2．取締役会において，清算手続開始から12ヶ月を超えない期間内に会社は全ての債務を返済することができるとの見解に至ったこと

なお，宣言の対象となる会社の債務返済能力とは，債務の弁済期日までにこれを支払う能力をいうのではなく，清算手続開始から12ヶ月を超えない期間内に債務を返済する能力をいうという点には注意が必要である。また，取締役が検討しなければならない債務には偶発債務も含まれる。

債務返済能力の宣言には，宣言前のできるだけ近い日における，以下の情報を記載した書面を添付しなければならない（会社法494条(2)）。

1．会社の資産及びこれらを現金化することによって得られる見積金額
2．会社の負債
3．清算にかかる費用の見積金額

なお，宣言と上記の情報は，ASICに対して提出しなければならない。

(iii) 宣言の法的効果

債務返済能力の宣言は，以下の条件が全て満たされない限り有効とならない（会社法494条(3)）。

1．宣言が取締役会において行われること
2．任意清算が審議される株主総会の招集通知が送付される前に，宣言（及び添付の情報）がASICに提出されること
3．宣言が行われてから5週間以内に任意清算が可決されること

(iv) 虚偽の宣言

合理的な根拠なく会社の債務返済能力がある旨の見解を宣言した取締役は，刑事罰の対象となる。この点，株主による任意清算が開始され，宣言に規定される期間内に会社が債務を全額返済できなかった場合には，取締役は合理的な根拠なく宣言をしたものとみなされる（会社法494条(5)）。この場合において，取締役が刑事罰を免れるためには，合理的な根拠をもって宣言を行っ

(d) 任意清算手続の開始日

任意清算の手続は，原則として会社清算の特別決議の可決日に開始されたものとみなされるが，以下の状況においてはこれと異なる日が清算手続の開始日とみなされる（会社法 513B 条）。

	会社の状況	清算手続の開始日とされる日
1.	特別決議が可決された時点において既に会社の清算手続が開始されていた場合	既に開始されていた清算手続が開始されたとみなされる日
2.	特別決議が可決される前に会社が任意管理下にあった場合	会社の任意管理手続の開始日（すなわち会社の管財人の選任日）
3.	特別決議が可決される前に DOCA が有効となっていた場合	DOCA の締結によって終了した会社の任意管理手続の開始日（すなわち会社の管財人の選任日）
4.	DOCA に基づく管理下にある会社の債権者が DOCA の解消及び会社の清算を決議した場合	DOCA の締結によって終了した会社の任意管理手続の開始日（すなわち会社の管財人の選任日）

会社清算が開始されたとみなされる日は，これによって「関連遡及日」が定まるものであるため，どの取引が清算人によって破棄できる取引となるかどうかを左右する重要な事項である。

(e) 債権者集会

債権者による任意清算として会社が清算される場合には，株主が選任した清算人は，任意清算の可決日から 11 日以内に債権者集会を招集しなければならない（会社法 497 条(1)）。集会は，会社に対する債権総額の過半数の価値を有する債権者の都合に合う日時及び場所で開催されなければならない。また，清算人は，集会開催予定日の 7 日前までに，債権者に対して，招集通知，会社が記録している債権者全員の氏名，住所及び債権額を記載したリスト，並びに会社の状況の概要を記した法定の書式に従った書面を送付しなければならない（会社法 497 条(2)(a)及び(b)）。

さらに，清算人は，債権者集会開催予定日の 7 日前までに，清算人が債権

者に送付した書類の写しを ASIC に提出しなければならない。また，債権者集会開催予定日の 14 日前から 7 日前までの間に，招集通知の内容を，会社が 2 年前から事業を行っていた全ての州及び準州における日刊紙に掲載しなければならない（会社法 497 条(2)(c)及び(d)）。

清算される会社の取締役は，任意清算を可決した株主総会の開催日から 7 日以内に，法定の書式により，会社の事業，資産，運営及び財務状況を記載した報告書を清算人に提出しなければならない（会社法 497 条(5)）。

債権者集会では，調査委員会の設立を決議することができる（会社法 497 条(10)）。また，株主が選任した清算人を解任し，他の清算人を代わりに選任することができる（会社法 497 条(11)）。

(f) 任意清算の清算人

(i) 清算人の選任

任意清算における会社の清算人は，株主総会の決議によって選任される（会社法 495 条(1)及び 499 条(1)）。ただし，債権者による任意清算が行われる場合には，会社の債権者は，債権者集会において，株主が選任した清算人を解任し，他の清算人を代わりに選任することができる（会社法 497 条(11)）。

なお，会社の任意管理中に開催される第二回債権者集会において，債権者が会社を清算することを決議した場合には，この決議は清算人が招集した債権者集会における決議であるとみなされる。この決議の際に債権者が清算人を選任した場合には，選任された者が会社の清算人となり，選任されなかった場合には，任意管理を行っていた会社の管財人が清算人に選任されることになる（会社法 499 条(2)及び(2A)）。

また，第二回債権者集会において DOCA の締結が決議されたものの会社が法定の期間内に DOCA に署名しなかった場合には，会社は任意清算の開始を決議したものとみなされる。この場合には，任意管理を行っていた会社の管財人が会社の清算人に選任されたものとみなされる（会社法 499 条(2)及び(2B)）。

さらに，DOCA に基づく管理下にある会社の債権者は，DOCA の解消と会社清算を決議することができる。この決議の際に債権者が清算人を選任した場合には，選任された者が会社の清算人となり，選任されなかった場合には，DOCA の管財人が清算人に選任されることになる（会社法 499 条(2)及び

(2C))。

(ⅱ) 清算人の報酬
　A　株主による任意清算
　株主による任意清算における清算人の報酬は，株主総会により決定される（会社法 495 条(1)）。
　B　債権者による任意清算
　債権者による任意清算における清算人の報酬は，調査委員会がある場合には調査委員会によって，調査委員会がない場合には債権者集会によって決定される（会社法 499 条(3)）。
　C　報酬の見直し
　清算人，株主又は債権者は，会社の登録が抹消される前に，裁判所に対して清算人の報酬額の見直しを申し立てることができる。この申立てを受けた裁判所は，決議された清算人の報酬額を見直すことができ，裁判所の判断は最終的なものとなる（会社法 504 条(1)）。

(ⅲ) 清算人の権限
　任意清算における清算人は，裁判所による会社清算における清算人が会社法上有する権限と同じ権限を行使することができる（会社法 506 条）。

(ⅳ) 清算人の義務
　会社の任意清算を行う清算人に適用される会社法上の義務には，以下のものが挙げられる。
　A　株主による任意清算において会社が破産状態にある場合の義務
　株主による任意清算の過程において，会社が債務返済能力の宣言に規定される期間内に会社の債務を全て返済することができないと清算人が判断した場合には，清算人は速やかに以下のいずれかの行為を行わなければならない（会社法 496 条(1)）。
　1．破産清算の申請を裁判所に行うこと
　2．会社の管財人を選任すること
　3．債権者集会を招集すること
　上記 3 を選択した場合には，清算人は，債権者に対し，招集通知とともに

会社が記録している債権者全員の氏名，住所及び債権額を記載したリストを送付しなければならない（会社法496条(2)）。また，清算人は，債権者集会の開催前に会社の資産と負債を記載した書面を債権者に提示し，招集通知には別の清算人を選任する権利が債権者にあることを記載しなければならない（会社法496条(4)）。

清算人により招集された債権者集会において，債権者は新しい清算人を選任することができる（会社法496条(5)）。債権者が新しい清算人を選任したかどうかにかかわらず，会社は債権者による任意清算手続に入ったものとされる（会社法496条(6)及び(8)）。

この債権者集会が開催された場合には，清算人は，開催後7日以内に，その旨をASICに通知しなければならない（会社法496条(7)）。

B　清算人の宣言

債権者による任意清算の過程で債権者集会を招集しなければならない清算人は，「会社との関係に関する宣誓（declaration of relevant relationship）」を行わなければならない（会社法506A条(1)及び(2)）。「会社との関係に関する宣誓」とは，清算人と会社やその関係者，元の清算人，会社の管財人又はDOCAの管財人との間に過去24ヶ月の間に関係があったか否か，また，そのような関係があった場合には，当該関係が利益相反をもたらさないことを宣誓した書面をいう（会社法60条(2)）。

清算人は，開催された債権者集会において，会社との関係に関する宣誓の写しを提示しなければならず，以下の集会においてもこれを提示しなければならない（会社法506A条(4)及び(6)）。

	会社の状況	宣誓を提示しなければいけない集会
1.	調査委員会が存在し，調査委員会の集会が次の債権者委員会の前に開催される場合	調査委員会の集会
2.	上記以外の場合	次の債権者委員会

C　年次報告

会社の任意清算手続が1年を超えた場合には，清算人は，清算の決議日の1年後から3ヶ月以内（清算手続が継続する限り，その後1年毎）に，以下のいずれかを行わなければならない（会社法508条(1)）。

	任意清算の種類	清算人が行うこと
1.	株主による任意清算	株主総会の招集
2.	債権者による任意清算	債権者集会の招集，又は法定の報告書の作成及び報告書の写しのASICに対する提出

　清算人が株主総会又は債権者集会を招集する場合には，過去1年間における清算人の行為及び取引並びに清算の実施についての報告書を，総会又は集会の場で提示しなければならない（会社法508条(2)）。

　清算人が債権者集会の招集に代えて法定の報告書を作成する場合には，報告書には以下の事項を記載しなければならない（会社法508条(3)）。
1．過去1年間における清算人の行為及び取引並びに清算の実施に関する記述
2．会社清算にあたり清算人が今後行わなければならない行為及び取引
3．清算が完了する時期の見積もり

　また，債権者集会の招集に代えて法定の報告書を作成する場合には，清算人は，報告書をASICに提出してから14日以内に，以下の事項を記載した書面による通知を各債権者に提出しなければならない（会社法508条(4)）。
1．清算人が債権者集会を招集しなかった旨
2．清算人が法定の報告書を作成し，ASICに提出したこと
3．債権者が報告書の写しを要求した場合には，清算人は無償でこれを提供すること

　債権者が上記3の要求を行った場合には，清算人は速やかに要求に従わなければならない（会社法508条(5)）。

(v) 清算人の監督
　裁判所は，清算人が法律を遵守しているかどうかについて監督する。また，清算人は，会社の清算に関する特定の事項に関して，裁判所の指示を仰ぐことができる（会社法479条(3)）。

(vi) 清算人の辞任及び解任
　裁判所は，正当な理由がある場合には，清算人を解任して別の清算人を選

任することができる（会社法503条）。裁判所は，清算人が法律上の義務違反を犯したかどうかにかかわらず清算人を解任することができ，清算手続をより円滑に遂行するために解任が必要だと判断すれば，解任を命じることができる[123]。

株主による任意清算における清算人の死亡，辞任その他の理由により清算人がいなくなり，又は欠員が生じた場合には，株主総会決議により新たな清算人を選任することができ，その際に株主は新たな清算人の報酬も決定することができる。この株主総会は，貢献者（又は2名以上の清算人がいた場合には，現任の清算人）が招集する（会社法495条(3)）。

債権者による任意清算において清算人が欠けた場合には，債権者集会の決議により新たな清算人を選任できる。この場合には，2名以上の債権者が債権者集会を招集する（会社法499条(5)）。

(g) 任意清算の影響

(i) 株主に対する影響

A 株式譲渡

任意清算の決議後に行われる株式の譲渡は，清算人の書面上の同意又は裁判所の承認が得られない限り無効とされる。清算人は，株式の譲渡が債権者全体にとって有益であると判断しない限り，株式譲渡の承認を行うことができない（会社法493A条(1)及び(2)）。

清算人が株式譲渡を拒否したり，譲渡の承認に条件を付した場合には，予定されていた株式譲渡の譲渡人，譲受人又は会社の債権者は，裁判所に対して清算人の決定に不服を申し立てることができる（会社法493A条(3)及び(5)）。裁判所は，株式の譲渡が債権者全体にとって有益であると判断しない限り，清算人の決定を覆すことができない（会社法493A条(4)及び(6)）。清算人は，これらの事項に関する裁判所の審理において意見を述べることが認められる（会社法493A条(7)）。

---

[123] *City & Suburban Pty Ltd v Smith (as liquidator of Conpac (Aust) Pty Ltd (in liq))* (1998) 28 ACSR 328; *Domino Hire Pty Ltd v Pioneer Park Pty Ltd (in liq)* (2003) 21 ACLC 1330; [2003] NSWSC 496; *Apple Computer Australia Pty Ltd v Wiley* (2003) 46 ACSR 729; [2003] NSWSC 719; *Northbuild Construction Pty Ltd v ACN 103 753 484 Pty Ltd (in liq)* [2008] QSC 182

B 株主の権利の変更

任意清算の決議後に行われる株主の権利の変更は、清算人の書面上の同意又は裁判所の承認が得られない限り無効とされる。清算人は、権利の変更が債権者全体にとって有益であり、かつ会社法の権利変更の規定に抵触しないと判断しない限り、権利の変更の承認を行ってはならない（会社法493A条(8),(9)及び(10)）。

清算人が株主の権利の変更を拒否したり、変更の承認に条件を付した場合には、会社の株主又は債権者は、裁判所に対して権利の変更を承認するか、又は変更の条件を破棄するように申請することができる（会社法493A条(11)及び(13)）。裁判所は、権利の変更が債権者全体にとって有益であり、かつ会社法の権利変更の規定に抵触しないと判断しない限り、清算人の決定を覆すことができない（会社法493A条(12)及び(14)）。清算人は、これらに関する裁判所の審理において意見を述べることが認められる（会社法493A条(15)）。

(ii) 会社の事業への影響

会社は、原則として、任意清算の決議が行われた時点で事業を停止しなければならないが、清算人が会社資産の処分又は事業を円滑に終了させるために必要であると判断する限りにおいて、事業を継続することが認められる。また、会社の法人格や会社自体の権限は、登録抹消まで継続する（会社法493条）。

(iii) 取締役に対する影響

取締役の全ての権限は清算人が選任された時点で解除されるが、以下の者が承認した場合には、承認された範囲において権限の継続が認められる（会社法495条(2)及び499条(4)）。

	任意清算の種類	取締役の権限を承認できる者
1.	株主による任意清算	清算人又は清算人の同意を得た株主
2.	債権者による任意清算	調査委員会、又は調査委員会が設置されていない場合には、債権者

(iv) 会社資産に対する権利行使及び会社が関与する係争

　債権者による任意清算の可決後に会社資産に設定される権利は無効となる。また，裁判所が許可しない限り，債権者による任意清算の可決後は，会社に対する民事訴訟又は請求権の行使を開始又は継続することはできない（会社法500条(1)及び(2)）。

　なお，株主による任意清算が可決された場合には，同様の禁止事項は適用されない[124]。これは，株主による任意清算が，会社の債務返済能力が失われていない状態で行われるものだからである。

(h) 清算手続の終了

(i) 会社清算の説明書及び集会

　会社の業務が完全に整理された後，清算人は，速やかに清算作業の実施方法及び会社資産の処分方法を記載した説明書を作成しなければならない。説明書の作成後，清算人は，説明書の記載事項を説明することを目的に，以下の集会を招集しなければならない（会社法509条(1)）。招集は，開催予定日の1ヶ月以上前に開催予定日時，場所及び目的を官報に掲載することによって行われる（会社法509条(2)）。

	任意清算の種類	招集される集会	定足数
1.	株主による任意清算	株主総会	株主2名
2.	債権者による任意清算	株主及び債権者の集会	株主2名及び債権者2名

　集会が開催された場合には，清算人は，集会の開催後7日以内に，法定の書式による報告書及び清算人の説明書の写しをASICに提出しなければならない（会社法509条(3)）。

　集会の定足数が満たされなかった場合には，清算人は集会が招集されたが定足数が満たされなかった旨を記載した法定の書式による報告書と清算人の説明書の写しをASICに提出しなければならない。この場合には，清算人は，株主又は株主と債権者に対して説明書の記載事項を説明する義務を果たしたものとされる（会社法509条(4)）。

---

[124] *Catto v Hampton Australia Ltd (in liq)* (1998) 29 ACSR 225; 16 ACLC 1688

(ii) 会社の登録抹消

ASIC は，清算人から報告書を受領した後3ヶ月以内に，会社の登録を抹消しなければならない（会社法509条(5)）。

16-4　会社登録抹消

(a) 概　要

通常は，会社を解散させるためには，会社の清算手続を経た上で，ASIC により会社登録を抹消する必要があるが，一定の条件を満たしている場合には，清算手続を経ずに，任意に会社登録を抹消し，解散させることができる。

また，ASIC も，一定の条件の下，独自の判断で会社の登録を抹消する権限を有する。

この方法による会社の解散は，清算人の選任及び清算手続を経る必要がない分，費用・時間ともに節約することができる。しかし，事業を行ってきた会社が解散を決定した後，直ちにこの手続に依拠して会社を解散できる条件が整っているケースは実務上非常に稀である。

(b) 任意の登録抹消

(i) 登録抹消の条件

会社が任意の登録抹消の申請を行うためには，以下の全ての条件が満たされていなければならない（会社法601AA条(2)）。

1．株主全員が登録抹消に同意すること
2．会社が事業を行っていないこと
3．会社の資産価値が1,000豪ドル未満であること
4．会社法に基づいた費用及び罰金が全て支払われていること
5．会社に債務及び負債がないこと
6．会社が係争案件の当事者でないこと

清算手続を経ずに登録抹消するにあたり，実務上は，とりわけ上記5の条件について注意する必要がある。この条件を満たすためには，現存する負債のみならず保証債務といった偶発債務も全く存在しないことが求められるためである。

(ii) 登録抹消の手続

　会社登録抹消は，会社，取締役，株主又は清算人のみが申請することができる（会社法601AA条(1)）。申請は，法定の申請書を手数料とともに，ASICに対して提出することにより行われる。

　ASICは，登録抹消申請の受理後，会社の現在及び過去のオフィサーに関する情報の提出を会社に要請することができ，会社はこれをASICに提供しなければならない（会社法601AA条(3)）。

　会社が登録抹消の全ての条件を満たし，要請されたオフィサーに関する情報が会社から提供された場合には，ASICは登録抹消が予定されていることをASICのデータベースに入力し，官報に掲載する。そして，登録抹消の予定が官報に掲載されてから2ヶ月が経過した後に，ASICは会社の登録を抹消する（会社法601AA条(4)）。登録が抹消されると，ASICは，申請者又は申請者が指名した連絡先に対して，その旨の通知を行う（会社法601AA条(5)）。

(c) ASICの判断に基づく強制登録抹消

　ASICは，以下の条件が全て満たされた場合には，会社の登録を抹消することができる（会社法601AB条(1)）。
1. ASICに登録されている情報についてASICが会社に対して質問を行い，その質問の回答期限後6ヶ月が経過しても会社から回答が得られないこと
2. 会社法上ASICに提出する必要のある書類が過去18ヶ月の間，一つも提出されていないこと
3. 会社が事業を行っていると信じるに足る理由がないこと

　このほか，年次評価に伴う評価費用を12ヶ月以上滞納している場合や，清算手続に入っている会社について清算人が活動していないとASICが合理的に判断した場合等も，会社の登録を抹消することができる（会社法601AB条(1A)及び(2)）。

　ASICは，会社の登録を抹消する判断を行った場合には，会社及びその取締役（会社に清算人が選任されている場合には，その取締役及び清算人）に対して，登録抹消が予定されている旨を通知しなければならず，また，これをASICのデータベースに入力し，官報に掲載しなければならない。登録抹消の予定が官報に掲載されてから2ヶ月が経過した後に，ASICは会社の登録

を抹消する（会社法 601AB 条(3)）。

(d) 登録抹消後の資産

　会社の登録抹消を行う段階になっても会社名義の資産が存在する場合がある。このような資産については、会社がこれを自己のために保有していたか、又は他者を受益者とする信託の受託者として保有していたかによって扱いが異なる。

　会社が自己のために保有していた場合には、これらの資産は ASIC に帰属することとなる（会社法 601AD 条(2)）。ASIC は、帰属する資産を処分し、売却金を必要経費に充て、残金がある場合には、それを連邦政府が管理する特別口座に入金する（会社法 601AE 条(2)、会社法 9.7 章）。

　一方、会社が他者を受益者とする信託の受託者として保有していた場合には、これらの資産は連邦政府に帰属することとなる（会社法 601AD 条（1A））。連邦政府は、信託の受託者の地位を会社から継承し、以下のいずれかの選択肢を採ることができる（会社法 601AE 条(1)）。

1. 信託の新しい受託者を選任するための申請を裁判所に対して行う
2. 信託の受託者として継続して資産を保有する

　連邦政府が後者を選択した場合において、資産が現金であるときは連邦政府が管理する特別口座に入金しなければならず、それ以外の形態であるときは、これをそのまま保有するか、現金化して特別口座に入金する（会社法 601AE 条(1A)）。

　登録抹消直前に取締役であった者は、登録が抹消された時点の会社の記録を、抹消後 3 年間保管しなければならない（会社法 601AD 条(5)）[125]。

(e) 登録抹消後の会社の登録回復

　会社は、登録が抹消された時点で消滅し、法人格も消失する（会社法 601AD 条(1)）。しかし、ASIC は、会社の登録が抹消されるべきでなかったと後に判断した場合には、抹消された会社の登録を回復させることができる（会社法 601AH 条(1)）。また、登録抹消により損害を蒙った者又は会社の清算人であった者も、裁判所に対して登録回復を申請することができ、裁判所は、

---

[125] ただし、会社法上清算人に会社の帳簿の保管が義務付けられる場合には、この規定は適用されない（会社法 601AD 条(6)）。

登録の回復が適切であると判断した場合には，ASIC に対して登録の回復を命令することができる（会社法 601AH 条(2)）。

　抹消された会社の登録が復活した場合には，会社はあたかも登録抹消がなかったかのように継続して存在していたものとして扱われる。登録抹消の直前に会社の取締役であった者は登録回復と同時に再び取締役となり，ASIC や連邦政府の帰属となった会社の資産も再び会社に帰属することになる（会社法 601AH 条(5)）。

17. 海外企業の支店

17-1　海外企業の登録

(a)　海外企業の「支店」とは

オーストラリアにおける海外企業の「支店」設立とは，海外企業の子会社を新規にオーストラリアで設立するのではなく，海外企業自体を ASIC に登録することをいう。子会社を設立する場合と異なり，法人格の観点からいうと，支店は海外企業そのものであるため，別の法人格を有さない。

会社法は，海外企業自体がオーストラリアにおいて「**事業を営む**（carrying on a business）」ためには ASIC に登録しなければならないと規定している（会社法 601CD 条(1)）。このため，海外企業がオーストラリアで事業を営むためには，子会社を設立し，これを通して事業を行うか，又は支店を設立するかのいずれかの方法を採らなければならない。

(b)　オーストラリアにおいて「事業を営む」行為

どのような活動が「事業を営む」行為に該当するかについては，法的な定義はされていない。しかし，オーストラリアでは，幅広い経済活動が「事業を営む」行為に該当すると判断される傾向にあり，会社法にもこの点が強調されている条項が幾つか存在する。このような条項の例としては，以下のようなものがある。
- 「事業を営む」という表現には，非営利活動又は株主や設立者に利益をもたらさない事業活動も含まれる（会社法 18 条(1)）。
- オーストラリアに事業拠点を有する法人は，オーストラリアにおいて事業を営んでいるものとされる（会社法 21 条(1)）。
- 「事業を営む法人」という表現には，従業員や代理人等の名称を問わず，他の者を代理してオーストラリアにある財産を管理又は取引する法人も含む（会社法 21 条(2)(b)）。

また，営利目的で組織的かつ継続的に何らかの経済活動を伴うものは，通常「事業を営む」ものとされるという判例もある[126]。

一方，会社法は，オーストラリアにおいて以下に挙げられる活動のみを行うだけでは，「事業を営む」とはみなされないと規定している（会社法 21 条 (3)）。

1．裁判の当事者となること，又は裁判やクレームその他の係争の示談を行うこと
2．取締役会又は株主総会の開催，その他の内部管理に関する活動
3．銀行口座の開設や維持
4．独立した代理店を通した販売
5．オーストラリア国外で受け入れられることによってのみ拘束力を有する契約となる申込の勧誘又は受注
6．債権者となること，又は資産に担保（所有権留保を含む）の設定を行うこと
7．債権の保全若しくは回収を行うこと，又は担保権を行使すること
8．繰り返し行われない，31 日以内に完遂できる単発の取引の履行
9．自己資金の投資又は資産の保有

オーストラリアに拠点を有し，営利目的で何らかの経済活動を行う行為は，まず間違いなくオーストラリアで事業を営むものとみなされる。このため，海外企業が ASIC に登録せずにオーストラリアに何らかの活動拠点（一般的には「駐在員事務所」等と表現されるもの）を置く場合には，これがオーストラリアにおいて「事業を営む」と判断される活動を行わないように注意する必要がある。実務上，営利目的の活動をしている海外企業が，オーストラリアにおいて事業を営むとみなされる活動を行わずにオーストラリアに拠点を有することは大変に難しいといえる。

また，海外企業が会社法上「**金融サービス事業**（financial services busienss）」と定義される事業をオーストラリアにおいて営んでいるかどうかを判断するためには，追加的な要素が検討されなければならない。「金融サービス事業」には，金融商品の販売や取引のみならず，資産管理や運用，金融商品に関するアドバイスを提供する事業等が含まれる。会社法は，金融サービス事業を営む者が，オーストラリアにいる者に対してサービスを提供することや，このような結果をもたらす活動を行った場合には，オーストラリアにおいて事

---

[126] *Gebo Investments (Labuan) Ltd v Signatory Investments Pty Ltd* (2005) 54 ACSR 111; 23 ACLC 1159; [2005] NSWSC 544

業を営むものとみなしている（会社法911D条）。また，会社法は，海外企業が金融サービス事業をオーストラリアにおいて営んでいるかどうかを判断する際は，上記5の点は考慮されないと明記している（会社法761C条）。

17-2　海外企業の登録準備

(a)　事前準備

会社の設立にあたって幾つかの確認事項があるのと同様に，海外企業を登録する際にも確認すべき事項がある。その中でも特に重要なのは，登録する企業名，現地代理人及び登録上の住所である。

(b)　海外企業名

オーストラリアで海外企業としての登録を行うためには，企業名をASICに登録しなければないが，登録の要件は，オーストラリア国内で会社を設立する時に会社名を登録する際と同様の要件（Pty Ltd等の会社形態を示す義務に関する規定等を除く）や制限の対象となる。このため，例えばオーストラリアで既に登録されている会社名や事業名と同一の名称を登録することは，たとえ海外企業の本国でその名称が使用されていたとしてもできないので注意が必要である。

なお，会社設立前の会社名の予約と同様に，法定の申請書を手数料とともにASICに提出することにより，海外企業の名称の予約をすることができる。

(c)　現地代理人（local agent）

オーストラリアで海外企業としての登録を申請する場合には，**現地代理人**（local agent）を最低1名選任しなければならない（会社法601CF条(2)）。現地代理人は，オーストラリア在住者又はオーストラリアで登録された法人でなければならず，会社の代理人として通知や送達を受領する権限を与えられていなければならない（会社法601CG条(1)）。

現地代理人の選任は，以下の事項が記載され，海外企業の代表者又は代理人が署名した所定の様式に従った選任覚書（memorandum of appointment）又は委任状（power of attorney）により行われる。

1．現地代理人の氏名及び住所

2．現地代理人が海外企業を代理して通知や送達を受ける権限が与えられていることを示す文言

選任覚書又は委任状が海外企業の代表者ではなく，その他の代理人によって署名された場合には，その代理人が署名権限を与えられていることを示す書面の写しを，法定の証明書とともにASICに対して提出しなければならない。

また，現地代理人は，会社法上重大な責任を負うため，海外企業は現地代理人を会社法の規定に従うことのみ目的とした「名貸し」として選任することはできない。このような責任問題が発生する可能性があることから，現地代理人に就任する者は，会社の現地取締役に就任する者と同様に，就任の条件として会社法上代理人に発生する責任を海外企業が補償するよう求めることが実務となっている。

(d) 登録上の住所

オーストラリアで登録を申請する海外企業は，オーストラリア国内に登録上の住所がなければならない。海外企業に対して連絡や通知を行う場合には，この登録上の住所に宛てて送付することが法律上認められている（会社法601CT条(1)）。

海外企業が登録する際に，登録上の住所にある物件を実際に占有していない場合には，この物件を実際に占有している者から同意書を取得しなければならない（会社法100条(1)(d)）。これは，海外企業が，登録当初において，仮の登録上の住所として現地代理人や現地の会計事務所，法律事務所等の住所を利用する場合等に必要である。

海外企業に対して連絡や通知を行う者は，登録上の住所にこれを送付することができるが，この代わりに現地代理人の住所に送付することもできる（会社法601CX条(1)(b)）。また，2名以上の取締役がオーストラリアに在住している場合には，これらの各取締役宛てに当該書類の写しを送付することができる（会社法601CX条(3)）。

登録上の住所は，以下のいずれかの時間帯に営業していなければならない。また，オーストラリアにおいて海外企業を代理する者の最低1名は，この時間帯に登録上の住所にいなければならない（会社法601CT条(1)）。

1．午前9時から午後5時までの間の3時間以上の時間帯

2．午前10時から正午までの間及び午後2時から午後4時までの間

17−3　登録申請

(a)　登録申請書の書式及び費用

　海外企業の登録申請は，必要情報を記入した法定の申請書を他の必要書類及び設立登録費用とともにASICに対して提出することによって行う。

(b)　申請書に記載する情報

　海外企業の登録の申請書には，以下の情報を記載する必要がある（会社法601CE条及び会社法規則1.0.05条）。
　1．海外企業の名称及び設立地における登録番号
　2．海外企業の設立日
　3．海外企業の設立場所
　4．オーストラリアにおける登録上の住所
　5．登録上の住所の営業時間
　6．海外企業の本国における登録上の住所又は主たる事業所
　7．現地代理人に関する以下の情報
　　(a)　氏名又は会社名，及びACN又はABN
　　(b)　オーストラリア国内の住所
　　(c)　就任日
　　(d)　就任の方法（選任の覚書又は委任状のいずれか）
　8．海外企業の取締役（又は類似の役職）に関する以下の情報
　　(a)　氏名又は法人名及び法人識別番号
　　(b)　変更前の氏名（該当する場合）
　　(c)　住所
　　(d)　肩書
　　(e)　就任日
　　(f)　生年月日及び出生地

　海外企業の登録申請書には，海外企業を代表する者及び現地代理人の双方がそれぞれ署名しなければならない。

(c) 他の必要書類

海外企業を登録する場合において，法定の申請書とともにASICに対して提出しなければならない書類は，以下の通りである（会社法601CE条）。

1. 海外企業が本国において設立又は登録されていることを証明する証書（日本で設立された会社の場合，登記事項証明書）の認証謄本
   ただし，以下の方法により証書の原本が認証されていなければならない（会社法規則5B.2.01条）。
   (a) 海外企業の本国における法律に基づいてこの書類を管理する機関（日本の場合は，法務局）が，証書の写しが正確であることを認証していること
   (b) ASIC提出時から3ヶ月以内に発行されたものであること
2. 海外企業の定款の認証謄本
   以下の方法により定款の原本の認証がされていなければならない（会社法規則5B.2.02条）。
   (a) 上記1(a)の機関，公証人又は海外企業の取締役（又は秘書役）の宣誓供述書によって定款の写しが正確であることを認証していること
   (b) ASIC提出時から3ヶ月以内に発行されたものであること
3. 海外企業において，オーストラリアに在住し，現地取締役会の構成員である取締役がいる場合には，現地取締役会の権限を記載し，当該取締役が署名した覚書
4. 現地代理人の選任覚書又は委任状，及び代理人の署名権限に関連する書類（該当する場合）

(d) 英語以外の言語で記載された提出書類の翻訳

日本の会社の登記事項証明書等の英語で記載されていない提出書類がある場合には，その認証済英訳文を併せて提出しなければならない（会社法1304条(1)）。ASICは，英訳文の認証について，以下の方針を示している。

1. 英訳がオーストラリア国外で行われた場合には，以下のいずれかの者が翻訳が正確であることを認証しなければならない。
   (a) 海外企業の本国における法律に基づいて当該書類を管理し，

ASICと類似する機能を有する機関
  (b) 公証人又は海外企業の本国における公的な翻訳者
  (c) オーストラリア領事館の官吏
2. 英訳がオーストラリア国内で行われた場合には，ASICが承認する者が翻訳が正確であることを認証しなければならない。ASICが承認する者の例としては，以下の者が挙げられる。
  ・高等教育機関の講師又は教授
  ・翻訳された書類の認証の経験を12ヶ月以上有する法律翻訳家，又はオーストラリアの裁判所の通訳
  ・NAATI（National Accreditation Authority for Translators and Interpreters Ltd—翻訳家通訳者国立認証局）のレベル3認証翻訳者
  ・連邦政府移民市民権省の通訳翻訳サービス（Department of Immigration and Citizenship-Translating and Interpreting Service）の認証翻訳者
  ・連邦政府又は州政府において翻訳サービスを提供する省庁の認証した翻訳者

(e) 海外企業の登録

海外企業の登録申請が適切に行われた場合には，ASICは申請の対象となる海外企業を登録し，**ARBN**（Australian Registered Body Number—オーストラリア登録組織番号）という固有の9桁の識別番号を割り当て，登録証明書（certificate of registration）を発行する（会社法601CE条(h)及び(j)，並びに601CU条(1)）。

海外企業の登録後は，海外企業のオーストラリアにおける事業の状況により，オーストラリア国税庁に対する各種登録等の手続を適宜行わなければならない。

17－4　登録された海外企業の継続的義務

(a) 企業名等の使用

(i) 公的文書及び譲渡可能証券

海外企業は，原則として，企業名，ARBN及び当該企業の本国を，オー

ストラリアで発行又は署名された公的文書[127]及び譲渡可能証券[128]に記載しなければならない（会社法 601DE 条(1)）。また，海外企業が有限責任会社であるが，企業名からはそれが明確に判断できない場合（例えば，企業名の最後の単語が "Limited" ではない場合）には，海外企業の株主の責任が有限である旨も記載しなければならない（会社法 601DE 条(1)(d)）。

海外企業が ABN を取得し，ABN の最後の 9 桁が ARBN と一致する場合には，ARBN の代わりに ABN を使用することができる（会社法 601DE 条(1)(b)(ii)）。

(ii) 事業拠点

海外企業は，営業を行っているオーストラリアの事業拠点の全てにおいて，企業名及び設立地を見やすい形で表示しなければならない。また，海外企業名の最後の単語が "Limited" 又は "Ltd" ではない場合には，海外企業の株主の責任が有限である旨も記載しなければならない。さらに，登録上の住所において，登録上の住所を表す "Registered Office" という文言も表示しなければならない（会社法 601CW 条(9)）。

(b) 現地代理人

(i) 選 任

登録済海外企業の現地代理人の選任は，登録前の選任と同様に，法定の選任覚書又は委任状に海外企業が署名することにより選任される。登録後に現地代理人が選任された場合には，海外企業は，その旨を法定の通知書により選任後 1 ヶ月以内に ASIC に対して提出しなければならない（会社法 601CG 条(4)）。この通知書には，登録申請書と同様に，海外企業と現地代理人の両方の署名が必要となる。

オーストラリアで事業を営む海外企業の現地代理人となっていた者が代理人でなくなり，他に現地代理人がいなくなった場合には，海外企業は，21

---

[127] 「公的文書（public document）」には，会社法をはじめとする法律に関連する文書のほか，レシートやビジネスレターといった私人間の取引に関連する書類も広く含まれる（会社法 88A 条）。

[128] 譲渡可能証券（negotiable instrument）には，小切手，約束手形，信用状等が含まれる。

日以内に新しい現地代理人を選任しなければならない（会社法601CF条(3)）。

(ii) 解任その他の終了事由
現地代理人は，以下の場合には，その地位を失う（会社法601CG条(5)）。
1．現地代理人又は海外企業が，ASICに対して，現地代理人の辞任日又は解任日を記載した書面による通知を行った場合
2．現地代理人が死亡（個人の場合）又は登録抹消（法人の場合）した場合

上記1の通知が行われる場合には，ASICに対する通知の21日後又は通知に指定された日付のいずれか遅い日に現地代理人の地位を失う（会社法601CH条(2)）。

(iii) 現地代理人の責任
海外企業の現地代理人は，会社法上，海外企業が行う全ての事項について説明責任を負う（会社法601CJ条(a)）。また，海外企業が会社法の違反により罰則の対象となり，この違反を審理した裁判所又は審判所が現地代理人についても個人責任を負うべきであると判断した場合には，現地代理人はかかる個人責任を負う（会社法601CJ条(b)）。

(c) 財務諸表

(i) 財務諸表の提出義務
海外企業は，特別に免除されない限り，ASICに対して財務報告を行わなければならない。具体的には，暦年毎に最低1度，かつ15ヶ月以上間隔をあけることなく，法定の通知に以下の文書の真正な写しを添付した上でASICに提出しなければならない。
1．直近の会計年度末日までの貸借対照表
2．直近の会計年度に関するキャッシュフロー計算書
3．直近の会計年度に関する損益計算書

上記文書は，本国で当該企業に適用される法令に従った形式及び内容のものでなければならず，また，本国の法令上提出が要求される文書の写しも含めなければならない（会社法601CK条(1)）。

ASICは，これらの書類が海外企業の財務状態を十分に表していないと判断した場合には，当該企業に対し，その要求する形式及び内容の貸借対照表，

キャッシュフロー計算書又は損益計算書の提出を求めることができる。ただし，ASICは，オーストラリアの公開会社が提出を求められる基準以上の書類を要求することはできない（会社法601CK条(3)）。また，海外企業の本国でこれらの財務書類の提出を要求されていない場合には，ASICは，オーストラリアの公開会社が提出を求められる基準の財務書類の提出を求めることができる（会社法601CK条(5)，(5A)及び(6)）。

(ii) 提出義務の免除

ASICは，財務書類の提出義務を，オーストラリアにおける事業規模等を含む一定の基準を満たす海外企業に対して免除することができる（会社法601CK条(7)）。もっとも，ASICは，在住情報の提出義務の免除については，海外企業がオーストラリアで設立された会社であった場合に提出が義務付けられる情報と同等かそれ以上の情報を提供すべきであるとの基本方針を採っている（ASIC規制ガイドRG58）。

かかる免除が適用された海外企業は，少なくとも暦年毎に1度，その定時株主総会の開催日までの一定の情報が記載された法定の書式による報告書をASICに対して提出しなければならない。この報告書は，作成から1ヶ月以内，又はASICが認める期日までに提出しなければならない（会社法601CK条(9)及び(10)）。

17-5　オーストラリアからの撤退

(a) 撤退事由

海外企業がオーストラリアでの登録を抹消する事由としては，オーストラリアでの事業を終了させる場合と，海外企業自体が本国で清算・解散（又はその手続を開始する）する場合がある。

会社法は，これらの事由による海外企業の登録抹消に関する規定を定めている。

(b) オーストラリアにおける事業の撤退

(i) 事業活動停止の通知

海外企業がオーストラリアでの事業活動を停止した場合には，その旨を7

日以内にASICに通知しなければならない（会社法601CL条(1)）。

(ii) ASICによる登録抹消手続

海外企業がオーストラリア国内で事業を営んでいないとASICが信じる合理的な理由がある場合には，ASICは，以下の事項を記載した通知を海外企業に送付することができる（会社法601CL条(3)）。

1．海外企業がオーストラリア国内で事業を営んでいないとASICが信じる合理的な理由があること
2．上記に反論する趣旨の回答を1ヶ月以内にASICが受領しない限り，海外企業としての登録を抹消することを目的とした通知を官報に掲載すること

海外企業がASICによる通知から1ヶ月以内に回答しない限り，ASICは，通知の日付から3ヶ月後に，当該企業の登録を抹消する旨を記載した通知を官報に掲載し，かつ海外企業に送付することができる（会社法601CL条(4)）。

この通知の3ヶ月後までに海外企業がオーストラリアでの事業を継続して営んでいることが証明されない限り，ASICは海外企業の登録を抹消することができる（会社法601CL条(5)及び(7)）。

(iii) 登録抹消の影響

海外企業の登録が抹消された場合でも，海外企業は，抹消前に負っていた会社法上の通知等の提出義務を継続して負う（会社法601CL条(13)）。また，登録が抹消されても，海外企業自体は存在するため，海外企業が当事者となっている法的手続等には影響を及ぼさない[129]。

(iv) 登録の回復

ASIC側の手違い等により海外企業の登録の抹消が行われたとASICが認めた場合には，ASICはその登録を回復させることができる。登録が回復された場合には，海外企業は登録が抹消されなかったものとして扱われる（会社法601CL条(8)）。

海外企業の登録の抹消により損害を蒙った者は，登録抹消より15年以内

---

[129] *McIntyre v Eastern Prosperity Investments Pty Ltd* [2001] FCA 1655

に登録の回復を裁判所に対して申請することができる（会社法601CL条(9)）。裁判所は，登録抹消時点において海外企業が事業を行っていたと認めた場合，又はその他の理由により登録を回復することが正当と判断した場合には，登録を回復し，また，登録の抹消が行われなかった場合に海外企業及びその他の者が置かれていたであろう立場に戻すために必要な命令を発することができる。この命令が発せられた場合には，海外企業の登録抹消はなかったものとみなされる（会社法601CL条(10)及び(11)）。

海外企業の登録が回復された場合には，ASICはその旨の通知を官報に掲載しなければならない（会社法601CL条(12)）。

(c) 本国における海外企業の解散・清算

海外企業が本国において解散，清算又は登録抹消の手続を開始した場合には，手続が開始された時点で現地代理人であった者は，かかる手続の開始後1ヶ月以内にASICに通知しなければならない。また，海外企業に清算人が選任された場合には，その旨も通知しなければならない（会社法601CL条(14)(a)）。

裁判所は，海外企業の本国の清算人又はASICが申請した場合には，海外企業のオーストラリアにおける清算人を選任しなければならない（会社法601CL条(14)(b)）。

裁判所に選任された海外企業のオーストラリアにおける清算人は，以下の行為を行わなければならない（会社法601CL条(15)）。

1. 残余財産の分配を行う前までに，清算手続開始までの6年間に海外企業が事業活動を行っていた州及び準州で一般的に流通している日刊紙に公告を掲載し，海外企業の全ての債権者に向けて，海外企業に対して有する債権の請求を財産分配までの合理的な期間内に行うよう案内すること
2. 裁判所の命令を得ずに特定の債権者に対してのみ債務の支払を行わないこと
3. 裁判所から別途命令がない限り，海外企業のオーストラリアでの資産を回収し，現金化した上，その債務や負債等を支払った残額を本国の清算人に送金すること

オーストラリアにおける海外企業の清算手続が結了したものの，海外企

の本国の清算人がいない場合には，清算人は上記 3 の資産の残額の処分について裁判所の指示を求めることができる（会社法 601CL 条(16)）。

18. 海外企業によるオーストラリア市場への参入

18-1 FIRBによる承認

(a) 対オーストラリア投資の承認制度

オーストラリア政府は，基本的に海外からの投資を歓迎する立場を取っているが，投資の種類や規模によっては事前に政府の承認を必要とするものがある。オーストラリアに対する投資は，外資買収法その他の関連法令によって規制され，FIRBによって管理されている。外資買収法は2015年12月1日に大幅に改正され，海外からのオーストラリア投資に関するルールが大幅に刷新された。

制度上は，法律上審査が必要とされる投資案件についてFIRBが審査を行った上で，連邦政府にアドバイスを行い，それを踏まえて連邦財務大臣が投資の可否について判断することになっているが，実務上は，国益に重大な影響を及ぼすと考えられる重要な投資案件を除けば，財務大臣が投資の可否を直接判断するケースは稀で，FIRBが殆どの投資の可否を判断していると言ってよい。しかし，外資買収法上財務大臣には「国益に反する」ことを理由に承認を認めないという広汎な裁量が与えられており，過去にも幾つかの大型投資案件が財務大臣により阻止されたことがある[130]。

(b) 「外国人 (foreign person)」

外資買収法は，「外国人 (foreign person)」がオーストラリアの会社や資産の買収等，所定の取引を行う場合に適用される。外資買収法上，「外国人」は以下のように定義されている（外資買収法4条）。

---

[130] ここ数年の顕著な事例としては，2013年にホッキー財務大臣が，米国穀物メジャーのArcher Daniels Midlandが提案した穀物取扱大手GrainCorpの買収を承認しなかったことや，2016年にモリソン財務相が，海外企業からなるコンソーシアムがオーストラリア最大の民間土地所有者であるS. Kidman & Coを買収する案件を阻止したことが挙げられる。

1．オーストラリアに通常居住していない自然人
2．オーストラリアに通常居住していない自然人，海外企業又は外国政府（中央政府のみならず地方自治体政府も含まれる。）が20％以上の「**権利**（interest）」を有する会社
3．2名以上のオーストラリアに通常居住していない自然人，海外企業又は外国政府の有する権利の合計が40％以上となる会社
4．オーストラリアに通常居住していない自然人，海外企業又は外国政府が20％以上の権利を有する信託の受託者
5．2名以上のオーストラリアに通常居住していない自然人，海外企業又は外国政府の有する権利の合計が40％以上となる信託の受託者
6．外国政府
7．その他法規則に規定される者

(c) **FIRBへの承認申請が必要となる投資**

(i) 「**重要な行為**（significant action）」と「**通知義務行為**（notifiable action）」

2015年の大改正により，重要な行為（significant action）と通知義務行為（notifiable action）という新しい概念が導入された。重要な行為と通知義務行為は，相互に排他的な概念ではなく，重複している要素も多いため，特定の買収行為が重要な行為と通知義務行為の両方にあたるとされることが多いと言える。

予定された重要な行為が国益に反すると判断された場合，財務大臣はかかる行為を禁止することができる（「禁止命令」，外資買収法67条及び68条）。また，既に行われた重要な行為が国益に反すると判断された場合，財務大臣はかかる行為を元に戻すように命令することができる（「反対取引命令」，外資買収法第69条）。ただし，重要な行為に関する通知が行われ，FIRBが（財務大臣を代理して）かかる行為の実行に反対しないことを通知した場合，財務大臣はかかる行為に関する禁止命令や反対取引命令を発することができなくなる。

通知義務行為については，事前に財務大臣（実務上はFIRB）に対して通知を行わなければならない（外資買収法81条）。

実務上，重要な行為についても通知義務行為についても，実行前にFIRBに承認申請を行う必要があることから，本項においては重要な行為と通知義

務行為のいずれかに該当する取引について一般的に説明を行う。

(ii) 会社株式の取得

外資買収法及び 2015 年外資買収法規則（*Foreign Acquisitions and Takeovers Regulation 2015*（Cth））（以下「**外資買収法規則**」という。）は，外国人がオーストラリアの会社の株式を取得する際に FIRB の承認が必要となるかどうかの基準について詳細に規定している。なお，外資買収法上，厳密にはユニットトラストの持分も，会社の株式と同様の扱いとなるが，便宜上，本項では会社の株式の取得に関する説明を行う。

会社株式の取得が FIRB の承認を要するかどうかの基準は，以下の要因によって大きく異なる。

1. 取得する外国人が，**外国政府投資家**（foreign government investor）であるかどうか——この項では外国人が外国政府投資家でない場合の基準について概説する。外国政府投資家の定義やこれに該当する投資家の投資については本書 18-1(c)(v) において概説する。
2. 対象会社が**アグリビジネス**（agribusiness）であるかどうか
3. 対象会社が**オーストラリア土地法人**（Australian land corporation）又は**農業土地法人**（agricultural land corporation）であるかどうか——これらの場合，会社の有する土地の取得とみなされ，不動産の取得と同様の基準が適用される。外国人の不動産の取得に関する FIRB 承認の要否の基準については本書 18-1(c)(iv) において概説する。

本書 18-1(c)(ii) 項では，外国政府投資家ではない外国人による，アグリビジネスとされる会社への投資に関する FIRB 承認の要否の基準と，そうでない会社の株式の取得の基準について概説する。その他，外国人による特定の分野の事業を行う会社の株式の取得には追加の制約が設けられることがあるが，これらについては本書 18-1(e) にて述べる。

A　アグリビジネスである会社の株式の取得

アグリビジネスである会社とは，直近の監査済み財務諸表上，以下の事業から得られる EBIT が収入全体の 25% を超える会社，又は以下の事業を行うために使われる資産が全資産の 25% を超える会社を指す（外資買収法規則 12 条）。

1. 農業，林業，漁業（これらには畜産業，牧畜業や水産養殖なども含まれ

る）
 2．所定の例外（加工肉，パン，シリアル，菓子製造など）を除く食品製造業

なお，より厳密にいえば，外資買収法規則は，アグリビジネスである会社が行う事業について，オーストラリア・ニュージーランド標準産業分類コード（Australian and New Zealand Standard Industrial Classification Codes）に規定される業種を参照する形で定義しているので，対象会社がアグリビジネスとされるかどうかを正確に判断するためには，同コードを参照する必要がある。

外資買収法および外資買収法規則上，以下の条件を満たすアグリビジネスである会社の株式の取得は，事前にFIRBの承認を得る必要がある（外資買収法40条）。
 1．外国人がアグリビジネスであるオーストラリアの会社の「**直接的権利**（direct interest）」を取得すること
 2．取得の対価と，取得者が既に有している株式の価値の合計が法で定められた基準値を超えること

上記の「**直接的権利**」とは，以下のいずれかの割合の「権利」を指す（外資買収法規則16条）。ここでいう「権利」の定義は，本書18-1(b)(i)で述べた定義と同じである。

状況	権利の割合
権利を取得する外国人が，対象会社の全体的な経営や支配に関与又は影響を与えることができる場合	0％以上
権利を取得する外国人が，対象会社とビジネス上の契約関係に入る場合	5％以上
その他の場合	10％以上

上記の**法で定められた基準値**は2018年現在では5,700万豪ドル（外資買収法51条及び外資買収法規則50条）であるが，毎年1月1日に調整が行われるため（外資買収法規則53条），毎年確認を行う必要がある。上述の通り，この基準値は，既存の株式又は持分の権利と，新規に取得が予定される権利の

取得対価の合計金額を指しているため、例えば、既にアグリビジネスの直接的権利を有している日本企業が当該会社の株式の買い増しを行う場合、買い増し分の対価が基準値を超えていなくても、既に有している株式の価値次第ではFIRBの承認が必要となる可能性があるので、注意を要する。なお、外国人が米国、ニュージーランド又はチリの法人又は自然人である場合、アグリビジネスの取得に関するルールは適用されず、対象会社がアグリビジネスあるかに関わらず、アグリビジネスでない会社に適用される一般的な取得のルールが適用される。

 B その他の会社の株式の取得

外資買収法および外資買収法規則上、以下の条件を満たす（アグリビジネスでない）会社の株式の取得は、事前にFIRBの承認を得る必要がある（外資買収法40条）。

1. 対象会社がオーストラリアで設立された会社、あるいはオーストラリアの土地又は会社の株式を有する海外の法人であり、オーストラリアで事業を行っていること
2. 外国人が対象会社の20％以上の株式に関連する**権利**（interest）を取得（新株の引受も含む）すること、または2名以上の外国人が合計で対象会社の40％以上の株式に関連する権利を取得すること
3. 対象会社の総資産価値と**発行済み証券価値総額**（total issued securities value）の大きい方が法で定められた基準値を超えること

上記2の、株式に関連する**権利**は、株式に対する法的又は衡平法上の権利を指す（外資買収法9条）。これには、株式の所有権をはじめ、株式を取得するオプションや株式に設定される担保権、信託の受託者を通した受益権、株式に転換できる転換社債等が含まれる。ただし、株式に設定された担保権の取得や行使が**金銭消費貸借契約**（moneylending agreement）に基づくものであれば、株式に関連する権利を取得したとはみなされない（外資買収法規則27条(1)）。金銭消費貸借契約とは、担保権を取得する者が金銭の貸付を事業として営み、かかる事業の一環として担保提供者と締結した金銭消費貸借契約をいう（外資買収法規則5条）。

上記3の、**発行済み証券価値総額**とは、以下の方式で計算される金額を指す（外資買収法規則21条）。

18−1　FIRBによる承認　　　　　　　　　　433

$$\frac{株式取得対価}{取得する種類株式数} \times 対象会社の株式取得直前における発効済み種類株式数$$

　ただし，対象会社が複数の種類株式を発行しており，買収者が全ての種類の株式を取得しない場合には，上記の金額に，取得しない種類の種類株式の市場価格を加えた金額が**発行済み証券価値総額**となる。

　上記の3の**法で定められた基準値**は，外国人が，オーストラリアと経済連携協定や自由貿易協定（FTA）を締結した国[131]の投資家である場合，2018年現在では11億3,400万豪ドルであるが，外国人がFTA締結国以外の国の投資家である場合，基準値は2億6,100万豪ドルである（外資買収法51条及び外資買収法規則51条）。これらの基準値も毎年1月1日に調整が行われるため，毎年確認を行う必要がある。ただし，FTA締結国の投資家に適用される基準値は，この投資家が対象会社の株式を直接取得する場合にのみ適用される。したがって，例えば日本の会社が（FTA締結国でない）英国の子会社やオーストラリアの子会社を通じてオーストラリアの会社の株式を取得する場合，基準値は2億6,100万豪ドルとなるので，注意が必要である。また，FTA締結国の投資家が**センシティブ事業**（sensitive businesses）を営む会社の株式を取得する場合にも，FTA締結国以外の投資家による投資に適用される基準値が適用される。センシティブ事業とは，以下の事業を指す（外資買収法規則22条）。

1．メディア，電気通信又は運輸産業における事業（これら産業に関連するインフラ事業も含む）
2．オーストラリア国防軍又はその他国防への(i)訓練提供又は人材派遣，又は(ii)軍事用の製品，設備又は技術の製造又は供給
3．軍事目的に転用できる製品，設備又は技術の製造又は供給
4．暗号セキュリティ技術及び通信システムの開発，製造又は供給事業，もしくはこれらに関するサービスの提供
5．ウラン又はプルトニウムの採掘（又は採掘権の保有），もしくは核施設の運営

---

[131] 2018年5月現在，オーストラリアとのFTA締結国は日本，米国，ニュージーランド，シンガポール，テリ，韓国および中国（香港，マカオ，台湾は含まれない）である。

(iii) 事業の取得

外国人による会社株式の取得と同様，外国人による**オーストラリアの事業**（Australian business）への投資が FIRB の承認を必要とするかどうかの基準は，以下の要因によって異なる。

1．投資する外国人が外国政府投資家であるかどうか
2．投資対象事業がアグリビジネスであるかどうか

オーストラリアの事業とは，その一部又は全部がオーストラリアで営まれる営利目的の事業をいう（外資買収法 8 条 (1)）。本書 18－1(c)(iii)項では，外国政府投資家でない外国人によるアグリビジネス事業への投資に関する FIRB 承認の要否の基準と，そうでない事業の取得の場合の基準について概説する。

A　アグリビジネス事業の取得

アグリビジネス事業とは，本書 18－1(c)(ii) A に記載される事業を行うために使われる資産の価値が総資産価値の 25% を超える事業を指す（外資買収法規則 12 条）。

外資買収法および外資買収法規則上，以下の条件を満たすアグリビジネス事業への投資は，事前に FIRB の承認を得る必要がある（外資買収法 41 条）。

1．外国人がアグリビジネス事業の「**直接的権利**」を取得すること
2．取得の対価と，取得者が既に有している事業に関連する権利の価値の合計が法で定められた**基準値**を超えること

上記の「**直接的権利**」の定義と**法で定められた基準値**は，本書 18－1(c)(ii) A で記載したものと同じである。また，アグリビジネスである会社の株式取得の場合と同様，外国人が米国，ニュージーランド又はチリの法人又は自然人である場合，アグリビジネス事業の取得に関するルールは適用されず，対象事業がアグリビジネスであるかどうかに関わらず，アグリビジネスでない事業取得のルールが適用される。

B　その他の事業の取得

外資買収法および外資買収法規則上，以下の条件を満たす（アグリビジネス以外の）オーストラリア事業に関する投資は，事前に FIRB の承認を得る必要がある（外資買収法 41 条）。

1．外国人がオーストラリアの事業資産に関連する「**権利**」を取得し，当該事業の方針を決定することができるようになること

2．対象事業の取得対価が**法で定められた基準値**を超えること

上記1の，オーストラリアの事業資産に関連する「**権利**」は，事業に対する法的又は衡平法上の権利を指す（外資買収法10条）。これには，事業資産の所有権をはじめ，これを取得するオプションや事業資産に設定される担保権，信託の受託者を通した受益権等が含まれる。また，会社の株式取得の場合と同様，事業資産に設定された担保権の取得や行使が金銭消費貸借契約に基づくものであれば，事業資産に関連する権利を取得したとはみなされない（外資買収法規則27条(1)）。

上記2の**法で定められた基準値**は，外国人が，オーストラリアと経済連携協定や自由貿易協定（FTA）を締結した国の投資家である場合，2018年現在では11億3,400万豪ドルであるが，外国人がFTA締結国以外の国の投資家である場合，基準値は2億6,100万豪ドルである（外資買収法51条及び外資買収法規則51条）。これらの基準値も毎年1月1日に調整が行われるため，毎年確認を行う必要がある。FTA締結国の投資家がセンシティブ事業を取得する場合には，FTA締結国以外の投資家による投資に適用される基準値が適用される。

なお，会社の株式取得の場合と同様，FTA締結国の投資家に適用される基準値は，この投資家が対象事業を直接取得する場合にのみ適用される。ただ，会社の株式取得の場合と異なり，外国企業がオーストラリア事業を取得する場合，オーストラリアの子会社を買収のビークルとして使用することが多いため，事実上，事業買収の場合はFTA締結国ではない国の基準値が適用されることが多い。

(iv) 不動産の取得

外資買収法上，外国人による**オーストラリアの土地**（Australian land）に関する権利の取得は，他の資産の取得とは異なる特別の扱いを受ける。同法上，オーストラリアの土地は4種類に分類され，外国人による投資もそれぞれについて異なるルールが適用される。オーストラリアの土地の種類とそれぞれの定義の概要は，以下の通りである。

種類	定義（概略）
農業用地（agricultural land）	農業，牧畜業，林業，水産業等の第一次産業（鉱業は除く）に使用される，又は合理的に使用できる土地
商業用地（commercial land）	以下を除くオーストラリアの陸地，あるいはオーストラリアの排他的経済水域又は大陸棚 ・全ての部分で第一次産業にのみ使用される土地 ・**商業用居住物件**（commercial residential premises）を除き，最低 1 軒の住居が建てられている土地 ・商業用居住物件を除き，合理的に 10 軒未満の住宅しか建てられない土地 **商業用居住物件**は，外資買収法上，別の法律[132]の定義を参照する形で定義されており，例えば，ホテル，モーテル，ホステル，学校の宿舎，キャラバンパーク，特定目的の船舶，サービスアパートメントなどが含まれる。商業用居住物件は商業用地の定義に含まれる。
居住用地（residential land）	最低 1 軒の住居が建てられている土地，又は合理的に 10 軒未満の住宅しか建てられない土地。ただし以下を除く。 ・全ての部分で第一次産業にのみ使用される土地 ・建っている住宅が商業用居住物件のみである土地
鉱業権（mining or production tenement）	連邦法，州法又は準州法に基づき鉱物，石油又はガスを摘出する権利，あるいはかかる権利を失わないようにする権利。鉱物，石油又はガスを探査又は探鉱する権利を除く。

　上記の分類は，相互に排他的なものではなく，2 つ以上の定義に該当する土地もある。例えば一部が第一次産業に使用される土地については，農業用地と商業用地の両方に分類することができる。外国人がこのような土地を取得する場合，いずれかに分類される土地に対する投資に FIRB の承認が必要であれば，FIRB の承認を必要とすることになる。

　外資買収法のルールは，外国人による「**オーストラリアの土地に関連する権利**（interest in Australian land）」の取得に適用される。外資買収法上，「**オーストラリアの土地に関連する権利**」は，以下のように定義されている

---

[132] *A New Tax System（Goods and Services Tax）Act 1999*

（外資買収法12条）。
1. オーストラリアの土地に関する法的な権利又は衡平法上の権利（直接的な所有権はもちろん，代理で土地を所有させて間接的に所有する場合も含む。）
2. 分譲住宅のあるオーストラリアの土地を所有する組合の持分所有者がその分譲住宅に居住する権利を得ることができる場合には，当該組合の持分に関連する権利
3. 更新期間を含む期間が合計5年を超える合理的な可能性がある賃借権又は地役権
4. 他人が所有するオーストラリアの土地から何かを取得する権利を付与し，契約期間が合計5年を超える合理的な可能性がある契約に関連する権利
5. オーストラリアの土地の使用又はこれに関連する取引によって発生する収入又は利益を享受する権利を付与し，契約期間が合計5年を超える合理的な可能性がある契約に関連する権利
6. **オーストラリア土地法人**又は**農業土地法人**と定義される会社の株式に関連する権利
7. **オーストラリア土地信託**（Australian land trust）又は**農業土地信託**（agricultural land trust）と定義されるユニットトラストの持分に関連する権利
8. オーストラリア土地信託又は農業土地信託の受託者が法人の場合には，その株式に関連する権利

オーストラリア土地法人は，自社が有するオーストラリアの土地に関連する権利の価値が全資産価値の50％を超える会社を指し，**農業土地法人**は，自社が有する農業用地に関連する権利の価値が全資産価値の50％を超える会社を指す。また，**オーストラリア土地信託**は，受託者が有するオーストラリアの土地に関連する権利の価値が全資産価値の50％を超えるユニットトラストを指し，**農業土地信託**は，受託者が有する農業用地に関連する権利の価値が全資産価値の50％を超えるユニットトラストを指す（外資買収法規則13条）。本書**18−1**(c)(ii)項で説明した通り，外国人の取得の対象となる会社がオーストラリア土地法人や農業土地法人である場合には，会社取得ではなく不動産取得のルールが適用されるため，注意が必要である。

オーストラリアの土地に関連する投資がFIRBの承認を必要とするかどうかの基準は，以下の要因によって大きく異なる。
1．投資を行う外国人が外国政府投資家であるかどうか
2．対象となる土地の種類

本書18-1(c)(iv)項では，外国政府投資家ではない外国人によるオーストラリアの土地への投資に関するFIRB承認の要否に関する基準について概説する。

A　農業用地に関連する権利の取得

外資買収法および外資買収法規則上，以下の条件を満たす農業用地に関連する権利の取得には事前にFIRBの承認を得る必要がある（外資買収法43条）。
1．外国人が農業用地に関連する権利を取得すること
2．取得する外国人およびその関連者が既に有している農業用地に関連する権利の価値と，新たに取得する農業用地に関連する権利の対価の合計が**法で定められた基準値**を超えること

上記2の**法で定められた基準値**は，2018年現在では1,500万豪ドルである（外資買収法規則52条(4)）。ただし，外国人が米国，ニュージーランド又はチリの投資家である場合，農業用地に関連する権利の取得に関するルールは適用されず，農業用地以外の土地に関する基準が適用される（外資買収法規則40条(2)）。また，シンガポールとタイの投資家についても農業用地に関連する権利の取得に関するルールは適用されないが，対象となる土地の全ての部分が第一次産業にのみ使用される場合，**法で定められた基準値**は2018年現在5,000万豪ドルである（外資買収法規則52条(5)）。これらの基準値も毎年1月1日に調整が行われるため，毎年確認を行う必要がある。

B　商業用地に関連する権利の取得

外資買収法および外資買収法規則上，以下の条件を満たす商業用地に関連する権利の取得には事前にFIRBの承認を得る必要がある（外資買収法43条）。
1．外国人が商業用地に関連する権利を取得すること
2．商業用地に関連する権利の価値が**法で定められた基準値**を超えること

上記2の**法で定められた基準値**は，2018年現在では以下の通りである。

商業用地取得の背景	法で定められた基準値
FTA締結国（日本を含む）が更地以外の商業用地に関連する権利を取得する場合	A$11億3,400万
更地（commercial land that is vacant）に関連する権利を取得する場合	ゼロ――価値の規模にかかわらずFIRB承認が必要となる。
FTA締結国以外の外国人が更地以外の商業用地に関連する権利を取得する場合，ただし**低基準値が適用される更地以外の商業用地**に関連する権利の取得には適用されない	A$2億6,100万
低基準値が適用される更地以外の商業用地に関連する権利の取得	A$5,700万

　上記の基準値も毎年1月1日に調整が行われるため，毎年確認を行う必要がある。
　上記の更地とは，人，物，家畜が合法的に占有できる実質的な建物（風力又は太陽光発電施設を除く）が建っていない商業用地を指す（外資買収法規則5条）。
　低基準値が適用される更地以外の商業用地は，外資買収法規則において詳細に定義されているが，例えば，更地でない商業用地で，政府機関とリースしている土地，公共インフラが建てられる土地，鉱業活動が行われる土地，通信に必要な土地などが含まれる（外資買収法規則52条(6)）。
　また，取得の対象となるのがオーストラリア土地法人の株式またはオーストラリア土地信託の持分である場合，これらが有する更地と居住用地の価値の合計が総資産の10%以上である場合，法で定められた基準値はゼロ，つまり更地に関する権利の取得と同様の扱いとなる（外資買収法規則52条(1)及び(3)）。

　C　居住用地に関連する権利の取得
　居住用地のうち，外国人が中古住宅に関連する権利を取得することは，原則禁止されている（外資買収法95条(4)）。ただし，取得前にFIRBに承認申請をすることは禁止されておらず，例えば外国法人が居住用地に関連する権利取得について承認申請をし，取得の目的が例外的に認められるもの（例え

ば当該法人のオーストラリア在住の従業員のための住居を提供することなど）であることを FIRB が認めた場合には，取得が認められることがある。

外資買収法および外資買収法規則上，以下の条件を満たす居住用地に関連する権利の取得には事前に FIRB の承認を得る必要がある（外資買収法 43 条）。
1．外国人が居住用地に関連する権利を取得すること
2．居住用地に関連する権利の価値が**法で定められた基準値**を超えること

上記 2 の**法で定められた基準値**は原則ゼロである。すなわち，居住用地に関連する権利の価値を問わず，必ず FIRB の承認を得ることが必要となる。ただし，対象土地が居住用地に加えて商業用地にも分類でき，居住用地の面積と価値の両方が対象土地の面積と価値の 10％ 未満であれば，商業用地に関連する権利の取得に適用される基準値が適用される（外資買収法規則 52 条(1)及び(2)）。また，取得の対象となるのがオーストラリア土地法人の株式またはオーストラリア土地信託の持分である場合，これらが所有する更地と居住用地の価値の合計が総資産の 10％ 未満である場合も，商業用地に関連する権利の取得に適用される基準値が適用される（外資買収法規則 52 条(3)）。

D　鉱業権に関連する権利の取得

外資買収法および外資買収法規則上，以下の条件を満たす鉱業権に関連する権利の取得には事前に FIRB の承認を得る必要がある（外資買収法 43 条）。
1．外国人が鉱業権に関連する権利を取得すること
2．鉱業権に関連する権利の価値が**法で定められた基準値**を超えること

上記 2 の**法で定められた基準値**は原則ゼロである（外資買収法規則 52 条(1)）。すなわち，対象となる鉱業権に関連する権利の価値を問わず，必ず FIRB の承認が必要となる。

(v)　外国政府投資家による投資

外国政府投資家は，以下のように定義されている（外資買収法規則 17 条）。
1．外国政府又は外国政府機関
2．一国の外国政府又は外国政府機関が（単独で又は同国の他の外国政府投資家とされる者と共同で）20％ 以上の権利を持つ会社，もしくは複数の国の外国政府又は外国政府機関が（それぞれ単独で又は同国の他の外国政府投資家とされる者と共同で）40％ 以上の権利を持つ会社
3．一国の外国政府又は外国政府機関が（単独で又は同国の他の外国政府投

資家とされる者と共同で）20％以上の権利を持つ信託の受託者，もしくは複数の国の外国政府又は外国政府機関が（それぞれ単独で又は同国の他の外国政府投資家とされる者と共同で）40％以上の権利を持つ信託の受託者
4. 一国の外国政府又は外国政府機関が（単独で又は同国の他の外国政府投資家とされる者と共同で）20％以上の権利を持つリミテッドパートナーシップのジェネラルパートナー，もしくは複数の国の外国政府又は外国政府機関が（それぞれ単独で又は同国の他の外国政府投資家とされる者と共同で）40％以上の権利を持つリミテッドパートナーシップのジェネラルパートナー

外国政府投資家が以下の行為を行う場合，FIRBの承認を必要とする（外資買収法規則56条）。
1. オーストラリアの会社又は事業の直接的権利（定義は本書18−1(ii)A記載のものと同じ）の取得
2. オーストラリア事業の開始
3. 鉱物，石油又はガスを探査又は探鉱する権利又は鉱業権に関連する権利の取得，あるいは保有するこれら権利の価値が総資産価値の50％超である会社の10％以上の株式の取得

また，オーストラリアの土地に関連する権利の取得についても，土地の種類や取得価値の金額を問わず，必ずFIRBの承認を必要とする（外資買収法43条及び外資買収法規則52条(1)(d)）。

すなわち，外国政府投資家が上記のような行為を行う場合には，対象となる会社・事業・権利の価値を問わず，必ずFIRBの承認を必要とする。つまり，民間の投資家による投資と異なり，小規模な投資であってもFIRBへの承認申請を行わなければならない。また，民間の投資家では求められない新規事業の開始についてもFIRBの承認が求められる。

(d) 免除証（Exemption certificate）

外資買収法は2015年12月に大改正が行われたが，この改正により**免除証**（Exemption certificate）の概念が導入された。原則として，免除証を取得した外国人は，通常であればFIRBの承認が必要とされる取引を行う場合であっても，免除証で指定された種類や条件を満たしたものであれば，FIRB

の個別の承認を必要としない。2018年現在，免除証の種類の概要は，以下の通りである。

免除証の種類	説明
新規住宅の免除証 (Exemption certificate for new dwellings or near-new dwelling)	デベロッパーなどが新規住宅を建設し，外国人にこれを売却することをカバーする免除証。個々の外国人が免除証に特定された新規住宅を購入する場合にFIRBの承認を得る必要がなくなる。
外国人の免除証 (Exemption certificate for foreign person)	特定の外国人による，特定のオーストラリアの土地に関連する権利の取得をカバーする免除証。この免除証を有する外国人は，一定の期間内に数多くの不動産を購入する取引をFIRBの個々の承認なしで行うことができるようになる。
中古住宅の免除証 (Exemption certificate for existing dwelling)	特定のビザ保有者である外国人が，中古住宅を一戸購入するための免除証。この免除証は，最終的に一戸の中古住宅を購入するために，複数回購入を試みる機会を与えるもの（これがなければ購入を試みるたびにFIRBへの申請をしなくてはならないことになる）。
事業又は会社の免除証 (Businesses or entities certificate)	特定の外国人による，特定の種類のオーストラリア事業又は会社に関連する権利の取得をカバーする免除証。この免除証を有する外国人は，FIRBの個々の承認なしで複数の事業又は会社に関連する権利の取得を行うことができるようになる。
鉱業権の免除証 (Tenements and mining, production or exploration entities certificate)	特定の外国人による，特定の種類の探鉱などの（オーストラリアの土地に関連する権利とはみなされない）権利の取得をカバーする免除証。この免除証を有する外国人は，複数の鉱業権に関連する権利の取得をFIRBの個々の承認なしで行うことができるようになる。

　これらの免除証の申請に基づき免除証を発行するかどうかは，厳密には連邦財務大臣が決定することとなっているが，実務上はFIRBが決定している。免除証には，条件や有効期間を定めることができる（外資投資法60条）。FIRBのウェブサイトには，これらの免除証が，どのような申請者に対しどのような場合に発行されるかといった指針を公表している。例えば，2017年7月1日付けの指針によれば，新規住宅の免除証は，デベロッパーが地方

自治体政府から開発許可を得た50戸以上からなる集合住宅の開発を行うことが申請の要件とされており，また，外国人に売却できるのは建築した住宅のうちの半数までであること，住宅を購入した外国人の情報をFIRBに報告すること，などといった条件が必ず付けられると記載している。

(e) 規制産業・会社・資産

オーストラリアの特定の産業に属する会社や事業の取得には，上述した様々な規制に加え，各種関連法令に基づいて更なる規制が課されている。2018年現在，かかる追加的な規制が課されている産業，会社，事業としては，以下のようなものがある。

1. **メディア**：外国人がメディア企業の株式の5％以上を取得する場合には，取得金額にかかわらず，連邦政府の許可が必要となる（外資買収法規則55条）。
2. **銀行**：外国人による銀行への投資は，銀行法（*Banking Act 1959* (Cth)），金融業株式保有法（*Financial Sector (Shareholdings) Act 1998* (Cth)）及び政府の銀行政策を遵守した形で行われる必要がある。
3. **国際航空会社**：カンタス航空を含む国際線サービスを提供する航空会社の外国人全体の株式保有比率が49％を超えることは禁止されている（Air Navigation Act 1920 (Cth) 及び *Qantas Sale Act 1992* (Cth)）。
4. **空港管理会社**：連邦政府が民間に売却する空港管理会社の株式の外国人全体の保有比率が49％を超えることは禁止されている（*Airports Act 1996* (Cth)）。
5. **船舶**：オーストラリアにおいて船舶を登録する場合には，持分の過半数をオーストラリア国民，オーストラリアにて設立された会社，又はオーストラリア政府機関が所有する必要がある（*Shipping Registration Act 1981* (Cth)）。
6. **テルストラ（Telstra Corporation Limited）**：テルストラ（Telstra Corporation Limited）は民営化された元国営の通信企業である。同社の発行する株式の外国人全体の保有比率は35％を超えてはならず，各外国人の保有比率は5％を超えてはならない（*Telstra Corporation Act 1991* (Cth)）。

(f) 外資買収法上の承認判断基準

　外資買収法に明記された投資承認の判断基準は，かかる投資が「国益に反するかどうか」ということのみである。しかし，外資買収法には「国益」の定義がなく，連邦財務大臣はその時々の政策や世論を踏まえ，極めて広い裁量をもって投資を承認するかどうかを決定できる仕組みになっている。したがって，投資案件の承認の可否は，オーストラリアの国としての高度に政治的な判断に委ねられることとなる。実務上，一般的に用いられる判断要素としては，投資がもたらす経済効果，雇用促進，技術導入，資源開発等の積極要素と，国家安全保障や地域利益保護といった消極要素があり，これらを総合的に考慮した上で最終的な判断が行われることになる。

　また，連邦政府は，外国政府又はその関連機関・企業による投資の承認判断に際しては，以下のような要素を判断材料にすると発表している[133]。

　1．国家保安に対する影響
　2．市場競争に対する影響
　3．税務を含む政策に対する影響
　4．国内経済及びコミュニティに対する影響
　5．投資家の特性

　外国人による農業セクターへの投資については，上記のほか，水資源を含むオーストラリアの農業に関連する資源の質や量，土地のアクセスや用途，農業・食糧生産性，生物の多様性，地域社会や経済への影響などについても考慮される。

　また，居住用地への投資については，投資によって住宅数が増えることが重要な考慮の対象となる。

　外国政府投資家による投資については，投資が純粋に経済的な利益の追求によるものか，外国政府の政治的，戦略的な目的が含まれているかどうかが考慮される。また，関連する投資に民間企業と共同で投資する場合には，民間企業の投資参加の規模や性質なども考慮に入れて判断されることになる。

---

[133] 2018年1月付 Australia's Foreign Investment Policy

(g) 承認申請手続

　外資買収法上、FIRB の承認が必要とされる取引の承認を得るためには、まず FIRB に対して予定される取引及び当事者に関する情報を提出して承認申請を行う必要がある。FIRB は、かかる情報（及び FIRB が必要と判断する場合には追加情報）を基に、当該取引を国益に照らして審査し、その結果を踏まえて財務大臣に助言する。もし財務大臣が申請後（実務上は申請手数料受領確認後）の法定の期日までに異議を唱えなければ、財務大臣は審査対象の取引に対する禁止命令や反対取引命令を発する権利を喪失する（外資買収法 77 条）。

(i) 外資買収法上の承認に関する契約条項

　外資買収法は、海外企業が外資買収法の適用を受ける投資や買収を行う場合、原則として、投資や買収に関する契約を締結する前に外資買収法上の承認を得なければならないと定めている。ただし、投資や買収に関する契約において、外資買収法上の承認を得ることを取引実行（決済）の前提条件（condition precedent）として規定しておけば、承認取得前に契約締結を行っても構わない（外資買収法 15 条 (5)）。実際、実務上は、契約締結前に承認を得るケースは稀で、ほとんどの場合、契約締結、承認取得、取引実行（決済）という順で買収取引を組み立てて進んでいくこととなる。

　なお、実務上、投資や買収に関する契約には、契約締結日から一定の期限までに取引実行（決済）が行われなければ契約を解除できると規定されることが多いが、外国投資家の立場からすれば、外資買収法上の承認取得に要する期間を考慮に入れたものにしておくことが重要である。法定の審査期間については後述する。

(ii) FIRB に対する承認申請

　外資買収法上、FIRB の承認が必要とされる取引が行われる前に FIRB に対して承認申請を行う必要があることは既に述べたが、厳密にはこれが法的に義務付けられる取引は本書 18 - 1 (c)(i) に記載される「通知義務行為」のみである。通知義務行為とは、大まかに、外国人による①アグリビジネスとされる会社や事業の直接的権利の取得、②対象会社の 20％以上の株式に関

連する権利の取得（又は2名以上の外国人による合計40％以上の株式に関連する権利の取得），及び③オーストラリアの土地に関連する権利の取得，を指す。しかし，外資買収法の適用を受ける取引の全てにおいて，財務大臣は「国益」を根拠にその禁止（差止め）や解除を強制する権限を有することから，実務上は，本書18-1(c)(i)に記載される「重要な行為」と該当される取引に関してはFIRBへの承認申請を行い，財務大臣が異議を唱えないことを確認するのが一般的であり，リスク管理の観点から重要な点である。

　FIRBへの承認申請は，オンラインで行う。申請を行うには，申請対象の取引や当事者などの必要情報をFIRBに提供し，法定の手数料を支払う必要がある。

　法定の手数料は，申請対象の取引の種類や規模，当事者が外国政府投資家かどうかなどの要因によって詳細に決められている。例えば，2018年5月現在，FIRBの承認が必要なオーストラリアの会社の買収の場合，買収対価が1,000万豪ドル以下であれば手数料は2,000豪ドル，買収対価が1,000万豪ドル超，10億豪ドル以下であれば手数料は25,300豪ドル，10億豪ドル超であれば手数料は101,500豪ドルとなる。ただし，FIRBへの承認申請が必要な取引が外国企業グループ内の再編成によるものであれば，低い手数料が適用される。もっとも，グループ内の再編成であっても，承認申請自体が免除されるわけではない。なお，申請手数料は毎年7月1日に見直される。手数料はオーストラリア国税庁に対して支払われ，FIRBが手数料の受領を確認した時点で，審査期間が開始する。

(iii) 審査期間

　原則として，財務大臣は，承認申請手数料の受領から30日以内に，申請の対象となっている取引の可否を決定し，それから10日以内に審査の結果を申請者に通知しなければならない（外資買収法77条）。ただし，申請対象の取引に更なる審査が必要な場合には，財務大臣は30日の当初審査期間が終了する前に，最大90日まで（すなわち承認申請手数料の受領から起算して最長120日まで）審査期間を延長することができる（外資買収法68条）。

(iv) 審査結果及びその影響

　上記審査期間後，財務大臣は条件付か無条件で，申請対象の取引に異議を

唱えない旨を通知することができる（外資買収法74条及び75条）。

　財務大臣が、FIRBに対する通知が行われてから審査期間内に、通知の対象となる取引に関する命令を発しない場合、申請対象の取引が実行されていなくても、当該取引に関する命令を発する権限を喪失する（外資買収法77条）。

(v) 財務大臣の権限と外資買収法の違反行為

　外資買収法上の重要な行為が国益に反すると財務大臣が判断した場合、この行為がまだ行われていない場合は、取引行為の実行を禁止又は制限する命令を発することができる（外資買収法第67条）。また、財務大臣による許可を受けずに重要な行為が行われてしまった場合には、この行為により取得したものを処分する命令を発することができる（外資買収法第69条）。

　また、上記の命令に従わない場合、財務大臣の通知に付された条件に違反した場合、通知義務行為についてFIRBに承認申請を行わなかった場合などは、外資買収法違反となり、民事制裁金の支払いや、刑事罰の対象となる。

18－2　ACCCによる承認

(a) 競争を制限する買収の禁止

　競争消費者法は、オーストラリアの重要な市場における競争を実質的に制限する効果を有するおそれのある資産や会社の買収行為を禁止している（競争消費者法50条(1)及び(2)）。この規定は、海外企業がオーストラリアの会社や資産を買収する場合においても等しく適用される。競争消費者法を所管しているのはACCCであるが、この機関はオーストラリアにおける公正取引の維持及び消費者保護を目的として設立され、競争に悪影響をもたらす買収の監視も行っている。

　どのような買収が競争消費者法に違反するかは個別の事案ごとに判断されるが、同法は、違反の有無を判断するにあたり考慮に入れなければならない事項として、以下の事項を例示している（競争消費者法50条(3)）。
・輸入競争の程度（潜在的なものも含む）
・参入障壁の高さ
・市場における集中の程度
・市場における競争相手の競争力

- 買収した会社が大幅かつ持続的な価格の値上げ又は利益率の拡大を行う可能性
- 市場における代替商品の入手可能性及びその容易性
- 技術革新，成長，集中，又は製品の差別化に関する市場の変化の著しさ
- 買収により有力かつ実質的な競争相手が排除される可能性
- 市場における垂直的統合の性質及び程度

ACCCは，会社や資産の買収が以下の両方に該当する場合には，買収を予定する者がACCCに対して事前の通知を行うことを推奨している（ACCC Merger Guidelines November 2008）。

- 買収者と対象会社の取り扱う商品が互いに代用可能又は補完可能である場合
- 合併又は買収後の会社の関連市場における市場占有率が20％を超える場合

(b) 買収予定者が採り得る手段

オーストラリアでは，会社や資産の買収を行う前に，予定する買収についてACCCに通知したり，買収の承認申請を行う義務はない。このため，買収が関連市場に及ぼす影響に関係なく，買収の当事者は法的な手続を経ずに買収を進めることもできる。しかし，買収が完了した後においても，ACCCが買収に関連する調査を行い，場合によっては連邦裁判所に買収の差止めや解除命令等を申請することができるため，これは買収者にとって大きなリスク要因となる。

買収を計画する者は，予定している買収が競争消費者法の規定に違反するかどうかについて懸念がある場合には，以下の二つの手段を採り得る。

1. ACCCに対して，買収に関する非公式な見解を示す（informal merger review）ように申請すること
2. ACCCに対して，買収許可（merger authorisation）の申請を行うこと

なお，2017年11月までは，資産や会社の買収が関連市場における競争を制限する結果をもたらす可能性があるとしても，その不利益を上回る公共の利益があることを立証できれば，オーストラリア競争審判所（Australian Competition Tribunal）（以下「競争審判所」という。）がこのような買収を許可することができたが，競争審判所のこの権限は2017年11月にACCCに移

(c) ACCCの非公式な見解（informal merger review）

(i) 概　要

　買収を計画する当事者は，買収が実行される前に，これが競争消費者法の禁止事項に抵触するかどうかについての非公式な見解をACCCに求めることができる。ACCCは，申請を受理すると，計画される買収についての審査を行い，見解を提示する。既に公開されている買収計画を審査する場合には，ACCCは見解を公にするが，買収計画が公開されていない場合は見解を公にしない。

　ACCCが計画される買収について競争消費者法に違反しないという非公式な見解を示した場合であっても，買収当事者が同法違反を理由とする訴追から免責されるわけではない。しかし，このような非公式な見解を示した後にACCCが買収当事者に対して法的手段を取ることは実務上極めて稀である。

(ii) 審査結果

　ACCCが計画される買収について競争消費者法に違反するという非公式な見解を示した場合には，買収当事者には以下の選択肢がある。
　1．買収を断念する
　2．ACCCの懸念に対応するために計画の内容の変更をする
　3．買収を実行する

　買収当事者が上記2の選択肢を採った場合には，ACCCはこれを審査し，変更をそのまま認める，買収当事者に更なる変更を求める，又は変更を受け入れないという対応をとることができる。買収計画の変更が最終的に受け入れられたにもかかわらず，買収当事者が変更された計画通りに買収を行わなかった場合には，ACCCは連邦裁判所に対して計画通りの買収の実行や罰則の適用等を命じるように申請することができる（競争消費者法87B条(3)及び(4)）。

　買収当事者が上記3の選択肢を採った場合には，ACCCは連邦裁判所に対して買収実行の差止めや買収会社・資産の売却，及び罰則の適用を命じるよう申請することができる。また，このような買収によって損害を蒙ったと

主張する者も，連邦裁判所に対して買収実行の差止め又は買収会社・資産の売却を申請することができる。

(d) ACCCによる買収許可 (merger authorisation)

(i) 概　要

オーストラリアの会社又は資産の買収を計画する者は，買収許可をACCCに申請することができる。（競争消費者法88条）。2017年11月までは，関連市場における競争を制限する結果をもたらす可能性がある買収に関する公式の買収許可（merger clearance）の手続きが存在したが，この手続きが廃止され，代わりに買収許可（merger authorisation）の手続きが導入された。ACCCは，以下のいずれかが該当すると判断した場合，買収許可を付与することができる（競争消費者法90条(7)）。

1．申請の対象となる買収が実行されても関連市場の競争が制限される結果が生じる可能性が低いこと
2．申請の対象となる買収の結果から生じる可能性の高い公共の利益が，不利益を上回ること

ACCCは，既に実行された買収に関しては買収許可を出すことができないため（競争消費者法88条(6)），ACCCに対して買収許可を申請する場合には，申請者は，必要情報を法定の手数料と共に提出し，許可の審査期間中は買収を実行しないことを確約することを求められる（競争消費者法89条）。

ACCCは，買収許可に条件を付けたり，買収当事者に特定の事項を確約させることができる（競争消費者法88条(3)および(4)）。非公式な見解の場合と異なり，ACCCが買収許可を出した場合には，許可が有効であり，かつ付帯条件や当事者の確約の違反がない限り，競争消費者法上の買収禁止事項が適用されなくなる（競争消費者法88条(2)）。

(ii) 申請手続

買収許可の申請は，法定の申請書に必要情報を記入し，その他要求される情報や書類を添付した上で，一定の申請料を支払うことによって行われる（競争消費者法89条(1)）。また，これらの書類と同時に，許可の審査期間中は買収を実行しないことを確約する確約書を提出しなければならない（競争消費者法89条（1AA））。

(iii) 審査期間

ACCC は，申請者が別途これより長い審査期間を要請しない限り，90 日以内に申請対象となっている買収実行の許否を決定しなければならず，この審査期間満了までに許否について判断できなかった場合には，買収実行を許可しなかったものとみなされる（競争消費者法 90 条 (10B)）。

(iv) 審査基準

買収許可の申請は ACCC が管理するレジスターに登録され，公開される（競争消費者法 89 条(2)）。

ACCC は，審査の基準として，前述した関連情報を考慮しなければならず，買収によって利害に影響を受けると思われる者や業界団体などを対象にした調査によって入手した情報も考慮しなければならない（競争消費者法 90 条 (6A)）。

ACCC は，申請の対象となる買収が実行されても関連市場の競争が制限される結果が生じる可能性が低いか，申請の対象となる買収の結果から生じるであろうと考えられる公共の利益が，不利益を上回ることを確認しない限り，買収実行の許可を出すことができない（競争消費者法 90 条(7)）。

(v) 審査結果

ACCC は，買収許可を付与するか，又はこれを拒否するかのいずれかの決定を行わなければならない（競争消費者法 90 条(1)）。また，買収許可を付与する場合でも，買収を実行する際に買収者が遵守すべき条件を付したり，特定の事項に関する確約を行わせることができる（競争消費者法 88 条(4)）。

(vi) 競争審判所による再審議および連邦裁判所による司法審査

申請者又は競争審判所が利害関係者であると認めた者は，ACCC の競争許可に関する決定に対し，決定が出された日から 21 日以内に，競争審判所に対して ACCC の決定の再審議を申請することができる（競争消費者法 101 条(1)）。競争審判所に対する申請は，法定の申請書に必要事項を記入し，提出することによって行われる。

競争審判所は，90 日以内（申請後に新たな情報を提出することを競争審判所が認めた場合には 120 日以内）に申請事項について判断を出さなければならな

いが，審議にこれ以上の期間を要すると判断した場合には，審議期間を最大90日延長することができる（競争消費者法101条（1AC））。競争審判所がこの審査期間満了までに判断できなかった場合には，ACCCの決定を確認したものとみなされる（競争消費者法102条（1AB））。

競争審判所は，ACCCの決定を確認する，破棄する，又は変更する旨の判断を行う（競争消費者法102条(1)）。競争審判所の判断は，ACCCの判断とみなされる（競争消費者法102条(2)）。

連邦裁判所はACCCの決定に対する司法審査を行う権限を有するが，審査の範囲は決定の合法性（ACCCに決定を下す権限があるかどうか，ACCCが法律で定められる考慮事項を考慮したかどうか，など）の審査に限られ，ACCCの決定に関する事実認定や決定の妥当性について判断することはできない。なお，連邦裁判所は上述の競争審判所の判断の合法性についても審査できるが，ACCCの決定同様，事実認定や決定の妥当性について判断することはできない。

事項索引

〈英数字〉

2部立て簡易社債目論見書 … 214, 217-218
10/12制限 ………………………… 172
1975年連邦外資買収法（外資買収法）…13
1989年連邦オーストラリア証券投資委員会法（ASIC法） ………………10
2001年連邦会社法（会社法）………… 4
2009年連邦動産担保法（動産担保法）
 …………………………………… 255
2010年連邦競争消費者法（競争消費者法） ………………………………… 13
ABN（Australian Business Number）…33
ACCC（Australian Competition and Consumer Commission）………13
ACN（Australian Company Number）
 ……………………………… 26, 34
APRA（Australian Prudential Regulation Authority）………………14
ARBN（Australian Registered Body Number） ………………… 33, 421
ASIC（Australian Securities and Investments Commission）……… 4, 9
ASIC規制ガイド ……………………… 5
ASICクラス・オーダー ……………… 5
ASX（Australian Securities Exchange）
 …………………………………… 11
ASX運営規則 ………………………… 12
ASXコーポレート・ガバナンス委員会 ……………………………………… 71
ASX審判所 …………………………… 12
ASX上場規則 ………………………… 5
CEO（最高経営責任者）…………… 80
CEOおよびCFOの宣誓 …………… 111
CFO（最高財務責任者）…………… 80
COO（最高執行責任者）…………… 80
CSFオファー ……………………… 206
CSFオファー書類 ………………… 229
CSF仲介者 ………………………… 229
D&O保険 …………………………… 82
DOCA（deed of company arrangement）
 ……………………………… 329, 350-352
FIRB（Foreign Investment Review Board）……………………… 13, 428
GST（Goods and Services Tax）……… 35
IPO ………………………… 220, 245
PAYG（pay as you go）…………… 35
Replaceable Rules ………………… 37
TFN（Tax File Number）…………… 35

〈ア行〉

アグリビジネス …………… 430, 434
オーストラリア会社番号………… 26, 34
オーストラリア外資審議委員会…13, 428
オーストラリア競争消費者委員会……13
オーストラリア健全規制局………… 14
オーストラリア国税庁……………… 12
オーストラリア証券投資委員会…… 4, 9
オーストラリア証券取引所………… 11
オーストラリア事業番号…………… 33
オーストラリア準備銀行…………… 12
オーストラリア知的財産局………… 14
オーストラリア登録団体番号…… 33, 421
オーストラリア土地信託………… 437
オーストラリア土地法人………… 437
オーストラリアの事業…………… 434
オーストラリアの土地…………… 435
オーストラリアの土地に関連する権利 436
オフィサー ……………………… 79-81

〈カ行〉

外資買収法規則…………………… 430
会社経営の禁止………………… 51-54
会社調整契約…………… 329, 350-352

会社法規則…………………………………… 4
外部管理下の会社の会社名… 325, 342, 350
影の取締役………………………………… 44
開示強化証券…………………………… 109
株式資本………………………………… 29
　　──の減少………………………… 163-168
株式証書………………………………… 159-161
株式分割………………………………… 153-154
株式併合………………………………… 155
株　　主………………………………… 94-97
　　有限責任………………………… 15, 169
簡易社債………………………………… 214
簡易報告書……………………………… 116
関係者…………………………………… 279
関係当事者……………………………… 88
監査人…………………………………… 123-131
監査報告書
　　年次財務報告書の──… 108, 114-116
　　半期財務報告書の──… 118, 121-123
管財人
　　DOCA の──…………………… 348-350
　　会社の──………………………… 329-336
関連する権利（株式）………………… 275-279
外国人…………………………………… 428-429
外国政府投資家………………………… 440-441
外部管理………………………………… 315-316
額面金額（株式）……………………… 148
既存株主の引受権（pre-emptive right）
　　　　　　　　　　　　　　　　197-198
基本目論見書………………… 214, 217-218
究極的持株会社………………………… 33
給与税…………………………………… 36
強制取得………………………………… 300-304
競争消費者法……………………… 13, 282
競争審判所……………………………… 448
許容できない状況……………………… 14
金銭消費貸借契約……………………… 432
金融サービス事業……………………… 416
議決権…………………………… 275, 280-281
経営判断の原則………………………… 58-59

経済的利益の提供………………… 87-88
権利（外資買収法上）………………… 429
公開会社………………………………… 17
公開買付者表明書……………………… 292-293
貢献者…………………………………… 363-364
鉱山生産事業体………………………… 134
鉱山探査事業体………………………… 132
個人事業………………………………… 20
コモン・シール………………………… 84
コモン・ロー………………………… 3, 6

〈サ行〉

債権者委員会…………………………… 343
最小限保有買戻………………………… 170-171
裁判所による清算……………………… 381-400
　　会社状況の報告書………………… 392-393
　　仮清算人…………………………… 389
　　破産清算…………………………… 382
　　法定請求…………………………… 382-384
財務記録………………………………… 105-107
財務諸表
　　年次……………………………… 110
　　半期……………………………… 119
財務諸表の説明
　　年次……………………………… 110
　　半期……………………………… 119
財務報告………………………………… 107-108
資金援助………………………………… 185-191
市場買戻………………………………… 171
市場外公開買付………………………… 286-296
市場公開買付…………………………… 296-300
支店（海外企業）……………………… 415-427
　　金融サービス事業………………… 416
　　現地代理人………………… 417-418, 422-423
　　「事業を営む」行為……………… 415-417
資本維持の原則………………………… 162-163
私　　募………………………………… 208
社　　債………………………………… 201-202
社債信託………………………………… 237-245
　　社債権者集会……………………… 244-245

事項索引　455

　　受託者 …………………… 239-241
　　保証人 …………………… 243-244
社債信託契約 ……………………… 237-238
主たる事業所 ……………………………… 32
主要経営者 ………………………………… 48
種類株式 …………………………… 149-153
　　株主に与えられる権利 ……… 149-150
　　種類株式別の調整スキーム ……… 307
償還社債 …………………………… 202-203
償還不能社債 ……………………………… 203
償還優先株式 ……………………………… 151
小規模募集 ………………………… 208-209
小規模非公開会社 ………………………… 17
商業用居住物件 ………………………… 436
詳細抜粋書 ………………………… 139-140
詳細報告書 ………………………… 141-142
事業名（business name）…………… 26
自己株式
　　買戻 ……………………………… 169-179
　　買戻の原則禁止 ……………………… 169
事実上の取締役 …………………………… 44
従業員株式スキーム …………………… 180
従業員株式スキーム買戻 ……………… 171
従業員株主 ………………………………… 29
重要な行為 ………………………… 429-430
受益権（株式）…………………… 147-148
上場（ASXへの）………………… 245-254
譲渡制限証券 ……………………… 251-254
清　算 ……………………………… 358-414
　　貢献者 …………………………… 363-364
　　調査委員会 …………………… 364-366
　　清算人 …………………………… 359-363
セーフハーバールール …………………… 67
センシティブ事業 ……………………… 433
洗浄通知 ………………………………… 210
選択的買戻 ……………………………… 172
選択的減資 ……………………………… 166
洗練された投資家 ……………………… 209

〈タ行〉
対象会社表明書 …………………… 293-294
大量保有 …………………………… 283-284
担保権（動産）
　　完全化 …………………………… 258-259
　　購入代金担保権 ……………… 260-261
　　循環担保権 ……………… 260, 379-380
　　設定 ……………………………………… 258
第一回債権者集会 ………………… 343-344
第二回債権者集会 ………………… 345-346
大規模非公開会社 ………………………… 16
チャージ
　　結晶化（浮動チャージ）………… 256
　　固定チャージ ………………………… 256
　　浮動チャージ ………………………… 256
調整スキーム ……………………… 304-308
　　説明メモランダム …………………… 310
　　履行契約 ……………………………… 309
直接的権利 ……………………………… 431
通知義務行為 …………………………… 429
ツー・ストライク・ルール ………… 49-50
定　款 ……………………………………… 37
定時株主総会 ……………………………… 98
転換社債 …………………………… 203-204
ディスクロージング・エンティティー
　　………………………………………… 109
デュー・ディリジェンス委員会 … 220-221
登録州 ……………………………………… 31
登録上の住所 …………………………… 31-32
特別決議 …………………………… 102-103
取締役 ………………………… 29-30, 44-56
　　会社経営の禁止 ……………………… 51-54
　　代理取締役 ……………………………… 55-56
取締役会の宣誓書
　　年次 …………………………… 110-111
　　半期 ……………………………………… 120
取締役の義務 ……………………………… 56-71
　　重要な個人的利益の通知義務および決
　　　議参加の禁止 ……………………… 65-67

誠実な業務遂行および正当な目的のた
　　めの業務遂行‥‥‥‥‥‥‥ 60-63
　　注意・技能・勤勉さ‥‥‥‥‥ 57-60
　　破産取引の阻止義務‥‥‥‥‥ 67-69
　　利益相反行為の回避義務‥‥‥ 63-65
動産担保法‥‥‥‥‥‥‥‥‥‥‥ 255
トレンス制度‥‥‥‥‥‥‥‥‥ 270-272
動産担保レジスター‥‥‥‥‥‥‥ 261

〈ナ行〉

内部経営ルール‥‥‥‥‥‥‥‥‥‥ 83
任意管理‥‥‥‥‥‥‥‥‥‥‥ 328-357
任意清算‥‥‥‥‥‥‥‥ 358, 400-411
　　株主による任意清算‥‥‥‥‥‥ 400
　　債権者集会‥‥‥‥‥‥‥‥ 403-404
　　債権者による任意清算‥‥‥‥‥ 400
　　債務返済能力の宣言‥‥‥‥ 401-403
年次財務報告書‥‥‥‥‥ 108, 109-112
年次取締役会報告書‥‥‥‥ 108, 112-114
年次の財務報告義務‥‥‥‥‥ 108-118
年次評価‥‥‥‥‥‥‥‥‥‥ 137-141
農業土地信託‥‥‥‥‥‥‥‥‥‥ 437
農業土地法人‥‥‥‥‥‥‥‥‥‥ 437

〈ハ行〉

配　当‥‥‥‥‥‥‥‥‥‥‥ 191-193
破棄できる取引（清算人）‥‥‥ 374-379
　　関連遡及日‥‥‥‥‥‥‥‥‥ 376
　　取締役に関連する不合理な取引‥‥ 378
　　破産トランザクション‥‥‥‥‥ 377
　　非商業的取引‥‥‥‥‥‥‥‥ 377
　　不公平な貸付‥‥‥‥‥‥‥‥ 377
　　不公平な優遇‥‥‥‥‥‥ 376-377
破産取引‥‥‥‥‥‥‥‥‥‥‥‥ 67
半期財務報告書‥‥‥‥‥‥‥ 119-120
半期取締役会報告書‥‥‥‥‥ 120-121
半期の財務報告義務‥‥‥‥‥‥‥ 123
買収委員会‥‥‥‥‥‥‥‥‥‥ 13-14
買収許可‥‥‥‥‥‥‥‥‥‥ 450-452
発行済み証券価値総額‥‥‥‥ 432-433

非公開会社‥‥‥‥‥‥‥‥‥‥‥ 16
秘書役‥‥‥‥‥‥‥‥‥‥ 30-31, 77-79
秘書役の代表権‥‥‥‥‥‥‥‥ 83-84
平等アクセス・スキーム‥‥‥‥ 171-172
平等減資‥‥‥‥‥‥‥‥‥‥‥‥ 165
普通決議‥‥‥‥‥‥‥‥‥‥ 103-104
フリンジ・ベネフィット税‥‥‥‥‥ 35
部分的支払済株式‥‥‥‥‥‥ 148-149
　　未払分に対する権利‥‥‥‥‥ 189
　　配当‥‥‥‥‥‥‥‥‥‥ 191-193
プロファイル説明書‥‥‥‥ 214, 218-219
報酬コンサルタント‥‥‥‥‥‥‥‥ 51
法人リミテッド・パートナーシップ‥‥ 21
募集固有目論見書‥‥‥‥‥‥ 218-219
募集情報説明書‥‥‥‥‥‥‥‥‥ 219

〈マ行〉

マネージング・ディレクター‥‥‥ 54-55
民事制裁‥‥‥‥‥‥‥‥‥‥‥‥ 59
無限責任株式会社‥‥‥‥‥‥‥‥ 18
無責任会社‥‥‥‥‥‥‥‥‥‥‥ 19
免除証‥‥‥‥‥‥‥‥‥‥‥ 441-443
目論見書‥‥‥‥‥‥‥‥ 214, 215-219

〈ヤ行〉

有限責任株式会社‥‥‥‥‥‥‥ 15-17
有限責任株式保証会社‥‥‥‥‥‥ 20
有限責任保証会社‥‥‥‥‥‥‥ 18-19
優先株式‥‥‥‥‥‥‥‥‥‥ 150-151
抑圧的な行為‥‥‥‥‥‥‥‥‥ 95-96
予備的最終報告書‥‥‥‥‥‥ 132-133

〈ラ行〉

利益相反状態‥‥‥‥‥‥‥‥‥‥ 124
リミテッド・パートナーシップ‥‥‥‥ 21
略式目論見書‥‥‥‥‥‥‥‥‥‥ 217
臨時株主総会‥‥‥‥‥‥‥‥‥‥ 98
レシーバー‥‥‥‥‥‥‥‥‥ 320-325
レシーバーシップ‥‥‥‥‥‥ 319-327
評価費用‥‥‥‥‥‥‥‥‥‥‥‥ 140

評価日……………………… 138-139

〈ワ行〉

割当発行……………………… 210

〈著者紹介〉
クレイトン・ユッツ法律事務所

弁護士　加納寛之（かのう・ひろゆき）

クレイトン・ユッツ法律事務所パートナー。日本，豪州及び米国（ニューヨーク州）の三カ国弁護士。現在は主として日系企業による豪州投資案件や豪州事業に関する法律実務に携わっている。主な著作は「オーストラリアの投資規制の概況」，「豪州労働法制の現状と政権交代の影響」，「オーストラリアの環境法制の枠組みと最近の動向」（いずれも月刊ジュリスト）など。

Hiroyuki Kano, Partner
Clayton Utz
Level 28, Riparian Plaza, 71 Eagle Street, Brisbane QLD 4000 Australia
| D +61 7 3292 7362 | F +61 7 3221 9669 | M +61 438 647 419 |
hkano@claytonutz.com
www.claytonutz.com

| 2014年（平成26年）8月25日 | 第1版第1刷発行 |
| 2019年（平成31年）1月11日 | 第2版第1刷発行 |

著　者　クレイトン・ユッツ法律事務所
　　　　加　納　寛　之
発行者　今　井　　　貴
　　　　渡　辺　左　近
発行所　信山社出版株式会社
　　　　〒113-0033　東京都文京区本郷6-2-9-102
　　　　　　電　話　03（3818）1019
　　　　　　ＦＡＸ　03（3818）0344

Printed in Japan

Ⓒ 加納寛之, 2019.　　　　　　　印刷・製本／暁印刷・渋谷文泉閣
ISBN978-4-7972-2786-4 C3332

———— 好評既刊 ————

ルイ・ヴォージェル 小梁吉章 訳
■欧州競争法　15,000円

上田純子 著
■英連邦会社法発展史論　9,000円

出口正義・吉本健一・中島弘雅・田邊宏康 編
■企業法の現在
　　　－青竹正一先生古稀記念　18,000円

淺木愼一・小林量・中東正文・今井克典 編
■検証会社法
　　　－浜田道代先生還暦記念　19,000円

———— 信山社 ————

――――― 好評既刊 ―――――

白川一雄 著
■和英 自動車用語辞典　24,800円
　　和英・英和総索引付

甲斐克則・田口守一 編
■企業活動と刑事規制の国際動向
　　　　　　　　　　　　　11,400円

甲斐克則・田口守一 編
■刑事コンプライアンスの国際動向
　　　　　　　　　　　　　12,800円

柏木　昇・杉浦保友・森下哲朗・平野温郎
河村寛治・阿部博友 編
■国際取引の現代的課題と法　17,500円
　　― 澤田壽夫先生追悼

――――― 信山社 ―――――

――――― 好評既刊 ―――――

小川　浩三 訳＝ヴェルンハルト・メーシェル 著
■ドイツ株式法　3,200円

柏木　昇 監
■SB 英文六法1【I 会社法・商法編】
Japanese Statute Book, Vol.1 Part 1. Companies Act；Commmercial Law
19,800円

山田　信彦 編著
■スペイン語法律用語辞典　10,000円

ヒサオ・アリタ 著＝二宮正人 著
大嶽達哉 日本語訳監修
■ブラジル知的財産法概説　4,200円

――――― 信山社 ―――――